»…und hat als Weib unglaubliches Talent«
(Goethe)

Angelika Kauffmann (1741–1807)
Marie Ellenrieder (1791–1863)

Ausstellung vom 30. Mai bis 23. August 1992
Rosgartenmuseum Konstanz

Umschlag:
Angelika Kauffmann, Selbstbildnis mit Minervakopf
(Kat.-Nr. 1 A. K., Ausschnitt)
Marie Ellenrieder, Selbstbildnis
(Kat.-Nr. 1 M. E., Ausschnitt)

Städtische Museen Konstanz
Rosgartenmuseum

»…und hat als Weib unglaubliches Talent«
(Goethe)

Angelika Kauffmann (1741–1807)
Marie Ellenrieder (1791–1863)

Malerei und Graphik

Konstanz 1992

Mitarbeiter der Ausstellung

Ausstellungskonzeption und -durchführung, Katalogredaktion:
Elisabeth von Gleichenstein
Karin Stober

Katalogautoren:
Bettina Baumgärtel, Berlin (B.B.)
Michaela Burek, Konstanz
Elisabeth von Gleichenstein, Konstanz (E.G.)
Christoph Michel, Freiburg
Karin Stober, Konstanz (K.St.)
Bernhard von Waldkirch, Zürich (B.W.)
Dagmar Zimdars, Freiburg und Karlsruhe (D.Z.)

Mitwirkung bei der Katalogerstellung und -redaktion:
Dagmar Zimdars
Ursula Benkö
Nathalie Wappler

Restaurierungsarbeiten:
Michaela Burek
Peter Vogel
Hildegard Homburger

Technik, Einrichtung, Transporte, Fotografie:
Thomas Winkler, Peter Wollkopf, Walter Tilgner, Lothar Hund,
Rolf Schnarrenberger, Tilo Weber, Hans Schuster, Rolf Kunze

Verwaltung/Organisation:
Ulla Stadelhofer
Ursula Benkö

Öffentlichkeitsarbeit:
Karin Stober

Herausgeber: Städtische Museen Konstanz
© 1992 Rosgartenmuseum
Umschlaggestaltung: Theodor Wenger, Konstanz
Katalog-Layout: Werner Jasko, Allensbach
Herstellung: Druckerei Konstanz GmbH
ISBN: 3-9801501-8-6

Inhalt

Leihgeberverzeichnis 6

Wilhelm Matthias Hansen, Bürgermeister
Zum Geleit 7

Elisabeth von Gleichenstein
Vorwort 9

Beiträge

Dagmar Zimdars
Angelika Kauffmann – Notizen zu Leben und Werk . 13

Elisabeth von Gleichenstein
Marie Ellenrieder 26

Bettina Baumgärtel
»Der Raphael unter den Weibern«. Leben und Werk
Angelika Kauffmanns und Marie Ellenrieders im
Vergleich 45

Christoph Michel
Von Grazien und Pilgerinnen. Mythenbildung um
die Selbstporträts Angelika Kauffmanns und Marie
Ellenrieders 62

Dagmar Zimdars
»… (es) wäre der Mühe wert zu sehen, wie sie mich
sieht und denket …«. Berühmte Zeitgenossen über
Porträts von Angelika Kauffmann 77

Karin Stober
Marie Ellenrieder und die nazarenische Programmkunst . 87

Bernhard von Waldkirch
»Bewußte Tätigkeit und bewußtlose Kraft«. Zeichnungen und Entwürfe zur Kindersegnung von
Marie Ellenrieder 109

Michaela Burek
Anmerkungen zur Maltechnik Angelika Kauffmanns und Marie Ellenrieders 123

Karin Stober
Die Tagebücher der Marie Ellenrieder 135

Ausstellung

Katalog *Angelika Kauffmann*

Selbstbildnisse 141

Porträts 143

Mythologische und literarische Darstellungen ... 157

Graphik, Autograph 174

Katalog *Marie Ellenrieder*

Selbstbildnisse 179

Porträts 181

Religiöse Darstellungen 201

Allegorische und genrehafte Darstellungen, Studien 216

Graphik und Tagebücher 223

Studio-Ausstellung in der Museumsabteilung 19. Jh. · Graphik von Marie Ellenrieder aus dem Besitz von Rosgartenmuseum und Wessenberg-Galerie .. 227

Verzeichnis der abgekürzten zitierten Literatur ... 245

Bildnachweis 247

Wir danken unseren Leihgebern sehr herzlich:

Augsburg, Städtische Kunstsammlungen
Berlin, Staatliche Museen zu Berlin, Gemäldegalerie
Bregenz, Kulturamt
Bregenz, Vorarlberger Landesmuseum
Chur, Bündner Kunstmuseum
Donaueschingen, S. D. Joachim Fürst zu Fürstenberg
Frankfurt, Freies Deutsches Hochstift – Frankfurter
    Goethe-Museum
Frankfurt, Sammlung Eheleute Dr. Schminck
Freiburg, Freiherrlich Gayling v. Altheimsches Gesamt-
    archiv, Schloß Ebnet
Graz, Alte Galerie des Steiermärkischen Landesmuseums
    Joanneum
Halle, Staatliche Galerie Moritzburg
Innsbruck, Tiroler Landesmuseum Ferdinandeum
Karlsruhe, Staatliche Kunsthalle
Lausanne, Musée Cantonal des Beaux-Arts de Lausanne
London-Kenwood, The Iveagh Bequest
München, Bayerische Staatsgemäldesammlungen, Neue
    Pinakothek
München, Münchner Stadtmuseum
Offenburg, Museum im Ritterhaus
Sigmaringen, Fürstl. Hohenzollernsche Sammlungen
Stamford, The Burghley House Collection, Lincolnshire,
    England
St. Gallen, Kunstmuseum
Stuttgart, Staatsgalerie
Tübingen, Frau Grete Schleicher
Wien, Historisches Museum der Stadt Wien
Wiesbaden, Museum Wiesbaden
Winterthur, Museum Stiftung Jakob Briner
Zürich, Kunsthaus Zürich
Zürich, Schweizerisches Landesmuseum

sowie zahlreichen privaten Leihgebern

Zum Geleit

Mit der Ausstellung von Angelika Kauffmann und Marie Ellenrieder würdigt die Stadt Konstanz zwei Künstlerinnen aus dem Bodenseegebiet, die zu den großen Malerinnen des 18. und 19. Jahrhunderts zählen. Beide Frauen haben für sich den Weg einer künstlerischen Entwicklung gewählt in einer Zeit, als die gesellschaftlichen Verhältnisse und der ästhetische Diskurs ausschließlich von Männern dominiert waren.

Das Engagement beider Künstlerinnen auf dem Gebiet der Malerei hat dazu beigetragen, späteren Generationen von Frauen in der Kunst den Weg zu ebnen. Sie gehören zu jenen, die durch ihre Arbeit wichtige Positionen erkämpft haben. Ihnen selbst war diese Rolle noch nicht bewußt, sie ermöglichte ihnen nicht das entsprechende Selbstvertrauen. Die Erfahrung, nach den gesellschaftlichen Konventionen und den herrschenden Rollenvorstellungen »nur eine Frau« zu sein (Rahel-Levin-Varnhagen), wurde gegenüber den künstlerischen Ambitionen von vornherein als Widerspruch erlebt, der sich in niederdrückenden Gefühlen äußerte. »Die Feder in der Hand und der Degen in der Faust«: Dieses kämpferische Wunschbild, das z.B. die Gottsched-Schülerin Sidonie Hedwig Zäunemann am Anfang des 18. Jahrhunderts noch selbstbewußt formulieren konnte, zerbrach bald an den gesellschaftlichen Rollenvorstellungen.

Die Werke von Angelika Kauffmann und Marie Ellenrieder werden im Rahmen des Bodensee-Festivals präsentiert. Als zentrale Jahresveranstaltung der Bodenseeregion ist das Festival ein Forum, das die kunsthistorische Bedeutung der Ausstellung unterstreicht.

Das Bodensee-Festival verbindet viele Städte und Gemeinden am See. Es ist eine Möglichkeit der Begegnung geworden, seine Ausstrahlung geht weit über die regionalen Grenzen hinaus. Leben und Werk der beiden Künstlerinnen werden dadurch einem großen Personenkreis zugänglich gemacht.

Die Werke der Kunst sind unser kulturelles Gedächtnis. Sie erinnern an unsere Vergangenheit und ermöglichen Distanz zur eigenen Geschichte. Dadurch schaffen sie die notwendigen Freiräume, über uns und unsere Zeit nachzudenken und vieles zu relativieren, was als Selbstverständlichkeit erscheint. Die Erinnerung an die Vergangenheit kann dadurch neue Perspektiven ermöglichen. In diesem Sinne hoffen wir, daß die Gelegenheit zu einem Besuch der Ausstellung von vielen wahrgenommen werden kann.

Dr. Wilhelm M. Hansen
Erster Bürgermeister

Vorwort

In der kunstgeschichtlichen Forschung der letzten Jahre nehmen Themen, die sich mit Kunst von Frauen befassen, einen immer breiteren Raum ein. Zwei der Frauen, die sich schon früh als selbständige und weithin bekannte Malerinnen durchsetzen konnten, stammen aus dem Bodenseeraum: Angelika Kauffmann (1771–1807) und Marie Ellenrieder (1791–1863). Beide wurden in ihrer Jugend von hohen Konstanzer Kirchenmännern gefördert, für beide wurde ein Aufenthalt in Rom zur prägenden Erfahrung.

Der 200. bzw. 250. Geburtstag der Künstlerinnen 1991 führte zur Planung einer gemeinsamen Ausstellung. Für Angelika Kauffmann ist es die erste größere Ausstellung in Deutschland, 1955 war ihr eine Ausstellung in London-Kenwood und 1968 eine in Bregenz gewidmet. Von Marie Ellenrieder waren bisher (1913 und 1963) zwei Ausstellungen in Konstanz zu sehen. Es erschien reizvoll, einmal beide Frauen gemeinsam vorzustellen, ihr Leben und ihr Werk in Erinnerung zu rufen, aber auch die besonderen Bedingungen herauszuarbeiten, mit denen sie als Frauen in einer noch ganz männlich dominierten Kunstwelt konfrontiert waren.

So stand Angelika Kauffmann im 18. Jahrhundert noch kein anderer Weg der Ausbildung offen als im familiären Bereich: Ihr Vater, selbst Maler, unterwies seine Tochter von Kindheit an in den handwerklichen Fertigkeiten, die für das Metier notwendig waren. Er erkannte auch schon früh, daß die Begabung Angelikas bessere Möglichkeiten zu gehobenen Einkünften bot als seine eigene bescheidene Kunst. Die Notwendigkeit, Geld zu verdienen, und die frühe Förderung als »Wunderkind« erwiesen sich als Glücksfall für das junge Mädchen, das sich damit aus den Konventionen einer Gesellschaft löste, die die Stellung der Frau nur in der Familie sah und künstlerische Betätigung lediglich als hübsche Nebenbeschäftigung zuließ.

Marie Ellenrieder konnte 50 Jahre später bereits den »professionellen« Ausbildungsweg einschlagen: Als erste Frau wurde sie 1813 an einer deutschen Akademie zugelassen. Freilich bedurfte es auch hierfür der männlichen Protektion des damaligen Konstanzer Generalvikars Ignaz Heinrich von Wessenberg.

Die wesentlichen Fähigkeiten des Zeichnens mußten beide sich durch Kopieren von Bildern alter Meister und von antiken Statuen aneignen. Denn das Studium des nackten menschlichen Körpers vor dem lebenden Modell war für eine Frau unmöglich zur Zeit Kauffmanns und sehr erschwert zur Zeit Ellenrieders. Man sagte Angelika Kauffmann später nach, ihre hohe Meisterschaft in der Farbgebung habe sich entwickelt als Kompensation für ihre Schwäche im Zeichnerischen.

Als die gängige Möglichkeit für Frauen, mit Malerei auf gesittete Weise Geld zu verdienen, galt die Porträtmalerei. Beide Künstlerinnen wurden berühmt für ihre ausgezeichneten feinfühligen Porträts. Beide idealisierten aber auch in späteren Jahren ihre Bildnisse zunehmend auf Kosten der individuellen Charakteristik. Angelika Kauffmann konnte die große Nachfrage nach Porträts kaum befriedigen, war es aber auch »müde, auf den Kauf zu malen«; Ellenrieder lehnte es aus religiöser Überzeugung später sogar ab, Porträts zu malen, da diese die menschliche Eitelkeit unterstützten.

Bei ihrem ersten Rom-Aufenthalt wurde Angelika Kauffmann durch Johann Joachim Winckelmann die Kunst der Antike nahegebracht. Sie wandte sich seither bevorzugt den Themen der antiken Mythologie zu, später auch literarischen und historischen Stoffen. Ihre Malerei wandelte sich vom Stil des Rokoko zu einem sehr persönlich geprägten Klassizismus.

In noch stärkerem Maße wurde Marie Ellenrieder durch ihren ersten Rom-Aufenthalt geprägt. Sie schloß sich dort der Gruppe der Nazarener um Friedrich Overbeck an, wandte sich ganz der religiösen Malerei zu, und veränderte auch ihre Malweise völlig. Doch wurde dadurch auch der Elan ihrer frühen Arbeitsphase gebrochen, sie kehrte tief verunsichert und depressiv nach Deutschland zurück.

Eine wesentliche Rolle für die künstlerische Entwicklung der beiden Malerinnen spielte zweifellos die Erwartung, die die Zeitgenossen (und späteren Rezensenten) Kunst von Frauen gegenüber hegten. Malerinnen wurden gelobt, wenn sich in ihren Arbeiten die weibliche Natur ausdrückte, wenn ihre Darstellungen anmutig,

zart und »fraulich weich« waren, und das Gefühl ansprachen. Daß diese ziemlich einhellige Erwartung sich auf die Kunst der beiden Malerinnen auswirkte, war unvermeidlich, so daß schließlich die Kritik manchmal auch in das Gegenteil umschlug und die Darstellungen als »zu weich und allzu weiblich« (Ellenrieder) getadelt wurden oder beklagt wurde, Angelikas Männerporträts gebräche es an Kraft, und ihre Helden träten »wie zarte Knaben oder verkleidete Mädchen« auf. Für heroische Gegenstände wurde beiden die »Größe« abgesprochen.
In weit höherem Grade als männliche Künstler wurden Frauen auch ihrem Persönlichkeitsbild nach in die Beurteilung einbezogen. Angelika Kauffmann verkörperte selbst die Schönheit, Anmut und Liebenswürdigkeit, die ihre Bilder charakterisieren, was nicht unwesentlich zu ihrem Ruhm beitrug. Selbst bei Marie Ellenrieder, deren Figuren zunehmend weniger wie irdische Wesen wirkten, schien es wichtig, daß ihre Erscheinung schön, liebenswürdig, fromm und bescheiden war.
Marie Ellenrieder, die nicht mehr im Zeitalter der Aufklärung lebte, als man es gewohnt war, daß Frauen in gesellschaftlich renommierten »Salons« residierten (auch die Kauffmann tat das noch), litt unter der Geringschätzung der männlichen Kollegen in Rom, unter dem moralischen Druck, den die enggleisige Auffassung der Nazarener auf ihre sensible Seele ausübte und unter dadurch entstehenden Minderwertigkeitsgefühlen. Sie zog sich immer mehr zurück und verließ ab 1842 ihre Heimatstadt nicht mehr, gab auch ihre Bilder nicht mehr auf Ausstellungen.
Äußerungen einer negativen Selbsteinschätzung finden sich auch bei Angelika Kauffmann, trotz ihrer rauschenden Erfolge, die zum Teil gerade ihrer Weiblichkeit zu verdanken waren. Doch dann erlebt sie persönliche Enttäuschungen, etwa die unbefriedigende Freundschaft mit Goethe, fühlte sich oftmals als Person und als Künstlerin nicht ernst genommen, und litt in ihren späteren Jahren an einem erheblichen Mangel an Selbstvertrauen.
Für die Zusammenführung der beiden Malerinnen in einer gemeinsamen Ausstellung war auch die Rezeption, die Marie Ellenrieder bereits zu Lebzeiten und bis in unser Jahrhundert hinein erfahren hat, ein Gesichtspunkt: Häufig wird sie verglichen mit Angelika Kauffmann, etwa wenn von ihrem Ruf als der besten Künstlerin seit Angelika Kauffmann die Rede ist, oder wenn es im bekannten Künstlerlexikon Thieme-Becker sogar heißt, sie sei »an Stärke und Eigenart der Begabung der berühmten Angelika Kauffmann überlegen«. Zumeist wird ihre »tiefere Empfindung« hervorgehoben. Diese Einschätzung folgte dem im 19. Jahrhundert herrschenden Geschmack, welcher das Rokoko als oberflächlich und den Klassizismus als kalt abtat. Aus dieser Haltung heraus konnte der Kunstkritiker Friedrich Pecht in seinem Nachruf auf die Künstlerin gar sagen, die Werke der Ellenrieder hätten eine Tiefe und Bedeutung, »die der flachen inhaltslosen Gefälligkeit der Angelika Kauffmann ganz abgeht«, sie sei ihr bei weitem vorzuziehen. Inzwischen hat sich die Beurteilung umgekehrt: Vor allem das religiöse Werk der Ellenrieder wird weniger geschätzt, uns sprechen eher ihre profanen Arbeiten an. Angelika Kauffmann hingegen genießt wegen ihrer außergewöhnlichen malerischen Qualitäten seit langem wieder hohes Ansehen, wenn auch nicht mehr in dem enthusiastischen Ausmaß wie zu ihren Lebzeiten. Dennoch gilt sie neben Elisabeth Vigée-Le Brun (1755–1842) als bedeutendste Malerin des 18. Jahrhunderts.
Der Maßstab dieser Beurteilungen ist freilich immer ein geschlechtsbezogener und damit einer, der der künstlerischen Leistung der Malerinnen im Grunde nicht gerecht wird. Beide verdienen es, nicht an ihren Geschlechtsgenossinnen, sondern an der Kunst ihrer Zeit gemessen zu werden. Wenn unsere Ausstellung dazu beitragen kann, hier ihren Stellenwert deutlich zu machen, hat sie eine wichtige Aufgabe erfüllt.

Zur Ausstellung konnten wir dank des Entgegenkommens unserer Leihgeber zahlreiche Hauptwerke von Kauffmann und Ellenrieder zusammentragen. Viele der Exponate waren bisher noch niemals öffentlich zu sehen. So gilt mein erster Dank unseren Leihgebern, den Museen und Privatbesitzern, die unser Vorhaben unterstützten und uns ihre Schätze für die Dauer der Ausstellung zur Verfügung stellten. Zu danken habe ich auch all denen, die uns mit Rat und Tat zur Seite standen, ganz besonders Frau Dr. Bettina Baumgärtel, die ihre großen Kenntnisse über Angelika Kauffmann in den Dienst unserer Sache stellte, etliche Leihgaben vermitteln konnte und im Vorgriff auf die von ihr geplante Herausgabe des Werkverzeichnisses die Katalogtexte zu Kauffmann verfaßte. Dank möchte ich auch den Mitarbeiterinnen und Mitarbeitern des Badischen Generallandesarchivs und der Badischen Landesbibliothek in Karlsruhe sagen für die Hilfe bei der Beschaffung von Quellenmaterial zu Marie Ellenrieder. Herr Paul-René Zander, Freiburg, unterstützte unsere Arbeit durch wertvolle genealogische Angaben, wofür ich ihm herzlich danke.

Bedanken möchte ich mich auch bei den Autoren/innen dieses Katalogs, die die Mühe der Bearbeitung auf sich nahmen und kenntnisreiche Beiträge lieferten. Und schließlich habe ich Dank zu sagen den Mitarbeiterinnen und Mitarbeitern der Rosgartenmuseums, die seit Monaten unter großem persönlichem Einsatz an der Vorbereitung und Gestaltung von Katalog und Ausstellung arbeiteten. Ohne ihr Engagement könnte eine solche Ausstellung niemals zustande kommen.

Elisabeth v. Gleichenstein

◁ 1 A. Kauffmann, Selbstbildnis, um 1780, Kat.-Nr. 1 A. K.

2 A. Kauffmann, Selbstbildnis, 1780, Kat.-Nr. 2 A. K.

3 A. Kauffmann, Selbstbildnis, 1784, Kat.-Nr. 3 A. K. ▷

5 A. Kauffmann, Lady Mosley, um 1770, Kat.-Nr. 8 A. K.

6 A. Kauffmann, Junger Mann, um 1774, Kat.-Nr. 9 A. K.   7 A. Kauffmann, Graf Fries, 1787, Kat.-Nr. 14 A. K.

8 A. Kauffmann,
  Gräfin v. Lichtenau,
  1796, Kat.-Nr. 18 A. K.

9 A. Kauffmann, Der Spiegel der Venus, nach 1769, Kat.-Nr. 20 A. K.

10 A. Kauffmann, Hebe, um 1770, Kat.-Nr. 21 A. K.   11 A. Kauffmann, Klio, um 1770–1775, Kat.-Nr. 22 A. K.

12 A. Kauffmann, Amor wird keine Herzen mehr verführen, vor 1777, Kat.-Nr. 27 A. K.

13 A. Kauffmann, Irre Maria (nach L. Sterne), 1777, Kat.-Nr. 28 A. K.

14 A. Kauffmann, Abra,
    um 1780, Kat.-Nr. 29 A. K.

15 A. Kauffmann, Telemach in der
    Grotte der Kalypso, 1788,
    Kat.-Nr. 35 A. K.

16 A. Kauffmann, Tod der Alcestis,
    1790, Kat.-Nr. 36 A. K.

17 A. Kauffmann, Odysseus bei Circe, 1793, Kat.-Nr. 37 A. K. 18 M. Ellenrieder, Selbstbildnis, 1818, Kat.-Nr. 1 M. E.

19 M. Ellenrieder, Selbstbildnis, 1819, Kat.-Nr. 2 M. E.

20 M. Ellenrieder, Selbstbildnis, um 1820, Kat.-Nr. 3 M. E.

21 M. Ellenrieder, Fritz Detrey, um 1816/17, Kat.-Nr. 6 M. E.

22 M. Ellenrieder, Carl Erbprinz v. Hohenzollern, um 1818, Kat.-Nr. 7 M. E.

23 M. Ellenrieder, Thekla v. Thurn-Valsassina, 1818, Kat.-Nr. 9 M. E.

24 M. Ellenrieder, Amalie Fürstin zu Fürstenberg, 1819, Kat.-Nr. 17 M. E.

25 M. Ellenrieder,
Ludwig I.
Großherzog v. Baden,
um 1827,
Kat.-Nr. 23 M. E.

26 M. Ellenrieder,
Jüngling, 1830,
Kat.-Nr. 26 M. E.

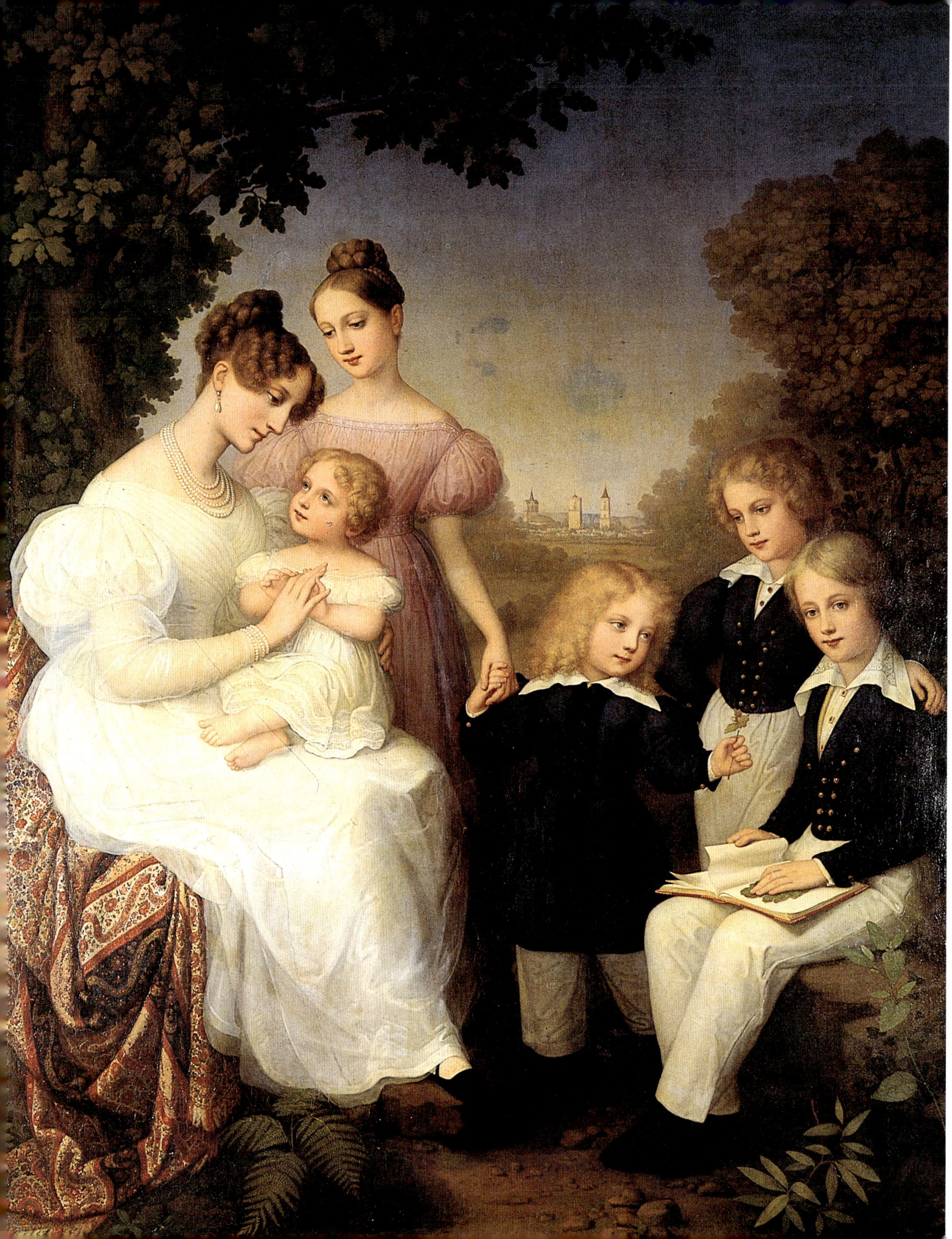

27 M. Ellenrieder, Großherzogin Sophie v. Baden
mit ihren Kindern, 1833, (Baden-Baden, Neues Schloß),
vgl. Kat.-Nr. 27 M. E.

28 M. Ellenrieder / Rudolf Kuntz,
Ehepaar Krieg v. Hochfelden zu Pferd, 1832,
Kat.-Nr. 28 M. E.

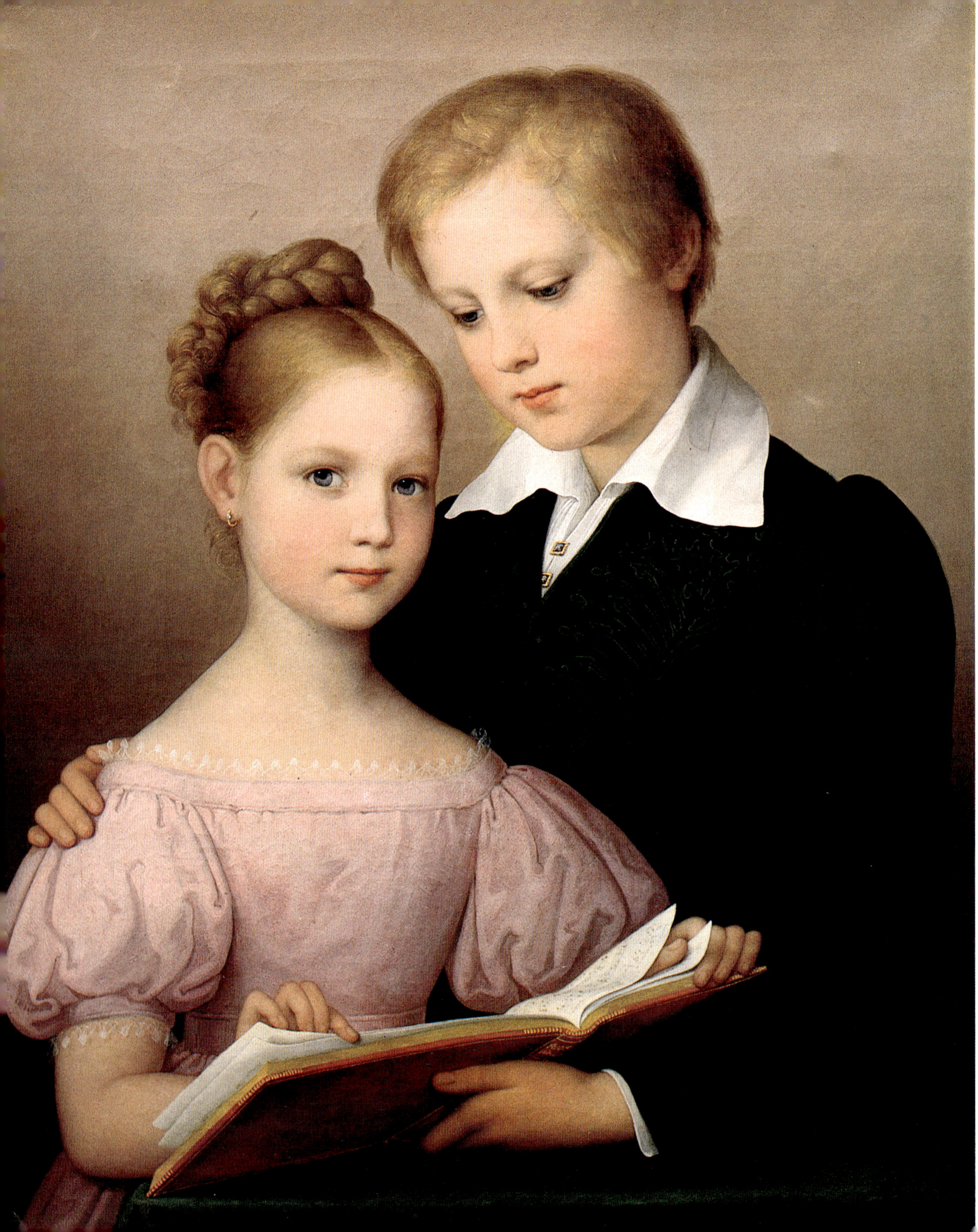

30 M. Ellenrieder, Maria mit Jesusknaben, 1824,
    Kat.-Nr. 36 M. E.

31 M. Ellenrieder, Maria schreibt das Magnifikat, 1833,
    Kat.-Nr. 44 M. E.

29 M. Ellenrieder, Gräfin Louise und Graf Ludwig
    v. Langenstein, 1833, Kat.-Nr. 29 M. E.

32 M. Ellenrieder, Johannes d. T. als Knabe, 1827,
    Kat.-Nr. 38 M. E.

33 M. Ellenrieder, Betendes Kind, 1829,
    Kat.-Nr. 41 M. E.

34 M. Ellenrieder, Knabe am Wegkreuz, 1840, Kat.-Nr. 50 M. E. ⟩

35 M. Ellenrieder, Kindheit, aus Zyklus der Lebensalter, 1836, ⟩⟩
    Kat.-Nr. 52 M. E.

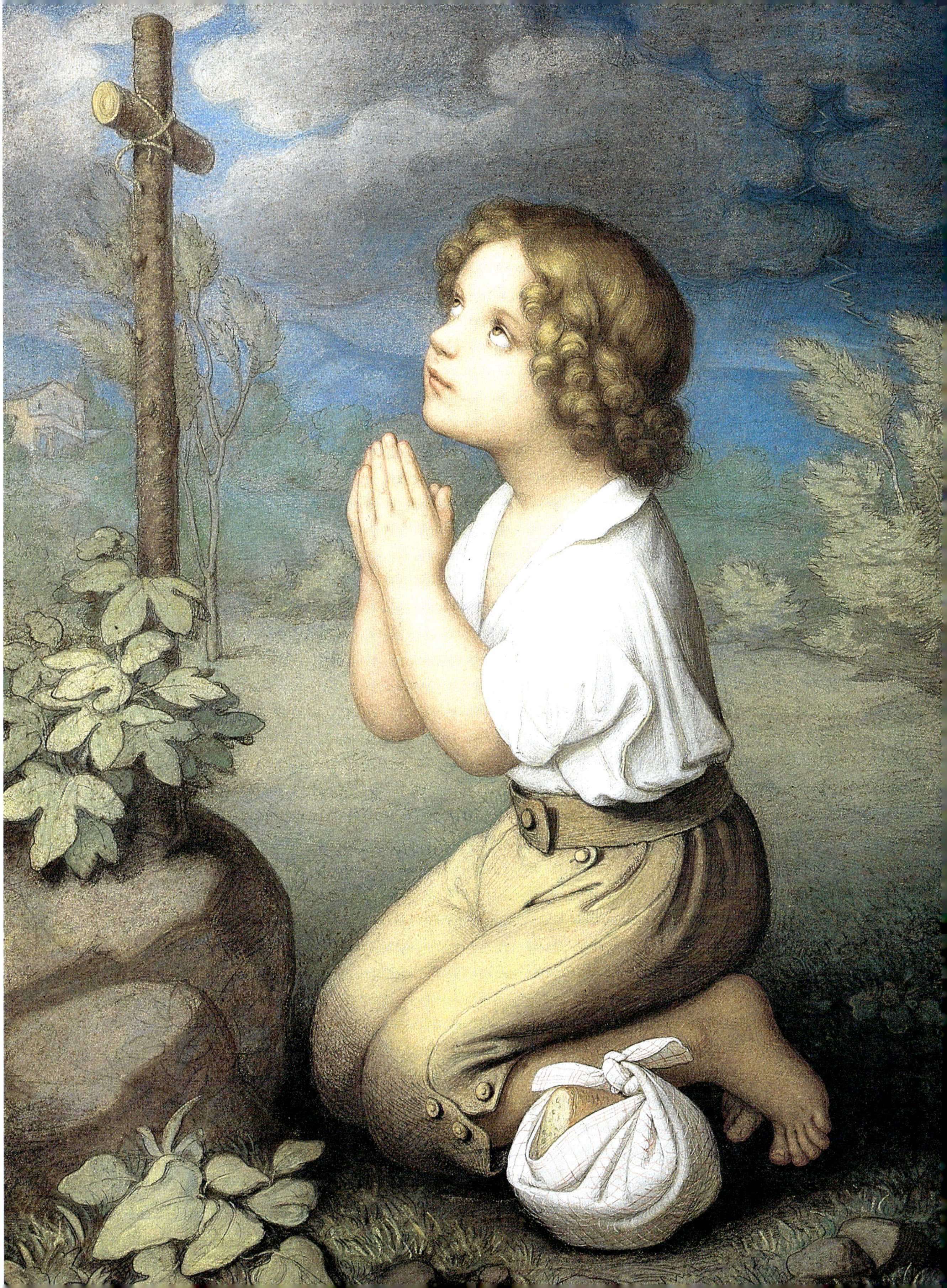

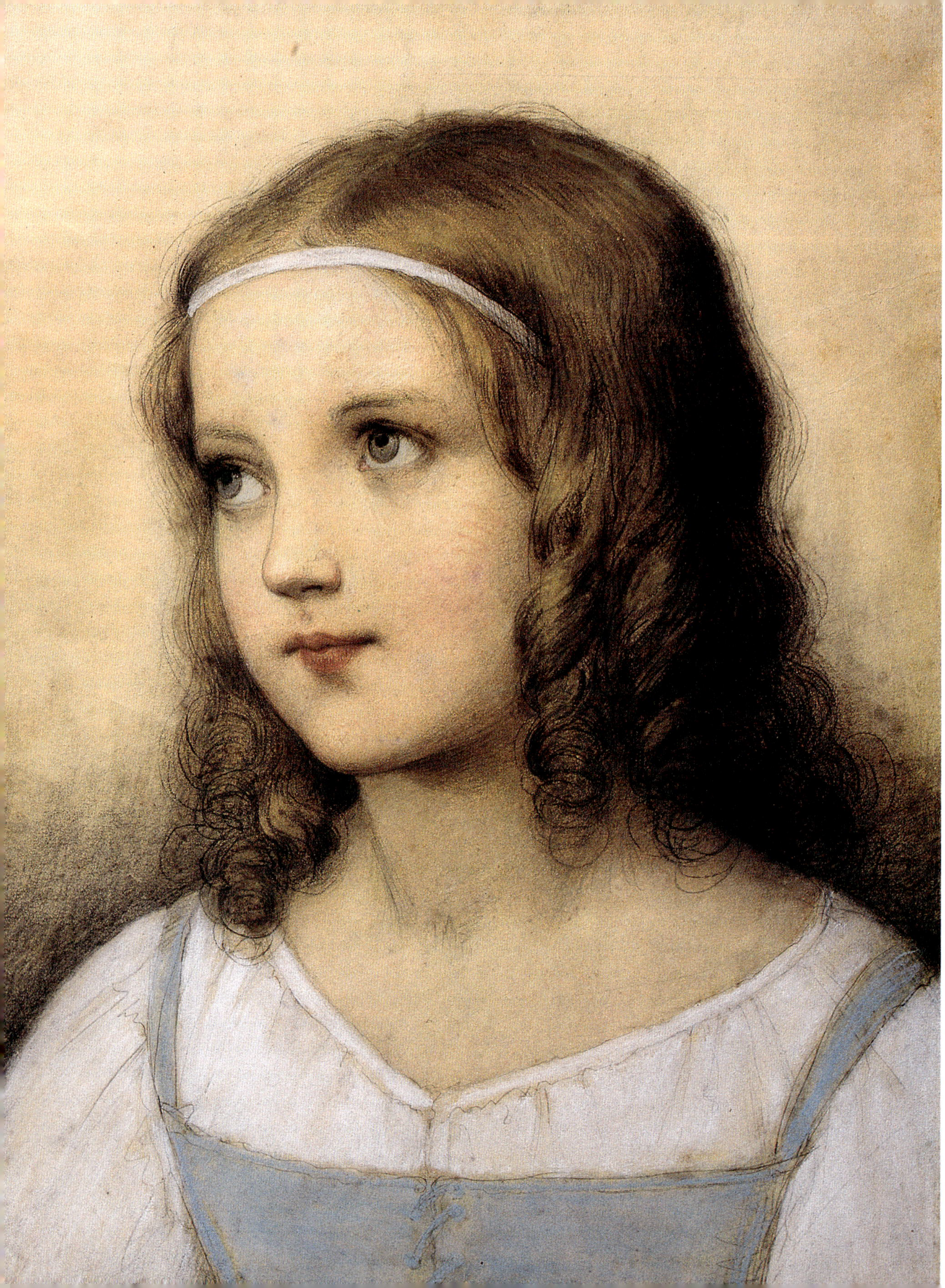

Dagmar Zimdars

Angelika Kauffmann – Notizen zu Leben und Werk

»Angelika Kaufmann! wer war Angelika Kaufmann...?«

Diese Frage, zu deren Beantwortung Ausstellung und Katalogartikel beitragen, stellte im ausgehenden 18. Jahrhundert bereits Johanna Schopenhauer (1766–1838), als sie sich, bei der Entscheidung für den Beruf einer Malerin bzw. den einer Schriftstellerin, zum Entsetzen ihrer Familie für die Laufbahn einer Malerin entschließen wollte. Wie die spätere Schriftstellerin in ihren Lebenserinnerungen berichtete, erhielt sie auf die Frage folgende Antwort: »Sie ist eine noch in Italien lebende, allbewunderte, hochverehrte Malerin ... Eine Malerin, also kann es auch Malerinnen geben? Ich hatte noch nie von einer gehört.«[1]

Die am 30. Oktober 1741 im schweizerischen Chur geborene Angelika Kauffmann gehört heute neben den meist in einem Atemzug genannten erfolgreichen Malerinnen Rosalba Carriera (1665–1757) und Elisabeth Vigée-Lebrun (1755–1842) zu den bekanntesten Künstlerinnen des 18. Jahrhunderts. Die Literatur zu ihrem Werdegang, Werk und ihrer Stellung innerhalb der Kunstgeschichte ist äußerst umfangreich. Dabei überwiegen zumeist oberflächliche Werkanalysen und – von nicht zu unterschätzender Wirkung – Mythen, die Angelika Kauffmanns »weibliche Eigenschaften« und »weibliche Empfindungen« als Erklärungen für die spezifischen Merkmale ihres Werkes heranziehen.[2]

Kauffmanns Œuvre ist über verschiedene Sammlungen in der ganzen Welt z. B. in Bregenz, Chur, Florenz, Budapest, Zürich und London verstreut. Es wird auf 1200 Ölgemälde, Zeichnungen und Radierungen geschätzt, kein Wunder, daß bis heute ein kritisches Werkverzeichnis fehlt.

Angelika Kauffmann feierte im letzten Jahr ihren 250. Geburtstag, abgesehen von einigen kleineren Ausstellungen, ging dieser Jahrestag ohne eine angemessene Würdigung ihrer künstlerischen Leistungen vorbei.[3] Das fehlende Werkverzeichnis erklärt diese Tatsache nur zum Teil. Ein wesentlicher Grund dürfte in den komplexen Fragestellungen zu suchen sein, die heute an ihr Werk gestellt werden müßten. Dabei geht es um Fragen der noch immer umstrittenen feministischen Kunstgeschichtsschreibung. Wie diese auszusehen hätten, wurde in der 1990 von Bettina Baumgärtel publizierten Dissertation »Angelika Kauffmann« vorformuliert.[4] Baumgärtels monographische Studie trägt den bezeichnenden Untertitel »Bedingungen weiblicher Kreativität in der Malerei des 18. Jahrhunderts«, in der Frage nach diesen Bedingungen klingt noch heute das Staunen der Schriftstellerin Johanna Schopenhauer nach: »...also kann es auch Malerinnen geben?«

Zeitgenössische Quellen

Über Angelika Kauffmanns Leben gibt es eine Fülle unterschiedlichsten Quellenmaterials. So berichteten bereits Zeitgenossen, die die Künstlerin auf einer Durchreise oder bei längeren Aufenthalten in London oder Rom trafen, über ihre Arbeit und ihre Persönlichkeit. Zu diesem Kreis gehörten Diplomaten, Adlige und Künstler, die entweder an den von der Kauffmann veranstalteten Salons teilnahmen oder von ihr porträtiert wurden und, wie es wohl üblich war, nach einer Sitzung mit der Künstlerin deren eigene Werke bzw. qualitätvolle Kunstsammlung besichtigten.

Der rege Briefwechsel z. B., den die Kauffmann mit berühmten Zeitgenossen führte, gehört zu der Reihe eindrucksvoller Selbstzeugnisse, an denen ihre geistige Regsamkeit und künstlerische Vielseitigkeit ablesbar ist. Kauffmanns Briefe an ihren Vater oder an ihre verschiedenen Auftraggeber enthalten Auskünfte über ihre wirtschaftliche und private Lage, in ihnen wird oftmals auch ihre Kunstauffassung greifbar.

An den überlieferten Reaktionen der Kauffmann auf Anfragen, u. a. die des Dichters Friedrich Gottlieb Klopstock (1724–1803), sein literarisches Hauptwerk, den »Messias«, zu illustrieren, zeigen sich die große Bildung und die Begeisterungsfähigkeit, aber auch die Bescheidenheit, mit der die Malerin die ihr gestellten Aufgaben anging. Zu einer Zusammenarbeit zwischen dem Dichter und der Malerin kam es jedoch nie, überliefert ist die Aussage Klopstocks »...Ser Schreckliches, sagen Sie, kan ich nicht zeichnen,...« –, daß dieser Punkt nicht die

Abb. 1 Selbstbildnis Angelika Kauffmann zwischen Malerei
und Musik, um 1794, Nostell Priory, Sammlung Lord St. Oswald

einzige Erklärung für die nicht zustande gekommene Zusammenarbeit ist, ist heute bekannt.[5] Die – unvollständige – Zusammenstellung von Briefen und zeitgenössischen Quellen leistete 1966 Eugen Thurnher.[6] So sinnvoll und wünschenswert eine derartige Zusammenfassung war, so bedauernswert ist es, daß Thurnhers Buch ohne Textkritik, Interpretation und leider auch ohne Kommentar auszukommen glaubt.

Weitere direkte Quellen und sprechende Zeugnisse stehen uns mit den zahlreichen Selbstporträts der Malerin zur Verfügung. Aber auch hierzu fehlt eine umfassende Dokumentation der überlieferten Bildnisse, zu der eine detaillierte Untersuchung und Unterscheidung ›echter‹ von ›verkleideten‹ Porträts gehören müßte. Für diesen Themenkomplex findet sich neues Material in Baumgärtels Publikation, verwiesen sei ferner auf Christoph Michels Beitrag in diesem Katalog.

Biographien, Werkverzeichnis, Ausstellungen

Angelika Kauffmanns wechselvolles Leben war bereits kurz nach ihrem Tod Gegenstand einer kleinen, aber wichtigen Biographie. Der in Rom lebende Kunstkenner Giovanni Gherardi de Rossi sammelte zu Lebzeiten Material über die Künstlerin, 1810 publizierte er es. Bereits 1814 erfolgte eine deutsche Übersetzung.[7]
Rossis Verdienst ist bis heute unbestritten, seine Biographie bleibt eine der grundlegendsten Quellen für Leben und Werk der Malerin. Allerdings gab seine Biographie auch das Muster vor, nach dem selbst noch in jüngster Zeit gestrickt wurde. Die 1954 von Adeline Hartcup verfaßte Biographie wie auch die von Dorothy Moulton-Mayer 1972 veröffentlichte – sie sind repräsentativ für die Art einer romanhaft-verklärenden Annäherung an die Künstlerin – fußen auf Rossi und schreiben diesen nahezu kritiklos fort.[8] Diesen Autoren ist die ungebrochene, also unkritische Bewunderung sowohl für das Werk als auch für die Persönlichkeit der Künstlerin gemeinsam. Diese Art der Annäherung gipfelte 1987 in der peinlichen, pseudopsychologischen Biographie Siegfried Obermeiers.[9] Dagegen bildet die bereits 1968 erschienene Biographie Claudia Helboks mit ihrer gründlichen Archiv- und Quellenarbeit eine Ausnahme.[10] Helbok sammelte neue Fakten zur Geschichte der Familie Kauffmann, wodurch ein umfassender Überblick über die Verhältnisse zur Zeit der künstlerischen Ausbildung der Malerin in Graubünden bzw. im Bregenzer Wald möglich wird.

Ein erstes Werkverzeichnis erschien 1892, sein Schwerpunkt lag auf den in England verstreuten Werken, es ist heute in vielen Teilen überholt. Die 1924 von Victoria Manners & G. C. Williamson veröffentlichte Monographie baute auf diesem Verzeichnis auf, sie enthielt außerdem die von Kauffmanns Ehemann Antonio Zucchi begonnene und von der Malerin selbst fortgesetzte Liste ihrer Werke.[11]

Nach einer Ausstellung 1955 in Kenwood, England, die alleine der Malerin gewidmet war, folgte 1968 die Ausstellung in Bregenz, bei der Kauffmanns Werke im Wechselspiel mit ihren Zeitgenossen gezeigt wurde. Mit dem Katalog dieser wichtigen Werkschau stand zum ersten Mal gebündelt umfangreiches Vergleichsmaterial zur Verfügung, überdies wurde das Verzeichnis ihrer Werke überarbeitet. Schließlich ist der Katalogbeitrag Peter Walchs hervorzuheben, da Walch als erster die Bedeutung Kauffmanns als Historienmalerin umschrieb.[12]

Die gängigen kunstgeschichtlichen Handbücher, Übersichtswerke und Lexikonartikel behandeln die Malerin selbstverständlich auch.[13] Bereits 1767 fand sie Aufnahme in dem von Johann Rudolf Füßli herausgegebenen »Allgemeinen Künstlerlexikon«, ein Umstand, den sie dem Erfolg ihres Winckelmannporträts (1764) verdankte. Nach der Würdigung ihrer Fähigkeiten als Porträtmalerin folgte in jenem Artikel eine Kritik, die sich über Jahrhunderte hinweg bis in unsere Zeit halten sollte: »… Sie verstand die Antiken, verriet aber in männlichen Figuren zuviel von ihrem Geschlechte.«[14]
Mit nur wenigen Ausnahmen schreiben jüngere Handbücher und Lexikonartikel den Stil der oben vorgestellten Biographien fort und sind daher wenig informativ.

Eine Neubewertung der Kunst Angelika Kauffmanns, die u. a. durch die Aufwertung des Rokoko und des Klassizismus in jüngster Zeit oder durch Ergebnisse der feministischen Kunstgeschichtsschreibung erfolgen könnte, ist in dieser Literatur noch nicht zu finden.

Erst mit Baumgärtels Dissertation wurden 1990 Fragen nach der Frau als Künstlerin im 18. Jahrhundert pointiert gestellt und Antworten angeboten; ein von dieser Autorin erarbeitetes Werkverzeichnis wurde angekündigt. Der soziale Status malender Frauen im 18. Jahrhundert wurde umrissen und Kauffmanns Produktion vor diesem Hintergrund beleuchtet. Ihre Bilder wurden im Licht der damals herrschenden Kunsttheorie betrachtet, wodurch das Dilemma einer ›kunstproduzierenden‹ Frau jener Epoche anschaulich faßbar wird. Diese im Umfeld feministischer Kunstgeschichtsschreibung entstandene Studie macht eindrucksvoll klar, daß alleine über interdisziplinäre Fragestellungen die Mythen um Leben und Werk der Angelika Kauffmann aufgelöst werden können. Baumgärtels fundierte Analysen einzelner ausgewählter Bildthemen zeigen weiter auf, wie viele Fragen in der Kauffmann-Forschung unbeantwortet geblieben sind bzw. erst noch gestellt werden müssen.

Ausbildungszeit

Angelika Kauffmann wurde als Tochter der Eheleute Johann Joseph Kauffmann und Cleopha Lutz in Chur geboren.[15] Der aus Schwarzenberg im Bregenzer Wald gebürtige Vater gehörte noch der Generation der Maler-Handwerker an, deren Lebensunterhalt von den Aufträgen weltlicher und kirchlicher Würdenträger abhing (Kat.-Nr. 7 A. K., Farbtafel 4). Zu seinen Aufträgen, von denen er die Familie gut ernähren konnte, zählten neben dem Anfertigen von Porträts und dem Kopieren die Herstellung von Fresken sowie Restaurierungsarbeiten. Mit dieser vielseitigen Tätigkeit war ein unruhiges Wanderleben verbunden, das seine Familie mit ihm teilte.

Johann Kauffmann hatte sehr früh erkannt, daß seine Tochter eine weit größere Begabung als er selbst in sich

Abb. 2   Selbstbildnis in Bregenzwälder Tracht, 1757/59, Florenz, Uffizien

trug und daß eine frühzeitige Förderung des Talentes nicht zuletzt aus wirtschaftlichen Gründen vorteilhaft war. Der Vater förderte diese Begabung, kümmerte sich um Aufträge und suchte Mäzene. Durch das Wanderleben lernte Angelika Kauffmann fremde Kulturen und Sprachen kennen. Die Mutter unterrichtete sie in den Sprachen und im Gesang, für beides zeigte Angelika Kauffmann eine große Begabung. Die Mutter starb bereits 1757. Angelika Kauffmann erhielt bei ihrem Vater eine umfassende handwerkliche Ausbildung, zu der u. a. das Farbenmischen und das Vorbereiten der Leinwände gehörten. Weiterer wichtiger Bestandteil dieser Ausbildung waren Zeichnen und Kopieren nach Vorlagen alter Meister.

Für 1753/54 ist ein Aufenthalt der Familie Kauffmann in Como überliefert, über die Jahre 1754–1757 weiß man von einer ersten Reise nach Italien, die auch einen längeren Aufenthalt in Mailand einschloß. Bereits in diesem Zeitraum (um 1753) arbeitete die Kauffmann für höhere Würdenträger, so entstand z. B. das Porträt des Erzbischofs Nevroni aus Como. 1753 stellte sich die Dreizehnjährige als Sängerin mit einem Notenblatt dar, Aufzug und Garderobe zeigen deutlich den Einfluß ihrer Schulung an barocken Meistern. Für 1757 ist die Mitarbeit Angelika Kauffmanns bei der Ausmalung der Pfarrkirche in Schwarzenberg mit Fresken nach Vorlagen des Venezianers Giovanni Battista Piazzetta belegt. Danach arbeiteten Vater und Tochter gemeinsam am Bodensee, es entstanden u. a. das Bildnis des Fürstbischofs von Konstanz, Franz Konrad von Rodt (nach 1757), sowie das Porträt des Grafen Franz Xaver von Montfort und der Gräfin Sophie von Limburg-Styrum (Kat.-Nr. 6 und 7 A. K.).

Wenn sich Angelika Kauffmann 1757/59 mit Malstock und Palette als junge Malerin in der Tracht des Bregenzer Waldes vor der Staffelei porträtiert (Abb. 2), hat die dann bald Zwanzigjährige bereits ein abwechslungsreiches Leben hinter sich. Dieses Porträt markiert den selbstbewußten Auftakt zu einer zweiten Italienreise, die, 1762 beendet, als Schlußpunkt der frühen Ausbildungsphase gilt.

Kauffmanns Biograph Rossi betonte, daß nach dem Tod der Mutter 1757 und mit der zweiten Italienreise 1760–1762 die endgültige Entscheidung für eine Laufbahn als Malerin gefallen war. Rossi strich diese Tatsache besonders heraus, da Angelika Kauffmanns musikalisches Talent groß gewesen sein muß, und die Entscheidung, Malerin zu werden, erst nach einem längeren Abwägungsprozeß fiel. Noch Jahre später, 1794, entstand mit dem Ölbild »Angelika Kauffmann zwischen Malerei und Musik« ein autobiographisches Zeugnis dieser Entscheidung (Abb. 1). Über dieses Gemälde berichtete 1795 Friedrich von Matthisson; er verglich darin Angelika Kauffmanns Schwierigkeit, zwischen Malerei und Musik entscheiden zu müssen, mit derjenigen des antiken Herkules am Scheideweg.[16]

Lernen durch Kopieren

1762 bis Ende 1765 arbeitete die Malerin weitere Jahre in Italien. Obwohl diese Zeit erste beachtliche Erfolge brachte, sind sie noch der Ausbildungszeit zuzurechnen. Da Frauen vom Zeichenunterricht und Aktstudium prinzipiell ausgeschlossen waren, wurde für sie das Kopieren berühmter Vorbilder um so wichtiger. Durch das Studieren alter Stichvorlagen oder durch das Arbeiten nach Originalen in den berühmten Galerien konnten sich die Maler in Komposition, Farbzusammenstellung und Themenwahl üben. Wie aus Berichten bekannt ist, war das Kopieren vor den Originalen, vor allem für eine Frau, mühsam und entbehrungsreich.[17] Wie Helbok hervorhob, konnte Angelika Kauffmann die Galerien nicht ohne entsprechende Empfehlungsschreiben bekannter Persönlichkeiten besuchen. Daß die Malerin mit derartigen Schreiben gut ausgerüstet gewesen war, hatte sie sicherlich der Geschäftstüchtigkeit und den Beziehungen des Vaters zu verdanken.

Ein Beispiel für Angelika Kauffmanns unermüdlichen Fleiß und ihre künstlerische Neugier bezeugte Johann Wolfgang von Goethe für das Jahr 1788. Er berichtete, daß die Künstlerin sofort nach dem Kauf eines Bildes von

Tizian begann, »... in einer neuen Manier zu malen, um zu versuchen, wie man gewisse Vorteile jener Meister sich eigen machen könne«.[18] Möglicherweise läßt sich an dieser ›Kopierhaltung‹ aber auch der Einfluß des englischen Malers Joshua Reynolds fassen, den Angelika Kauffmann in den 60er Jahren in London kennengelernt hatte. Reynolds propagierte in großem Stil das Kopieren alter Meister. Das Ziel sollte selbstverständlich nicht das bloße Kopieren sein, nach Reynolds Auffassung entstand in der Auseinandersetzung mit dem berühmten Vorbild etwas Neues und Eigenständiges. Angelika Kauffmann kopierte u. a. in den Uffizien in Florenz, im Palazzo Barberini in Rom und in der Galleria di Capodimonte in Neapel. Dieses Studium erfolgte z. T. zeitgleich mit dem des Angloamerikaners Benjamin West (1738–1820) und des Engländers Nathaniel Dance (1735–1811), Malerkollegen, die sie hinsichtlich Themenwahl und Stil maßgeblich beeinflußten. Ihre Vorbilder waren die Bologneser Maler Guido Reni, Correggio, die Carracci, Domenichino, Guercino, aber auch Raffael, Rembrandt und Tizian.[19] Von Johann Friedrich von Reiffenstein erlernte sie die Technik des Radierens.[20] Ihre Ehrenmitgliedschaft in der Accademia in Bologna und Florenz 1762 deutet darauf hin, daß die Malerin bereits zu diesem Zeitpunkt geschätzt wurde, wenngleich die Aufnahme in eine Akademie nicht immer gleichbedeutend mit künstlerischer Anerkennung sein mußte; sie ermöglichte allerdings die Teilnahme an Ausstellungen. In Italien entstand 1762–1764 eine Reihe Porträts berühmter Zeitgenossen, insbesondere solche englischer Reisender, so z. B. das des Shakespeare-Darstellers David Garrick. Der Kundenkreis dieser Engländer, die sich als Abschluß ihrer ›grand tour‹ gerne porträtieren ließen, war eine der Grundlagen für die spätere gastfreundliche Aufnahme der Malerin in England. An erster Stelle sei hier jedoch das 1764 in Rom gemalte, von Heinrich Füßli in Auftrag gegebene Bildnis Johann Joachim Winckelmanns erwähnt. Es wurde kurz darauf von der Malerin selbst und von Reiffenstein in Kupfer gestochen und von allen Zeitgenossen sehr bewundert.[21]

England (1766–1781)
Porträtmalerei

Fünfzehn Jahre, von 1766 bis 1781, lebte und arbeitete die Malerin in England. Das war keineswegs ungewöhnlich, denn die Hälfte der im 18. Jahrhundert in England tätigen Künstler war nicht englisch. Nach 1700 hatte sich dort ein finanzkräftiges Bürgertum entwickelt, das Malern vom Kontinent durch den Mangel an einheimischen Künstlern sehr gute Arbeitsbedingungen bot. Bereits nach einem halben Jahr lobte ein Gedicht Kauffmanns malerische Fähigkeiten in überschwenglichen Tönen.[22] Im Herbst 1766 berichtete die Künstlerin ihrem Vater in einem Brief, wie es ihr in den ersten Monaten in England ergangen war. Vor allem die Porträts, die entstanden – »... M. Reynolds gefallens über die massen ...«[23] – trafen genau den Geschmack der Aristokratie und den des Geldadels. Die Malerin paßte ihre Malweise geschickt der englischen Porträttradition an[24], indem sie den Markt mit den beliebten allegorischen und populären Rollenporträts bediente – in kürzester Zeit war England ›angelicamad‹.[25] Ihren Ruhm auf der Insel begründete Angelika Kauffmann mit den Porträts von Reynolds (1766), dem der königlichen Schwester Augusta von Braunschweig (1767) und dem Brustbildnis Christians VII. von Dänemark (1768).

Die Forschung geht davon aus, daß Angelika Kauffmann seit ihrem 19. Lebensjahr für den Broterwerb ihrer Familie aufkam. Durch die Porträtmalerei, die einerseits gerade in England stark gefragt war und die andererseits ihrer Begabung sehr entsprach, war die Grundlage ihres Lebensunterhaltes gesichert. Über die Preise für Angelika Kauffmanns Bilder sind wir gut informiert. Es ist eine Liste des Jahres 1788 überliefert, die detailliert die Kosten für Bilder – »tableaux d'histoire« und »portrait« – aufschlüsselt. Informativ ist ferner der darin enthaltene Hinweis auf den Abrechnungsmodus, so sollte der Porträtierte nach der ersten Sitzung zunächst die Hälfte und nach Vollendung des Bildes den Rest bezahlen.[26]

In dem bereits genannten Brief an ihren Vater berichtete Angelika Kauffmann weiter, daß sie »... nun bey Jedermann bekannt und in ansehen [ist]. ... wir müßten ein bedinten haben und eine Magt – das decorum erfordert es...«[27] Diese Zeilen verdeutlichen anschaulich, daß die Kauffmann ihren Stellenwert bzw. ihre gesellschaftliche Stellung richtig einzuschätzen und sich anzupassen vermochte, sicherlich eine der Grundbedingungen für ihren anhaltenden Erfolg. Der genannte Brief vermittelt darüber hinaus einen aufschlußreichen Einblick in den Alltag eines Malerateliers jener Zeit. So erfahren wir, daß Angelika Kauffmann in einem der vier Zimmer ihrer Wohnung malte und daß ein zweites Zimmer dazu diente, ihre vollendeten Bilder auszustellen. Mit Nachdruck hob Angelika Kauffmann hervor, daß Einrichtung und Ausstattung aus Rücksicht auf ihre Kundschaft von ausgewählter Qualität sein mußten, da diese den vornehmen Kreisen angehörte und zu ihr kam, um entweder ihre Bilder zu sehen oder für ein Porträt zu sitzen. Kauffmanns Brief enthält schließlich den Hinweis, daß ihre Bilder in Kupfer gestochen wurden. Die anerkannten und geschätzten Kupferstecher Francesco Bartolozzi (1727–1815) bzw. William Wynne Ryland (1729–1783) setzten Kauffmanns Bilder so wirkungsvoll in Stiche um, daß eine große Nachfrage entstand und die Popularität der Künstlerin dadurch ständig wuchs.

Historienbilder

Neben Porträts entstanden in England Historienbilder, deren unterschiedliche Themen die Malerin der Geschichte, Dichtung oder Mythologie entlehnte. Nach Peter Gorsen ist für Kauffmanns Historienbilder »... der Verzicht auf das aktive, dramatische und männliche Element zugunsten eines Ideals, das die ... unkriegerische Lebensganzheit männlicher und weiblicher Qualitäten ... anstrebt« typisch.[28] Sie gäbe literarischen Stoffen, die z. B. verhinderte oder unglückliche Liebe bzw. unerfüllte Sehnsucht thematisierten, den Vorrang. Dies schien dem englischen Geschmack ebenso entsprochen zu haben wie ihre formal an das Rokoko erinnernde Malweise und die Vorliebe für kleinere Formate wie Tondo und Oval.

Abb. 3   Bildnis Antonio Zucchi, Ehemann der Künstlerin, um 1790, Privatbesitz

Gorsens kluge, aus der Analyse Kauffmannscher Historienbilder gewonnene Bewertung bietet möglicherweise den Schlüssel für deren Einordnung in die Geschichte der Historienmalerei des 18. Jahrhunderts. Gegenüber dem Davidschen ›Schwur der Horatier‹ (1784) mußten ihre Bilder als »kraftlos« und »anmutig« kritisiert werden. Der Vorwurf mangelnder klassischer Klarheit und Härte hielt sich bis in unser Jahrhundert. Wie Gorsen, Nobs-

Greter und Baumgärtel zeigten, wird dieser Vorwurf alleine vor dem Hintergrund der damaligen Kunsttheorie verständlich. Der Verdienst dieser Autoren war es, daß sie die von der Kritik des 18. Jahrhunderts ausgemachten ›Weiblichkeitsdefizite‹ als Defizite entlarvten, die erst durch eine geschlechtsspezifische, d.h. männlich bestimmte Sichtweise, als solche definiert wurden.[29]

Privatleben

Kauffmanns Aufenthalt in England brachte in privater Hinsicht einige Veränderungen. Sie geriet 1767 in die Fänge eines Heiratsschwindlers, von dem sie ein Jahr später geschieden wurde, auch dichteten ihr neidische Konkurrenten immer wieder Affairen mit Künstlerkollegen an. Im Juli 1781 heiratete sie den fünfzehn Jahre älteren Venezianer Antonio Zucchi (Abb. 3). Er stammte wie sie aus einer Malerfamilie und war Spezialist für Architekturmalerei. Ihre Ehe blieb kinderlos, Zucchi starb 1795 in Rom. Die Biographen berichten, daß Zucchi sich in dieser Ehe unterordnete und sich um die organisatorischen Aufgaben kümmerte, die ein so großes Atelier mit sich brachte. Die Epoche in England endete 1781 mit der Abreise nach Venedig, bereits vor dieser Reise erkrankte der Vater und starb 1782 in Venedig. Die Reiseroute führte durch die alte Heimat der Familie Kauffmann über Schwarzenberg. Dieses Wiedersehen mag der Anlaß für das um 1781 entstandene »Selbstbildnis in Bregenzwälder Tracht« (Abb. S. 64) gewesen sein; es besticht durch die bescheiden-selbstbewußte Haltung, mit der die Malerin ohne Malutensilien mit offenem Blick dem Betrachter gegenübertritt.[30]

Rom (1782–1807)

Angelika Kauffmann verbrachte die Jahre von 1781 bis zu ihrem Tod 1807 in Italien, ab 1782 mit festem Wohnsitz in Rom, Via Sistina, Trinità dei Monti. Ihre Berühmtheit hatte seit ihrem Aufenthalt in England ständig zugenommen, Kauffmanns Wertschätzung als Malerin und als Mittelpunkt eines großen Hauses blieb während ihres Lebens in Rom ungebrochen. Ihr Haus wurde zu einem Treffpunkt berühmter Künstler und Persönlichkeiten, unzählig sind die Berichte über Zusammenkünfte, Veranstaltungen und Unternehmungen, die durch sie angeregt oder erst möglich wurden. 1782 entstand in Rom ein Selbstbildnis, das den Titel »Angelika Kauffmann als Zeichnung mit der Muse der Poesie« trägt (Abb. 4).[31] Durch Baumgärtels ausführliche Bildanalyse wurde es möglich, die zentrale Bildaussage als programmatisches Leitmotiv den Arbeiten der Künstlerin in Rom voranzustellen: Die gegenseitige freundschaftliche Inspiration der Künste – insbesondere Dichtung und Malerei – ist Grundlage und Anstoß für das Entstehen eines Bildes, und Angelika Kauffmann trägt als Malerin ihren eigenständigen und ›innovativen‹ Teil dazu bei.
Hohe Staatsmänner suchten Angelika Kauffmanns römisches Atelier auf. So legte die Begegnung mit dem russischen Zaren Paul 1782 den Grundstock für zahlreiche Bestellungen russischer Adeliger. Im gleichen Jahr erfolgte der ehrenvolle Auftrag zum monumentalen Familienbildnis des neapolitanischen Königshauses »...hatte ich die Ehre die ganze königliche Familie zu mahlen, nehmlich ihre Majestät der König die Königin drei Prinzen und 4 Prinzessinen.«[32] Kaiser Joseph II. stattete 1784 der Malerin einen Besuch ab, Herzogin Anna Amalie von Sachsen-Weimar gehörte ab 1788 zu ihrem Bekannten- bzw. Auftraggeberkreis (Abb. 5).

Arbeitsbedingungen

In einem Brief vom 27. 9. 1782 schrieb Angelika Kauffmann: »... man hat mit pensionen und all erdenklichen Ehrenbeweisungen mich bereden wollen aldorten [am Hof von Neapel] zu bleiben. allein Gott sei dankh meine umstände erlauben mir meine freyheyt zu erhalten.«[33] Diese Zeilen entstanden zu einem Zeitpunkt, wo die Entscheidung für einen Wohnsitz in Rom bereits gefallen war. Sie belegen eindrucksvoll, wie wichtig der Malerin

Abb. 4 Selbstbildnis als Zeichnung mit der Muse der Poesie, 1782, London, Kenwood, Iveagh Bequest

ihre Selbständigkeit und Freiheit als ›freie‹ Künstlerin waren, Qualitäten, die sie als Hofmalerin in Neapel hätte aufgeben müssen. Von anderen Schicksalen, z. B. das des Bildhauers Johann Heinrich Dannecker (1758–1841) am Stuttgarter Hof, kennen wir die Grenzen, die im allgemeinen einem Hofkünstler gesetzt waren und die bei einem weiblichen Künstler noch enger gezogen wurden.[34] Auch Marie Ellenrieder, 1829 zur badischen Hofmalerin ernannt, lernte diese Schranken kennen. Zwar konnte sie erst durch diese Berufung in einer gewissen finanziellen Sicherheit leben, allerdings hatte sie alle zwei Jahre dem Karlsruher Landesherrn Pflichtbilder abzuliefern und konnte jederzeit zum Zeichenunterricht für die Sprößlinge des Herrschers verpflichtet werden.[35]

»... müde, auf den Kauf zu malen«

Aber Angelika Kauffmann schien einen hohen Preis für ihre Unabhängigkeit zu bezahlen, denn Goethe berichtet: »Sie ist nicht glücklich... Sie ist müde, auf den Kauf zu malen, und doch findet ihr alter Gatte es gar zu schön, daß so schweres Geld für oft leichte Arbeit einkommt. Sie möchte nun sich selbst zur Freude, mit mehr Muße, Sorgfalt und Studium arbeiten und könnte es. Sie haben keine Kinder, können ihre Interessen nicht verzehren, und sie verdient täglich auch mit mäßiger Arbeit noch genug hinzu. Das ist nun aber nicht und wird nicht.«[36]
Eine überzeugende Analyse und Interpretation dieser Bemerkung steht bis heute aus. Wollte die Kauffmann weniger Porträts malen und sich intensiver mit anderen Gattungen befassen? Wollte sie stärker eine ›eigene‹ Kunstauffassung verwirklichen, wie auch immer diese ausgesehen haben könnte? Tatsache ist, daß Porträts und Historienbilder – in ihren letzten Lebensjahren kamen religiöse Themen hinzu – weiterhin den Schwerpunkt ihrer Arbeiten ausmachten. Diese Kontinuität warf in der Forschung immer wieder die Frage auf – sie muß als unbeantwortet gelten –, ob in Kauffmanns Werk überhaupt eine künstlerische Entwicklung auszumachen sei oder ob die Malerin sich nur geschickt dem jeweiligen Markt angepaßt habe?

Freundschaftskult

In die Zeitspanne von 1787 bis 1788 fiel die Freundschaft mit Goethe. Von Goethes Seite erfahren wir darüber aus der Italienischen Reise (1828/29), von Angelika Kauffmann sind mehrere briefliche Äußerungen, vor allem aus der Zeit nach Goethes Abreise, erhalten. Die Forschung war bislang vor allem – meist unausgesprochen – an der Frage interessiert, ob diese Verbindung eine ›Herzensbeziehung‹ war oder nicht. Erst Baumgärtel erkannte, wie wichtig es ist, zu erforschen, inwieweit diese Freundschaft für *beide* Seiten befruchtend gewesen war.[37] Nach der Intensität der überlieferten Äußerungen zu urteilen, fand ein reger geistiger Austausch zwischen Dichter und Malerin statt. Es wäre sicher lohnend herauszuarbeiten, was Angelika Kauffmann als ausgewiesene Kennerin der römischen Kunst Goethe vermitteln konnte oder welche Anregungen Goethe ihr möglicherweise z. B. für seine Theorie der Farbe zu verdanken hatte. Oder welcher Art der Einfluß des Dichters auf die Malerin und umgekehrt der Malerin auf den Dichter hinsichtlich der Themen war, die beide interessierten, und wie dieser einen Niederschlag sowohl in Goethes als auch in Kauffmanns Werken jener Zeit gefunden hat. Mit ähnlichen Fragestellungen müßte der Freundschaftskult, den die Kauffmann mit vielen anderen, z. B. Johann Gottfried Herder, unterhielt, untersucht werden. Erste und überzeugende Gedanken zu Funktion und Wirkungsweise des Freundschaftskultes im Kreis der Kauffmann finden sich bei Baumgärtel.

Porträtsitzung

Wie eine Porträtsitzung bei Angelika Kauffmann 1788 aussehen konnte, beschrieb Herzogin Anna Amalie von Sachsen-Weimar in einem Brief an Goethe folgenderma-

Abb. 5 Johann Georg Schütz, Der Freundeskreis um Angelika Kauffmann in Tivoli, darunter Anna Amalia v. Sachsen-Weimar (5. v. rechts), Johann Gottfried Herder (2. v. links), Friedrich Reiffenstein (an Säule stehend). Die Künstlerin selbst neben Herder sitzend. Aquarell, 1789, Rom, Bibliotheca Hertziana

schaftsporträts wie das der Fortunata Sulgher Fantastici (1792) zu malen oder, nicht weniger selbstbewußt, sich in dem oben genannten Selbstbildnis als ›Zeichnung‹ gleichberechtigt neben der Muse der Poesie darzustellen (Abb. 6).

Tod

Angelika Kauffmanns Gatte Antonio Zucchi starb 1795, die Malerin zwölf Jahre später am 5. November 1807. Nach dem Tod des Gatten stand ihr in Rom der Vetter Johann Josef Kauffmann als Hilfe zur Seite. In dem 1803 aufgesetzten Testament verteilte die wohlhabende und weltgewandte Malerin großzügig ihren Reichtum und ihre eindrucksvolle künstlerische Nachlassenschaft unter ihre Bregenzer Verwandten. Der erste Satz des Testamentes nennt bescheiden ihre Herkunft und erinnert an die frühen Anfänge ihres Wirkens: »...Ich Maria Angelica Kaufmann von Schwarzenberg im Bregenzerwald Konstanzer Kirchensprengel...«[39]

Abb. 6 Bildnis Fortunata Fantastici, 1792, Florenz, Uffizien

ßen: »...Bey der Angelika habe ich schon zweymal gesessen [...] als ich das letztemal saß laß Herder Ihre [Goethes] Gedichte uns vor; die gute Angelika wurde so begeistert daß das Bild immer schöner wurde...«[38] Baumgärtels Untersuchungen legen ausführlich dar, daß in dieser ›Begeisterungsfähigkeit‹ eine nicht zu unterschätzende emanzipatorische Kraft lag. Diese Kraft erlaubte es der Kauffmann, selbstbewußte Freund-

Anmerkungen

1 In: Renate Berger, »Und ich sehe nichts, nichts als die Malerei«. Frankfurt a. M. 1987, S. 61.
2 Die Geschichte dieser Mythenbildung wirft wiederum ein bezeichnendes Licht auf die Geschichte der Kunstgeschichtsschreibung. Ein Phänomen, das erst 1984 durch die Dissertation von Ruth Nobs-Greter ins Bewußtsein rückte: Zur Rezeption von Angelika Kauffmann. »Weiblichkeit« im Urteil der deutschsprachigen Kunstgeschichtsschreibung. In: Die Künstlerin und ihr Werk in der deutschsprachigen Kunstgeschichtsschreibung. Zürich 1984, S. 121 ff.
3 Ausst.-Kat. Vorarlberger Landesmuseum Bregenz, Angelika Kauffmann. Restaurierungen. Bregenz 1991; Ausst.-Kat. Angelika Kauffmann, Das Graphische Werk. Feldkirch 1991.
4 Bettina Baumgärtel, Angelika Kauffmann (1741–1809). (Diss. Berlin 1987), Weinheim, Basel 1990.
5 Baumgärtel. a. a. O., S. 216 ff.

6 Eugen Thurnher, Angelika Kauffman und die deutsche Dichtung. Bregenz 1966. Vgl. die kritische Analyse seiner Einleitung bei Nobs-Greter a.a.O., S. 146–149.
7 Giovanni Gherardi de Rossi, Vita di Angelica Kauffmann Pittrice. Pisa 1811 (London 1971); Alois Weinhart, Leben der berühmten Malerin Angelika Kauffmann, dt. Übersetzung von Rossi (1814), Bregenz 1966, 2. Aufl. Vgl. auch folgende frühe Publikationen: Wilhelm Schram, Die Malerin Angelica Kauffmann. Ein Lebensbild. Brünn 1890; Eduard Engels, Angelika Kauffmann. Bielefeld, Leipzig 1910.
8 Adeline Hartcup, Angelica. The Portrait of an Eighteenthcentury Artist. Melbourne, London, Toronto 1954; Dorothy Moulton-Mayer, Angelica Kauffmann, a biography. Gerrards Cross 1972.
9 Siegfried Obermeier, Die Muse von Rom. Angelika Kauffmann und ihre Zeit. Frankfurt a.M. 1987. Ebenfalls 1987 erschien ein »Bilderbuch« von Sabine Hammer, Angelika Kauffmann, Vaduz 1987, das, wie Obermeier, populärwissenschaftlich ohne Quellenkritik und Anmerkungen auskommt und den über Leben und Werk verbreiteten Mythen der Kauffmann vollständig erlegen ist.
10 Claudia Helbok, Miss Angel. Angelika Kauffmann – eine Biographie. Wie 1968.
11 Francis Gerard, Angelica Kauffmann. A Biography. London 1893; Victoria Manners & G. C. Williamson, Angelica Kauffmann. London 1924 (New York 1976); W. W. Roworth, Anglica Kauffman's Memorandum of Paintings. In: Burl. Mag. 126 (1984), S. 629–630.
12 Kat. Exhibition of Paintings by Angelica Kauffman at the Iveagh Bequest. London 1955; Ausst.-Kat. Angelika Kauffmann und ihre Zeitgenossen. K. Sandner (Hrsg.). Bregenz 1968, Wien 1969. Einen Überblick über das graphische Werk bietet: Marianne Küffner, Anne Rover, Ausst.-Kat. Angelika Kauffmann und ihre Zeit. Grafik und Zeichnungen von 1760–1810. C. G. Boerner, Düsseldorf 1979.
13 U.a. Johann Heinrich Meyer, Geschichte der Kunst. H. Holtzhauer und R. Schlichting (Hrsg.); zitiert nach Thurnher a.a.O., S. 198; G. K. Nagler, Neues allgemeines Künstler-Lexikon. München 1835–1852.
14 Zitiert nach Thurnher a.a.O., S. 81.
15 Für die folgenden Ausführungen vgl. Helbok, a.a.O., Baumgärtel, a.a.O.
16 Zitiert nach Thurnher a.a.O., S. 169; vgl. auch Baumgärtel a.a.O., S. 131 ff. Ausführlicher zu diesem Bild: Angela Rosenthal, Angelica Kauffman Ma(s)king Claims. In: Art History 15 (1992)1, S. 38–59.
17 Vgl. den Brief Dr. John Morgans an Henry Pelham 1774, abgedruckt in Baumgärtel a.a.O., S. 258 ff.
18 Thurnher a.a.O., S. 97, 98; zum folgenden vgl. Edgar Wind, Hume and the Heroic Portrait. Studies in Eighteenth Century Imagery, Oxford 1986, S. 1–52. Zum Begriff des ›borrowing‹ and ›imitation‹ bei Reynolds vgl. weiter Renate Prochnow, Joshua Reynolds, Weinheim 1990, S. 39, 40.
19 Dazu Baumgärtel a.a.O., S. 145.
20 Vgl. Baumgärtel a.a.O., S. 285, Anm. 46.
21 Vgl. Carl Justi, Winckelmann und seine Zeitgenossen, 2 Bdn., Leipzig 1943, 4. Aufl., Bd. 2, S. 274, der über die Beziehung Kauffmann–Winckelmann schreibt: »... An Gesprächen über Schönheit und Grazie der Antike wird es nicht gefehlt haben, obwohl eine nähere Beziehung zwischen der schüchternen und bescheidenen Künstlerin und dem um ein Vierteljahrhundert älteren Gelehrten nicht eingetreten zu sein scheint...«
22 Vollständig abgedruckt bei Nobs-Greter a.a.O., S. 121.
23 Berger a.a.O., S. 38, vgl. auch Katalogbeitrag Dagmar Zimdars, »...[es] wäre der Mühe werth zusehen, wie sie mich sieht und denket...«, S. 77.
24 Baumgärtel a.a.O., S. 117. Zur Situation der englischen Porträtkunst im 18. Jahrhundert vgl. Prochnow a.a.O., S. 5–7.
25 Gottlieb Friedrich Ernst Schönborn 1781 in einem Brief an Klopstock; zitiert nach Thurnher a.a.O., S. 83 ff.
26 Vgl. Baumgärtel a.a.O., S. 268 und zum Vergleich die Preise für die Bilder Joshua Reynolds bei Prochnow a.a.O., S. 239.
27 Berger a.a.O., S. 36–38.
28 Hierzu Peter Gorsen, Gislind Nabakowski, Hella Sander, Frauen in der Kunst. Frankfurt a.M. 1980, Bd. II, S. 119 ff.
29 Vgl. die Diskussion zum Geniebegriff usw. bei Baumgärtel a.a.O., S. 91 ff.
30 Vgl. Katalogbeitrag Christoph Michel, Von Grazien und Pilgerinnen. Mythenbildung um die Selbstporträts Angelika Kauffmanns und Marie Ellenrieders, S. 62.
31 Baumgärtel a.a.O., S. 131 ff.; dazu auch Gisela Kraut, Weibliche Masken, in: Ausst.-Kat.: Sklavin oder Bürgerin? Frankfurt a.M., S. 340 ff.
32 Zitiert nach Baumgärtel a.a.O., S. 260, 261. Zum Umfang der Aufträge vgl. Baumgärtel a.a.O., S. 322, Anm. 75.
33 Ebenda; vgl. ebenso Baumgärtel a.a.O., S. 138.
34 Vgl. Christian von Holst, Ausst.-Kat.: Johann Heinrich Dannecker. Stuttgart 1987.
35 Friedhelm Wilhelm Fischer, Marie Ellenrieder. Stuttgart 1963.
36 Zitiert nach Thurnher a.a.O., S. 93, 94.
37 Dazu Baumgärtel a.a.O., S. 219 ff.
38 Zitiert nach Thurnher a.a.O., S. 156 und Baumgärtel a.a.O., S. 203.
39 Abgedruckt in Baumgärtel a.a.O., S. 254–257.

Elisabeth v. Gleichenstein

Marie Ellenrieder

Zur Rezeption

Schon dreimal in diesem Jahrhundert wurde es unternommen, Leben und Werk der Konstanzer Malerin Marie Ellenrieder zu untersuchen: 1916 widmete Klara Siebert der Künstlerin eine erste Monographie, 1940 wiederholte und ergänzte Margarete Zündorff vor allem den biographischen Bericht, 1963 stellte Friedhelm Wilhelm Fischer das Werk und die künstlerische Entwicklung der Malerin in den Mittelpunkt seiner Würdigung.[1] Er als erster betonte auch die Tragik der begabten Künstlerin, deren Kraft und Lebendigkeit gebrochen wurde durch die Begegnung mit den Nazarenern in Rom und durch eine verkrampfte, zum Teil selbstquälerische Form der Religiosität.

Bereits zu ihren Lebzeiten wurde die Malerin in einschlägigen Publikationen gewürdigt, so mehrfach in Cotta's Kunstblatt bei der Besprechung von ausgestellten Bildern. Auch das Universal-Lexikon des Großherzogtums Baden aus dem Jahr 1847 widmete ihr einen Artikel mit kurzem Lebensabriß, der Feststellung, sie habe sich bald einen »nicht unbedeutenden Namen« erworben, ihre Bilder seien tief empfunden und lieblich dargestellt. Etwas ausführlicher behandelt sie bereits Naglers 1835–1852 erschienenes Neues Allgemeines Künstlerlexikon.[2]

Die erste umfassende Würdigung erschien nach ihrem Tod von ihrem Landsmann, dem Maler und Kunstschriftsteller Friedrich Pecht: »Die deutsche Kunstgeschichte ist nicht reich an bedeutenden Frauen, neben Erwin von Steinbachs Tochter und van Eyck's Schwester glänzte Angelika Kauffmann lange ziemlich allein und vielleicht allzu überschätzt am deutschen Kunsthimmel. Nahezu dieselbe Gegend, in der diese das Licht der Welt erblickte, war auch die geliebte Heimat einer Künstlerin, deren Name in den letzten zwei Jahrzehnten allmählich in den Hintergrund getreten ist, nachdem er einst hoch gefeiert in ganz Deutschland war. Er war es mit Recht. Marie Ellenrieder dürfte, alles in allem erwogen, die bedeutendste deutsche Künstlerin der modernen Zeit gewesen sein.« Auch Andreas Andresen schreibt 1872 in seinem mehrbändigen Werk über die deutschen Maler-Radierer: »Ohne Zweifel gebührt ihr unter allen Malerinnen im historischen Fach der Ehrenpreis unseres Jahrhunderts.«[3] Diese hohe Einschätzung bleibt bis in das 20. Jahrhundert hinein erhalten, wobei besonders Ellenrieders nazarenische Malerei sehr geschätzt wurde. Stets wird ihre klare Zeichnung, anmutige Formgebung, innige Frömmigkeit sowie ein warmes Kolorit hervorgehoben, wobei bei letzterem häufig hinzugefügt wird, daß es das der anderen Nazarener, vor allem Overbecks übertreffe.[4] Manche Autoren charakterisieren ihre Kunst als weiblich, was teils positiv (»Reinheit und frauliche Tiefe der Empfindung; in der Linienführung fraulich zart und süß«), teils negativ (»zu weich und allzu weiblich«; »zuviel weibliche Milde«) gemeint ist.[5]

Die neuere, feministisch orientierte Kunstgeschichtsschreibung, die sich die Wiederentdeckung von Künstlerinnen zur Aufgabe gemacht hat und auch erstmals Untersuchungen über die vielfach erschwerten Bedingungen für weibliche Kunstschaffende anstellt, bringt Marie Ellenrieder wieder verstärkt ins Gespräch, ohne allerdings eine neue Beurteilung ihrer Kunst vorzunehmen.[6]

Nach früheren rudimentären Werklisten erschien 1963 zu der Monographie Fischers ein umfassendes, sorgfältig erarbeitetes Werkverzeichnis von Sigrid von Blanckenhagen mit fast 500 Katalognummern. Im Rosgartenmuseum wurden seither alle weiteren bekannt gewordenen Arbeiten Ellenrieders ebenfalls katalogmäßig festgehalten.

Kindheit und erste Ausbildung zur Malerin

Am 20. März 1791 wurde Marie Ellenrieder in Konstanz geboren als Tochter des Hofuhrmachers Konrad Ellenrieder und seiner Frau Anna Maria. Ihre ersten Eindrücke empfing sie in dem gutbürgerlichen Elternhaus an der Bleicherstaad, der heutigen Zollernstraße, nahe dem Hafen der Stadt. Marie selbst bezeichnete ihre Jugend als glücklich: »Ich bin ein glückliches, ein äußerst glückliches Geschöpf, liebenden Eltern gegeben, von Kindheit an wurde ich mit der zärtlichsten Sorge beschützt.«⁷ Ihre Mutter stammte aus einer Malerfamilie: Großvater Franz Ludwig Herrmann war fürstbischöflicher Hofmaler in Konstanz und hatte zahlreiche Kirchen der Umgebung mit Fresken und Altarbildern ausgestattet, Onkel Franz Xaver war ebenfalls als Maler tätig. Der Beruf des Künstlers dürfte also in der Familie als nichts Außergewöhnliches angesehen worden sein.

Ihre Schulzeit verbrachte Marie bei den Dominikanerinnen der Klosterschule Zoffingen in Konstanz. Sie wird dort, wie dies in der Mädchenerziehung der Zeit üblich war, vorwiegend in Lesen, Schreiben und Religion unterwiesen worden sein. Es mag ein bißchen Zeichnen und Handarbeit dazugekommen sein, in dem engen Rahmen, wie man es für das häusliche Leben einer Frau damals für notwendig hielt.⁸ Weitergehende historische oder literarische Kenntnisse wurden den bürgerlichen Mädchen der Zeit kaum vermittelt. Dieses Manko mag Marie Ellenrieder in ihrer Akademiezeit und danach empfunden haben, wo die Historienmalerei in der Rangfolge der Künste als höchste galt. Themen der antiken Mythologie oder der Geschichte waren für sie neu, und wir kennen auch später keine historischen oder literarischen Bilderfindungen von ihr.

Nach ihrer Schulzeit lebte Marie Ellenrieder zunächst im Elternhaus. Über ihre Tätigkeit zu dieser Zeit wissen wir nichts. Mit etwa 19 Jahren wurde sie zu dem Miniaturenmaler Joseph Einsle (1774–1829) in die Lehre gegeben. Die Malerei von Bildnisminiaturen mag den Eltern angemessen erschienen sein für eine junge Frau ihres Standes. Sie versprach eine gewisse Verdienstmöglichkeit und ließ sich im bürgerlich-häuslichen Milieu betreiben. Der Lehrer Joseph Einsle lebte von 1810 bis 1817 in Konstanz.⁹ Er gehörte zu den bescheidenen Künstlern, die mit handwerklicher Gediegenheit und feiner Präzision ihrem Beruf nachgingen und durch den wachsenden Bedarf des Bürgertums an Kleinporträts ins Brot gesetzt wurden. Etwa drei Jahre arbeitete die junge Ellenrieder in seiner Werkstatt, dann, 1813, begann für die nun 22jährige mit der Aufnahme an die Münchner Akademie ein neuer Lebensabschnitt.

Abb. 1   Ignaz Heinrich v. Wessenberg, Vorzeichnung zu dem Portrait von 1819, Wessenberg-Galerie Konstanz

Akademie

Der Schritt zur professionellen Ausbildung war für eine Frau durchaus ungewöhnlich. Zwar waren schon im 18. Jahrhundert gelegentlich weibliche Mitglieder an einigen europäischen Akademien aufgenommen worden[10], doch waren dies stets etablierte Malerinnen, die mit dieser Mitgliedschaft geehrt wurden oder denen eine Möglichkeit zur Ausstellung geboten werden sollte. Es handelte sich also nicht um eine Ausbildung zur Malerei. Bis zum Anfang des 19. Jahrhunderts war die Lehre bei einem oder mehreren Malern noch immer die übliche Form, dieses Metier zu erlernen. Frauen stand auch dieser Weg im allgemeinen nicht offen, sie hatten bestenfalls die Möglichkeit, in der eigenen Familie zu lernen. Angelika Kauffmann ist hierfür ein Beispiel. Um 1800 trat mit den in den deutschen Hauptstädten gegründeten staatlichen Akademien die akademische Ausbildung in den Vordergrund.[11]

Marie Ellenrieder war die erste Frau, die an einer staatlichen Akademie aufgenommen wurde. Wie aber kam eine junge Frau aus der Provinz zu diesem Privileg? Erst wenige Jahre vorher (1802) hatte der Hannoveranische Ministerialsekretär Ernst Brandes in seinen »Betrachtungen über das weibliche Geschlecht und dessen Ausbildung in dem geselligen Leben« die Schreckensvision sittlicher Zügellosigkeit heraufbeschworen, der ein Mann gewissermaßen zwangsläufig erliegen mußte, sollte er der Versuchung von Frauen in den Hörsälen der Akademien ausgesetzt werden.[12] Im Falle von Marie Ellenrieder ist die Zulassung der Fürsprache eines einflußreichen Konstanzer Kirchenmannes zu verdanken, des Generalvikars Ignaz Heinrich Freiherr von Wessenberg. Wessenberg gilt aus heutiger Sicht als ein aufgeklärter und für seine Zeit ungewöhnlich fortschrittlicher Kleriker. Er war aber auch ein Kunstfreund von weitem Horizont, der für sich selbst eine ansehnliche Gemäldesammlung anlegte. So erkannte er auch, daß das ungewöhnliche Talent der jungen Ellenrieder einer professionellen Ausbildung bedürfe, um zur Entfaltung zu kommen. Rollenspezifische Bedenken scheinen für ihn nicht relevant gewesen zu sein, weswegen er sich bei dem ihm bekannten Münchner Akademiedirektor von Langer für die Aufnahme seines Konstanzer Schützlings einsetzte.[13] Vom bestimmenden Einfluß Wessenbergs auf die junge Malerin wird noch zu sprechen sein.

»Mit der Aufnahme Marie Ellenrieders als Schülerin der Akademie zu München war übrigens ein Präzedenzfall geschaffen, der von guten Folgen war; mehr als Eine meines Geschlechts hat sich später in der Isarstadt ausgebildet, und zwar weder zum Schaden der Kunst noch zum Nachteil der Würde der Frauen.« Die sich so äußerte, war die aus Weimar kommende Louise Seidler, die einige Jahre nach Marie Ellenrieder in München ankam und ebenfalls bei Langer studierte.[14]

Wie sah nun der Unterricht an der Kunstakademie aus? In München gab es mehrere Malklassen: Das Historienfach, welches das höchste Ansehen genoß, die Porträtmalerei und die Landschaftsmalerei. Louise Seidler schildert in ihren Erinnerungen den Münchner Akademiebetrieb folgendermaßen: »Im Winter wurde abends nach Modellen gezeichnet, im Sommer dagegen frühmorgens gemalt. Um 8 Uhr war Porträt-Studium nach der Natur, woran ich Anteil nahm; hierauf folgte klassenweise der übrige Unterricht. Die Komponierenden hatten ein eigenes Atelier; den Landschaftern diente ein großes Gemälde von Koch zum schönen Vorbilde, daneben waren wirkliche Baumstämme aufgestellt, nach denen Naturstudien gemacht werden konnten.«[15] Wesentlicher Bestandteil des Unterrichts war das Studium der alten Meister. So wurde viel in den Galerien kopiert, Gipskopien antiker Statuen dienten als Modelle für die Anatomie des Körpers.

Leider läßt sich weder aus Maries Tagebuch noch aus den Akten der Akademie irgend etwas über die Umstände der Ausbildung Ellenrieders erschließen. Unter der Nr. 229 im Matrikelbuch der Münchner Kunstakademie steht lediglich: »Maria Ellenrieder Constanz Mignaturmalerey 1813 July 27.«[16]

Da es Miniaturmalerei nicht als eigenes Fach an der

Abb. 2 Bildnis des Malers Nicolas Poussin nach L. Ferdinand (1612–1689), Radierung

Akademie gab, wird hier die bisherige Tätigkeit gemeint sein. Wie aber wurde die Anwesenheit einer Frau bei den Malklassen von Kommilitonen und Lehrern aufgenommen? Gab es Widerstände, gab es Aufgaben, von denen die Schülerin ausgeschlossen war? Als wahrscheinlich kann gelten, daß das Aktstudium für sie nicht vor dem lebenden Modell, sondern bestenfalls vor den antiken Statuen oder im Kopieren alter Meister möglich war.[17]

Ihr Lehrer, Johann Peter von Langer, war ein vom Klassizismus geprägter Maler, der großen Wert auf eine solide Ausbildung im Handwerklichen legte. Gemäß der Wertehierarchie der Zeit galt das Zeichnerische, das disegno, als das wichtigste künstlerische Ausdrucksmittel, hinter dem das Kolorit an Bedeutung zurücktrat. Marie Ellenrieder erreichte gerade hierin eine große Sicherheit. Von Langer scheint auch ihre außerordentliche Begabung für das Porträt erkannt zu haben und förderte sie gerade in dieser Richtung. In der barocken Malerei, die Ellenrieder wohl intensiv studierte, scheint sie die wirkungsvolle Lichtbehandlung besonders inspiriert zu haben. So malt sie in ihren frühen Arbeiten bevorzugt aus dem dunklen Hintergrund heraus in die helleren Partien und setzt manchmal wirkungsvoll eine gezielte Lichtführung ein.

Aus den Jahren 1815/16 stammen einige Radierungen, die, meisterhaft in der Ausführung, Kopien nach alten Meistern sind, so ein Porträt Poussins oder ein höchst eindrucksvoller bärtiger Kopf nach Georg Friedrich Schmidts Kopie eines Bildes von Rubens (nicht von Rembrandt, wie Marie Ellenrieder irrtümlich auf dem Blatt angibt, Kat.-Nr. 95 M. E.). Studienköpfe nach Vorbildern von Robert Langer folgen. Von prachtvoller Kraft und Lebendigkeit sind einige männliche Studien, die sie in Öl mit breitem Pinsel und kräftigem Auftrag ausführt (Kat.-Nr. 57, 58 M. E.). Die in den Radierungen erstmals angewendete, aus dem barocken Kupferstich übernommene Methode, die hellen und dunklen Partien durch dichte gekreuzte Schraffuren zu erzielen, überträgt sie später auch in die Kreidezeichnungen, ein Gebiet, in dem sie ihre schönsten und lebensvollsten Arbeiten schaffen sollte.[18]

Wenn Marie Ellenrieder zwar als erste Schülerin an den Malklassen der Akademie teilnehmen durfte, so schien es doch nicht schicklich, ein junges Mädchen selbständig in der Stadt wohnen zu lassen. Diesem Umstand ist es wohl zu verdanken, daß Akademiedirektor von Langer der Studentin in der eigenen Familie Wohnrecht gewährte, eine Tatsache, die ihr sehr zugute kam. Lernte sie doch in diesem gastfreien Hause viele Künstler, Wissenschaftler und Studenten kennen, konnte ihren Horizont erweitern und sich eine gewisse, für ihren künftigen Beruf notwendige Weltläufigkeit aneignen.[19] Die anregende Atmosphäre Münchens wirkte äußerst belebend auf die junge Malerin, die nach über einem Jahr ungern in die Enge der Heimatstadt zurückkehrte und noch zweimal, 1816 und 1820, für längere Zeit in München weilte.

Künstlerische Entfaltung und Erfolg (1817–1822)

Der nun zu vollem Können gereiften Künstlerin fehlte es in Konstanz, wie sie im Tagebuch beklagt, an Aufträgen.[20] Die Porträts, die sie malte, zeigen vielfach Personen aus dem Familienkreis, die Eltern, die Schwestern, Schwager Martignoni oder die Kinder ihrer Schwester. Aufenthalte in Zürich, Schaffhausen und Freiburg erschließen jedoch der immer bekannter werdenden Porträtistin neue Kreise. Die Arbeiten, die hier entstehen, sind gekennzeichnet durch einen bürgerlichen Realismus, oft von ansprechender Frische und Lebendigkeit. Die seelische Erfassung des Dargestellten wird dabei zunehmend vertieft, wie besonders schön das Bildnis des Mentors und Förderers von Wessenberg erkennen läßt. Für viele der Porträts, die in diesen und den folgenden Jahren entstehen, existieren maßgleiche Vorzeichnungen in Pastellkreide, einer Technik, die der Künstlerin besonders lag. Diese Studien haben oft den noch größeren Reiz der Unmittelbarkeit, zeigen das Spiel von Licht und Schatten noch lebendiger als die ausgeführten Ölbilder. Ellenrieder bleibt dabei nicht im Skizzenhaften stehen, sondern führt die Blätter sorgfältig aus, so daß sie autarke Bilder darstellen.

Zu den Aufträgen aus Bürgertum und Landadel kommen nun auch solche von Fürstenhöfen. 1818 erhält sie eine Einladung an den Hohenzollerischen Hof in Sigmaringen, um die Fürstin und ihre Kinder zu porträtieren. Erhalten hat sich nur der Pastell-Entwurf für ein Porträt des kleinen Erbprinzen Carl, der ein hellwaches Büb-

Abb. 3 Anna-Maria Detrey, die Nichte der Künstlerin, 1816/17, Privatbesitz Tübingen

chen zeigt. Zusammen mit den Bildniszeichnungen der kecken Neffen Detrey oder der Töchter Thurn-Valsassina gehört dieses Blatt zu den besonders herzerfrischenden Kinderbildern der Ellenrieder aus ihren frühen Jahren, als sie noch nicht das Ideal engelhafter Frömmigkeit über die Individualität der Kinder legte.

Ein Jahr später, 1819, weilte Marie Ellenrieder für längere Zeit am Fürstenbergischen Hof in Donaueschingen, um die Porträts des fürstlichen Paares, Carl Egon II. und Amalie zu Fürstenberg, zu malen (Kat.-Nr. 16, 17 M. E.). Hier entstand eine Freundschaft, die über Jahrzehnte hinweg bestehen bleiben sollte. Eine große Anzahl von Zeichnungen der Kinder und Enkel des Paares und Skizzen aus dem Familienleben gibt Zeugnis von vielen gemeinsam verbrachten Wochen, sei es in Donaueschingen, sei es in den Schlössern Heiligenberg und Werenwaag.

Bei diesen Fürstenporträts von 1819 wendet sich Marie Ellenrieder ab von den kleinformatigen Brustbildern. Bereits kurz vorher in Freiburg hatte sie, wie sie im Tagebuch vermerkt, zum erstenmal gewagt »... ein Porträt in Halbfigur zu malen, nach diesem ein zweites und dann wieder Brustbilder.«[21] Die Donaueschinger Bildnisse sind repräsentative Porträts von hohem Anspruch. Der Fürst im dunkelgrünen Mantel, an eine Brüstung gelehnt, Fürstin Amalie, an einem Tisch sitzend, im Haar ein Diadem, hinter ihr eine Lampe in antikischem Stil. Während der junge Fürst träumerisch in die Ferne blickt, sieht seine Frau mit liebevoller Herzlichkeit aus dem Bild heraus. Die Individualität der Personen bleibt trotz aller Repräsentationshaltung und trotz einer vor allem im männlichen Porträt spürbaren romantischen Empfindsamkeit gewahrt. Die Komposition der am Tisch sitzenden Frau, über deren Schoß ein dekoratives Tuch gebreitet liegt, hat Vorbilder in der barocken Porträtkunst. Marie Ellenrieder verwendet es auch bei zwei anderen fürstlichen Porträts, dem der Fürstin Jablonowska aus dem Jahre 1818 (Kat.-Nr. 11, 11a M. E.) und dem der Markgräfin Sophie von Baden. 1820 war die Künstlerin nach Karlsruhe gerufen worden, um Markgraf Leopold von Baden und seine junge Frau zu malen (Kat.-Nr.

Abb. 4   Ausschnitt aus hl. Cäcilie, Kat.-Nr. 31 M. E.

18 M. E.). Sicher ging hier eine Empfehlung der Schwester Leopolds, der Fürstin Amalie zu Fürstenberg, voraus. Auch in diesen Bildern verbindet sich Privates mit Öffentlichem, sensible Empfindsamkeit mit individueller Charakteristik. Fischer führt in seiner Monographie Jacques Louis David als Vorbild für die farbliche wie auch kompositorische Gestaltung der Damenporträts an und verweist auf die Verehrung, die Johann Peter von Langer für David gehegt hat.[22]

Die Jahre 1817 bis 1822 wird man als die fruchtbarste Epoche im Leben der Künstlerin und, nach unserem heutigen Verständnis, als Höhepunkt ihres Schaffens ansehen. Ihr aus München mitgebrachter Schwung, ihre Begeisterung für das Metier, für das sie sich ganz entschieden hat, aber auch ihre Sensibilität, die sie das Besondere der Menschen, die sie malt, erfühlen und zum Ausdruck bringen läßt, sind an ihren Werken ablesbar.

Zu erwähnen bleibt noch, daß auch in diesen Jahren bereits einige religiöse Werke entstehen. 1816, schon kurz nach ihrer Heimkehr aus München, hat Marie eine hl. Cäcilie zu malen. Das Gemälde von beachtlichem Format zeigt in vielem noch barocke Züge, sei es in der wirkungsvoll inszenierten Lichtführung, sei es im Hoheitssymbol der Säule im Hintergrund (Kat.-Nr. 31 M. E.). Zur Vorbereitung der Komposition war Marie noch einmal zu ihrem Lehrer von Langer gefahren. Auch ein hl. Hieronymus aus derselben Zeit zeigt noch barockes Pathos, ein in ihrem Werk einzigartiger kraftvoller Halbakt, der nicht ahnen läßt, daß man später ihren Männergestalten Weichlichkeit nachsagen sollte (Kat.-Nr. 32 M. E.).

Im Jahre 1820 erhält Marie Ellenrieder von der Pfarrgemeinde Ichenheim bei Offenburg den Auftrag, für die neuerbaute Kirche drei Altarbilder zu malen. Sie sollen eine thronende Muttergottes, den Kirchenpatron St. Nikolaus und eine Auferstehung darstellen. Der große Auftrag zeigt, daß Marie Ellenrieder mittlerweile einen guten Namen im badischen Raum hatte. So ist sie auch die erste Frau, der, wie Margarete Zündorff sich ausdrückt, »...die Ehre [zuteil] wurde, ein katholisches Gotteshaus in Deutschland mit Altarbildern schmücken zu dürfen«.[23] Der Auftrag bedeutete die künstlerische Herausforderung, in großem Format mehrfigurige religiöse Historienbilder zu gestalten. Er bedeutete auch für die tieffromme junge Frau die Erfüllung der, wie ihr schien, heiligsten Pflicht der Kunst, der Religion zu dienen. Zur Anfertigung der Kartonvorzeichnung für den Hauptaltar, das Marienbild, reiste Ellenrieder nach München zu ihrem Lehrer von Langer (Kat.-Nr. 5 M. E.). Der Karton wurde noch im selben Jahr in München ausgestellt und lobend besprochen.[24] Fischer erkennt sehr richtig in den Ichenheimer Altarbildern eine erste Abwendung von der lebensvollen Darstellungsweise der früheren religiösen Bilder hin zu klassizistischer Kühle. Er sieht dies als Ergebnis von Maries beständigem Streben nach Reinheit und Idealität, was jedoch zur Unterdrückung von Wärme, Temperament und ansprechender Spontaneität in ihren Arbeiten führt.[25]

Rom, Hinwendung zu den Nazarenern (1822–1826)

Ignaz Heinrich von Wessenberg hatte schon früh die junge Frau darauf hingewiesen, daß ein Aufenthalt in Italien und das Studium der italienischen Renaissance für einen deutschen Künstler dringend zu wünschen seien. Auch in München wurde sie auf die Bedeutung solcher Studien hingewiesen. So war Rom ein lange Jahre angestrebtes Fernziel für Marie Ellenrieder. Professor Leonhard Hug, ein Freiburger Theologe, bei dem sie mehrmals für einige Wochen zu Gast war, um in Freiburg zu arbeiten, ermittelte über Louise Seidler die für einen zweijährigen Aufenthalt in Rom benötigten finanziellen Mittel: jährlich rund 800 Gulden, für die Reise 500 Gulden. Das Honorar für den Ichenheimer Auftrag ermöglichte Marie nun endlich die Erfüllung des so lange sehnsüchtig gehegten Wunsches.

Am 7. Oktober 1822 brach sie auf. In ihrer Begleitung reiste Heinrich Keller, ein Züricher Bildhauer und Schriftsteller, der schon 30 Jahre in Rom lebte, und der Bildhauer Nepomuk Zwerger, der in Rom bei Thorwaldsen lernen wollte. Nach knapp drei Wochen kam die Gruppe in Rom an. Marie Ellenrieder wurde von einer Freundin aus München, Katharina Predel, erwartet und von Louise Seidler, bei der sie wohnen konnte und die sie einführte in die Kreise der deutschen Künstler in Rom. Das Leben dieser Künstlerkolonie ist vielfach beschrieben worden. Man besuchte sich gegenseitig in den Ateliers, betrachtete gemeinsam die Kunstwerke Roms, diskutierte oder traf sich im sogenannten Komponierverein, wo zeichnerische Aufgaben gelöst werden mußten. Zur Zeit der Ellenrieder war der Stern der Klassiker längst im Sinken. Winckelmanns Lehre, die »edle Einfalt, stille Größe« der Griechen nachzuahmen, war bereits abgelöst von dem Bestreben, der frommen Einfalt und dem edlen Ernst der religiösen Kunst des Mittelalters und der italienischen Renaissance nachzueifern. Statt der Kunst für die Gebildeten Europas mit Szenen antiker Themen sollte nun durch religiöse Kunst jedes fühlende, fromme Herz bewegt werden. Daß Marie Ellenrieder für diese Lehre empfänglich war, liegt auf der Hand.

Abb. 5 Friedrich Overbeck (1789–1869), Selbstbildnis, um 1844, Museum für Kunst und Kulturgeschichte der Hansestadt Lübeck

1810 hatten sich etliche deutsche Künstler nach altdeutschem Vorbild zur Bruderschaft von St. Isidor zusammengeschlossen, um in mönchischer Askese zu leben und zu arbeiten. Diese Gemeinschaft hatte sich bei Maries Ankunft bereits wieder aufgelöst, aber der Geist der Gruppe lebte weiter. Die zentrale Figur war damals der aus Lübeck stammende Maler Friedrich Overbeck.

Carl Philipp Fohr, Philipp Veit, Julius Schnorr von Carolsfeld oder Franz Pforr gehörten ebenfalls zu diesem Kreis. Ihr Bestreben ging dahin, die religiöse Malerei zu erneuern im Geiste der altdeutschen Malerei, aber im Stile von Raffael, Perugino oder Fra Angelico. Dieses Bestreben war verbunden mit strengen moralischen Forderungen an die Maler, mit einer als sektiererhaft anzusehenden Religiosität und einer dadurch bedingten Intoleranz und Enggleisigkeit. Dazu paßte, daß die Künstler sich von ihrer italienischen Umgebung streng absonderten, sogar in ihrem Äußeren. Wegen ihrer langen Haare wurden sie von den Römern spöttisch »Nazarener« genannt, ein Name, der bald zur Bezeichnung für die von ihnen vertretene Kunstrichtung wurde.

Marie Ellenrieder wohnte mit der Weimarer Malerin Louise Seidler zusammen im Hause des Bildhauers Pulini, unter demselben Dach wie Schnorr von Carolsfeld oder die Brüder Johann und Philipp Veit. Louise Seidler nahm sich der jüngeren Kollegin besonders an, da diese wegen einer sich verschlechternden Schwerhörigkeit zunächst Sprachschwierigkeiten hatte. Dennoch nahm sie bald schon lebhaft teil am Leben der Künstlerkolonie und wird als »eines der liebenswürdigsten und gewinnendsten Wesen, welches man sich denken kann«, beschrieben.[26] Freundschaftlichen Verkehr pflegte sie in diesen Jahren vor allem mit Heinrich Maria von Hess, Carl Begas, Thorwaldsen, Katharina Predel und dem Schweizer Maler Schintz. Eine langjährige herzliche Freundschaft verband sie mit dem Hannoveranischen Legationsrat August Kestner, dem großen Kunstfreund und Mäzen.[27] Ihre Tage verbrachte sie mit unermüdlicher Arbeit von morgens bis abends, wobei sie sich besonders intensiv mit Farbstudien beschäftigte. Ihre diesbezüglichen Tagebucheinträge füllen Seiten.

Sehr bald nach ihrer Ankunft schon wendete sich Marie Ellenrieder ganz den Nazarenern zu. Ihre tiefe Frömmigkeit und eine wohl schon früh eingepflanzte Neigung zur Selbstverleugnung und Askese trugen dazu bei: »Oh die Seidler tat mir viel... durch sie wurde ich mit den edlen Teutschen, den Nazarenern, bekannt... Und im Dann-Erkennen des Wahren und Schönen wendete sich meine

Abb. 6   Friedrich Overbeck, Christus bei Maria und Martha, 1815, Staatliche Museen zu Berlin, Nationalgalerie

Denkungsart... so schwankend ich umherirrte, so fest glaube ich nun für alle Zukunft zu stehen[28].« Aber sie vergleicht sich mit den »edlen Teutschen«, und es folgt der mutlose Satz: »Unendlich gebricht es mir an allen löblichen Eigenschaften.« Der moralische Druck, den die Ideologie dieser Künstler ausübte, führte alsbald zu Schuldgefühlen. Die Forderung, Kunst als Religion zu betreiben, stets mit reinem Herzen und in Gedanken an Gott zu leben und zu arbeiten, erweckte bei ihr das Gefühl zu versagen und führte zu Depressionen. Sie beurteilte nun auch ihre eigenen Arbeiten aus einem Gefühl der Minderwertigkeit heraus, beklagte ihre angebliche Unfähigkeit und tadelte sich in ihrem Tagebuch immer wieder selbst, wenn sie einmal ein paar Stunden unbeschwert gewesen war oder zufrieden mit dem Ergebnis einer Arbeit: »Die festliche Abendgesellschaft bei Herrn v. Rheden war schön, sehr schön; aber ich plauderte zu viel... ich dachte weder an Gott noch an die Kunst.« – »Nun komme ich recht beschämt von dem lieben Hause Overbeck, wo ich vor diesen lieben frommen Seelen mich wie ein Abenteurer sah. Ich schwätzte wieder so viel...«[29]

Nach der Abreise der Seidler beklagt sie sich in einem Brief an diese: »Es ist einmal ausgemacht, daß die deutschen Künstler in der Regel die Malerinnen nicht leiden können, auch hier gibt es in unserer Zunft viele harte Herzen.«[30] Tatsächlich scheint es, daß zwar die gesellschaftlichen Kontakte der Malerinnen in Rom unkompliziert waren, daß aber die Maler den Frauen einen deutlichen Eindruck von Überlegenheit zu vermitteln wußten. Diese wohl eher unterschwellig vermittelte Botschaft mußte das Minderwertigkeitsgefühl der Ellenrieder noch bestärken. Auch in den Erinnerungen der Basler Malerin Emilie Linder, die ebenfalls zu Ellenrieders Freundinnen gehörte, entsteht dieser Eindruck.[31] Louise Seidler selbst hält das Urteil der Ellenrieder für zu scharf und schiebt es auf ihre Empfindlichkeit: »Marie Ellenrieder war leicht verletzt und zog sich dann wie eine rauh berührte Mimose scheu in sich selbst zurück. Auch in ihren glücklichsten Tagen war sie immer von einer gewissen Poesie des Leidens umwoben.«[32]

Die künstlerische Fertigkeit der Ellenrieder hatte sich in Rom zweifellos sehr vervollkommnet. Ihre Malweise veränderte sich unter dem Einfluß der Nazarener und dem Eindruck der Kunst Raffaels und Peruginos allerdings vollständig. Eine aufgehellte Palette, eine zum Teil fast emaillehaft glatte Maloberfläche, nahezu schattenlose Darstellungen, durchhellt von überirdischem Licht, verleihen ihren Bildern einen idealen, ja transzendentalen Charakter. Diesem opferte sie jedoch Lebendigkeit und Individualität. Dennoch zeigen ihre Arbeiten nicht die etwas kalte Härte, das strenge Kolorit ihrer männlichen nazarenischen Kollegen. Louise Seidler charakterisiert ihre Bilder so »Ihre Bilder erlangten schnell einen Ruf; sie waren tief empfunden, voll überirdischen Reizes, fromm, die Madonnen und Christkinder wahrhaft seelenerquickend in Haltung und Ausdruck, und was an ihren Werken mehr als alle Kunstfertigkeit entzückte, war die reine, demüthige Seele, die aus ihren Schöpfungen strahlte. In der That, man malt nur gut, wenn man aus dem Innersten des Gemüthes herausmalt, Maria Ellenrieder war der Beweis dafür.«[33]

In Rom entstanden unter anderem die Bilder eines bibellesenden Mädchens (Kunsthalle Karlsruhe), eines Johannes des Täufers als Knabe, und als Hauptwerk eine fast lebensgroße schreitende Muttergottes mit dem Jesuskind an der Hand (Kat.-Nr. 36 M. E.). Das große Bild, in leuchtenden Farben gemalt, ist deutlich von Raffael inspiriert. Es hatte für die Künstlerin ihr Leben lang eine ganz besondere Bedeutung und hing stets in ihrem Atelier. Am 1. Juli 1824 verließ Ellenrieder die Stadt Rom und reiste mit ihrer Freundin Katharina Predel nach Florenz. Über ein Jahr studierte und arbeitete sie in dieser Kunststadt, wo sie auch Kopien nach Raffael und Perugino anfertigte. Hier, wo der römische Freundeskreis keine Ablenkung bot, brach ihre Depression wieder verstärkt aus. Die Ellenrieder kommt von ihrem ersten Italienaufenthalt mit einem deutlichen Bruch in ihrem Leben zurück.

Abb. 7 Louise Seidler, Joseph Conrad Ellenrieder, der Vater von Marie Ellenrieder, gemalt anläßlich eines Besuches von Seidler in Konstanz 1830, Kunstsammlungen zu Weimar

Ausrichtung zur religiösen Kunst

Ihr Leben lang war Marie Ellenrieder davon überzeugt, daß der Aufenthalt in Rom ihr erst den Weg zur Kunst gewiesen habe. Er hat, das läßt sich in der Tat sagen, ihre künftige Kunstauffassung entscheidend geprägt. Sie schied aus Italien mit dem festen Vorsatz, ihre Kunst nur noch in den Dienst der Religion zu stellen.

In dieser Auffassung wurde sie wärmstens unterstützt von Freiherr von Wessenberg in Konstanz. Kunst hatte, nach seiner Auffassung, die oberste Aufgabe, die Menschen zu Höherem, das heißt in seinem Sinn, zur frommen Empfindung zu führen. Auch die seelsorgerische Konzeption Wessenbergs baut stärker auf Moral und Erbauung, als auf Vernunft, ein Dualismus, der im übrigen für die Religiosität des ganzen 19. Jahrhunderts charakteristisch ist. »Die christlichen Bilder, ein Beförderungsmittel christlichen Sinnes« heißt sein zweibändiges kunsttheoretisches Werk.[34] Er schreibt darin ganz deutlich: »Die christliche Kunst ... soll das Sittlich-Schöne dem Gemüth einprägen und so an der Bildung des inneren Menschen theil nehmen, sie soll in ihm die Funken der bessern, edlern Gefühle anfachen..., ächte Frömmigkeit fördern... Ihre Zauberkraft darf sie mithin nicht bloß in der reizenden Farbgebung, in der schönen Gruppierung... aufsuchen, sondern in der feinen, edlen zweckmäßigen Darstellung des Charakters der Figuren, die sie als belehrende, rührende, erbauende Vorbilder zu schildern sich vornimmt... Würde und Wahrheit der Composition und des Ausdrucks ist der religiösen Kunst erstes Gesetz: Für den Verstand sind Bilder ebenso wenig als für das Gehör... Eine religiöse Darstellung muß vor Allem das Gefühl ansprechen.« Von dieser Art erbaulicher Kunst verspricht er sich auf Frauen und Kinder die beste Wirkung: »Besonders wirksam ist der Eindruck schöner heiliger Bilder auf die weibliche Seele, die mit einer feineren Gefühlsempfänglichkeit für die höchsten Ideen des Glaubens, der Liebe und der Hoffnung begabt ist, und auf die Seele der Kinder, die noch weich und ungetrübt, am liebsten an Bildern sich weidet.«[35]

Die Äußerungen Wessenbergs wirken wie eine verbale Beschreibung der Bilder Marie Ellenrieders. Daß eine solche Lehre jedoch leicht zur Sentimentalität führt, liegt auf der Hand. Marie Ellenrieder erlag dieser Gefahr leider oft.

In den Jahren nach der Rückkehr aus Italien entstand eine große Zahl religiöser Bilder, auch mehrere Altarbilder für süddeutsche Kirchen. Die Ausstattung der Kirche von Ichenheim, vor Italien begonnen, mußte fertiggestellt werden. Die Kirche von Ortenberg in Mittelbaden folgte. Mit Studien für das Hochaltarbild, das den hl. Bartholomäus zeigt, hatte Ellenrieder schon in Florenz begonnen. 10 Jahre später wurde als zweites der Josephsaltar bestellt. Als es 1826 um die Erstellung von Altarbildern für die Kirche von Kappel am Rhein ging, meinte der Freiburger Generalvikar über die neue Kirche, ihre »Schönheit würde noch ungemein gesteigert, wenn der Betrag zusammenkäme, daß die 3 Altarblätter durch die berühmte Künstlerin Ellenrieder gemacht würden.«[36] Interessant in diesem Zusammenhang ist, daß die Preise offenbar von Vater Ellenrieder gemacht wurden. Der Auftrag für Kappel kam jedenfalls nicht zustande, weil der von ihr zuerst genannte Betrag von 800–1000 Gulden von ihrem Vater auf 1000 festgelegt wurde. Zwei weitere Aufträge für die Pfarreien Iffezheim und Dundenheim scheiterten aus demselben Grund.[37] Die 35jährige Malerin war also noch nicht frei in ihrem Geschäftsgebaren, der Wille des Vaters war ausschlaggebend. Wirtschaftliche Fragen galten im 19. Jahrhundert strikt als männliche Domäne.

1828 erhielt die Malerin den ehrenvollen Auftrag, den Hochaltar für die neue Stadtkirche St. Stephan in Karlsruhe zu malen.[38] Wegen der riesigen Ausmaße des Gemäldes (4,70×3,20 m) wies der Großherzog der Künstlerin eigens einen großen Arbeitsraum im Regierungsgebäude in Konstanz zu. Als Thema war die Steinigung des hl. Stephanus vorgegeben, das Ellenrieder jedoch in den Tod des Heiligen veränderte. Das Bild ist in zwei Zonen geteilt, auf der Erde liegt Stephanus, umgeben von seinen Freunden, er blickt hinauf zu Jesus, der in der Himmelsglorie erscheint. Trotz aller Perfektion in der Zeichnung und ausgewogenen Farbigkeit empfindet man das Bild heute als etwas kraftlos und sentimental. Die Zeitgenossen dachten jedoch anders, das Bild wurde sehr bewundert.

Dem Vorsatz, nur noch religiöse Bilder zu malen, versuchte Ellenrieder möglichst treu zu bleiben. Porträts, so fand sie, würden nur der menschlichen Eitelkeit dienen und den Menschen wie »mit Fesseln nur noch fester an die Erde binden«, lediglich wo »der Gehorsam oder die Liebe es fordern« gibt sie nach.[39] Mit der Gehorsamspflicht ist vor allem die dem großherzoglichen Hause gegenüber gemeint.

Abb. 8 Der ehemalige Altar der Karlsruher Stadtkirche St. Stephan mit Marie Ellenrieders Altarbild »Die Steinigung des hl. Stephanus«. Der Altar wurde im Zweiten Weltkrieg schwer beschädigt, das Gemälde befindet sich heute in der Kirche St. Stephan, Konstanz

Beziehungen zum Badischen Hof

Schon 1827 hatte der Badische Kunstverein der Ellenrieder als erster Frau die Goldene Medaille für Kunst und Wissenschaft verliehen. Großherzog Ludwig wertete die Medaille noch auf durch die Verleihung des Bandes des Vaterländischen Verdienstordens. Im Jahre 1829 dann ernannte Ludwig die Ellenrieder auch zur Hofmalerin, was außer dem Titel auch ein Jahresgehalt von 300 Gulden bedeutete. Die Ernennung macht deutlich, daß Marie Ellenrieder von Großherzog Ludwig hoch geschätzt wurde. Der Großherzog weilte seit seiner morganatischen Eheschließung mit der ehemaligen Schauspielerin Katharina Werner, die er zur Gräfin von Langenstein erhob, so oft seine Regierungsgeschäfte es erlaubten, bei seiner Familie in Schloß Langenstein bei Konstanz. Im Jahre 1827 schuf Marie Ellenrieder Porträts des Großherzogs und der Gräfin von Langenstein, die sie sogar mehrfach wiederholte, um die Nachfrage zu befriedigen (Kat.-Nr. 23, 24 M. E.). Das in Öl ausgeführte Bildnis des Großherzogs ist meisterhaft in der Ausführung: ein Brustbild nach halbrechts gewandt, ein Staatsporträt, das den Regenten in Uniform zeigt, und doch ein ungemein sprechendes persönliches Bildnis. Auch von den Kindern des Paares entstanden mehrere Bilder, das schönste ist zweifellos das Doppelporträt aus dem Jahre 1833, das in Kolorit und Ausdruck von größter Delikatesse ist (Kat.-Nr. 29 M. E.). In diesen Porträts spürt man die freundschaftliche Beziehung, die zwischen der Familie Großherzog Ludwigs und der Künstlerin bestand, eine Freundschaft, die sich bis in die nächste und übernächste Generation erhalten hat. Der größte Auftrag Ludwigs an »seine liebe Ellenrieder« war die Ausmalung der Schloßkapelle in Langenstein. Sie arbeitete in der für Wandmalerei höchst ungewöhnlichen Technik der Kohlezeichnung direkt auf die Wand: lebensgroße biblische Szenen, die die Speisung der Fünftausend und Jesus als Kinderfreund zeigen. Als Ludwig 1830 unerwartet starb, war dies für Ellenrieder ein großer Verlust. Sein Nachfolger auf dem Thron war Leopold I. Auch ihn und seine Gemahlin Sophie hatte die Malerin bereits 1820 porträtiert, weitere Bildnisse von Sophie waren gefolgt. 1832 erhielt sie schließlich den Auftrag zu einem großen Familienbild, das Großherzogin Sophie mit ihren fünf Kindern zeigen sollte (Farbtafel 27). Die Künstlerin mußte sich zur Ausführung dieses Auftrags für zwei Jahre nach Karlsruhe begeben. Es entstanden etliche Einzelstudien und – ähnlich wie bei allen großen Altarblättern – eine formatgleiche Kartonvorzeichnung. Das 1834 vollendete Gemälde, das heute im Zähringer-Museum Baden-Baden hängt, entzückt durch die Klarheit der Zeichnung, die Anmut und Ausgewogenheit der Komposition und die delikate Harmonie der Farben, vor allem aber durch die friedlich-versonnene Stimmung, die es ausstrahlt. Es ist als das bedeutendste Werk von Marie Ellenrieder anzusprechen. Darüber hinaus kann man es aber auch zu den besten Familienbildern der deutschen Kunst des 19. Jahrhunderts zählen.

Idealporträts

Eine gewisse Idealisierung der Einzelporträts ist in dem Familienbild festzustellen. In einem Brief an ihren Freund von Röder schreibt Ellenrieder, die Ähnlichkeit der Kinderbildnisse sei bereits zufriedenstellend, sie bemühe sich aber noch, »bis ich überall die Engels-Seele hineinbringe: Die vom Augenstern bis an die äußerste Spitze des Haupthaares schimmernd gleichsam alles überstrahlt.«[40]
Sie charakterisiert damit treffend ihr Bemühen, Porträts als Idealporträts auszuführen. Die Tendenz geht bei ihr dahin, »den Einzelnen auf einen idealen Typus festzulegen und ihm damit eine überindividuelle Bedeutsamkeit zu verleihen.«[41] Nicht der tatsächliche Charakter, noch weniger das Spontane der augenblicklichen Stimmung des Dargestellten sollte in ihren Bildnissen zum Ausdruck kommen, sondern das Gute, das Ideale und das zur Vollkommenheit Strebende. Insbesondere in ihren Kinderbildnissen wollte sie die Reinheit der kindlichen Seele und ihre natürliche Gottesnähe zeigen, was manchmal so weit ging, daß keine Individualität hinter der »Engels-

Abb. 9 Otto v. Vincenti, 1827, Rosgartenmuseum Konstanz

Seele« mehr spürbar wird. Das Bildnis des kleinen Otto von Vincenti von 1827 ist hierfür besonders charakteristisch. Bei diesem, wie nun bei fast allen ihren Bildern, wendet sie den von Perugino übernommenen, frommen Augenaufschlag an, den, wie Fischer es ausdrückte, »die Nazarener als Formel für Frömmigkeit gebrauchten«.[42]

Diese quasi-religiöse Umdeutung des Porträts machte der Ellenrieder den Bruch des selbst auferlegten Gelübdes leichter, keine profanen Themen mehr zu malen. So sehr gehen die beiden Typen ineinander über, daß es zuweilen schwer zu entscheiden ist, ob ein Porträt oder eine Vorstudie zu einem religiösen Thema vorliegt, denn auch hier arbeitete sie bevorzugt nach Modellen. Daß sie diese Modelle auch subjektiv idealisierte, bezeugt eine Briefstelle bei August Kestner über den sog. Schuster-Christus, »...nach welchem seit fünf Jahren alle Heilande gemalt werden... auch von der Ellenrieder, die oft auf ihn zeigte und den reinsten Engel in ihm fand. Dieser ist nun unter den fünf Straßenräubern, die vor zwölf Tagen in Rom die scheußlichsten gewaltsamen Straßendiebereien machten.«[43]

Die Jahre in Karlsruhe, in denen Ellenrieder am gesellschaftlichen Leben der Residenzstadt teilnahm, in denen sie auch viel Anerkennung und Wertschätzung zu spüren bekam, waren für sie eine glückliche und künstlerisch fruchtbare Zeit. »In felici giorni in Carlsruhe«, vermerkt sie auf einer hübschen Zeichnung, die die Allegorie von Musik, Malerei und Dichtung zeigt (Kat.-Nr. 76 M. E.). In glücklichen Tagen also entstand das Blatt, und in der Tat spürt man in den Arbeiten dieser Jahre wieder etwas mehr Energie und etwas weniger Melancholie. Ein reizvolles Beispiel hierfür ist das Doppelbildnis des Ehepaares Krieg von Hochfelden zu Pferd (Kat.-Nr. 28 M. E.). Es entstand in Zusammenarbeit mit dem Karlsruher Tiermaler Rudolf Kuntz, der die Pferde und wohl auch die Landschaft malte, während Ellenrieder die Personen einfügte. Sie paßt sich dabei dem Schwung der Darstellung bestens an. Das Bild dürfte aus Dankbarkeit gegenüber dem befreundeten Ehepaar Krieg entstanden sein, das der Malerin während ihrer Karlsruher Zeit Gastrecht in ihrem Hause gewährte. Auch andere Bildnisaufträge konnte (oder wollte?) sie nicht ablehnen, und so entstanden in diesen Jahren noch einmal einige schöne Porträts. Das in farbigen Pastellkreiden ausgeführte Bildnis eines unbekannten jungen Mannes läßt als einziges erkennen, daß Ellenrieder im Zeitalter der Romantik arbeitete. Das empfindsame Gesicht mit dem verträumten Blick weist

eine ungewöhnlich freie und lebendige Behandlung von Lichtern und Schatten in der Modellierung des Gesichts auf (Kat.-Nr. 26 M. E.).
Bereits 1832 hatte Ellenrieder um eine Erhöhung ihres Jahresgehalts ersucht, was ihr von Leopold I. auch gewährt wurde. Verbunden damit war allerdings die Auflage, ein »Pflichtbild« alle zwei Jahre abzuliefern. Diesen Pflichtbildern, die sich heute in der Staatlichen Kunsthalle in Karlsruhe befinden, widmete Ellenrieder stets besondere Sorgfalt. Der Status der Hofmalerin war der Ellenrieder, die sonst so wenig Wert auf äußere Ehren legte, sehr wichtig. »Als alleinstehende Frau, die vom Malen lebte, bedurfte sie nicht nur eines hohen Schutzes, es war ihr auch das Gefühl wichtig, auf sichtbare Weise mit der Gesellschaftsordnung verbunden zu sein.«[44]
Die Malerin arbeitete viel und gut in den Karlsruher Jahren, doch schließlich wurde sie von ihrem pietistischen Über-Ich wieder eingeholt. Sie verließ Karlsruhe, da dort zuviel Ablenkung bestünde.
In Konstanz lebte sie wieder ganz zurückgezogen, die depressiven Stimmungen nahmen wieder zu. Seitenlange Selbstvorwürfe füllen ihr Tagebuch, sie klagt sich an, nicht fromm genug während des Malens gewesen zu sein, nicht fleißig genug oder nicht ruhig und sanft genug in ihrem Benehmen. Die Aufzeichnungen haben meist den Charakter eines Gebets.[45] Sie malt nun ausschließlich religiöse Bilder oder solche von erbaulichem Inhalt: betende oder bibellesende Kinder, eine Mutter, die ihre Kinder beten lehrt, Glaube, Liebe, Hoffnung oder das Gebesserte Gemüt. In Cotta's Kunstblatt werden Arbeiten der Ellenrieder auf der Karlsruher Kunstausstellung 1838 besprochen: »...Die Künstlerin scheint immer in Gesellschaft von Engeln zu malen, nie hat Unreines ihren Pinsel entweiht. Möchte sie sich nur recht bestreben, mehr Individualität in jugendliche Mädchengesichter zu bringen... Ein Christuskopf von derselben: zuviel weibliche Milde.«[46]
1836/37 arbeitete sie an einer Serie von acht Allegorien der Lebensalter, die ihr langjähriger Freund, der badische Baron Carl Röder von Diersburg, bei ihr bestellt hatte. Über die Beziehung der beiden verbreiten sich die früheren Biographen der Ellenrieder ausführlich.[47] Im Rosgartenmuseum liegt ein Briefwechsel aus über vier Jahrzehnten. In ihm offenbart sich eine Freundschaft, die zwar herzlich, aber doch immer ein wenig auf Distanz bedacht war. Röder bestellte auch ein Altarbild für die Kirche seines heimatlichen Diersburg bei der Freundin. Dabei äußerte er den Wunsch nach mehr Individualität und Natürlichkeit in den Figuren der Künstlerin.[48] Er erkannte also sehr klar die Gefahr des allzu Sentimentalen in den Bildern der Ellenrieder.

Die zweite Romreise 1838–1840

Mit der niedergedrückten Stimmungslage der Jahre nach 1834 ging auch ein Nachlassen der künstlerischen Kreativität der Malerin einher. Um diesen quälenden Zustand zu beenden, beschloß Ellenrieder eine erneute Reise nach Rom. Sie hoffte dabei eine ähnliche Inspiration und Aufmunterung zu erfahren wie 16 Jahre zuvor. Die nun 47jährige Frau reiste diesmal in Begleitung ihrer Schwester Josephine. Als sie in Rom ankam, war sie nicht mehr die unbeachtete junge Malerin von einst: »Auch Fräulein Ellenrieder aus Konstanz wurde unter den Zierden des hiesigen Kunstpublikums begrüßt«, meldete der Rom-Korrespondent des Kunstblattes.[49] Doch ihre Erwartungen erfüllten sich nicht. Die Freunde von einst waren nicht mehr da oder haben sich zurückgezogen, das Leben ist anders geworden und die nazarenische Kunst steht nicht mehr in hohem Ansehen. Zwar wird die Malerin geehrt, sie wird eingeladen und erhält in ihrem Atelier hohen Besuch: König Ludwig I. von Bayern oder Prinz Albert von Sachsen-Coburg, der spätere Gemahl der Königin Victoria, suchen sie öfters auf. Doch die menschenscheu gewordene Malerin meidet zunehmend jede Geselligkeit und vergräbt sich eher in ihrem Atelier. Sie kopiert wieder viel in den Kirchen und Galerien, arbeitet an einem riesigen Karton für eine Kindersegnung und am Bild eines Engels mit Tränenschale. Aus der ausführlichen Besprechung ihrer Arbeiten im »Kunstblatt« einige Zitate: »Die schöne, sorgfältig ausgeführte Zeichnung spiegelt eine schöne Seele, die die Grenzen des Weiblichen nie verläßt... hat sie sich denjenigen Gegenständen mit Eifer zugewandt, bei denen eine Frau ohne Verletzung ihrer angeborenen Empfindungen ungestört verweilen darf... Diese und ähnliche meisterhaft vollendete Zeichnungen verfehlen ihre Wirkung auf kein fühlendes Herz. Sie teilen dem Betrachter die reinste und schönste Rührung mit.«[50] Weiblichkeit und Rührung sind also die Maßstäbe, an denen ihre Kunst gemessen wird!

Sie selbst wird von der lobenden Kritik nicht aufgemuntert. Nach zwei Jahren in Rom vermerkt sie bitter: »Auf dieser Reise, von der ich mir für meinen Geist eine ungewöhnliche Wirksamkeit versprach, geschah zu meiner größten Plage gerade das Gegenteil.«[51]

Die letzten Jahrzehnte

Enttäuscht und deprimiert kehrte Marie Ellenrieder nach Konstanz zurück. Eine gewisse Aufmunterung brachte zunächst noch ein Aufenthalt in Karlsruhe, wo sie die Kindersegnung für die badische Prinzessin Alexandrine, verheiratete Herzogin zu Sachsen-Coburg, in Öl ausführte.[52] Doch mußte sie sich zur Arbeit wie auch zur Teilnahme am gesellschaftlichen Leben zwingen. Krankheiten, wohl psychosomatisch bedingt, kamen hinzu. So war die Malerin schließlich dankbar, nach Vollendung des großen Bildes wieder nach Hause reisen zu können. Sie beschloß, die Heimat nie wieder für längere Zeit zu verlassen und auch nie wieder Bilder zu einer Kunstausstellung zu geben. Eines der kurz darauf entstehenden Bilder ist die Wiederholung des in Rom gemalten Motivs »Ein Engel trägt die Tränen der Unglücklichen zum Himmel«. Der Bildgedanke wird wohl auch für die Malerin selbst Trost gewesen sein.

Die kommenden Jahre sind gekennzeichnet durch häufige Krankheiten, Depressionen und ein spürbares Absinken der künstlerischen Kreativität und Inspiration. Es entstehen viele kleine Gelegenheitsarbeiten, Engelsbildchen und Jesuskinder, Heilige oder fromm-allegorische Themen, oft in häufiger Wiederholung. Der Mangel an innovativer Kraft scheint nämlich eine (negative) Unterstützung erfahren zu haben durch die große Nachfrage nach solchen Bildern der Konstanzer Malerin. So wenig sie uns heute ansprechen, so beliebt waren sie zu

Abb. 10 Engel mit Tränenschale, 1842, Zisterzienserinnenabtei Lichtenthal, Baden-Baden

ihrer Zeit. Dazwischen erhielt die Malerin aber auch einige große, ehrenvolle Aufträge. So lieferte sie 1847 und 1849 zwei großformatige religiöse Gemälde an die englische Königin Victoria.[53] Die Fürsten zu Fürstenberg bestellten mehrere große Bilder bei ihr, zum Teil von seltsamer Thematik, wie die sieben Schutzengel der sieben Kinder des fürstlichen Paares (1846/47) oder die zum Himmel hinaufstrebende – verstorbene – Fürstin. In den 50er Jahren wurden auch die Beziehungen zum badischen Hof wieder enger. Der neue Großherzog Friedrich I. besuchte gar die erkrankte Malerin in Konstanz. Das Porträt der jungen Großherzogin Louise, in Pastell ausgeführt, läßt aber nach wie vor eher an eine Heilige als an eine reale Person denken.[54] Trotzdem scheint es letztlich an größeren Aufträgen gefehlt zu haben. Jedenfalls fühlte sich Freiherr von Wessenberg bemüßigt, in Cottas Kunstblatt 1845 an die »vortreffliche Künstlerin« zu erinnern, von deren »Werken die Kunstblätter schon lange kein Wort mehr sagen«, und einige ihrer Bilder lobend zu besprechen.[55]

In ihrem letzten Jahrzehnt nimmt die Schaffenskraft der betagten Malerin noch einmal einen unerwarteten quantitativen Aufschwung. Sie malte mehrere Altarbilder und mindestens 23 große Ölbilder. Dazu die zahllosen »Jesulein«, wie sie selbst sie nennt, und Engelsbilder, die nun fast serienmäßig entstehen. Die künstlerische Höhe der früheren Jahre stellt sich aber nicht mehr ein.

Daß sie dennoch auf dem ihr eigensten Gebiet, der Porträtmalerei, noch einmal Hervorragendes leisten konnte, zeigen die drei Pastell-Porträts der kleinen Gräfinnen Douglas aus dem Jahre 1860 (Kat.-Nr. 30 M. E.). Ihre Mutter Louise, Tochter von Großherzog Ludwig I., war ja als Kind selbst von der Ellenrieder gemalt worden. Ein Briefwechsel bezeugt über Jahre hinweg die herzliche Beziehung zwischen den Langensteinern und der Ellenrieder. So verwundert es nicht, daß die Gräfin eine zusammengehörige Porträtfolge ihrer drei kleinen Töchter bei Marie Ellenrieder bestellte. Die Anmut der Kinder mit ihren blauen Schleifen im Haar ist entzückend wiedergegeben, die Malerin knüpft noch einmal an ihre frühere Fähigkeit der Darstellung von Kindern an.

Im Alter von 72 Jahren, am 5. Juni 1863, starb Marie Ellenrieder in Konstanz an den Folgen einer Erkältung, die sie sich bei ihrem täglichen Kirchgang zugezogen hatte. Ihr Landsmann, der Maler und Kunstkritiker Friedrich Pecht, widmete ihr in den »Recensionen über bildende Kunst« 1863 einen Nachruf, in dem er außer der anfangs schon zitierten künstlerischen Würdigung auch eine Beschreibung der Person anfügte: »An der Stelle, wo sie geboren war, schaffte sie fort und fort bis zu ihrem Tode, mit einer Weihe und liebevollen Innigkeit, die ihr Bild jedem unvergeßlich machen werden, der Gelegenheit hatte, sie in ihrer Werkstatt zu besuchen. Man erhielt ganz das Bild einer Heiligen, wenn die hohe, schlanke Figur mit den von großer ehemaliger Schönheit erzählenden Zügen, der blassen, bis zur Durchsichtigkeit feinen Haut, den tiefen, leuchtenden, dunklen Augen voll geistatmender Milde und schwärmerischer Begeisterung auf den Eintretenden zukam und ihm die edel geformte kleine Hand bot. Es war etwas Ekstatisches in ihrem Ausdruck, was übrigens nicht entfernt ans Krankhafte grenzte, ... es umwehte sie eine Atmosphäre der Reinheit und Jungfräulichkeit, wie sie einem wohl selten oder nie im Leben entgegen getreten ist.«[56]

Eine eigentliche Nachfolge der Ellenrieder gibt es nicht. In der Kunstgeschichte hatten sich längst andere Richtungen durchgesetzt. Schüler hatte sie nur wenige, da sie sie als störend empfand. Ihre Nichte Anna Martignoni ist zu nennen, die die Gattung des frommen Genrebildes pflegen sollte. Der Schweizer Kirchenmaler Paul Deschwanden war für kurze Zeit ihr Schüler, später Johann Baptist Hengartner, der im Stile ihres Spätwerks einige Kirchen ausstattete. Doch führte gerade dieser Stil dann in die süßliche Devotionalienkunst, die es uns so schwer macht, die ernstzunehmenden Anfänge unvoreingenommen und gerecht zu beurteilen.

Will man den Stellenwert der Künstlerin in der Kunstgeschichte umreißen, muß man ihre Arbeiten vor der Italienreise heranziehen, sowie die der Jahre von etwa 1827–1833. Das bekannte Künstlerlexikon Thieme-Becker bezeichnet sie als größte deutsche Malerin der ersten Hälfte des 19. Jahrhunderts. Es wählt dabei als Maßstab den Vergleich mit anderen weiblichen Kunstschaffenden. Sieht man jedoch einmal von dieser geschlechtsbezogenen Beurteilungsskala ab, so kann man die Malerin immer noch zu den besten Künstler/innen Badens im 19. Jahrhundert zählen. Wer in den letzten Jahren die dieser Epoche gewidmeten Ausstellungen in Stuttgart und Karlsruhe gesehen hat[57], erlebte die dort ausgestellten Bilder der Ellenrieder als malerisch deutlich aus dem Durchschnitt des Dargebotenen herausragend.

Anmerkungen

1 Klara Siebert, Marie Ellenrieder als Künstlerin und Frau, Freiburg 1916. – Margarete Zündorff, Marie Ellenrieder. Ein deutsches Frauen- und Künstlerleben, Konstanz 1940. – Friedhelm Wilhelm Fischer, Marie Ellenrieder, Leben und Werk der Konstanzer Malerin. Ein Beitrag zur Künstlergeschichte des 19. Jahrhunderts. Mit einem Werkverzeichnis von Sigrid von Blanckenhagen, Konstanz 1963.
2 Cotta's Kunstblatt, Stuttgart/Tübingen 1820–1840, 1845, 1848, 1858. – Universal-Lexikon vom Großherzogtum Baden, 2. Aufl. 1847, S. 334. – Neues Allgemeines Künstler-Lexikon, bearb. von G. K. Nagler, Leipzig 1835–1852, Band 4, S. 303.
3 Recensionen über bildende Kunst, 1863, S. 159, wiederholt in: Freya, Illustrierte Blätter für die gebildete Welt, Stuttgart 1867, 7, S. 99f. – Andreas Andresen, Die Deutschen Maler-Radierer des 19. Jahrhunderts nach ihren Leben und Werken, IV., Leipzig 1872 (Nachdruck G. Olms 1971), S. 30–45.
4 So bei Pecht und Andresen (Anm. 3), ebenso bei A. Geigges, Mitteilungen über die erste Studienreise Marie Ellenrieders nach Italien, in: Bodenseechronik 1913, Heft 12+13; auch noch in Thieme-Beckers Allgemeinem Lexikon der bildenden Künstler, Band 10, Leipzig 1914, S. 464.
5 J. A. Beringer, Universal-Lexikon des Großherzogtums Baden, wie Anm. 2. – Kunstblatt, Januar 1939.
6 Genannt seien z.B.: Sutherland-Harris, Ann / Nochlin, Linda, Women Artists 1550–1950, Los Angeles – New York 1977, S. 50f. – J. Kirchbaum / R. A. Zondergeld, Künstlerinnen, Köln 1979. – G. Selb, Malerinnen aus fünf Jahrhunderten, Hamburg 1988, S. 74.
7 Zitiert nach Siebert, 1916, S. 11 und Zündorff, 1940, S. 19.
8 Mit der Schulausbildung der Ellenrieder als beispielhaft für die bürgerliche Mädchenerziehung am Anfang des 19. Jahrhunderts beschäftigt sich Ulrike Oberländer in ihrer Magisterarbeit: Weiblichkeitsideologie und weibliche Realität im künstlerischen Ausbildungswesen des frühen 19. Jahrhunderts am Beispiel der Malerin Marie Ellenrieder, Marburg o.J. (1991).
9 Reiner Rückert, Der Portraitmaler Joseph Bernhard Einsle (1774–1829), in: Weltkunst, 1984, Heft 20, 21, 22, S. 2900ff., S. 3206ff., S. 3455ff.
10 Sutherland/Nochlin, wie Anm. 6, S. 34–36, 46. – U. Oberländer wie Anm. 8, S. 42–52. – Bettina Baumgärtel, Angelika Kauffmann, Bedingungen weiblicher Kreativität in der Malerei des 18. Jahrhunderts, Weinheim/Basel 1990, S. 64ff.
11 Die Akademien übernahmen nicht nur die Ausbildung, die damit »akademisiert« wurde, sondern auch das Ausstellungswesen und zunehmend die Funktion der höchsten Kunstinstanz. – Die Münchner Akademie wurde 1806 von König Max I. Joseph gegründet: Birgit Angerer, Die Münchner Kunstakademie zwischen Aufklärung und Romantik. Ein Beitrag zur Kunsttheorie und Kunstpolitik unter Max I. Joseph, Diss. München 1984.
12 Zitiert nach: Barbara Beuys, Familienleben in Deutschland, Neue Bilder aus der deutschen Vergangenheit, Hamburg 1984, S. 336.
13 Andresen, 1872, S. 31, berichtet darüber als erster: »Der erste Bischof von Wessenberg, ihre hohe Begabung erkennend, drang in die Eltern, ihrem Kinde eine geregelte künstlerische Ausbildung zu Theil werden zu lassen... Es war gegen akademische Regel und Gesetz, weibliche Schüler zuzulassen, und nur dem gewichtigen Einfluß des edlen Bischofs gelang es, diese Schranke zu brechen.« Andresen stützt sich nach eigenen Angaben u.a. auf Mitteilungen aus der Familie.
14 Seidler/Uhde, 1875, S. 147. – Fischer, 1963, S. 16.
15 Seidler/Uhde, 1875, S. 137.
16 Oberländer, wie Anm. 8, S. 19.
17 Baumgärtel, wie Anm. 10, S. 80. – Unklar bleibt allerdings, wo die Aktzeichnungen aus dem Kunsthaus Zürich entstanden (s. S. 115f.). Arbeitete Ellenrieder mit privaten Modellen?
18 Fischer, 1963, S. 18.
19 Über das Leben im Hause von Langer berichtet anschaulich Louise Seidler: »Langers wohnten in einer reizenden, an dem hohen Ufer der Isar gelegenen Villa. Für gewöhnlich hatten nur Katholiken Zutritt zu dieser schönen Häuslichkeit... Der Direktor Langer war bei Tisch unbefangen und heiter, der Sohn (Robert, ebenfalls als Lehrer an der Akademie tätig. Anm. d. Verf.) hingegen ernst, etwas docierend. Vor und nach Tische wurden gewöhnlich Kupferwerke alter Meister besichtigt« (Seidler/Uhde, 1875, S. 164, zitiert nach Zündorff, 1940, S. 22).
20 Tagebucheintragung 1817 (Abschrift von Klara Siebert in der Badischen Landesbibliothek Karlsruhe).

21 Zitiert nach Zündorff, 1940, S. 27.
22 Fischer, 1963, S. 22.
23 Zündorff, 1940, S. 31.
24 Zündorff, 1940, S. 30f.
25 Fischer, 1963, S. 24f.
26 Seidler/Uhde, 1875, S. 197, zitiert bei Zündorff, 1940, S. 47. – Eine amüsante Episode aus dem geselligen Leben im Zusammenhang mit Ellenrieder und Katharina Predel überliefern uns die Erinnerungen des Begleiters von Kronprinz Ludwig von Bayern: »Bei einer Mahlzeit... erschienen auch die beiden Malerinnen B. und Ellenrieder, letztere ein gar liebenswürdiges, bei großem Talent höchst anspruchsloses Wesen. Bekanntlich war der Kronprinz etwas schwerhörig; in weit höherem Grad waren es die zwei Künstlerinnen und dabei, besonders Fräulein B., nicht ohne Redseligkeit, da gab es denn bei Tisch eine solche Perlenschnur von Mißverständnissen, daß die Mitanwesenden auf eine wahre Folter gespannt waren... Als der Kronprinz die Tafel aufgehoben und sich zurückgezogen, auch die beiden Künstlerinnen sich entfernt hatten, da brach der angestaute Lachstoff endlich mit solchem Ungestüm hervor, daß wir Herren in Gumppergs Zimmer uns auf den Boden warfen vor wehtuendem Lachen« (Erinnerungen des Dr. Johann Nepomuk von Ringeis, hrsg. von Emilie Ringeis, Regensburg–Amberg, 1886, S. 133).
27 Über die Freundschaft mit Kestner in Rom und über seine späteren Besuche in Konstanz siehe: Marie Jorns, August Kestner und seine Zeit, Hannover, 1964.
28 Tagebuch vom 23. März 1824, zitiert bei Fischer, 1963, S. 30.
29 Zitiert bei Siebert, 1916, S. 36, und Zündorff, 1940, S. 52.
30 Seidler/Uhde, 1875, S. 198.
31 A. von Liebenau, Emilie Linder und ihre Zeit, ein Charakter- und Sittenbild, Luzern, 1897.
32 Seidler/Uhde, 1875, S. 198.
33 Seidler/Uhde, 1875, S. 198. – Zündorff, 1940, S. 47.
34 Ignaz Heinrich von Wessenberg, Die christlichen Bilder, ein Beförderungsmittel christlichen Sinnes, Konstanz, 1827.
35 Wie oben, S. 42, 153, 186, 201.
36 Freiburger Diözesanarchiv, N. F., 32, 1931, S. 247.
37 Otto Kähni, Marie Ellenrieder in der Ortenau, in: Ekkhart, Jahrbuch für das Badner Land, 1959, S. 87–93.
38 Nach der weitgehenden Zerstörung der Kirche im 2. Weltkrieg wurde das Gemälde nicht wiederverwendet. Heute in der Kirche St. Stefan in Konstanz.
39 Siebert, 1916, S. 61.
40 Brief vom 25. 1. 1834, zitiert bei Fischer, 1963, S. 46.
41 Fischer, 1963, S. 42.
42 Fischer, 1963, S. 32.
43 Jorns, wie Anm. 27, S. 346.
44 Fischer, 1963, S. 64.
45 Zahlreiche Zitate bei Siebert, 1916, S. 70–73.
46 Kunstblatt, 1839, Nr. 8, S. 31.
47 Vor allem Zündorff, 1940, in dem Kapitel »Herz auf der Waage«, S. 85ff.
48 Fischer, 1963, S. 52.
49 Zündorff, 1940, S. 96. – Fischer, 1963, S. 53.
50 Zündorff, 1940, S. 103.
51 Siebert, 1916, S. 76. – Fischer, 1963, S. 54.
52 Heute in der Kirche Kallenberg bei Coburg.
53 »Hl. Felicitas mit ihren Söhnen« und »Der zwölfjährige Jesus im Tempel«, heute im Osbourne-House auf der Isle of Wight, Abb. bei Fischer, 1963, Abb. 55.
54 Rosgartenmuseum, Inv.-Nr. M 138.
55 Kunstblatt, 26, 1845, S. 183.
56 Zitiert bei Fischer, 1963, S. 65.
57 Baden und Württemberg im Zeitalter Napoleons, Stuttgart, Württembergisches Landesmuseum, 1987. – Kunst in der Residenz, Karlsruhe, Staatliche Kunsthalle, 1990.

Bettina Baumgärtel

»Der Raphael unter den Weibern«

Leben und Werk Angelika Kauffmanns und Marie Ellenrieders im Vergleich

»Eine Malerin, eine zweite Angelika will ich werden...«, nahm sich Johanna Schopenhauer (1766–1838) vor, als sie erstmals von Angelika Kauffmann hörte, sich wundernd, daß es überhaupt Malerinnen gibt. Von diesem identifikationsstiftenden Moment berichtete sie später in ihren Lebenserinnerungen.[1]

Für die Mädchen-Sozialisation war und ist die Möglichkeit, weibliche Vorbilder auch für den beruflichen Werdegang vorzufinden, ganz entscheidend. Angelika Kauffmann mit ihrem internationalen Ruhm, ihrem Können und reichen Wissen wurde schon zu Lebzeiten und bis in die heutige Zeit zum Vorbild für viele Künstlerinnen.[2]

Weibliche Traditionslinien: Lehrmeisterinnen – Künstlerinnen-Gemeinschaften

Wir nehmen es jedoch für gegeben hin, wenn Künstlerinnen in der kunsthistorischen Literatur als spektakuläre Ausnahme dargestellt werden. Zu oft fällt dabei die so naheliegende Frage nach der Vernetzung und der Traditionslinie weiblicher Kunstproduktion völlig unter den Tisch.

Wenn auch der persönliche Kontakt unserer beiden ausgestellten Künstlerinnen nie zustande kam – Marie Ellenrieder steckte noch in den Kinderschuhen, als Angelika Kauffmann mit großem Pomp in Rom begraben wurde –, so ist doch die Wegbereiterfunktion der älteren für die junge Marie Ellenrieder zumindest indirekt von Bedeutung gewesen.

Marie Ellenrieder war zu jung, als daß sie wie manche Künstlerinnen nach Rom hätte pilgern können, um von A. Kauffmann unterrichtet zu werden. Wo möglich hätte A. Kauffmann sie ebenso wie die Malerin Marianne Krauss und die nach ihr benannte Tochter ihres Onkels J. Kauffmann zurückgewiesen, weil sie bereits mit dem Unterricht anderer, wie z. B. der Tochter des Hofrats Hirt, belastet war. Einen systematischen Unterricht scheint die Künstlerin einzig in London für Mary Hadfield, eine erfolgreiche und ungewöhnliche Malerin und Pädagogin, die später den Miniaturmaler Richard Cosway heiratete, erteilt zu haben.[3]

Grundsätzlich gehörte Angelika Kauffmann zu den vermögenden Künstlerinnen, die ihre eigenen Interessen pädagogischen Bedürfnissen anderer vorziehen konnten. Ihre gesellschaftliche Position war gesichert genug, so daß sie selbst den Zeichenunterricht für die Kinder ihrer großen Gönnerin, Maria Carolina, Königin von Neapel, nach kurzer Zeit ablehnen und auch den persönlichen Einzelunterricht für die Großherzogin von Toskana schnell wieder aufgeben konnte, um ihre Zeit nicht mit dilettantischen Zeichnungen anderer vergeuden zu müssen. Dennoch war sie Anstoß und Hoffnungsträger für einige Künstlerinnen auf ihrem Ausbildungsweg.

Dagegen hielten etliche der bekannten Künstlerinnen wie Elisabeth Vigée-Lebrun, Anne Vallayer-Coster, Adélaide Labille-Guiard systematischen Unterricht für junge Frauen ab, teils aus pädagogischem Bewußtsein, teils aus der finanziellen Notlage heraus. Der Unterricht bedeutete für sie ein regelmäßiges Einkommen. Dabei spielte auch die eigene Erfahrung einer unzulänglichen Ausbildung eine Rolle, die bei nicht wenigen Künstlerinnen kunstpädagogische Ambitionen wachriefen.[4]

Marie Ellenrieder hatte auch Schüler und Schülerinnen, unterrichtete jedoch ungern (Zündorff S. 85). Ausschlaggebend war eher ihre finanzielle Bedürftigkeit. Zündorff zählt neben dem später erfolgreichen Bernhard Endres, Johann B. Hengartner und Anna Martignoni zur »Ellenriederschule«.

Ellenrieder selbst lernte in Rom von Louise Seidler, die zumindest zeitweise die Funktion einer Lehrmeisterin für sie hatte. Die rege Anleitung Louise Seidlers entwickelte sich im Laufe der Zeit zu einer auf Kollegialität und fern aller Konkurrenz ausgerichteten Künstlerinnen-Gemeinschaft.

Katharina von Predl (1790–1871) gehörte auch zu diesem Kreis. Die Ellenrieder zog zu ihr in die Wohnung, als L. Seidler von Rom abreiste. Emilie Linder (1797–1867) war ebenfalls eine enge Freundin der Konstanzerin. Sie gewann die Hieronymus-Heß-Schülerin in Basel zur Freundin. Der Kontakt untereinander blieb über viele

Jahre bestehen, auch wenn sich die Künstlerinnen selten, erst wieder Jahre später in Dresden bei L. Seidler trafen. Kontakte mit den Kollegen über die Romzeit hinaus scheint es kaum gegeben zu haben.

Auch Angelika Kauffmann pflegte rege Freundschaften besonders zu Künstlerinnen, wie den Stegreifvirtuosinnen Fortunata Fantastici (Abb. S. 24) und Teresa Bandettini (Kat.-Nr. 16 A. K.), zu der Schauspielerin Maddalena Riggi oder zur Schriftstellerin Cornelia Knight.[5]

Louise Seidler, Emilie Linder und Katharina von Predl haben sicher wenige Jahre später von Ellenrieders Vorstoß in die rein männlich besetzte Institution Akademie profitiert. In ihren Erinnerungen betont L. Seidler, daß mit der Aufnahme Maria Ellenrieders als Schülerin der Akademie zu München ein Präzendenzfall geschaffen wurde, »der von guten Folgen war; mehr als eine meines Geschlechts hat sich später in der Isarstadt ausgebildet, und zwar weder zum Schaden der Kunst noch zum Nachteil der weiblichen Würde«.[6]

Wie wenig verbindlich diese neue Errungenschaft war, zeigt die Ablehnung der Londoner Royal Academy, weitere Künstlerinnen neben A. Kauffmann und Mary Moser als Vollmitglied zuzulassen. So wurde die Mitgliedschaft dieser beiden Künstlerinnen über 200 Jahre lang als Alibi mißbraucht, Frauen in der Akademie berücksichtigt zu haben.

»Frauenkunst«, ein geschichtliches Vakuum

Es lohnt sich – und diese Ausstellung bietet dazu ausreichend Gelegenheit –, den epocheübergreifenden Übereinstimmungen in der Lebens- und Arbeitswelt zweier Künstlerinnen nachzugehen, wobei nicht nur die Parallelen, sondern auch die Differenzen aufzuzeigen sind.

Hierbei geht es jedoch nicht um die so fragwürdige Separierung von Künstlerinnen und ihrem Werk unter dem Schema »Frauenkunst«. Ein Schema, das Künstlerinnen außerhalb der allgemeinen Kunstgeschichte zu einer scheinbar homogenen Gruppe zusammenfügt und vorurteilsvollen Überlegungen über ihre weibliche Natur unterwirft. (Dazu gehören Autoren wie Guhl 1858, Lübke 1862, Sparrow 1904/1974, Hirsch 1905, Scheffler 1908/1974, Hildebrandt 1928 und Musterberg 1972.)

Das fragwürdige Schema findet sich auch in der Literatur über Marie Ellenrieder immer dann, wenn nicht der kunstgeschichtliche, sondern der geschlechtliche Zusammenhang gesucht wird, d. h. wenn nicht der Nazarener-Kollege Friedrich Overbeck, sondern die Geschlechtsgenossin der vorherigen Generation, Angelika Kauffmann, zum Vergleich herangezogen wird. So z. B. bei M. Zündorff, wenn sie das Problem weiblichen Dilettantismus anspricht und behauptet, man habe anfangs nicht vorgehabt, aus Marie Ellenrieder eine »richtige Malerin wie Angelika Kauffmann« (S. 17) zu machen. A. Kauffmann die Professionelle und M. Ellenrieder die Dilettierende?

In die gleiche Richtung zielt F. W. Fischers Darstellung, wenn er A. Kauffmann als »unvergleichlich«, d. h. als unerreichbare Ausnahme bezeichnet (S. 17). A. Kauffmann also das Genie, M. Ellenrieder eher das fleißige Talent?

Bei A. Kauffmann wird leicht vergessen, daß sie auch einmal dilettierend begann und in eine mühsame Lehre gehen mußte. Allzu gern wird am Mythos Wunderkind festgehalten. Im Rückblick also wird A. Kauffmann gegenüber M. Ellenrieder zum unerreichbaren Ideal stilisiert.

Der Topos Ausnahme erweist sich immer wieder als unfruchtbar für die Künstlerinnen-Geschichte. Genaugenommen verbirgt sich hinter diesen Begriffen des Wunderkindes oder der Ausnahme ein historisches Vakuum, das keine Erklärung für die Frage liefert, wie eine A. Kauffmann oder M. Ellenrieder zur Künstlerin werden konnte.

An anderer Stelle wird A. Kauffmann dagegen zum Richtmaß für die Innovationsfähigkeit der Ellenrieder. Fischer schreibt über Ellenrieders Altarblatt »Der Tod des Hl. Stephanus«, im Widerspruch zur vorher betonten Unvergleichlichkeit der Angelika Kauffmann, »noch nie vorher habe eine Frau so etwas zuwege gebracht. Die blühenden Rokokokompositionen der Angelika Kauff-

VALOROSISSIMA SIGNORA
Sig.ra Marianna Angelica Kauffman di Costanza

IN riguardo al desiderio vostro, VALOROSISSIMA SIGNORA, notificatoci da uno de' nostri Accademici, e più in riguardo al molto merito, che avete, v'abbiamo aggregato tra' nostri Accademici d'onore; il che è succeduto a viva voce, e con applauso universale. Speriamo, che la gloria dell'Accademia vi sarà a cuore come la vostra. Noi vi diamo questo avviso con la presente da noi sottoscritta, e sugellata col nostro Suggello.
Dato dalla nostra Segretaria questo dì 5 di Ottobre 1762

Gregorio Casali PRINCIPE.

Domenico Pio ... Segretario.

Abb. 1   Diplom der Akademie von Bologna, 1762, Bregenz, Vorarlberger Landesmuseum

mann mußten den Zeitgenossen darüber wirklich als Tändelei erscheinen.« (S. 38). Nicht die als Hauptvertreter des Klassizismus bezeichneten Künstler wie R. Mengs oder J. L. David werden hier wie sonst üblich zum Richtmaß genommen, auch nicht die Nazarener-Kollegen, sondern wie so oft bei einem Werk einer Künstlerin wird geschlechtsimmanente Stilkritik geübt.

Darüber hinaus wird innerhalb der »Kaste« der Künstlerinnen eine Hierarchisierung vorgenommen, so auch bei A. Andresen in der frühesten, noch auf mündlichen Überlieferungen basierende Kurzbiographie der Ellenrieder: »Ohne Zweifel gebührt ihr unter allen Malerinnen im historischen Fach der Ehrenpreis unseres Jahrhunderts, nächst Angelika Kauffmann hat sich keine zu solcher Tüchtigkeit und Vollendung aufgeschwungen.«[7] Wohlgemerkt das hohe Lob gilt lediglich innerhalb der Frauenriege. In dem Sinne verfaßten schon Sickler und Reinhardt ihren Nachruf auf A. Kauffmann: »Denn unter Deutschlands Frauen, die Genie und Talent je ausgezeichnet hat, steht sie nicht bloss als eine schöne, sondern auch als eine seltene Blume. Die Römer nennen sie den Raphael unter den Weibern, die je als Künstlerinnen aufgetreten sind...«[8]

Die Anfänge

Das Hineinwachsen in den Künstlerinnen-Beruf erfolgte relativ unproblematisch für Frauen, die in einem Atelier oder einem Handwerksbetrieb des Vaters oder Bruders groß wurden. Als mithelfende Kräfte arbeiteten sie zwar meist im Verborgenen, nicht zuletzt weil sie ihre Arbeiten oft mit dem Namen des Werkstattleiters signieren mußten. Jedoch wurde ihre Berufstätigkeit als ebenso notwendig wie selbstverständlich erachtet.

Dagegen verloren vor allem bürgerliche Frauen mit Beginn der Dissoziation von Arbeits- und Familienleben im 18. Jahrhundert und mit der Entwicklung eines autonomen Künstlerselbstverständnisses den Zugang zur künstlerischen und handwerklichen Tätigkeit. So verwundert es nicht, daß ein Großteil der Künstlerinnen vor

1800 aus Malerfamilien stammen, eine für ihre männlichen Kollegen lange nicht so entscheidende Voraussetzung. Einzig die enorme Expansion des Kunstmarktes für ein bürgerliches Lese-, Theater- und Kunstpublikum ermöglichte Frauen, an der Kunstproduktion Anteil zu nehmen. Meist im Rahmen der Familienproduktion waren sie vor allem im Bereich des Miniaturbildnisses und der Pastellmalerei als billigere Variante der Ölporträts tätig.

Es ist inzwischen allgemein bekannt, wie wenig Frauen von den aufklärerischen Zielen des 18. Jh.s profitierten. Auch ist überzeugend dargelegt worden, daß mit der Feststellung, Frauen werden benachteiligt und unterdrückt, noch kein tiefliegender Grund für die Ungleichbehandlung von Frauen im 18. Jh. gefunden ist. Der Grund liegt vielmehr in der allgemeinen gesellschaftlichen Umorganisation, vorbereitet durch die theoretischen Schriften von Rousseau bis Kant, in deren Folge auch die Rolle der Frau nach funktionalen Gesichtspunkten neu überdacht wurde. Dabei wurde das Bedürfnis nach einem Gefühlsleben an einem anderen Ort bei einer zunehmend zweckrationalen und profitorientierten Gesellschaft und angesichts der Loslösung von der Vorherrschaft der Kirche um so notwendiger. Bei diesem Prozeß der Säkularisation, Vernunft und Gefühl in ein funktionstüchtiges Gleichgewicht zu bringen, verfestigte sich ein sicherlich nicht ganz neues, aber dennoch spezifisches Verständnis von der Frau als Natur- und Gefühlswesen.

Besonders in der kurzen Phase der Empfindsamkeit wird die Frau zur Protagonistin für Freundschaft und Liebe. Sie soll Quell der Regenerierung im Alltag und moralische Instanz sein. Orte emotionalen Aufbaus waren das Heim und der Salon, geführt von Frauen. Für die Kunstproduktion in der Zeit der Empfindsamkeit galt die Emotionalität der Frau als musterhaft und eröffnete ernstzunehmende Wege für Frauen, sich am Kulturleben zumindest zeitweise zu beteiligen. Erst in diesem empfindsamen Milieu konnte Angelika Kauffmann so erfolgreich künstlerisch tätig werden. Gleichfalls günstig für sie war, ohne »Konkurrenz« von Brüdern und noch dazu als einziges Kind aufzuwachsen, somit allein das Vermächtnis des Künstlervaters übernehmen zu können.

Dagegen wuchs Marie Ellenrieder in einer von Krieg und Nationalismus geprägten Zeit auf, wo das neue bürgerliche Selbstbewußtsein bereits empfindlich gelitten hatte. Auch hatte sie es insofern schwerer, als sie nicht wie A. Kauffmann dem Vater das Handwerk abschauen und entsprechende Arbeitsräume und Anleitungsmaterialien nutzen konnte. Ihre Entwicklung zur Künstlerin verlief deshalb auch zögerlicher, und die Entscheidung, freie Künstlerin zu werden, erfolgte später als bei der scheinbar so frühreifen, besser wohl früh angeregten Kauffmann.

Aber selbst für die Ellenrieder wurde die Entscheidung, sich ausbilden zu lassen, durch den familiären Bezug zu Künstlern begünstigt.[9]

Für den Vater Johann Josef Kauffmann stand das ehrgeizige Ziel, eine freie Künstlerin aus seiner Tochter zu machen, sicher näher, als dem Vater der Ellenrieder. Jedoch war dieses Ziel lange nicht so selbstverständlich, wie es in der Literatur gerne dargestellt wird.

Weibliche Talentenvielfalt statt männliche Professionalität durch Spezialisierung ließ die Entscheidung zum Problem werden. Moralische Überlegungen schließlich sprachen für eine Karriere als bildende Künstlerin und nicht als Sängerin, thematisiert in Kauffmanns wichtigstem Selbstbildnis »Angelika Kauffmann zwischen Malerei und Musik« (Abb. S. 14).[10]

M. Ellenrieder begann, wie so viele Künstlerinnen, mit Bildnisminiaturen, von ihrem ersten Lehrer Josef Einsle angeleitet.[11] Dies deutet auf einen eher halbherzigen Umgang mit ihrer Ausbildung hin, häusliche Enge mag diesen Kompromiß erforderlich gemacht haben. Im Falle der Ellenrieder war es wohl ein Versuch, Künstlerdasein und Frauenrolle zu verbinden, d.h. ihr Talent nicht unterdrücken, es wo möglich für die derzeitige rege Nachfrage nach Bildnisminiaturen ertragreich nutzen, aber der eigentlichen Bestimmung als Ehefrau und Mutter nichts in den Weg stellen zu wollen.

M. Ellenrieder scheint nur kurz von ihrem ersten Lehrer

Abb. 2   Porträt Bronlow, 8th. Earl of Exeter, 1764, London, Kunsthandel 1982

profitiert zu haben. Er empfahl recht bald, seine Schülerin einem besseren Lehrmeister zu übergeben.
Auch Vater Kauffmann, so schildert es der mit A. Kauffmann befreundete Biograph G. G. Rossi, habe schon recht früh feststellen müssen, daß er seiner Tochter nichts mehr beibringen könne. In den 50er Jahren war sie Lehrling und Mitarbeiterin ihres Vaters, spätestens ab 1760 lassen die erhaltenen Frühwerke der Kauffmann den Schluß zu, daß sie ihrem väterlichen Lehrmeister über den Kopf gewachsen war.
Erst der Druck von außen durch den Bistumsverweser Freiherr Ignaz von Wessenberg hat den Anstoß für die gründlichere Ausbildung der Ellenrieder gegeben, der sie an die Münchner Akademie vermittelt hat.[12]
Die Ausbildung bei Johann Peter von Langer in München schuf für Marie Ellenrieder erst die notwendigen Grundlagen, zumindest was den Aufbau, die Technik und die Entwurfsphase eines Gemäldes angeht. Nicht umsonst reiste sie nach Beendigung ihrer Akademiezeit mehrfach zu Langer nach München, um sich bei größeren Altarblättern künstlerischen Rat zu holen.
In Rom schließlich arbeitete sie im Komponierverein mit Cammuccini, Overbeck, Veit, Schnorr v. Carolsfeld, Begas und Heß, kam aber hauptsächlich autodidaktisch und durch gelegentliche Hilfestellungen von Louise Seidler, Heß und die Gebr. Riepenhausen weiter.
Noch zu Kauffmanns Zeiten blieb Künstlerinnen der Zugang zu solchen Arbeitskreisen versagt. Weder in Rom in der bekannten Schule Benefials, Ottobonis oder Batonis, noch in Berlin bei Huber oder Rode, noch in London bei Hogarth, Kneller oder Thornhill, noch in der deutschen Künstlerkolonie in Rom bei Trippel wurden Künstlerinnen akzeptiert.
Für die meisten Künstlerinnen war das fleißige Kopieren der großen Meister die wesentliche Methode des Lernens und oft einziger Broterwerb. Manche blieben jedoch auf dem Weg zur freien eigenständigen Arbeit im lebenslänglichen Kopieren stecken. Louise Seidler, die selbst emsig kopierte, berichtete von Therese aus dem Winkel, sie habe ihre eigenen Kopien alter Meister immer wieder kopiert, da diese und nicht die eigenen

Werke verkäuflich waren. In vielen Fällen war die Kopie der Kopie das Resultat von Erwerbzwang bei gleichzeitigem Angebundensein ans Heim.

Akademien

Weder Kauffmann noch Ellenrieder konnten als Frauen auf ein allgemeines Ausbildungsrecht pochen und unter Berufung auf den Gleichheitsgrundsatz eine Akademie betreten.
So sind es denn in erster Linie persönliche Beziehungen, die zu Ausnahmeregelungen in der Künstlerinnen-Ausbildung führen. Mitleid wegen ihrer Schwerhörigkeit und mit der Zeit offenbar Sympathie für ihre fleißige und integre Art gaben der Ellenrieder einen Sonderstatus als Privatschülerin beim Münchner Akademiedirektor J. P. von Langer.[13]
Nach Louise Seidler war Ellenrieder regelrecht »Schülerin der Akademie«. Ob sie zu allen Kursen zugelassen wurde, ist eher zu bezweifeln. Auch Seidlers eigene Lehrzeit an der Akademie beschreibt sie derart, daß vermutet werden kann, sie habe lediglich am Porträtfach teilgenommen. »Im Winter wurde abends nach Modellen gezeichnet, im Sommer dagegen frühmorgens gemalt. Um acht Uhr war Porträt-Studium nach der Natur, woran ich Anteil nahm; hierauf folgte klassenweis der übrige Unterricht...« (S. 15). Im übrigen erleichterte ihr der Einsatz Karoline Jagemanns und ein Empfehlungsschreiben Goethes den Zugang zur Akademie.
Welche Beziehungen die 21jährige A. Kauffmann so ungewöhnlich früh zum Akademiemitglied werden ließen, wissen wir nicht. In jedem Fall halfen ihr ein Empfehlungsschreiben des österreichischen Grafen Firmian und Vermittlungen der Familie Salis aus Chur auf ihrer ersten Italienreise mit Aufenthalt am Hof von Mailand und Florenz. Die Bekanntschaft ab 1762 mit dem so rührigen Rat Reiffenstein und mit J. J. Winckelmann, dessen Porträt aus dem Jahre 1764 ihr große Anerkennung brachte (Abb. S. 78), mit dem aus Amerika kommenden Maler Benjamin West und dem führenden Por-

Abb. 3   Kupferstich von Bartolozzi nach dem Kauffmann-Porträt von Sir Joshua Reynolds (1764)

trätisten Roms, Pompeo Batoni, mögen ihr manche Privatsammlung für ihr Studium aufgeschlossen haben. Möglicherweise kamen ihr diese Kontakte auch bei der Wahl zum Ehrenmitglied an den Akademien Bologna, Florenz und Rom zugute (Abb. 1).
Im Unterschied zu M. Ellenrieder gehörte A. Kauffmann

jedoch in den italienischen Akademien, einschließlich der venezianischen, lediglich zu den »onori«, zu den Ehrenmitgliedern, die nicht am Unterricht teilnehmen konnten. In London allerdings wurde sie Gründungsmitglied der 1768 eröffneten Royal Academy. Zusammen mit der Blumenmalerin Mary Moser besaß sie zwar den Status eines Vollmitglieds und hatte vor Ort größere Einflußmöglichkeiten, als Frau hatte sie faktisch aber kaum mehr Rechte als ein Ehrenmitglied. Denn Ausstellungsmöglichkeiten hatten auch Nichtmitglieder, und beim Wahlrecht nahmen die zwei einzigen weiblichen Gründungsmitglieder lediglich brieflich teil, da sie zu den »meetings« nicht zugelassen waren. Ihre französischen Kolleginnen sollen von ihrem Wahlrecht sogar so gut wie nie Gebrauch gemacht haben.[14] Die Ehrenmitgliedschaft war für Künstlerinnen oft eine verspätete Anerkennung, zumal die meisten bereits fertig ausgebildet und zu Ruhm gekommen waren.

Die wenigen »Alibifrauen« stellten oftmals eine Konzession an Väter, Ehemänner und Brüder dar. Schaut man sich die in den Listen der Akademieschriften aufgeführten Kolleginnen an, so lassen sich deren Mitgliedschaften fast ohne Ausnahme auf eine verwandtschaftliche Beziehung zu männlichen Vollmitgliedern zurückführen, so z.B. bei Teresa Mengs, Maria Vien, Maria Subleray oder Mary Moser. A. Kauffmanns Wahl zum Ehren- bzw. Gründungsmitglied beruhte allerdings nicht auf väterlicher Protektion, eher auf den bereits in Italien geknüpften guten Beziehungen zu englischen Romreisenden, wie Abbé Grant, dem berühmten Schauspieler D. Garrick und ihrem englischen Gönner Brownlow, 8th. Earl of Exeter (Abb. 2), und John Parker. Alle vier porträtierte sie bereits in Rom bzw. Neapel.[15] Entscheidend waren auch ihre freundschaftlichen Kontakte zum Akademiedirektor J. Reynolds (Abb. 3) und zur Königin Charlotte von England (Abb. 4), die sie ebenfalls in der ersten Englandzeit malte.

Wichtiger aber war ihr Ruf als Historienmalerin. Reynolds konnte sie in seinem großen Ziel, mit Hilfe der neu gegründeten Akademie eine nationale Schule der Historienmalerei in England zu gründen, nicht übergehen.[16]

Abb. 4   Porträt Königin Charlotte von England mit dem Genius der Künste, Nachstich von Th. Burke, 1772

Sie konnte bereits 1769 auf der ersten Royal Academy Ausstellung großformatige Historien nach Homer, Vergil und Rapins Histoire d'Angleterre zeigen, die für viele Kollegen wegweisend waren.

Im allgemeinen aber war die Ausbildung von Künstlerinnen auf eher sporadische Hilfestellungen von Kollegen beschränkt und oft ein Unterricht aus zweiter Hand.

Aktzeichnungen

Das Aktzeichnungsverbot blieb Zankapfel der Künstlerinnen-Ausbildung bis in unser Jahrhundert. Nur durch zähes Ringen wurde das Aktzeichnen für Frauen im Laufe des 19. Jahrhunderts mit heute für uns lächerlichen Auflagen genehmigt. In der privaten Künstlerinnen-Ausbildung wurde jedoch von jeher nach dem Akt gezeichnet, auch wenn dies bei A. Kauffmann heimlich, bei M. Ellenrieder fast selbstverständlich geschah.
Trotz dieses offiziellen Tabus, das sich oftmals sogar auf Gipse, Statuen oder zeichnerische Vorlagen von Akten bezog, fanden Künstlerinnen informelle Wege, vor allem die Stichvorlagen boten reichlich Anleitung zum Figurenzeichnen.
Welch reiche Sammlung von Vorlagestichen Angelika Kauffmann besaß, konnte ich jüngst in einer englischen Sammlung feststellen. Eine weitere Möglichkeit überliefert der Künstler J. D. Fiorillo. A. Kauffmann soll im Jahre 1763 Batonis eigenhändige Aktzeichnungen zum Nachzeichnen erhalten haben. Von den ca. zehn noch erhaltenen Aktzeichnungen (vgl. Kat.-Nr. 39 A. K.) der Künstlerin könnte ein Blatt in London, British Museum, eine signierte und 1771 datierte Kohlezeichnung eines sitzenden Halbaktes mit Bettelgeste, dessen Lenden mit einem Tuch bedeckt sind, nach dem lebenden Modell gezeichnet sein. Möglicherweise steht diese Zeichnung in Zusammenhang mit Gerüchten, die in London aufkamen, A. Kauffmann habe in ihrem Atelier nach einem nackten männlichen Modell gearbeitet. Sie korrigierte das Gerücht dahingehend, sie habe lediglich an einem älteren Mann Arm- und Beinstudien im Beisein ihres Vaters ausgeführt.[17]
Ellenrieders Aktzeichnungen wurden offenbar weder als so unmoralisch angesehen, noch konnten sie sich als so rufschädigend wie zu Kauffmanns Zeiten auswirken.

Künstlerische Vorbilder – Das graphische Werk

Es wird behauptet, J. Reiffenstein habe A. Kauffmann ab 1763 bei einem gemeinsamen Aufenthalt in Ischia in die Radiertechnik eingewiesen (Helbok S. 59).
Bisher ist nicht bekannt, daß A. Kauffmann bereits in Parma im Jahre 1762, wenn nicht gar früher zur Radierung kam. Die kleinformatige Radierung »Susanna und die Alten« (Abb. 5) entstand nach dem Gemälde von Guercino, das die junge Künstlerin in Parma besichtigt hatte. Monogramm und Datum in der Platte lauten »AMK f.(ecit) 1762«.[18] »Der bärtige Mann mit dem Stab in der Rechten« (Abb. 6), eine Radierung mit viel Roulettearbeit, ist bisher immer als die erste Arbeit angesehen worden. Ebenfalls 1762 datiert, ist sie vermutlich erst in Florenz entstanden.[19]
Kauffmann schuf bis 1776 ca. 43 (Andresen nennt 36) eigenhändige Arbeiten, die in mehreren Auflagen bis Anfang des 19. Jahrhunderts in London gedruckt wurden. Ellenrieder bearbeitete ca. 20 Platten zwischen 1815 und 1826.
Bei beiden entstand das graphische Werk neben dem malerischen Frühwerk und gibt Auskunft über das Lehrprogramm beider Künstlerinnen. Während A. Kauffmann entsprechend der von R. Mengs aufgestellten Nachahmungstheorie die als vorbildlich erachteten italienischen Meister wie Guido Reni, A. Carracci, Correggio, F. Barrocci und Guercino nachradierte, orientierte sich M. Ellenrieder meist an zeitgenössischen Vorbildern, wie an den Arbeiten von F. Overbeck oder an Robert Langer, dem Sohn ihres Lehrers J.P. Langer. Dabei gehören Apostelköpfe ebenso zum Standard der künstlerischen Ausbildung wie für A. Kauffmann. Während diese Piazzettas Apostelserie in den Fresken der Schwarzenberger Kirche aufgriff, waren für Ellenrieder die Apostelköpfe des Robert Langer prägend. Auch das Radierwerk der Kauffmann weist einige charakteristische, bärtige Männerköpfe auf, die deutlich an Guercino und Reni erinnern (Andresen 21–24).
Neben Ellenrieders religiösen Sujets entstehen vor allem Porträts. Beide Künstlerinnen stachen das sog. »Schöne

Abb. 5   Susanna und die Alten, Radierung, 1762

Abb. 6   Bärtiger Mann mit einem Stab in der Rechten, Radierung, 1762

Männerbildnis«. Während A. Kauffmann die Dreiviertelansicht mit zurückgewendetem Kopf – lange Raffael und seit neuestem Giulio Romano zugeschrieben – wählte (Andresen 1), bevorzugte Ellenrieder das klare, frontale Brustbildnis des Bindo Altoviti nach Tizian (Andresen 18, Abb. 7). Zumindest für Kauffmann kann es als ein Beispiel ihrer intensiven Beschäftigung mit einem vermeintlichen Raffael gelten.

Auch Ellenrieder hielt, wie die Malerfreunde des Lukasbundes in Rom, Raffaels Werke für die ranghöchsten. Die

Abb. 7 Männerbildnis mit zurückgewendetem Kopf, Kupferstich nach einem früher Raffael, neuerdings Giulio Romano zugeschriebenen Gemälde

Künstlerin wurde darin entscheidend von ihren Lehrern J. P. und Robert Langer geprägt. J. P. Langer hatte sich im Laufe der Zeit von R. Mengs' Nachahmungsbegriff abgewendet. Nach seiner programmatischen Schrift »Vergleichung zwischen Rafael (sic), Correggio und Tizian«[20] hielt er es nicht mehr für möglich, das »Vorzüglichste« verschiedener Künstler zu einem Ideal zusammenzuschweißen. Nach seiner Vorstellung konzentrierten sich vielmehr alle Vorzüge der Erhabenheit in Anlehnung an die Antike allein in Raffael. Zwangsläufig lehnte er Tizians »malerischen Schein« und Correggios »gefällige Grazie« ab. Darin folgte ihm sein Sohn Robert und forderte in einer nachfolgenden Schrift »Studien, Raphael und Poussin«, aus dem Jahre 1806, das auf das Studium der Form ausgerichtete Lernen an Raffael und Masaccio (S. 236).

Während Kauffmann schon zu Lebzeiten als »der weibliche Raphael der Kunst« geehrt wurde und vom Kolorismus der Venezianischen und vom Graziösen der Bologneser Schule lernte, wird Ellenrieder systematisch zu Raffael und vor allem den Meistern des Quattrocento geführt.

In Mailand bleibt ihr das Abendmahl von Leonardo »unvergeßlich« in ihrem Herzen, in Florenz beschäftigen sie neben Masaccio die Fresken von Mantegna und Ghirlandaio. In Rom kopierte sie unermüdlich die »Schule von Athen«. Auf der Rückreise über Florenz schließlich hat sie bereits einen Blick für die altdeutsche Schule. Sie bewundert Lucas von Leydens »Hl. Katharina« in der Akademie von Florenz (Zündorff, S. 67).

Anzunehmen ist, daß Ellenrieder nicht nur unter künstlerischen Gesichtspunkten Raffael rezipierte, von Belang war sicher auch, daß in dieser Zeit Raffaels Frauenbild zum Ideal erhoben wurde. In einem von August Wilhelm Schlegel verfaßten Kunstgespräch, erschienen 1799 im »Athenaeum«, unterhalten sich eine Frau namens Luise, ein Dichter und ein Künstler vor Gemälden der Dresdner Galerie. Luise hat eine Sammlung ihrer Lieblingswerke zusammengestellt und beurteilt sie nach Maßgabe ihrer weiblichen Ideale. Correggio und Batoni prüft sie in Hinblick auf Schönheit und Sittlichkeit. Lediglich Raffaels »Sixtinische Madonna« findet ihre ganze Zustimmung, da darin weibliche Vollkommenheit verwirklicht sei, indem bescheidene Jungfräulichkeit mit mütterlicher Größe verbunden werde. Vor diesem höchsten weiblichen Identifikationsobjekt verstummt sie zunächst und greift zu einer extremen Form der Rezeption, sie fällt in Andacht auf die Knie.[21] Ellenrieder hat ihrer Bewunderung für die »Sixtinische Madonna« anläßlich ihres Besuches bei Louise Seidler in Dresden wohl kaum in dieser Form zum Ausdruck gebracht, dazu war sie viel zu zurückhaltend. Aber auch sie vertrat jene neue nazarenische Kunstfrömmigkeit, die das Kunstwerk zum religiösen Objekt erhob, und die Arbeit daran als Dienst an Gott und einer besseren Welt verstand.

Sicherlich entsprach das in Raffaels Bildern bewunderte Frauenideal ihren Vorstellungen. In ihren Heiligen- und Madonnendarstellungen ist sie bemüht, jene Bescheidenheit, Stille und In-sich-Gekehrtheit einzufangen.

Reisen

Wie anregend das Reisen, besonders die als obligatorisch betrachtete Ausbildungsreise nach Italien war, wird im Blick auf künstlerische Werdegänge von Frauen offenkundig. Als L. Seidler schon glaubte, ihre Kreativität ersticke unter den häuslichen Pflichten, rettete sie ein von Großherzog Karl August eingesetztes Stipendium für einen Aufenthalt zunächst in München und später in Italien. M. Ellenrieder dagegen mußte sich die ersehnte Italienreise durch große Aufträge verdienen. Während A. Kauffmann bereits mit 13 Jahren, von 1754–1757, erstmals nach Norditalien reiste und im Alter von 19 bis 25 Jahren auf ihrer zweiten Italienreise vor die Originale geführt wurde, fand M. Ellenrieder erst verspätet, und durch familiäre Pflichten gehindert, ins gelobte Land der Kunst. Schon Renate Berger führt M. Ellenrieder als ein Beispiel für den vor allem Töchtern abverlangten, gehorsamen Verzicht an. Obwohl drei ihrer Schwestern im Haus waren, widersprach die kränkelnde Mutter »einer räumlichen so weiten und zeitlich so lang andauernden Trennung« von ihrer Jüngsten. Diese fügte sich und »beschloß ... im deutschen Vaterlande zu bleiben ... nicht undankbar zu (sein), sondern mit neuem Mut und ... Eifer an die Arbeit zu gehen.« Erst nach dem Tod der Mutter traf M. Ellenrieder als 31jährige in Italien ein.[22]

Da Stipendien und Preise von seiten der Akademien, wie z.B. der so begehrte »Prix de Rome« nur an junge Männer vergeben wurde, blieb für Frauen demnach nur die höfische Patronanz oder der eigene Verdienst. Einige pilgerten auf eigene Faust ins Mekka der Kunst, wie Vigée-Lebrun oder Catherine Read, andere kamen in Begleitung adeliger Romreisender, wie Marianne Krauss mit dem Grafen Solms. Die Reiseroute von Mailand, Parma, Bologna, Florenz und Rom, oft mit Abstecher nach Venedig, war geradezu obligatorisch, nur die Auswahl der besichtigten Originale veränderte sich.

Wie A. Kauffmann während ihrer ersten Italienreise wohnte, wissen wir nicht. G. G. Rossis Vita und ein Brief ihres Arztes Dr. Morgan vermitteln uns ein Bild einer bis zur Erschöpfung arbeitenden jungen Frau. Unter starkem Leistungsdruck vernachlässigte die junge Künstlerin das Essen. Dr. Morgan berichtete an Pelham: »... Schon damals schwächte sie ihre Gesundheit durch unermüdliche Studien in den kalten Galerien, so daß sie in ärztliche Behandlung mußte.«[23]

Später kehrte sie als vermögende Künstlerin nach Rom zurück und konnte sich einen luxuriösen Lebensstil mit zahlreichen Angestellten, reich ausgestatteten Zimmern und nobler Garderobe leisten. Es war für die damalige Zeit ungewöhnlich, daß eine bürgerliche Frau mit ihrer eigenen Hände Arbeit ein derart großes Vermögen erwarb.[24]

Dagegen plagten Ellenrieder die meiste Zeit ihres Lebens Geldsorgen. Ihre Unterkunft in Italien war im Vergleich ausgesprochen dürftig. Wie L. Seidler berichtete, waren die Zimmer teils feucht, sie schliefen auf strohgefüllten Säcken und im Winter litten sie unter Kälte.

A. Kauffmann verbindet mit M. Ellenrieder eine tiefe Religiosität, die sich bei beiden in großzügiger Wohltätigkeit ausdrückte. A. Kauffmann spendete häufig für die

Armen und unterstützte regelmäßig ihre bedürftigen Verwandten in Vorarlberg. Beide Künstlerinnen hinterließen großzügige Stiftungen für wohltätige Einrichtungen (s. Testament von A. Kauffmann).
Während Kauffmann voller religiöser Skrupel war, Christus oder Gott darzustellen, wie aus einem Brief an Lavater aus London von 1778 deutlich wird, und sich nach Fertigstellung des Altarblattes für die Kirche in Schwarzenberg, laut G. G. Rossi, schwor, nie wieder Gott darzustellen, strebte Ellenrieder gerade durch ihre religiösen Sujets eine Läuterung und Nähe zu Gott an.[25]

Preise

A. Kauffmann war wohl die geschäftstüchtigere der beiden. Auch scheint sie selbstbewußt die teils recht hohen Preise für ihre Gemälde festgelegt zu haben. Zwar war sie immer noch billiger als ihre erfolgreichen männlichen Kollegen, aber keinesfalls so bescheiden wie die Ellenrieder. Im Jahre 1769 hob Klopstock in einem Brief an Caecilia Ambrosius hervor, daß A. Kauffmann eine so »gute Mahlerin sei, daß ihr die Herren Großbritannier 50 Guineas für ein Porträt bezahlen« (Lappenberg, S. 223).
Während beispielsweise Antonio Canova für seine Marmorfigur des Theseus von Graf Fries 1000 Zecchini erhielt, verdiente A. Kauffmann für ihr ganzfiguriges Porträt des Grafen Fries lediglich 100 Zecchini (Kat.-Nr. 14 A. K.).
Ihr selbstbewußtes Festlegen adäquater Preise wurde schon recht früh kritisiert, da man selbstverständlich davon ausging, daß die Kunst einer Frau billiger sein müßte als die ihrer männlichen Kollegen, an deren Preisen sie sich wohlgemerkt orientiert hatte.[26]
Zwei Preislisten, eine aus dem Jahre 1788 (Abb. 8), und die Werkliste der Künstlerin und ihres Mannes Antonio Zucchi, geführt ab Dezember 1781, geben über ihre Verdienste Auskunft.[27]
Demnach waren die Historiengemälde, weil am figurenreichsten, am teuersten. Je nach Anzahl der dargestellten

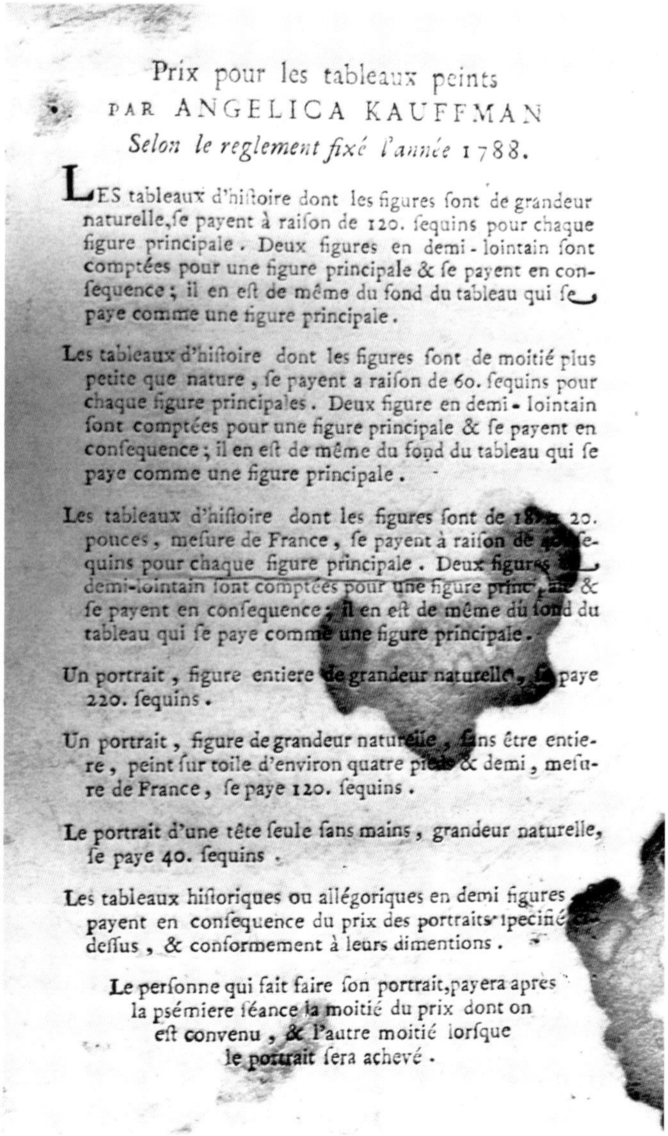

Prix pour les tableaux peints
PAR ANGELICA KAUFFMAN
Selon le reglement fixé l'année 1788.

LES tableaux d'histoire dont les figures sont de grandeur naturelle, se payent à raison de 120. sequins pour chaque figure principale. Deux figures en demi-lointain sont comptées pour une figure principale & se payent en consequence; il en est de même du fond du tableau qui se paye comme une figure principale.

Les tableaux d'histoire dont les figures sont de moitié plus petite que nature, se payent a raison de 60. sequins pour chaque figure principales. Deux figure en demi-lointain sont comptées pour une figure principale & se payent en consequence; il en est de même du fond du tableau qui se paye comme une figure principale.

Les tableaux d'histoire dont les figures sont de 18. a 20. pouces, mesure de France, se payent à raison de [illegible] sequins pour chaque figure principale. Deux figures [illegible] demi-lointain sont comptées pour une figure princ[illegible] & se payent en consequence; il en est de même du fond du tableau qui se paye comme une figure principale.

Un portrait, figure entiere de grandeur naturelle, se paye 220. sequins.

Un portrait, figure de grandeur naturelle, sans être entiere, peint sur toile d'environ quatre pieds & demi, mesure de France, se paye 120. sequins.

Le portrait d'une tête seule sans mains, grandeur naturelle, se paye 40. sequins.

Les tableaux historiques ou allégoriques en demi figures se payent en consequence du prix des portraits specifiés dessus, & conformement à leurs dimentions.

Le personne qui fait faire son portrait, payera apres la psémiere séance la moitié du prix dont on est convenu, & l'autre moitié lorsque le portrait sera achevé.

Abb. 8 Preisliste von 1788, Bregenz, Vorarlberger Landesarchiv, Kreisamt

Figuren mußte z. B. Mr. Matthews im Jahre 1790 für den »Tod der Alcestis« (Kat.-Nr. 36 A.K.) 100 Guineas oder Graf Kurland im Jahre 1788 für »Telemach auf der Insel der Calypso« (Kat.-Nr. 35 A.K.) 150 Zecchini zahlen. Porträtköpfe ohne Hände waren am preiswertesten, wie das von Goethe, Herder (s. Abb. S. 81 und 83) und Gerning (Kat.-Nr. 19 A.K.).

Mit Hilfe ihres Ehemannes A. Zucchi legte A. Kauffmann ihr Vermögen recht sicher an, so daß sie bei der Geldentwertung anläßlich der Besetzung Roms durch die Franzosen zwar große Verluste hatte, ihr Vermögen auf der englischen Bank jedoch gerettet werden konnte.

Schon Goethe vermutete hinter der Geschäftstüchtigkeit der Kauffmann ihren Ehemann A. Zucchi als treibende Kraft, ebenso griff auch der Vater Ellenrieder in die Preisgestaltung seiner Tochter ein. Es mag sein, daß M. Ellenrieder manchen Auftrag erhielt, weil sie die Preise ihrer Kollegen unterbot.

Durch Kauffmanns Werkliste erfährt man auch von vielen zusätzlichen kostbaren Geschenken adeliger Auftraggeber. Zahlreiche Ehrenbeweise in Aufsätzen, Gedichten und Widmungen von Dichtern und Schriftstellerinnen zeugen für die Achtung gegenüber der Künstlerin. Auch Ellenrieder erhielt im 40. Lebensjahr den vaterländischen Verdienstorden und eine Goldmedaille. Im gleichen Jahr wurde sie zur Badischen Hofmalerin mit regelmäßigem Einkommen ernannt.

Während die Ellenrieder sich zutiefst geehrt und dankbar zeigte, lehnte Kauffmann einen Dienst am Hofe ab. Sie beschreibt in einem Brief aus dem Jahre 1782, wie sie »mit Pensionen und all erdenklichen Ehrbeweisungen« beredet wurde, Hofmalerin der Königin von Neapel zu werden. Sie fügt hinzu, »allein Gott sei dank meine umstände erlauben es mir meine freyheyt zu erhalten«.[28]

In ihrem Verständnis als freie Bürgerin wollte sie keinem Menschen zu Diensten sein und es vermeiden, wie Ellenrieder um eine Erhöhung des »Gnadengehaltes« betteln zu müssen. Ihrem autonomen Künstlerselbstverständnis hätte die regelmäßige Produktion von »Pflichtbildern« zutiefst widersprochen.

Porträtmalerei im Zeichen der Reproduzierbarkeit

Interessanterweise sind sowohl A. Kauffmann als auch M. Ellenrieder von ihren Ausbildern auf das Porträtfach gelenkt worden. G. G. Rossi bemängelte, daß Künstlerinnen aus moralischen Gründen von dem für die Historienmalerei so notwendigen »Disegno« ferngehalten und auf das effektvolle Kolorieren gefälliger Darstellungen gelenkt wurden, und damit letztlich unausweichlich dem Porträt zugeführt würden.[29]

Auch J. P. Langer wies seine Schülerinnen vor allem in die Porträttechnik ein, obwohl er die Historie als das wichtigste Ziel seiner Akademie und die Porträtmalerei nur als private Liebhaberei einstufte (Fischer, S. 17).

Wie Vater Kauffmann so war wohl auch J. P. Langer der Meinung, Frauen hätten lediglich auf diesem Gebiet eine echte Chance, denn sie seien die besseren Psychologinnen, die sich in den Charakter ihres Gegenübers besonders gut einfühlen könnten. So schrieb August v. Kotzebue in seinen Reise-Erinnerungen von 1805 über Angelika Kauffmann, »Für heroische Gegenstände gebricht es der Künstlerin vollens an Kraft... In Portraits scheint sie jedoch ihre größte Stärke zu besitzen, und vielleicht sind die Frauenzimmer, wenn sie Mahlerinnen werden wollen, recht eigentlich für diesen Zweig der Kunst bestimmt, denn wahrlich sie haben von der Natur einen feinen Instinct erhalten, in Physiognomien zu lesen, das ganze bewegliche Geberdenspiel des Mannes schnell aufzufassen und zu benutzen. Es ist eine Gabe, welche ihnen die Waffe des Schwächeren, die Natur vorzugsweise verlieh.«[30]

Dieses weitverbreitete »positive« Vorurteil erschwerte Generationen von Künstlerinnen den Zugang zur historischen, mythologischen und allegorischen Gattung.

Zahllose Beispiele könnten angeführt werden von angehenden Künstlerinnen, die zunächst mit Porträtkopien beschäftigt wurden und später die ersten Gefälligkeitsaufträge, Porträts von väterlichen Gönnern, erhielten. Sie gerieten ins Fahrwasser eines regen Porträtmarktes, aus dem sie sich kaum noch lösen konnten, um andere Fächer weiterzuentwickeln. Seidler beschrieb, wie sie

Abb. 9 Guercino, Sibylla Persica, Rom, Pinacoteca Capitolina

bereits drei Wochen nach ihrer Ankunft in München den Auftrag erhielt, den alternden Jacobi zu porträtieren, um sich »auf der nächsten Ausstellung... als Porträtmalerin empfehlen« zu können (S. 127).

Für A. Kauffmann war das Porträt immer die wichtigste Einkommensquelle. Aber auch sie mußte sich mit aller Kraft gegen dieses Etikett einer Porträtmalerin wehren. Die damit verbundene Routine und gesellschaftlichen Zwänge beim Hofieren der Auftraggeber wurden ihr im Laufe der Zeit immer mehr zur Last. Goethes oft zitierter Hinweis aus der »Italienischen Reise«, sie sei es leid, auf den Kauf zu malen, bezog sich wesentlich auf die Porträtarbeit.

Auch wenn Kunsthistoriker geneigt sind, Wiederholungen im Œuvre ihrer großen Meister nicht wahrnehmen zu wollen, ist gerade im Zeitalter der Verbürgerlichung der Kunst davon auszugehen, daß der immense Bedarf am eigenen Konterfei in breiten Kreisen des Bürgertums

Abb. 10 Porträt Dorothea Daniel Helen, 1771, Dublin, National Gallery of Ireland

zu einer Art vorindustriellen Reproduzierbarkeit auf dem Kunstmarkt führte. Diese Serienproduktionen fanden zu Ellenrieders Zeiten zusätzlich im Bereich religiöser Andachtenbildchen statt.

Im 18. Jh. wurden nicht nur in der Graphik, sondern auch im Bereich der Ölgemälde Vervielfältigungsversuche unternommen. So experimentierte z.B. der englische Verleger M. Boulton mit Öl bedruckten Kupferbildchen vor allem nach A. Kauffmann.[31]

Aber auch die Art und Weise der Produktion von Ölporträts kennzeichnet den Beginn einer Rationalisierung. Wenn man sich deutlich macht, daß A. Kauffmann bereits wenige Monate nach Eröffnung ihres Ateliers im vornehmen Golden Square in London eine Vielzahl von Auftraggebern bedienen mußte, so ist verständlich, daß dieser Auftragsboom nur mit Hilfe einer Serienproduktion bewältigt werden konnte.

Die Auftraggeber kamen mit konkreten Vorstellungen

von ihrem Möchte-gern-Aussehen und von Vorbildern, die gerade en vogue waren. Sie brachten ihre Freunde und Bekannten mit, so daß eine Porträtsitzung zu einem gesellschaftlichen Ereignis und das Atelier zum Salon wurde und in Hinblick darauf entsprechend luxuriös ausgestattet werden mußte.

Bei der Vorbesprechung eines Auftrages halfen Musterkataloge, wie sie uns heute in Frisiersalons bei der Wahl einer neuen Frisur in die Hand gedrückt werden. Diese Musterkataloge enthielten meist Reproduktionsstiche nach fertigen Ölporträts der Künstlerin. Der Katalog bot die Wahl zwischen verschiedenen stereotypen Haltungen, allegorischen oder historischen Rollen wie Hebe, Vestalin oder Ariadne, antikisierendem Ambiente und historischer Kleidung.[32] Es ging im Porträt nicht so sehr um das Individuum, sondern um das eigene Prestige.

So ist verständlich, daß wir in der Porträtmalerei häufig auf Wiederholungen und Varianten z.B. einer Sibylle oder Hebe stoßen, wobei meist ein berühmtes Werk eines alten Meisters wie Guercinos Sibylla Persica (Abb. 9) aufgegriffen wurde wie in dem Porträt der Dorothea Helen (Abb. 10), oder auch in Ellenrieders Porträt der Amalie Chr. Fürstin zu Fürstenberg (Kat.-Nr. 17 M. E.), 1819, Karlsruhe.[33]

Marcia Pointon spricht zu Recht von einer Produktionslinie von Rahmenmachern, Transportfirmen, Miniaturmalern und Stechern, die im Anschluß ihre Arbeit ausführten. Angelika Kauffmann, Reynolds oder Romney empfahlen bestimmte Stecher, um möglichst qualitätvolle Nachstiche nach ihren fertigen Porträts ausführen zu lassen, und um ihre neuesten Porträtwerke möglichst schnell in breiten Kreisen populär zu machen. In einem bisher unveröffentlichten Brief von A. Kauffmann aus Venedig an ihre Freundin Henriette Fordyce, geschrieben am 15. März 1782, stimmt sie zu, daß das kleine allegorische Gemälde »Religion« von F. Bartolozzi gestochen werde (s. Boerner 193) und fügt hinzu »M. Green who is to engrave your portrait is a very good engraver, either Bartolozzi, Ryland, or Burgh (eigtl. Burke) will do justice to the picture of Modesty...«, und sie gibt ihr Einverständnis, die letztgenannte Allegorie der Bescheidenheit auf der jährlichen Ausstellung der Royal Academy zu zeigen »with the name of Angelica Kauffman now abroad«.[34]

Während Ellenrieder aus religiösen Überlegungen die Porträtmalerei im Laufe der Zeit ablehnte, litten viele Malerinnen der Generation davor besonders unter der Fremdbestimmtheit dieser Arbeit und ihrer leidigen Routine. Vigée-Lebrun gestand in ihren Memoiren, daß sie die Vielzahl von Porträts »ziemlich unbefriedigend« ließ. »Ich hatte es schon in Neapel bereut und bereute es besonders in Rom, meine Zeit nicht auf eigene Bilder verwenden zu können, deren Gegenstand mich begeisterte,... aber teils die Notwendigkeit Geld zu verdienen,... teils meine Charakterschwäche ließ mich immer wieder Zusagen machen; und ich verkümmerte beim Porträtmalen«.[35]

Wenn man bedenkt, daß Angelika Kauffmann mehr als 1200 Werke geschaffen hat, darunter viele großformatige Stücke, die eine rege Auseinandersetzung mit der Kunst und Literatur von der Antike bis zur Aufklärung verraten, dann können wir es kaum glauben, daß sie auch Krisen und unproduktive Phasen kannte, zumal sie kaum mehr als sechzig Jahre Zeit für ihr immenses Gesamtwerk hatte.

Anmerkungen

1 Johanna Schopenhauer, Jugendleben und Wanderbilder, Braunschweig 1848, Bd. 1–3, zitiert nach Renate Berger (Hrsg.), »Und ich sehe nichts, nichts als die Malerei«, Autobiographische Texte von Künstlerinnen des 18.–20. Jahrhunderts, Frankfurt a. M. 1987, S. 61f.

2 Am Bodensee wurde die Erinnerung an die berühmtere und international bekanntere der hier ausgestellten Künstlerinnen bis heute lebendig gehalten. Schon im 19. Jahrhundert fanden pädagogische Schriften über Angelika Kauffmann »Zur Aufmunterung der weiblichen christlichen Jugend bei Studien der bildenden Kunst...«, Ein Beitrag zur Kunstgeschichte des 18. Jh.s, Wien 1866, weite Verbreitung. Leben und Werk der Kauffmann gehört zum Lehrinhalt vieler Schulen in Vorarlberg und am Bodensee.

3 Marianne Krauss, Tagebuch einer Italienreise aus dem Jahre 1791; Brief J. Kauffmann an A. Kauffmann, 3. 5. 1800 und 20. 7. 1801, Bregenz, Privatbesitz; weitere Ausführungen in: Baumgärtel 1990, S. 75f.
4 Greer 1980, S. 264–300; Berger 1982, S. 61f.; Baumgärtel 1990, ebd.
5 Baumgärtel 1989, S. 325f.
6 Louise Seidler, S. 75.
7 Andreas Andresen, Die Deutschen Maler-Radierer des neunzehnten Jahrhunderts nach ihrem Leben und Werken, Bd. IV (1872), New York/Hildesheim 1971, S. 35.
8 Sickler/Reinhart 1810, Bd. I, S. 142f.
9 Zündorff 1940, S. 16, im Rückblick wird gerne vom »Familienerbe« gesprochen.
10 Dazu Kap. V, in: Baumgärtel 1990.
11 Vgl. die Diskussion um den laut Thieme-Becker vier Jahre jüngeren Lehrer Einsle: Ulrike Oberländer, Weiblichkeitsideologie und weibliche Realität im künstlerischen Ausbildungswesen des frühen 19. Jahrhunderts am Beispiel der Malerin Maria Ellenrieder, Typoscript MA, 1991, S. 16f. – Neuere Untersuchungen von Rainer Rückert, Der Porträt-Miniaturmaler Joseph Bernhard Einsle (1774–1829), in: Weltkunst, H. 20, 21, 22 (1984); S. 2900f., S. 3206f., S. 3455f.
12 Zündorff 1940, S. 19; Fischer/Blanckenhagen 1963, S. 14.
13 Nach Wolfgang Kehr waren Frauen »an der Akademie überhaupt vom Studium ausgeschlossen. Die seit 1868 zur Staatsanstalt erhobene Kunstgewerbeschule München richtete dagegen 1872 eine weibliche Abteilung ein, zu deren Aufgaben auch die Heranbildung von Zeichen-Lehrerinnen gehörte.« Aus: Kunsterzieher in der Akademie. in: Tradition und Widerspruch, 175 Jahre Kunstakademie München, Hrsg. T. Zacharias, München 1985, S. 293.
14 Kat. Ausst. Women Artists: 1550–1950, Hrsg. L. Nochlin, A. Sutherland Harris, Art Museum, Los Angeles 1976, S. 37f.; Greer 1980, S. 246f.; Baumgärtel 1990, S. 64f.
15 Porträt Abt Grant, von 1763, Abercairny House, Pertshire, Slg. Drummond-Moray; Porträt Brownlow/Exeter, 1764 vor dem Vesuv gemalt, London, Christie's 1982; Porträt John Parker, später Lord Boringdon, von 1764, Plymouth, Devonshire, Saltram House, National Trust; Porträt David Garrick, von 1763/64, 1765 vor Ankunft der Kauffmann in London als erstes Gemälde erfolgreich in der Free Society ausgestellt, Stamford Burghley House, Slg. Exeter; dazu Baumgärtel 1990, S. 116f.
16 Rozsika Parker, Griselda Pollock, Old Mistresses. Woman Art and Ideology, New York 1981, S. 27.
17 Ausführlicher B. Baumgärtel, »Die Anatomie des Nackenden«, Aktzeichnungen von Angelika Kauffmann, in : Kat. Ausst. Der weibliche Blick, Künstlerinnen und die Darstellung des nackten Körpers, Unna/Bochum 1989, S. 42f.
18 Bisher waren lediglich überarbeitete Zustände bekannt, wobei das Datum in 1763 verändert und der fehlende zweite Alte hinzugefügt wurde. A. Andresen, ebd., Leipzig 1818, Bd. V, nennt nur einen späten Abzug ohne Datum.
19 Andresen, ebd., S. 22; C. G. Boerner 1979, Nr. 7 stufen dieses Blatt fälschlicherweise als die früheste datierte Arbeit ein.
20 Peter Langer, in: Der Neue Teutsche Merkur, Bd. 3, Weimar 1799, S. 55–62.
21 Ellen Spickernagel, Vom Aufbau des großen Unterschieds, Der weibliche und männliche Körper und seine symbolischen Formen, in: Frauenbilder – Männermythen, Hrsg. Ilsebill Barta u.a., Berlin 1987, S. 113.
22 Zitate nach dem Tagebuch der Ellenrieder im Rosgartenmuseum Konstanz; Berger 1982, S. 169.
23 Brief Dr. Morgan an Pelham, Philad(elphia) 27. 12. 1774, in: Copley Pelham Letters, Mass. Historical Coll. 71 (1914), S. 282–284.
24 Sie soll um die 14 000 Pfund zwischen 1766–1781 verdient haben, s. Farington Diary, 6. Nov. (1793), Hrsg. J. Greig, London 1923, S. 18.
25 Brief A. Kauffmann an Lavater, London 29 o. M. 1778, Zürich, Archiv ZB, Hs, F.-A. Lav. MS 568, Index 55 u. MS 516, Index 94; Rossi 1811/1971, S. 91; Baumgärtel 1990, S. 216f.
26 Brief Graf von Salis an Peter von Salis, London 31. 3. 1767, sie verlange 20 Guiness pro Kopf, was ihm viel zu hoch erscheine, Archiv, Bondo, Bergell.
27 Staatsarchiv Bregenz Nr. 394, vgl. Baumgärtel 1990, Abb. 48; Werkliste in: Manners/Williamson 1924/72, S. 141ff.
28 Brief A. Kauffmann an F. A. Metzler, Rom 27. 9. 1782; in: Wolf, Ungedruckte Briefe, Nr. 4.
29 Rossi 1811/1971, S. 13f.
30 August von Kotzebue, Erinnerungen von einer Reise aus Livland nach Rom und Neapel, Berlin 1805, Bd. II, S. 400f.
31 E. Robinson, K. Thompson, Matthew Boultons Mechanical Paintings, in: Burl. Mag. 112 (1970), S. 504f.
32 Ausführlich dazu Marcia Pointon, Portrait-Painting as a business enterprise in London in the 1780s, in: Art History, vol. 7, No. 2, (1984), S. 187ff.
33 Ein vergleichbares Phänomen kennen wir vom antiken Rom, wo die als kanonisch empfundenen griechischen Statuen für Herrscherstandbilder verwendet wurden. Bei einem Machtwechsel wurde lediglich der Kopf ausgewechselt.
34 Bisher unpublizierter Brief, eingebunden in: Tuer, Bartolozzi and his works illustrated, London 1884, Vol. II, heute englischer Kunsthandel.
35 Elisabeth Vigée-Lebrun, Die Erinnerungen der Malerin Vigée-Lebrun (1869), Weimar 1912, 2 Bde., gekürzte Ausgabe hrsg. Lida v. Mengden, Darmstadt 1985, S. 213f.

CHRISTOPH MICHEL

Von Grazien und Pilgerinnen

Mythenbildung um die Selbstporträts Angelika Kauffmanns und Marie Ellenrieders

I. Angelika Kauffmann

»Sie war immer bestrebt, sich möglichst vorteilhaft zu präsentieren und mehr als Dame und nicht so sehr als arbeitende Künstlerin der Nachwelt zu überliefern«, schreibt Bettina Baumgärtel anläßlich Angelika Kauffmanns »Selbstbildnis mit der Büste der Minerva« (1780).[1] Dahinter verbirgt sich das Problem der Wertung von Sein und Schein, Introspektion und Attitüde, die wohl nirgends riskanter ist als beim Selbstporträt, an das den strengsten moralischen Maßstab anzulegen wir noch immer gewohnt sind, nachdem wir die veristischen und psychologischen Kriterien des 19. und 20. Jahrhunderts verinnerlicht haben. Aufschlußreich heißt es daher weiter bei Baumgärtel, Kauffmann habe es als auch im Selbstbildnis aristokratisch-repräsentative Ziele verfolgende Künstlerin vermieden, »ihren Alterungsprozeß *ehrlich* wiederzugeben.«

Damit wären nun praktische Kriterien für eine Gegenüberstellung der beiden hier präsentierten, kunstgeschichtlich doch schon recht weit voneinander entfernten Malerinnen gegeben, die, bei der so unterschiedlichen Quellenlage (hier eine Fülle von Selbstporträts aus mehreren Lebensphasen, begleitet von Selbstäußerungen und zahllosen Kommentaren Dritter[2], dort nach glänzendem Beginn der karge Ertrag eines Jahrzehnts, in die Abkehr mündend, ein Schweigen der Selbst- und Fremdzeugnisse[3]), zu handfesten kontrastiven Resultaten zu führen verspechen. Doch erscheint ein solcher Vergleich als methodisch höchst fragwürdig, wenn die als Prämissen verwendeten Kategorien das Resultat schon implizieren oder zumindest suggestiv präfigurieren. Ein komplexeres, damit den künstlerischen Persönlichkeiten angemesseneres Bild ergibt sich, wenn wir die Selbstporträts der beiden Künstlerinnen als Ausdrucks-, Bedeutungs- und Wirkungsphänomen zunächst im Kontext der jeweiligen Vita betrachten und den Vergleich suspendieren.

I.1. Vorarlberg

Das früheste überlieferte Selbstporträt Angelika Kauffmanns (Abb. 1)[4], wohl noch in Morbegno (Veltlin), im Umkreis der v. Salis entstanden, zeigt die Dreizehnjährige en face im Rokokokleid mit der bekannten blaßrosa Schleife[5] und schimmerndem Ohrgehänge, durchaus schon selbstbewußt und mit zurückhaltendem Ernst[6] den Betrachter anblickend, einen Notentext präsentierend. Doch nicht auf diesen und die schon oft bemerkte Tatsache, daß Angelika hier noch nicht die Malkunst als ihre Bestimmung im Bild zitiert, sondern ihr von der damals noch lebenden Mutter gefördertes Talent als Sängerin und Instrumentalistin, soll es uns hier ankommen, vielmehr auf die demonstrative Rückbindung des frühreifen Mädchens in den Traditionsraum der Familie mittels der (vom Bildaufbau und dem ›Realismus‹ des Bildes her gesehen durchaus entbehrlichen, ja störenden) Verlängerung des Schriftraums durch ein zweites, unter den Notentext geschobenes Blatt, auf dem Angaben über ihre Autorschaft, ihr Alter, den Malort und die zugleich verfertigten ›Contrafés‹ ihrer Eltern verzeichnet sind und dem Betrachter wie ein Passeport entgegengehalten werden.[7] Daß es sich bei dem Gemälde um einen *Ausschnitt* aus einem Familienbild handeln könnte, scheint angesichts der Maße schon des Selbstporträts jedoch eher unwahrscheinlich.[8] Der betonten Einbindung in den Familien-Kontext durch die Schrift korrespondiert das sich vom aktuellen Dekor abhebende kleine Kreuz, das von der sicher nicht nur als farblich-ästhetisches Kontrapost gemeinten bescheidenen schwarzsamtenen Halsbinde mit kleiner Schleife auf das knappe Dekolletée herabhängt. Mit diesem ›Gegenschmuck‹ stellt sich Angelika bewußt in die religiöse Sphäre des Elternhauses (der Vater in Bischofsdiensten, die Mutter Konvertitin), vielleicht auch schon in den Erwartungshorizont der Auftraggeber: noch 1753 entsteht in Como das als Talentprobe angefertigte Porträt des Bischofs Nevroni. Wird das religiöse Moment in den späteren Selbstporträts, nach dem Eintritt der Malerin in die Welt- und Erfolgsbahn, auch nicht mehr zitiert (schon hier ist aber

Abb. 1 Angelika Kauffmann, Selbstbildnis mit 13 Jahren, Innsbruck, Tiroler Landesmuseum Ferdinandeum

Abb. 2 Angelika Kauffmann, Selbstbildnis, 1787, Florenz, Uffizien

zu fragen, ob es nicht in säkulare ethische ›Patterns‹, wie den bekannten Bescheidenheits-Gestus, konvertiert), so bleibt der freimütige Verweis auf die Herkunft doch erhalten.

Das zeigt sich zunächst in der malerischen Aussage, wenn Angelika Kauffmann unter einer Fülle von Selbstarrangements und -draperien immer wieder, und nicht nur für den privaten Raum, ihre ländliche Heimat (von ihr, Selbstaussagen zufolge, als, wenn auch kurzfristiger, Glücksraum empfunden) zitiert: so in einem frühen,

Abb. 3   Angelika Kauffmann, Selbstbildnis in Bregenzwälder Tracht, 1781, Innsbruck, Tiroler Landesmuseum Ferdinandeum

1757 entstandenen »Selbstbildnis in Bregenzwälder Tracht mit Tuch«[9]; in dem berühmten, 1772 in die Uffizien gekommenen autoritratto mit Palette und Pinsel (nach Zucchi bereits 1758/59 gemalt und so in zeitlicher Nähe zu ihrem Aufenthalt in Schwarzenberg 1757)[10] (s. S. 16); in einem Bruststück mit großem Trachtenhut, das selbst die Frisur der lokalen Haartracht nachgestaltet (Abb. 3).[11] Den malerischen sekundieren schriftliche Aussagen: »Wie oft bin ich in Gedanken in der reizenden Gegend des Bregenzerwaldes, meines Vaterlandes, welches mir mehr am Herzen liegt als alle Ehre und Gunst der Höfe« (1781, anläßlich ihres Aufenthaltes in Schwarzenberg, bereits mit Zucchi, zwischen London und Venedig).[12] Hinzu kommt ihr später Tribut an die Heimat in Gestalt des Altarblatts für den Hochaltar der Schwarzenberger Kirche, die Marienkrönung (1800–1802)[13], von deren Aufnahme als ›heiliges Bild‹ durch das Volk und wiederum die gerührte Reaktion Angelikas der Biograph de Rossi in bereits hagiographischen Tönen zu berichten weiß.[14] Daß Angelika nach demselben Biographen besondere Schwierigkeiten, ja eine innere Scheu bei der Darstellung Gottvaters zu überwinden hatte, könnte als Hinweis auf die idealisierende Identifikation mit dem Bild des eigenen Vaters verstanden werden, dessen traumatische Transzendierung auf die letzten gemeinsam in der Heimat verbrachten Tage (Sommer 1781) kurz vor dem Tod des Vaters zurückzuführen sein mag. Die Bevorzugung religiöser Themen in Angelika Kauffmanns letzten Lebensjahren dürfte sich daher auch plausibler im Kontext der auf die Attribute des kindlichen Selbstporträts zurückweisenden Reminiszierung deuten lassen und nicht als Avantgardismus im Hinblick auf die nazarenische Bewegung. Wie ein Siegel auf Angelikas Leben bezeichnet schließlich die lateinische Grabinschrift den Vaternamen und die »domus Schwarzenbergia« als Pendant zum Kenotaph im römischen Pantheon.[15]

Mögen die Bescheidenheitstopoi im Leben Angelika Kauffmanns auch Verluste, Verhinderungen, Verletzungen und Enttäuschungen signalisieren und somit eher einem (überindividuellen, frauentypischen?) Lernprozeß entsprechen[16], mag sich die Vater-/Heimatbindung auch in ihrer Umkehrung als handlungs- und verwandlungshemmend erweisen[17], so scheint die ›Treue zu sich selbst‹ doch ein (schon früh erkennbarer) durchaus mit Selbstbewußtsein einhergehender Grundzug ihrer Persönlichkeit gewesen zu sein. Das ist mitzubedenken, wenn man das Phänomen der ›Alterslosigkeit‹ in Angelikas Selbstporträts untersucht oder der merkwürdigen Tatsache nachgeht, daß sie sich mit rückgewandten autoritratti umgibt oder mit der späten Reynolds-Replik ihr Jugendbild beruft; ob solchen Anachronismen das Bedürfnis der Selbstversicherung, der Konservierung von Erinnerung oder narzißtische Tendenzen zugrunde liegen, sind noch offene Fragen.

I.2. »Moccoli«

In Goethes 1789, also unmittelbar nach seiner Reise, veröffentlichtem ersten ›Italienbuch‹ »Das römische Carneval«, das den Leser auf die »unter dem Unsinne« des ausschweifenden Fests verborgenen »wichtigsten Scenen unsers Lebens« aufmerksam macht[18], nämlich auf Zeugung, Geburt und Tod, stellt der Dichter dem Publikum als Höhepunkt und Schluß des Ganzen den Brauch der letzten Nacht vor Augen, der im Entzünden und wechselseitigen Auslöschen kleiner Kerzen (Moccoli) besteht, die das Lebenslicht symbolisieren. Begleitet wird das Auslöschen von der »Favorit-Verwünschung der Römer sia amazzato«: »Sia amazzato chi non porta moccolo! *Ermordet werde, der kein Lichtstümpfchen trägt!* ruft einer dem andern zu, indem er ihm das Licht auszublasen sucht. Anzünden und ausblasen und ein unbändiges Geschrei: sia amazzato, bringt nun bald Leben und Bewegung und wechselseitiges Interesse unter die ungeheure Menge.«[19]

Goethe beschreibt nicht nur, er macht darauf aufmerksam, daß die Drohformel (wie auch die symbolische Handlung) mit der Frequenz ihrer massenhaften Wiederholung ihre ursprüngliche Bedeutung verliert, schließlich sogar sich im gegensätzlichen Sinn gebrauchen läßt: »Und je stärker das Gebrüll sia amazzato von allen Enden wiederhallt, destomehr verliert das Wort von seinem fürchterlichen Sinn, desto mehr vergißt man, daß man in Rom sey, wo diese Verwünschung, um einer Kleinigkeit willen, in kurzem an einem und dem andern erfüllt werden kann. / Die Bedeutung des Ausdrucks verliert sich nach und nach gänzlich. Und wie wir in andern Sprachen oft Flüche und unanständige Worte zum Zeichen der Bewunderung und Freude gebrauchen hören, so wird sia amazzato diesen Abend zum Losungswort, zum Freudengeschrei, zum Refrain aller Scherze, Neckereien und Komplimente.«[20] Die letztgenannte Nuance ist gemeint, wenn Goethe darauf unter den ›cries of Rome‹ auch diesen ertönen läßt: »Sia amazzata la Signora Angelica la prima pittrice del Secolo.«[21]

Daß Goethe in seiner das Chaos musterhaft organisierenden Studie auch eine massenpsychologische Analyse bietet, die am Vorabend der Revolution ungeahnt aktuell war, hat die neuere Goethe-Literatur wiederholt hervorgehoben, meist unter Verweis auf das politisch zu verstehende nüchterne Aschermittwochsfazit, »daß Freiheit und Gleichheit nur in dem Taumel des Wahnsinns genossen werden können«.[22] Mag Goethe, der in der Halsband-Affaire, in den Erfolgen von Cagliostros Charlatanerie[23] längst die Korruptheit des Ancien régime erkannt und dessen Ende seismographisch vorausgefühlt, das avant-propos der Revolution später in Komödie und Tragödie dargestellt hatte, selbst auch kein Freund des Umsturzes gewesen sein, so nimmt dies seiner ›subcutanen‹ Analyse oder Diagnose nichts an Schärfe und Prägnanz.

Die scheinbar beiläufige Erwähnung Angelika Kauffmanns (in der ›Italienischen Reise‹ läßt Goethe sie nochmals im Karnevalsgetümmel, geschützt durch ihre Kutsche auf der Piazza Venezia erscheinen[24]) sagt objektiv mehr aus, als der Autor vielleicht gewollt hat; es mag Goethe wirklich nur um ein hommage für die Freundin zu tun gewesen sein. Symbolisch beleuchtet sie die prekäre Situation der beruflich so stark an das adlige Publikum attachierten Künstlerin (sinnfällig wird bei Goethe ihr »amazzata« in einem Atemzug mit dem der »bella Principessa« [Rezzonico] gerufen), die die Kunst eines zu

Ende gehenden Jahrhunderts, nicht die einer neuen Epoche repräsentiert. Wie dünn das Eis war, zeigt das Schicksal der unmittelbar nach dem Ausbruch der Revolution nach Italien geflüchteten Porträtistin Elisabeth Vigée-Lebrun, die, in viel stärkerem Maße Hofkünstlerin, für Jahre ein Wanderleben zwischen fremden Höfen führen mußte, getragen allerdings von der Hochschätzung ihrer Kunst, oder das des alten Philipp Hackert, der mit dem Hof von den Plünderungen der Lazzaroni bedroht, zuletzt Neapel verlassen und seine Habe nach Livorno retten mußte. Malweise und Bildinhalte dieser Auftragskünstler blieben jedoch von den Erschütterungen und ihrem individuellen Schicksal unberührt.

I.3. Idylle

Wie resistent gegenüber der kollektiven Erschütterung Angelika Kauffmanns Kunst geblieben ist, dürfte sich am ehesten an den nicht »auf den Kauf« gemalten Bildern und vorzüglich an den Selbstporträts erweisen. Hintergründiges, gar ›Dämonien‹ in den Auftragsstücken sucht man vergebens, selbst in ihrem Porträt Winckelmanns, der, wie Goethes Prosaskizze andeutet, eine dämonische Natur war; dabei halte man sich vor Augen, daß in den neunziger Jahren, in Deutschland und Italien nicht wahrgenommen, Goyas abgründiges Werk entstand.[24a]
Hier ist nun die durchgängige Tendenz zur Selbststilisierung, Verschönerung, ja Idyllisierung hervorgehoben worden. Die zeitgenössische Rezeption bestätigt dieses Bild einer harmlosen Veräußerlichung. Ein aufschlußreiches Zeugnis ist in diesem Zusammenhang Angelikas Erwähnung in Johann Heinrich Voß' ›ländlichem Gedicht in drei Idyllen‹, der berühmten ›Luise‹, in deren drittem Gesang (dem ›Brautabend‹) es in der endgültigen Fassung (1795) von Luises Herrichtung für die Hochzeit durch ihre Freundin Amalia heißt[25]:

Aber die Jugendgespielin Amalia löste die Nadel
Ihrem Kastanienhaar, das voll in glänzenden Ringeln
Über die Schulter sich goß, unentstellt vom Staube
   des Mehles;
Stand brautjüngferlich nun, und schlichtete sanft
   ihr die Locken
Mit weitzahnigem Kamme von Schildpatt,
   froh des Geringels;
Ordnete dann, und flocht, nach der Weis' hellenischer
   Jungfraun:
So wie Praxiteles einst und Phidias Mädchen
   des Himmels
Bildeten, oder sich selbst die Mus' Angelika malet:
Also schuf sie das lockre Geflecht, das, in Wellen
   sich blähend,
Mit nachlässiger Schwingung zurück auf die Scheitel
   gerollt war.

(Die Ausgabe von 1802 bietet dazu die Anmerkungen: »Praxiteles und Phidias, griechische Bildner aus der schönsten Zeit« und: »Angelika Kaufmann, eine deutsche Malerin in Rom, deren eigenhändiges Bildnis die Herzogin von Weimar besaß.«[26] Soviel Information war im neuen Jahrhundert offenbar schon nötig!)
Eugen Thurnher hat darauf hingewiesen, daß wir hier einen ›Palimpsest‹ lesen[27], denn im Erstdruck der dritten Idylle in Wielands ›Teutschem Merkur‹ von 1784 steht noch nichts von dem (damals Voß noch unbekannten) exemplarischen Selbstporträt:

[...]
Ordnete dann und flocht, nach der Sitte der griechischen
   Jungfraun,
So wie des Bildners Form und Angelika's Pinsel
   sie ausschmueckt,
Hinten das lockere schoene Geflecht...[28]

Ein gemeinsames Merkmal der Fassungen ist, daß die bloße Nennung des (Vor-)Namens die ›maniera‹ Angelika Kauffmanns evozieren sollte, fast vergleichbar der berühmten ›Losung‹ des Namens ›Klopstock‹, die in Goethes ›Werther‹ genügt, um die Erinnerung an eine bestimmte Ode, den Gleichklang der Empfindungen und einen gemeinsamen Tränenstrom Werthers und Lottes hervorzurufen.[29] Aber die spätere Variante überträgt nun die klassizistische Haartracht, das Kore-Schema, auf Angelika selbst und spielt so auf die Selbststilisierung der Malerin an, die in ihre der Antike nachempfundenen Gestalten schlüpft. Bei der im späten 18. Jahrhundert vorauszusetzenden in hohem Maß selbstidentifikatorischen Leserhaltung hat eine solche Beschreibung zugleich die Bedeutung eines Leitbildes, das 1795 zudem mit der à-la-grecque-Mode des Directoire kongruierte (die ›griechische Fasson‹ war bereits zur Zeit der Empfindsamkeit in Mode gewesen, als Angelika Kauffmann noch in England malte). Es ist anzunehmen, daß jugendliche Leserinnen der ›Luise‹ sich in dieser harmlosen Weise einer Haartracht à la Angelika an der bürgerlichen Liberalisierung (um nicht Revolution zu sagen) ihrer französischen Geschlechtsgenossinnen beteiligten. Daß dabei die Dezenz des deutschen Bürgerhauses nicht verletzt wurde, auch dafür mag der Markenname der Jungfrauenmalerin Angelika gebürgt haben.[30]

Im Hinblick auf Angelika Kauffmanns Selbstdarstellungen läßt Voß' Textänderung den Rückschluß zu, daß die Malerin sich ihren Modellen immer mehr angeglichen hat (obwohl auch der umgekehrte Vorgang beobachtet wurde: daß viele ihrer Figuren ihre Gestalt und Gesichtszüge reproduzieren); zum andern, daß, falls ihr literarisches ›Porträt‹ auf sie zurückgewirkt haben sollte (und sie war eine gut informierte und genaue Leserin, zudem nicht unempfänglich für ruhmvolle Parallelen und Elogen), sie ihr prominent gewordenes und daher erwartetes Selbst-Bild kontinuierte.

I.4. Moralia

Ist ›Angelika Kauffmann‹ damit nicht zuerst ein Rezeptionsphänomen, ihr Selbstporträt der Ort für die Projektion von Tugendkatalogen? Aufschlußreich, daß, zumindest in Deutschland, ihre ›Bescheidenheit‹ sprichwörtlich, als sittlicher Wert totalisiert, ja der Qualität ihrer Malkunst zugeschlagen und diese dadurch auch noch in ihren späten Jahren als preiswürdig anerkannt wurde. Als Beispiel diene der gerade am Selbstporträt exekutierte Qualitätsvergleich zwischen ihr und ihrer ›Konkurrentin‹ Vigée-Lebrun, den Heinrich Meyer in seinem 1805 veröffentlichten, im Banne Winckelmanns stehenden ›Entwurf einer Kunstgeschichte des achtzehnten Jahrhunderts‹ anstrengte, übrigens unter dem Tutorat Goethes, der zum Gesamtunternehmen (›Winckelmann und sein Jahrhundert‹) nur seine genial verdichtete Lebensschilderung des Helden beisteuerte, seinen didaktisch-richterlichen Kunstfreund aber, zusammen mit Fernow, völlig gewähren ließ.[31]

Vorausgegangen ist dem Vergleich eine generelle Betrachtung über die Möglichkeiten und natur-, erziehungs- und ausbildungsbedingten Grenzen weiblichen Kunsttalents, wobei herrschende Vorurteile (über Zulässigkeit des Aktzeichnens, über die »beim ganzen Geschlecht nicht zureichende Fähigkeit« zu »kräftig Bedeutende(m), Tiefe(m)«[32]) teils zurückgewiesen, teils bekräftigt werden, so, wenn »die eigentliche Ursache, warum in der bildenden Kunst [d. h. auf dem Gebiet der Plastik] auch von den begabtesten Frauen bisher noch keine die Oberfläche durchdrungen hat«, nicht in geringerer Begabung, sondern »in der Scheue vor gründlichem Studium, in der Abneigung fest gegen Schwierigkeiten auszuharren«[33], gesehen, im übrigen ihnen die Chance, auch hier zu reüssieren, eingeräumt wird, wenn richtigere Kunstbegriffe und strengere Forderungen sie anleiteten.

Die Trivialität von Diagnose und Rezeptur Meyers wirkt sich in dem anschließenden Urteil über Angelika Kauffmanns Kunst aus, des »gepriesene(n) Liebling(s) aller bloß schauenden und genießenden Kunstfreunde, auch von ernstlich prüfenden Kennern, doch mit billiger Mäßigung, hochgeachtet.«[34] In ihrem Werk dominiere allein »das Heitere, Leichte, Gefällige«, in Anmut, Geschmack und Fertigkeit des Pinsels (d. h. im Kolorit) brilliere sie vor allen Zeitgenossen; »dagegen ist ihre Zeichnung [Disegno] schwach und unbestimmt, Gestalten und Züge

Abb. 4 Elisabeth Vigée-Lebrun (1755–1842), Selbstbildnis 1790, Florenz, Uffizien

der Figuren haben wenig Abwechselndes, der Ausdruck der Leidenschaft keine Kraft.« Geschmackloses, Niedriges unterlaufe ihr zwar nie, doch stünden »ihre Erfindungen nicht eben hoch, sind im ganzen genommen weder mehr noch weniger als leichte liebliche Spiele einer schönen Phantasie, keine derselben ist tief gegriffen, aus sich selbst heraus entwickelt, lange gepflegt, rund, gehalt- und bedeutungsvoll.«[35]

Unter derart einschränkenden Prämissen (Urteilsgrundlage sind offenbar nur die mythologischen und historischen Bilder; der Kriterienkatalog bemißt sich an der für das klassizistische Kunsturteil dominanten Plastik) findet der Qualitätsvergleich der beiden Selbstporträts statt. Eingangs werden auch Vigée-Lebruns Leistung und Ruhm kurz erwähnt, ihr Reiseleben wird in einer Fußnote gestreift, ohne die geringste Anspielung auf die politischen Hintergründe.

»Ihr eigenes Bildnis, welches sie 1790 für die Sammlung der Malerportraite in der florentinischen Galerie [den Uffizien] verfertigt, stand, ehe es dahin abgegeben wurde, zu Rom in der Akademie ihrer Nation zur Schau [Abb. 4]. Da es für eine ihrer besten Arbeiten galt und noch gilt, so glauben wir unsere Leser von dem eigentlichen Gehalt ihrer Kunst sowohl, als von dem relativen Wert, den sie als Künstlerin behauptet, am angemessensten zu unterrichten, wenn wir eben erwähntes Bildnis mit einem andern von der Angelica Kauffmann, welches dieselbe, nur ein paar Jahre früher, auch für die florentinische Sammlung malte [sic!], vergleichen. Angelica hat einen wahrern Ton des Kolorits in ihr Bild gebracht, die Stellung ist anmutiger, das Ganze verrät einen schönern Geist, einen richtigern Geschmack. Das Werk der Le Brun hingegen ist überhaupt zarter, fleißiger gemalt, auch fester gezeichnet, es hat ein helles, jedoch etwas geschminktes Kolorit, weißlich, bläulich, gerötet etc. Sie weiß sich zu putzen, der Aufsatz, die Haare, die Krause von Spitzen um den Busen ist alles niedlich angelegt, und, man kann wohl sagen, mit Liebe ausgeführt; aber das hübsche Bacchische Gesicht, mit geöffnetem Mund, in welchem man schöne Zähne gewahr wird, sieht, mit allzu offenbarer Absicht zu gefallen, sich nach dem Beschauer um, während die Hand den Pinsel zum Malen ansetzt. Vorzüge gegen Vorzüge gehalten steht das Bildnis der Angelica, mit der sanften Neigung des Hauptes, dem zarten gemütlichen Blick, in Hinsicht auf Geist und Talent höher, wenn auch im Betracht dessen, was bloße Kunstfertigkeit ist, die Waage nicht entschieden zu seinen Gunsten sich neigen sollte.«[36] (Abb. S. 63)

Das Lob Angelikas ist vor diesem Hintergrund höchst suspekt. Bringt man die Differenz auf den Punkt, so ist selbst das Kolorit moralisch besetzt: der Palette haftet etwas Geschminktes, daher Unechtes an. Die Bildreferenzen auf Rubens (schon in dem früheren Selbstporträt in Halbfigur vor freiem Himmel, für das sich die Malerin nach eigener Aussage an einem Bildnis der Suzanna Fourment orientierte[37]) sind zur Erklärung von Farbe und Haltung erst gar nicht in Erwägung gezogen. Der Haupteinwand setzt beim Gesicht ein und focussiert hier den Tadel in geradezu voyeuristischer Detailversessenheit (so hat Meyer auch in sexualibus Beschreibungen geliefert, deren Deckmetaphern die peinliche Situation des Lavierens zwischen Lüsternheit und Verklemmung illustrieren[38]), wobei das Stichwort ›bacchisch‹ den genauen Kontrast zu Angelika Kauffmanns im Zeichen Minervas geübter Zurückhaltung bezeichnen soll, die sich des ausweichenden oder elegisch verschleierten Blicks bediente. Das Gesicht wird in Meyers Beschreibung zur Inkarnation der Verführung: gefallsüchtig wendet es sich dem Betrachter zu (Meyer sieht nicht oder verschweigt, daß der Blick der Malerin nicht auf diesen gerichtet ist), die, ebenfalls ›verselbständigte‹, Hand setzt spielerisch-unernst zum Malen an, wobei Meyer, der wohl nur eine Reproduktion vor Augen hat, wiederum übersieht, daß auf der Leinwand bereits ein fertiges weibliches Halbporträt steht, der Gestus der Malerin also vielmehr der des Abschlusses nach getanem Werk ist. Genug, das Kriterium ›Sittlichkeit‹ gibt den Ausschlag: der angelische Tugendkatalog – Neigung des Kopfs: demütige Bescheidenheit; weibliche Sanftheit; Zartheit des Blicks – kulminiert in dem sehr deutschen Attribut des »gemütlichen« (d.h. gemütvollen[39]) Blicks. Von da ist es nur ein Schritt zur Etikettierung der Kunst Angelika Kauffmanns als einer Emanation des »reinen Natursinn(s) des Weibes, besonders des deutschen, unverdorbenen Weibes«, in Sickler/Reinharts ›Almanach aus Rom für Künstler und Freunde der bildenden Kunst‹ (1810)[40], der den Vergleich mit Vigée-Lebrun repetiert. Noch existierten die ›Souvenirs de Mme Vigée Le Brun‹ nicht, die Meyers einseitige Gemütszuweisung einigermaßen erschüttert hätten, etwa mit der Nachricht der Malerin über ihre frühe Lektüre, die ihr Interesse an einem Leittext der empfindsamen Epoche belegt: »Le premier [roman] que j'ai lu (c'était *Clarisse Harlowe*, qui m'a prodigieusement intéressée), je ne l'ai lu qu'après mon mariage; jusque-là je ne lisais que des livres saints, la morale des saints Pères entre autres, dont je ne me lassais pas…«.[41]

Aber auch der Gegenseite wird Meyers klassizistische Wertung nicht gerecht. Abgeblendet bleibt in dem auf Moralbegriffe und den exemplarischen Vergleich reduzierten Kunsturteil (das, apodiktisch vorgetragen, nur allzu griffig und daher, trotz des äußern Mißerfolgs der ›Kunstgeschichte‹, leicht reproduzierbar war) die Frage nach den darstellerischen Topoi ebenso wie die nach dem Ingrediens bewußter Selbstinszenierung; der Blick hierauf wird durch Kategorien wie ›Natürlichkeit‹ und ›Echtheit‹ von vornherein verstellt. Ja, es ist zu fragen, ob nicht schon der isolierte Vergleich, innerhalb einer Kunst*geschichte* ohnehin problematisch, sich präjudizierend auswirkt.

In der Klischeebildung um Angelika Kauffmanns Selbstbildnisse treffen sich also dichterische Propaganda und didaktisierte Wissenschaft unter, je verschiedener, Abblendung ganzer Bereiche an Deutungsmöglichkeiten, wobei wir freilich solches Miß- und Halbverstehen als Wirkung dieses Œuvres ernst zu nehmen haben. Abschließend sei hier nur angedeutet, welche *zusätzlichen* Aspekte einer Erschließung der Selbstporträts dienen könnten.

Im Gegensatz zur beobachteten, noch unerklärten Konstanz ihres ›Typus‹ malerischer Selbstreproduktion (dem, wie eingangs angedeutet, die sentimentalisierte ›Treue‹ zu einem auf Entsagung gegründeten, frühe Traumatisierungen verschließenden ›Ich‹ zugrunde liegen könnte[42]) steht der facettenreiche *Umgang* der Künstlerin mit ihren Selbstporträts: die kommunikative, durchaus als differenzierte ›Botschaft‹ zu verstehende Drapierung[43]: durch die Heimattracht mit ihren Landsleuten und ihrem Ursprungsmilieu; durch das gräzisierende Kostüm mit ihrem modebewußten, weltläufigen

Publikum; durch ihre Arbeitsutensilien mit ihren Künstlerkollegen, aber auch mit der Wertewelt ihres Jahrhunderts, dem Goethe, im Anhang zu Hackerts ›Leben‹, eine Generaltendenz gegen »alle Unthätigkeit und was den Menschen darin erhält«, attestiert[44]; durch Allegorisierung mit standardisierten, auf den kulturellen Traditionszusammenhang verweisenden Leitbildern ihrer Epoche.[45] Weiter die für ihre Produktion offenbar nicht unwichtige Selbstversicherung durch das Vor-Augen-Führen von bedeutenden Vergangenheitsmomenten, wie dem der Entscheidung zwischen Musik und Malerei[46] (ein Gemälde, das sie, bezeichnend, trotz seiner späten Entstehung in ihrem Atelier aufgestellt ließ und auch auf Bitten nicht fortgab); hierher dürfte auch die 1795 entstandene Replik ihres 1766 von Joshua Reynolds gemalten Jugendbildnisses gehören, die nicht nur als selbstbezogen zu deuten ist.[47] Ferner die Selbstpropaganda: ihre Einwilligung, ja ihr Stolz darüber, daß ihr Bild in die großen Sammlungen der autoritratti in Florenz und Leopoldskron gelangte; ihre Bereitschaft, für Lavaters französische Physiognomik (1778) ihr Porträt zu zeichnen, »so ähnlich als möglich«.[48]

Zu berücksichtigen wäre schließlich, daß ihrer Enthaltung vom Selbstporträt während des letzten Lebensjahrzehnts, bei gleichzeitiger Entfaltung religiöser Themen, die Lizenz gegenübersteht, sich von Besuchern und Verehrern porträtieren zu lassen; so entstehen ihre Silhouette mit Bänderhaube (1796) von Charles Heathcote Tatham[49], ihre Marmorbüste für die Protomoteca Capitolina von Johann Peter Kauffmann[50] und die anonyme, lange für ein Selbstbildnis gehaltene Skizze der Malerin vor ihrer Staffelei[51], Bilder, die ungewohnt männliche Züge und, wie letzteres, ihren Arbeitsheroismus zeigen (Abb. 5). Trotz solcher Sekundanten und zusätzlichen Aspekte bedarf das Problem der bildinternen Selbstinterpretation freilich noch genauester und vielfältig vergleichender Befragung der einzelnen Bilder auf (wie zu hoffen ist, bald zugänglicher) breitester und gesicherter Materialbasis.

Abb. 5   Malerin an der Staffelei, 1797, Aquarell, Staatliches Museum zu Berlin

II. Marie Ellenrieder

Wieviel einfacher scheint die Sachlage, wieviel durchsichtiger der persönliche Hintergrund bei den Selbstbildnissen Marie Ellenrieders! Der schmale Bestand von neun überlieferten Bildnissen[52], der enge, zehn Jahre kaum überschreitende Zeitraum ihrer Entstehung, die Beschränkung auf die ›reine‹ Wiedergabe ihrer Person ohne Attitüde und Inszenierung (in keinem ihrer religiösen Gruppenbilder findet sich ein Anklang ihrer Physiognomie[53]) empfehlen es geradezu, für diesen Bereich ihres Œuvres ganz auf die biographischen Fakten und die Selbstzeugnisse zurückzugehen und ›deckungsgleich‹ zu interpretieren: die Künstlerin, die sich in ihren beiden frühen Selbstporträts als empfängliche, sich ihrer Schönheit und ihres Kunstauftrages bewußte junge Frau vorgetragen habe, sei in den Bildern nach ihrer ersten Italienreise nur noch als resignierte, ja herb verschlossene, frühgealterte Frau in Erscheinung getreten und auf diesem Sektor ihrer Kunst auch bald verstummt (allenfalls könnte man in dem Staffeleibild ›Die Pilgerin‹ von 1854[54] eine vage Ähnlichkeit mit früheren Selbstporträts sehen).

Diesem axialen Schema scheinen sich sämtliche Details unterzuordnen. Sind z. B. in den frühen Bildern das Haar in freier Fülle, die Halspartie unbedeckt gemalt, so umgibt in den späteren Bildnissen ein Tuch oder eine Haube den größten Teil der Frisur und verschließt, in zusammengeschlungenen Bändern endend, den Raum zwischen Wangen- und Kinnlinie und dem hochgeschlossenen, habitähnlichen Gewand. Gehörte zur jugendlichen Selbstdarstellung der farbige Reichtum des Ölgemäldes, so werden ihr später nur noch die bescheideneren Mittel des Pastells, der farbigen oder schwarzen Kreide und der Bleistiftzeichnung (wenn auch in nicht minder sorgfältiger technischer Ausführung) konzediert.

Friedhelm Fischer hat in seiner Ellenrieder-Monographie (1963) die Bruchlinie deutlich beschrieben. So hebt er den »ausgesprochen festlichen Charakter« des Porträts von 1818 (Farbtafel 18)[55], »die temperamentvolle Energie der Künstlerin und zugleich eine natürliche Frische und Aufgeräumtheit« in der Selbstdarstellung von 1819 (Farbtafel 20)[56] hervor.[57] Diesem Befund ordnen sich die von Fischer für Ellenrieders erste große Porträt-Phase eruierten Kategorien des Barocken, des Sturm-und-Drang-Realismus (Graff-Nachwirkung in Zürich), des Vitalen und Sensualistischen (als Nachwirkung des Klassizismus) bis hin zur pastosen Manier des Farbauftrags (Einfluß der Langerschen Maltechnik) zu. Allerdings bemerkt Fischer in dem Bild von 1818 bereits eine metaphysische Tendenz, eine kaum merkliche Entrückung im »eigentümlich aufstrebende(n) Zug« des Bildaufbaus: »Es sind nur die Augen, die sich hier der Welt öffnen und sie liebevoll umfassen. Die Existenz selbst aber weiß sich einem unberührbaren geistigen Bereich verpflichtet und sucht unbewußt Absonderung.«[58]

An dem Pastellbildnis von 1827 (Abb. 6)[59] macht Fischer den Kontrast fest: »Wie sehr sich die Persönlichkeit der Malerin verändert hatte, wird schlagartig[!] klar, wenn wir das ... Selbstbildnis von 1827 mit früheren Selbstdarstellungen vergleichen. Feierliche Schönheit, wie sie in dem Porträt vom Jahre 1818 zu finden war, suchen wir vergeblich, und von der lebendigen Frische und Tatkraft des Bildnisses mit der Palette von 1819 ist nichts geblieben. Herb, ja traurig ist das Gesicht der Marie Ellenrieder auf diesem letzten uns zur Kenntnis gekommenen Selbstbildnis. Der Kopf, streng vom Spitztuch eingefaßt, ist zur Seite geneigt, die Augen blicken wie verloren ins Unbestimmte. Nur wenig Aufmerksamkeit richtet sich nach außen. Es scheint, als stünde der Künstlerin etwas vor der Seele, mit dem sie nicht fertig zu werden vermag.«[60] Solche vor dem Hintergrund einer imponierenden Werk-, Quellen- und Zeitkenntnis vorgetragenen Deutungen wirken suggestiv und befestigen durch die unauffällig miteinfließenden Psychologismen das Bild des Existenzbruchs, zumindest einer tiefgreifenden Veränderung der Persönlichkeit; in vergleichbarer Weise hat man bei der ›Wortkünstlerin‹ Annette v. Droste-Hülshoff aus dem Fiasko einer Lebensbeziehung einen radikalen Stilwandel innerhalb ihres Werks herleiten zu können geglaubt.[61] Gegen diese Zwei-Phasen-Theorie seien hier einige Argumente vorgebracht.

Abb. 6   Marie Ellenrieder, Selbstbildnis, 1827, Karlsruhe,
Staatliche Kunsthalle

Wohl betont das Gemälde von 1818 die Vertikale; doch setzt ihr die Malerin in der außerordentlich breiten, durch die Gewandung auch farblich als Kontrapost angelegten Schulter- und Brustpartie ein Gegengewicht, das es ihr erlaubt, sich in der freien, plastischen Körperlichkeit von Hals und Schulteransatz sowie in der Zuwendung des Gesichts ›auszustellen‹, ohne sich preiszugeben. Dennoch ergibt die Behandlung des vor dem Hintergrund einer immateriell wirkenden Farbfläche fast schattenlos erscheinenden Inkarnats den Eindruck der Schutzlosigkeit, der durch die weit geöffneten, in ihrer Klarheit bis auf den Grund ›einsehbaren‹ Augen noch verstärkt wird. In dreifacher Weise scheint dies jedoch balanciert und der ›Bemächtigung‹ durch den Betrachter entgegengewirkt zu sein. 1. Der Blick öffnet sich gerade nicht, wie Fischer ihn beschreibt, ›liebevoll umfassend‹ der Welt; er zeigt (in Korrespondenz zur Partie um Mund und Nase) den Ausdruck einer *innerlichen* Heiterkeit, die den Betrachter distanziert. Auch Fischers Beobachtung, daß »die in ihrer Form merklich variierten Augen den Betrachter intensiv anblicken«[62], entspricht nicht ihrer differenzierten, auf Vergeistigung angelegten Darstellung. Eine Wiederholung und Steigerung[63] dieses Ausdrucks bietet die verlorene Kreidezeichnung aus dem Kestner-Museum Hannover (Abb. 7).[64] 2. Die koloristischen und maltechnischen Mittel sind offenbar höchst bewußt dem Konzept einer trotz des Formats miniaturhaften Verfeinerung unterstellt, für die Begriffe wie ›barocke Fülle‹ oder ›realistische Lebensnähe‹ nicht hinreichend sind; vielmehr scheint durch die Abstufung der Farbwerte auch in den großflächigen Partien und durch die sorgfältige Lasur eine bei aller Lebensnähe spirituelle Wirkung intendiert.[65] 3. Das der Mittelachse angenäherte Perlenkreuz erweist sich als besonderer Schmuck auch dadurch, daß es den der leichten Drehung des Körpers entsprechenden Gewandfalten nicht folgt, sondern durch sein ›Eigengewicht‹ in der Senkrechten hängt (in Korrespondenz zur Zuwendung des Gesichts) und dadurch noch stärker zum Blickfang wird. Es behauptet sein Vorrecht dem ›weltlichen‹ Schmuck des bescheidenen Ohrgehänges gegenüber, das aber vielleicht auch einen geheimen Zeichencharakter hat, da es im 1819 gemalten Bild der Mutter fast ›wörtlich‹ wiederkehrt.

Ellenrieders Tendenz, die Wirklichkeit des dargestellten Ich zu transzendieren, ist auch dem 1819 entstandenen zweiten Selbstporträt in Öl[66] (Farbtafel 19) abzulesen, zu dem Fischer vor allem ›Tatkraft‹ assoziiert. In Blick und Gestus den Moment der Anspannung vor dem Beginn der Arbeit realisiert zu sehen, ist jedoch eine voreilige Interpretation. Zwar wird durch die Profilsicht bei leicht vorgeneigter Körperhaltung, durch das bereits gewählte und nun bereitgehaltene Malwerkzeug ein ›Werk‹ visioniert; aber weder weist die Pinselhaltung auf unmittelbaren Beginn, noch werden Staffelei oder Leinwand gezeigt oder angedeutet, und das scheinbar zielgerichtete Auge würde, en face gesehen, den Ausdruck des früheren Porträts wiederholen. Nicht auf der zu erwartenden ›actio‹ liegt also der Akzent, sondern auf der Reflexion, der nach innen gerichteten Bereitschaft und Empfänglichkeit, mithin auf der eigentlich schöpferischen Retardation des Handlungsmoments.

Es scheint bezeichnend, daß Fischer die frühe Kreidezeichnung im Dreiviertelprofil[67] ohne Angabe von Gründen (»Übergangen wird das kleine Pastellbild im Rosgarten-Museum«[68]) von der Betrachtung ausschließt, gewiß nicht nur aus Qualitätsgründen, sondern weil sie sich seinem Zwei-Phasen-Konzept nicht fügt. Vielmehr lassen die Züge dieses Bildes, dessen ungemein kräftige Nacken- und Schulterpartie dem Ausschnitt des ersten Ölgemäldes von 1818 zu präludieren scheint (Zündorff datiert es auf 1815[69], v. Blanckenhagen erst auf 1820), etwas von der Schwermut und Verlorenheit erkennen, die nach Fischer erst im Leidenszug der nachitalienischen Jahre zu finden sind.

Ein Pendant in der ›Zweiten Phase‹ ist das von Fischer ebenfalls vernachlässigte (auch im Verzeichnis v. Blanckenhagens nicht erwähnte) verlorene Kreideporträt um 1823 (ehemals im Kestner-Museum/Hannover) (Abb. 7)[70], dessen Selbstauffassung (vor allem im Augenausdruck, hier zu dem verhaltenen ›Enthusiasmus‹ gesteigert, von dem schriftliche Zeugnisse berichten[71]) trotz des nazarenischen Purismus' der Linie und der

Abb. 7 Marie Ellenrieder, Selbstbildnis, um 1824, ehemals Kestner-Museum, Hannover

Rücknahme dekorativer Elemente noch auf das erste Ölporträt zurückverweist. Erst in den beiden Porträts von 1827 (dem Karlsruher Pastellbild mit dem Spitzentuch [Abb. 6] und der Kopfstudie mit Haube im Rosgartenmuseum [Kat.-Nr. 4 M. E.][72]) scheint sich Fischers These zu bestätigen. Doch fließen in seine Interpretation auch hier Vorurteile ein: der unverkennbare Zug herber Trauer läßt sich nicht ohne Willkür auch mit der ›seitlichen Neigung des Kopfs‹ in Verbindung bringen, und die Behauptung, der Blick gehe »verloren ins Unbestimmte«, wird hinfällig, wenn man die Augenpartie mit dem übrigen, höchst kraftvoll den ›wissenden‹ Verzicht markierenden Gesicht in Zusammenhang sieht. Daß die Malerin, nach so früh erreichter Meisterschaft, auf dieser Lebensstufe, kurz vor ihrer beruflichen Festlegung als Hofmalerin, in ihren Selbstbildnissen ein sehr nüchternes Fazit zieht, sich mit realistischem Blick sieht und ganz ›unmetaphysisch‹ darstellt, sollte nicht als ausweglose Trauer oder gar Verzweiflung pathetisiert werden.

Hier seien schließlich auch die bisher nur partiell bekannten und ausgewerteten schriftlichen Selbstzeugnisse, vor allem die Tagebücher erwähnt.[73] Sie sekundieren dem Bild des *Prozesses*, nicht dem eines Umbruchs, als Zeugnisse einer bereits in den Münchner Aufzeichnungen manifesten, unausgesetzt fortgeführten Introspektion, deren Forderungen mit den künstlerischen Lern- und Erfahrungsprozessen oft nicht kongruieren, ja in diese wiederholt entscheidend eingreifen. Darf man darum solche Reibungen ›Störung‹, solche Versagungen ›Brüche‹ nennen? Sehr überzeugend spricht Fischer davon, daß Marie Ellenrieder, bei zeitweiliger Bindung an die eine oder andere Stilrichtung, mit ihrem eigentlichen Konzept »jeweils – und oft sehr eigensinnig – einem übergeordneten Prinzip verpflichtet ist. Zeitstil und konventionelle Richtung dienen ihr so bisweilen nur als Handwerkszeug. Das persönliche künstlerische Streben richtet sich auf einen visionären Idealismus religiöser Prägung, für den herkömmliche Stilbegriffe nicht ausreichen.«[74] Man sollte letztlich auch den Begriff »Idealismus« kassieren. Die schmale Reihe der Selbstporträts, die eine Selbstfindung dokumentieren, fordert dazu auf.

Anmerkungen

1 Katalog-Nr. 1 A. K., Farbtafel 1.
2 Solange systematische Quellensammlungen fehlen, muß man sich einschlägige Texte aus der Forschungsliteratur zusammensuchen; einzige Sammelpublikation: Eugen Thurnher (Hrsg.), Angelika Kauffmann und die deutsche Dichtung. Bregenz 1966. Eine schmale Auswahl neuen Archivmaterials im Anhang zu Bettina Baumgärtel, Angelika Kauffmann (1741–1807). Bedingungen weiblicher Kreativität in der Malerei des 18. Jahrhunderts. Weinheim und Basel 1990, S. 253–268.
3 Eine Quellenpublikation existiert nicht. Reichliche Ad-hoc-Zitate aus dem Nachlaß in den Monographien von Margarete Zündorff, Marie Ellenrieder. Ein deutsches Frauen- und Künstlerleben. Konstanz 1940, und Friedhelm Wilhelm Fischer / Sigrid von Blanckenhagen, Marie Ellenrieder. Konstanz 1963; darin kein Zeugnis zu den Selbstporträts.
4 Öl auf Lwd., 49,7×41,2 cm, sign.; Tiroler Landesmuseum Ferdinandeum Innsbruck (Inv.-Nr. 303). Lit.: Heinrich Ballmann, Ein Selbstbildnis mit Notentext der A. Kauffmann. In: Archiv für Geschichte und Landeskunde Vorarlberg, 9. Jg., H. 4 (1913), S. 144 ff.; Kat. Bregenz 1968, Nr. 1; Baumgärtel, 1990, S. 43.
5 Zu diesem accessoire vgl. z. B. das Porträt der Lady Tyrell (1738/42) von Jean-Etienne Liotard (Genf, Musée d'art et d'histoire); einen erneuten Siegeszug der Schleifenmode inaugurierte 1774 Goethes ›Werther‹ (vgl. Werthers Brief vom 28. 8. 1771).
6 Von Ballmann, 1913, und Sabine Hammer, Angelica Kauffmann. Vaduz 1987, S. 23, in Verbindung gebracht mit dem Ende einer Romanze mit einem ›Agostino‹ genannten Freund, der in dem Text der Arietta angesprochen sein soll: er solle sich ihretwegen beruhigen und Saiten und Zither zum Andenken behalten; angesichts der unsicheren Entzifferung eine Spekulation; Ballmann liest: »Gosti deh che riposate che riposate placidi si mi sul letto li mi filli e la mia cetra e la mia cetra deh serbate per pietà deh serbate per pietà.«
7 Der nicht gänzlich entzifferte Text lautet: »MDCCLI... im 13ten Jahr meines Alters mahlte ich... es und meines Vatters und Frâ Mueter Contrafé Morbegno Valtlin.«
8 Die Vermutung bei Ballmann, 1913, und Hammer, 1987.
9 Ehem. Kunsthandel London; Erstpublikation bei Baumgärtel, 1990, S. 44, Abb. 3.
10 Uffizienkatalog, Nr. A479; eine Kopie in Bregenz, Vorarlberger Landesmuseum (nach dieser eine farbige Reproduktion bei Thurnher, 1966, nach S. II).
11 Öl auf Lwd., 61×49 cm, n. sign. (Hammers Dat. [1987, S. 38] »nach 1757« sicher zu früh); Tiroler Landesmuseum Ferdinandeum, Innsbruck.
12 Zit. nach Hammer, 1987, S. 38. Vgl. auch Friedrich von Matthisson, Schriften. Bd. 4, Zürich 1825, S. 265–267.
13 Kat. Bregenz 1968, Abb. 162 (Kat.-Nr. 74).
14 Vita di Angelica Kauffmann Pittrice, Florenz 1810, S. 90–96; vgl. Thurnher, 1966, S. 17–19.
15 Thurnher, 1966, S. 22 (nach Manners/Williamson, Angelica Kauffmann. Her Life and her Works. London 1924, S. 113).
16 Baumgärtel, 1990, S. 111 f.
17 Baumgärtel, 1990, S. 211–215.
18 Hier und im folgenden wird nach dem Reprint der Erstausgabe des ›Römischen Carneval‹ (Berlin 1789), hrsg. v. Harald Keller, Dortmund 1978, zitiert (Abkürzung: RC): S. 68.
19 RC, S. 63.
20 RC, S. 64.
21 RC, S. 65.
22 RC, S. 69; vgl. Ludwig Uhlig, Goethes ›Römisches Carneval‹ im Wandel seines Kontexts. In: Euphorion 72, 1978, S. 84–95.
23 Zur ›europäischen‹ Cagliostro-Wirkung vgl. jetzt die instruktive Zeugnissammlung von Klaus H. Kiefer, Cagliostro. München 1991.
24 ›Zweiter römischer Aufenthalt‹, Februar 1788 (›Bericht‹); Angelika Kauffmanns Verhältnis zu ihrer Kutsche wäre eine eigene Abhandlung wert.
24a Vgl. den noch immer lesenswerten Aufsatz Theodor Hetzers, Francisco Goya und die Krise der Kunst um 1800 [1932]. In: Th. H., Aufsätze und Vorträge I, Darmstadt 1957, S. 177–198.
25 Hier zitiert nach der Ausgabe: Johann Heinrich Voß, Sämtliche Gedichte. Erster Theil. Luise, Königsberg 1802, S. 189 f.
26 Ebd., S. 346. Auf A. Kauffmanns eigene Praxiteles-Darstellung in den ›exempla amoris‹ 1794 – Baumgärtel, 1990, S. 106–109 mit Abb. – wird, wohl aus Unkenntnis, hier nicht Bezug genommen.
27 Thurnher, 1966, S. XXXII (Einleitung).
28 ›Der Teutsche Merkur‹ 1874, S. 103 f. (Thurnher, 1966, S. 23).
29 ›Die Leiden des jungen Werthers‹, Am 16. Junius; dazu: Richard Alewyn, »Klopstock!« In: Euphorion 73, 1979, S. 357–364.
30 Über Voß' Idyllendichtung (»zwischen radikalem sozialen Engagement und biedermeierlichem Philisterglück«) in ihrer Bedeutung für die Ursprungsgeschichte bürgerlichen Bewußtseins in Deutschland unterrichtet das Nachwort Helmut J. Schneiders zu seiner nützlichen Sammlung: ›Idyllen der Deutschen. Texte und Illustrationen‹. Frankfurt a. M. 1981, S. 395–400.
31 Eine kommentierte und illustrierte Ausgabe dieses Gemeinschaftswerks ist ein Desiderat; die vollständigen Texte bieten nur die Ausgaben von Helmut Holtzhauer, Leipzig 1969, die ältere (textlich zuverlässigere) innerhalb der neuen Cotta-Ausgabe der Werke und Schriften Goethes, II. Abt., Bd. 16: Schriften zur Kunst I, hrsg. von Wolfgang Frhr. v. Löhneysen, Stuttgart 1961, S. 49–292, und die Münchner Ausgabe von Goethes sämtlichen Werken, Bd. 6.2 (hrsg. von Victor Lange), S. 201–348, nach der hier zitiert wird (Sigle: MA).
32 MA 291 f.
33 MA 292.

34 MA 292f.
35 MA 293.
36 MA 302; das Selbstbildnis E. Vigée-Lebruns (Öl auf Lwd., 100×80 cm, 1790; Florenz, Uffizien, Kat.-Nr. A 1001); das Selbstbildnis A. Kauffmanns (Öl auf Lwd., 128×94 cm, 1787; Florenz, Uffizien, Kat.-Nr. A 480); Foto Archiv B. Baumgärtel.
37 ›Der Schönheit Malerin…‹ Erinnerungen der Elisabeth Vigée-Le Brun. Hrsg. von Lida v. Mengden. Darmstadt und Neuwied 1985, S. 75; nach diesem Bild hat 1785 die junge schwäbische Malerin Ludovike Reichenbach (später verh. Simanowiz) kopiert und es als Anregung für ihren Selbstbildnis-Tondo ›vor bewölktem Himmel‹ genommen; vgl. Marbacher Magazin 57, 1991: Ludovike Simanowiz. Eine schwäbische Malerin zwischen Revolution und Restauration. Bearb. von Gertrud Fiege, S. 9f. u. Titelbild.
38 Vgl. Meyers Brief an Goethe vom 26. 11. 1796 (BW Goethe–Meyer I, S. 388).
39 Zur Bedeutung des Begriffs im 18. Jh. vgl. Grimms Deutsches Wörterbuch, Bd. 4, 1^{II}, Sp. 3350/3.
40 Bd. 1, S. 142–152; zit. nach Baumgärtel, 1990, S. 265.
41 ›Souvenirs…‹, Paris 1926 (gekürzte Ausgabe), S. 29f.
42 S. dazu o., S. 64 mit Anm. 16f.; Zeichen des Widerstandes gegen die auferlegte Selbststilisierung sieht im gleichbleibend ›natürlichen‹ Augenausdruck der Selbstporträts Renate Schostack, Nur ein weiblicher Raffael? Der Malerin Angelica Kauffmann zum 250. Geburtstag. In: FAZ v. 30. 10. 1991.
43 Hier wären allerdings auch stereotype Präsentationsformen des Weiblichen zu unterscheiden; einen ersten allgemeinen Bildkatalog hat jetzt Irene Döllig erstellt: Der Mensch und sein Weib. Frauen- und Männerbilder. Geschichtliche Ursprünge und Perspektiven. Berlin 1991.
44 Goethe, Philipp Hackert. Nachträge. Vorerinnerung (Weimarer Ausgabe I 46, 329).
45 Vgl. dazu Gisela Kraut, Weibliche Masken. Zum allegorischen Frauenbild des späten 18. Jahrhunderts. In: Sklavin oder Bürgerin? Französische Revolution und Neue Weiblichkeit 1760–1830. Hrsg. v. Viktoria Schmidt-Linsenhoff, Frankfurt a. M. 1989, S. 340–357.
46 S. hier Abb. S. 14; dazu Baumgärtel, 1990, S. 131–143, und Angela Rosenthal, Angelica Kauffman Ma(s)king Claims. In: Art History 15, 1 (1992), S. 38–59. Zur Ablehnung des Verkaufs: Matthisson, Schriften. Bd. 4, Zürich 1825, S. 232f. (Thurnher, 1966, S. 169).
47 Abb. Kat. Bregenz 1968, 79b (Kat.-Nr. 393); vgl. Hammer, 1987, S. 121; Abstriche an der Bedeutung Reynolds für Angelikas künstlerische und gesellschaftliche Karriere jetzt bei Baumgärtel, 1990, S. 116–119.
48 Dokumentation des Briefwechsels darüber: Baumgärtel, 1990, S. 259f.

49 Manners/Williamson, 1924, S. 183 (mit Abb.).
50 Kat. Bregenz 1968, Abb. 324, Kat.-Nr. 299.
51 Berlin, Staatl. Museen Preußischer Kulturbesitz, Kupferstichkabinett. KdZ 8495. Bleistift, aquarelliert. Bez. »Souvenir de Madame Angelika Kauffmann 15. Mayus 1797«. Abschreibung durch Bettina Baumgärtel.
52 Fischer/v. Blanckenhagen, 1963, S. 123 (Selbstbildnisse 1–8 mit 2 Vorstudien; nachzutragen ist die hier als Abb. 6 reproduzierte Zeichnung, die sich bis zum 2. Weltkrieg im Kestner-Museum Hannover befand).
53 Dagegen meint Zündorff, 1940, S. 86 in einer Figur auf dem Altarbild der Diersburger Kirche die Züge des mit Marie Ellenrieder lebenslang befreundeten Frhr. Karl Christoph v. Röder erkennen zu können.
54 Abb. Zündorff, 1940, S. 64; dazu auch Fischer/v. Blanckenhagen, 1963, S. 57.
55 Kat.-Abb. Nr. 1 M. E.; Fischer/v. Blanckenhagen, 1963, S. 23.
56 Kat.-Abb. Nr. 2 M. E.
57 Fischer/v. Blanckenhagen, 1963, S. 23
58 Fischer/v. Blanckenhagen, ebd.
59 Pastell, teilw. Bleistift, 28,1×21 cm, dat.; Karlsruhe, Staatl. Kunsthalle, Inv.-Nr. 853 (Fischer/v. Blanckenhagen, 1963, WV. 5).
60 Fischer/v. Blanckenhagen, 1963, S. 35 (mit Abb. 34).
61 Dazu vgl. die Einleitung W. Woeslers zum ›Geistlichen Jahr‹, in: A. v. Droste-Hülshoff, Sämtliche Werke. Bd. 1, München ^{5}1989, S. 815f.
62 Fischer/v. Blanckenhagen, 1963, S. 23.
63 Soweit dies aus einer Reproduktion zu erkennen ist; eine gewisse Affinität zu Friedrich Pechts ›physiognomischer‹ Beschreibung (allerdings erst 1863 verfaßt) scheint gegeben; vgl. ADB VI, S. 49 und Fischer/v. Blanckenhagen, 1963, S. 65.
64 Farbige Kreiden auf braunem Papier, 42,7×30,2 cm; Kestner-Museum Hannover, Inv.-Nr. 200^{37} (›um 1823‹); Kriegsverlust.
65 Vgl. auch Kat.-Nr. 1 M. E., Farbabb. 18.
66 Kat.-Nr. 2 M. E..
67 Kat.-Nr. 3 M. E.; Fischer/v. Blanckenhagen, 1963, WV. 5.
68 Fischer/v. Blanckenhagen, 1963, S. 67, Anm. 16.
69 Zündorff, 1940, S. 122.
70 Vgl. die Angaben Anm. 64.
71 Vgl. Anm. 63 (auch Zündorff, 1940, S. 117).
72 Abb. S. 11 (Kat.-Nr. 4 M. E.; Fischer/v. Blanckenhagen, 1963, WV. 6).
73 Zahlreiche Zitate aus dem Nachlaß vor allem bei Zündorff; mit der Transkription des dritten Tagebuchs (1. Italienreise) wurde inzwischen begonnen (Kat.-Nr. 65 M. E.).
74 Fischer/v. Blanckenhagen, 1963, S. 47.

Dagmar Zimdars

»...(es) wäre der Mühe werth zu sehen, wie sie mich sieht und denket...«[1]

Berühmte Zeitgenossen über Porträts von Angelika Kauffmann

Johann Gottfried Herders eingangs zitierte Bemerkung trifft den Kern der Problematik, die mit der Gattung Porträt untrennbar verbunden ist: Ähnlichkeit und Idealisierung.[2] Mit diesen Begriffen sind Maßstäbe verbunden, die in ihrem sich jeweils ändernden historischen Kontext wechselnde Bedeutungen haben. Den unterschiedlichen und komplexen Entstehungs- und Rezeptionsbedingungen, denen ein Bildnis unterworfen ist, ausführlich nachzugehen, ist hier nicht der Ort. Für die Mehrzahl der von Angelika Kauffmann gemalten Bildnisse fehlen monographische Untersuchungen, die die jeweilige Auftragssituation beschreiben und die Entstehungs- bzw. Rezeptionsgeschichte vor dem Hintergrund der herrschenden Kunsttheorie darstellen. Erst wenn eine derartige Studie vorliegt, wäre eine fundierte Beurteilung der Kauffmannschen Porträtkunst möglich. Die hier ausgewählten Zitate von Zeitgenossen Angelika Kauffmanns, die die Malerin kannten und Umgang mit ihr hatten, sind der Forschung seit langem bekannt. Insbesondere Johann Wolfgang von Goethes Urteil über sein – nach seiner eigenen Einschätzung mißlungenes Porträt – erlangte Berühmtheit und wurde immer wieder als Argument gegen Angelika Kauffmanns Können verwendet.[3] Eine Berühmtheit allerdings, die durch das Verdikthafte seiner Äußerung entstanden war und durch die Fixierung der Forschung alleine auf dieses Urteil – Goethes Bemerkung wurde bis heute nicht textkritisch hinterfragt – gefördert wurde. Erst in jüngster Zeit wiesen Ruth Nobs-Greter und Bettina Baumgärtel nach, in welchem komplexen kunst- und kulturhistorischen Kontext Goethes Porträt gesehen und verstanden werden muß.[4]

Die Zitate bieten ein breites Spektrum an rezeptionsgeschichtlich bedeutenden Äußerungen, sie reichen von uneingeschränkter Bewunderung über kritische Anmerkungen bis zu beschwichtigender Verteidigung. Ihre Auswahl und Reihenfolge sind bereits Interpretation. Hauptanliegen ist es, die unterschiedlichen und vielfältigen Reaktionen, mit denen die Zeitgenossen des späten 18. Jahrhunderts Angelika Kauffmanns Porträts aufnahmen, kommentierend zu dokumentieren. Damit wird es gerade auch dem heutigen Ausstellungsbesucher möglich, sein eigenes Rezeptionsverhalten mit dem des Betrachters vor nunmehr 250 Jahren zu vergleichen. Daß Auftraggeber, Porträtierter, Maler und Kritiker unterschiedlich auf ein Bildnis reagieren, liegt auf der Hand. Wie die Zitate zeigen, gibt es im Falle Kauffmann hinsichtlich der Kritik weitgehende Übereinstimmungen, verblüffende Widersprüche und stereotyp wiederholte Urteile, ein recht unterschiedliches Rezeptionsverhalten also, über das sich, wie deutlich werden wird, die Zeitgenossen im klaren waren. Vor diesem Hintergrund verliert Goethes oben erwähntes Urteil heute an Wucht und bekommt Herders Neugier darauf, wie Angelika Kauffmann ihn ›sieht‹ und ›denket‹, einen anderen Stellenwert.

Winckelmann

Angelika Kauffmann porträtiert Johann Joachim Winckelmann als Halbfigur am Arbeitspult sitzend, in der rechten Hand hält er die Schreibfeder (Abb. 1). Die Hände liegen auf einem geöffneten Buch, der Gelehrte schreibt jedoch nicht mehr, er scheint nachdenkend aus dem Bild heraus zu schauen. Sein Arbeitstisch ist kunstvoll mit Büchern und kostbarem Stoff drapiert. Das Buch ruht auf einer Unterlage, einem antiken Relief mit der Darstellung der ›Drei Grazien‹. Winckelmanns eigenes Urteil über das Porträt lautet:

»... Mein Bildniß ist von einer seltenen Person, einer Deutschen Mahlerinn, für einen Fremden gemacht. Sie ist sehr stark in Portraits in Oel, und das meinige kostet 30 Zecchini; es ist die halbe sitzende Figur. Sie hat dasselbe in Quarto geätzet, und ein anderer [Johann Friedrich Reiffenstein] arbeitet es in schwarzer Kunst, um mir ein Geschenk mit der Kupferplatte zu machen ...«[5] (Winckelmann an Johann Michael Francke am 18. August 1764).

Zusammen mit Reiffensteins Bemerkung »... Das Bild des Hrn Winckelmann ist seit etwas mehr als 14 Tagen völlig fertiggeworden ... Ich werde mich bemühen,

Abb. 1 Angelika Kauffmann, Johann Joachim Winckelmann, 1764, Kunsthaus Zürich

meine Copie dem sehr wohlgerathenen Original so ähnlich als möglich zu machen. Hr. Winckelmann hat mir bereits sein Wohlgefallen darüber zu erkennen gegeben und will es seiner Allegorie vorsetzen lassen ...«[6] (Reifenstein Anfang August 1764 an Hans Heinrich Füßli) zeugen diese Äußerungen von der großen Zufriedenheit, mit der der Porträtierte sein Bildnis aufnahm. Äußeres Zeichen dieser Anerkennung ist die Absicht des Gelehrten, es seiner Schrift ›Versuch einer Allegorie besonders für die Kunst‹ als Kupfer voranzustellen.[7]
Welchen Ansprüchen ein gelungenes Männer- bzw. Gelehrtenporträt genügen mußte, erhellt der Artikel Johann Rudolf Füßlis über Angelika Kauffmann im ›Allgemeinen Künstlerlexikon‹ von 1767:

»... Man siehet auch Portraite von ihrer Hand, welche in der Aehnlichkeit, Ausführung, Colorit, und schöner Erfindungen der Stellungen, den Bildnissen grosser Meister an die Seite gesetzt werden können.«[8]

Wichtig war also einerseits die Wiedererkennbarkeit, andererseits mußten selbstverständlich Technik und Farbgebung gemeistert sein. Schließlich wurde auf die ›schöne Erfindung‹ Wert gelegt, die über die rein abbildende Funktion des Porträts hinausweisen sollte, d.h. es wurde ein Verweis auf eine übergeordnete Idee erwartet.[9] Auf welche Weise diese Punkte zusammenklingen sollten, erläuterte Friedrich von Matthisson in seinen ›Erinnerungen‹:

»Füßlis [Hans Heinrich Füßli, 1745–1832] Arbeitszimmer schmückt *Winkelmanns* Bildniß in Oel. Es ward im Jahr 1763 zu Rom von der damals ein und zwanzigjährigen *Angelika Kauffmann* mit dem feurigen Jugendenthusiasmus kindlicher Freundschaft gemalt. Der Besitzer bürgt für die seelenvollste Aehnlichkeit, und bedauert mit jedem unbefangenen Kunstkenner, daß *Marons* höchst unähnliche Kopie von unserem berühmten Landsmanne, trotz ihrer geschmacklosen Pelzverbrämungen, die weniger an Italien als an Grönland erinnern, durch den Grabstichel eines *Bause* vervielfältigt, sich in die sämtlichen Kupferstichkabinete von Europa einzuführen wußte. *Angelikas Winckelmann* ist, nach meiner individuellen Ueberzeugung, ein Meisterwerk durch Kolorit, Stellung, Harmonie, Zeichnung und Kraft. Nach *Füßlis* Bemerkung sind aus jener Frühlingsepoche der bewunderten *Angelika* Bildnisse vorhanden, die, ohne gerade den Charakter sklavischer Nachahmung an sich zu tragen, mit allen bekannten Bildnissen von *Raphael Mengs* um den Vorzug streiten. Die Künstlerin radirte selber ein geistreiches Blatt nach ihrem *Winkelmann*, das aber nur in Freundeshände kam. Begeisterung flammt in den Augen des großen Mannes, der eben, als Offenbarungen des Genius, niedergeschrieben zu haben scheint: *Götterverachtung thront auf der Stirn des Sonnengottes im Belvedere, und über Laokoons Augen schwimmt in trübem Dufte das Mitleid.*«[10]

Matthisson verweist ausdrücklich auf die Aussage des Bildbesitzers und auf weitere »Augenzeugen«, daß das Gebot der Ähnlichkeit überzeugend befolgt worden war. Dieses Kriterium wird als ein Qualitätsmerkmal geschätzt, durch das sich das Porträt vor allem im Vergleich zu Anton von Marons (1733–1808) Bild und Johann Friedrich Bauses (1738–1811) Stich positiv abhob. Ferner wird deutlich, daß die Kauffmannsche Charakterisierung und Inszenierung durch das Attribut des Grazienreliefs eher den Vorstellungen einer Überhöhung – Mythisierung oder Heroisierung – entsprach als die an ›Grönland erinnernde Pelzverkleidung‹ Marons. Festzuhalten ist, daß für J. R. Füßli und Matthisson die Forderung nach ›sklavischer Nachahmung‹ weniger wichtig ist als die der ›Idee‹, die das Porträt vermitteln sollte.

Reynolds

Die bisher angeführten Zitate machen deutlich, daß Angelika Kauffmann den Ansprüchen, die an ein Männer- bzw. Gelehrtenporträt gestellt wurden, mehr als nur genügte. Bei den Zeitgenossen entstehen Irritationen oder werden Widersprüche erst dann laut, wenn es um die Freiheit geht, mit der die Malerin das Prinzip der wurde, hatte die Malerin besonders auf dem englischen Markt mit ihren Porträts großen Erfolg. Sie schreibt 1766 aus London an ihren Vater:

»...Habe einige portraits ferfertigt welche von jedermann abrobirt [approbiert] werden. M. Reynolds gefallens über die massen. Habe sein Portrait gemalt welches sehr glücklich außgefallen und mir vihl Ehre macht, wird negsten ins Kupfer gestochen werden...«[11]

1767 malten sich Joshua Reynolds und Angelika Kauffmann gegenseitig. Daß das Porträt des berühmten englischen Malers (Abb. 2) ›glücklich‹ ausgefallen war, hatte folgende Gründe: Kauffmann charakterisiert Reynolds als »Maler-Gelehrten«, der nicht an der Staffelei arbeitet. Stattdessen sitzt er zwischen Staffelei und einem mit Papieren übersäten Schreibtisch, auf dem als anspielungsreiches Attribut überdies eine Büste Michelangelos steht. Kauffmann inszeniert den Maler Reynolds als gelehrten Künstler, der ein Glied in der Reihe bedeutender Künstlerpersönlichkeiten ist, diese fortsetzt und in Zwiesprache mit dem Genie Michelangelos Inspiration für seine eigenen Werke erhält. Mit genau dieser Porträtauffassung entsprach Angelika Kauffmann derjenigen Reynolds, der ja in den verschiedensten Porträtgattungen sämtliche Register der Inszenierung beherrschte.[12]

Abb. 2 Angelika Kauffmann, Joshua Reynolds, 1767, Plymouth, Saltram Collection

Goethe

Um so auffallender ist es, daß Angelika Kauffmann bei Goethes Porträt (Abb. 3), entstanden während dessen Romaufenthaltes 1787, auf all diese bei Reynolds Bild eingesetzten Kunstmittel verzichtete:

»...Mein Porträt [des Malers Johann Heinrich Tischbein, 1786/87] wird glücklich, es gleicht sehr, und der Gedanke gefällt jedermann; Angelika malt mich auch, daraus wird aber nichts. Es verdrießt sie sehr, daß es nicht gleichen und werden will. Es ist immer ein hübscher Bursche, aber keine Spur von mir...«[13] (Goethe, Italienische Reise 3. Teil (1829), 27. Juni 1787).

Porträtähnlichkeit handhabt. Angelika Kauffmann scheint in großem Maße auf das Gestaltungsmittel der Idealisierung zurückgegriffen zu haben. In diesem Zusammenhang wäre es lohnend zu untersuchen, inwieweit hierbei z. B. der Einfluß Reynoldsscher Porträtauffassung zum Tragen kommt. Wie bereits in der Biographie zu Angelika Kauffmann in diesem Katalog ausgeführt

Abb. 3 Angelika Kauffmann, Johann Wolfgang von Goethe, 1787/88, Stiftung Weimarer Klassik, Goethes Wohnhaus

Goethe kritisiert, daß er nicht ›gleicht‹ und der ›Gedanke nicht gefällt‹. Nobs-Greter und Baumgärtel führen überzeugend vor, daß Goethes Unzufriedenheit daher rührt, daß die Malerin nicht dem »Tischbeinschen gravitätischen Heldenbild« huldigte.[14] Stattdessen zeigte sie den Freund, den privaten Goethe als empfindsam-schönen, jungen Mann. Diese Auffassung konnte Goethe, vor allem auch im verklärenden Rückblick der ›Italienischen Reise‹, nicht gefallen. Die Behauptung, Angelika Kauffmann wäre mit dem Bild selbst nicht zufrieden, kennen wir allein aus Goethes Mund. Wie oben skizziert wurde, wäre die Kauffmann durchaus in der Lage gewesen, ein monumentales, Kraft und Ausdruck vermittelndes Porträt, das zudem Träger eines ›Gedankens‹ gewesen wäre, zu malen. Daß sie den Dichter anders – als privaten, seelenverwandten Freund und nicht als überhöhte Heldenfigur malte, scheint Herder erkannt zu haben, wenn er an seine Frau schreibt:

»... und hat mir angetragen, mein Gemälde ihr zu lassen, zum Pendant von Goethe, den sie auch gemalt hat. Ich hasse die Pendants, und weiß überhaupt nicht, ob sie Zeit dazu gewinnen wird, sonst wäre es der Mühe werth zu sehen, wie sie mich sieht und denkt. Goethes Bild hat sie sehr zart ergriffen, zarter, als er ist; daher die ganze Welt über Unähnlichkeit schreiet, die doch aber wirklich im Bilde [nicht] existirt. Die zarte Seele hat ihn sich so gedacht, wie sie ihn gemalt. Auch der Herzogin Bild ist vortrefflich, aber auch ganz und gar idealisiret«[15] (Herder an Caroline Herder am 27. Februar 1789).

Herder leugnet also die von Goethe und anderen Zeitgenossen ›beschriene‹ Unähnlichkeit. Der Dichterfreund Herder kannte sowohl den offiziellen als auch den privaten Goethe. Daher wird er in der Lage gewesen sein, das ›zarte‹ an Goethes Bildnis zu sehen und auch zu schätzen. Auch Herder wird, um mit dem kunsttheoretischen Vokabular des 18. Jahrhunderts zu sprechen, erkannt haben, daß der Charakter des Bildnisses nicht ›groß‹, ›ernst‹ und ›würdevoll‹, also nicht ›bedeutend‹ ist.[16] Herder faßte das ›Zarte‹, das in dem Bild steckt, als eigene künstlerische Leistung, als Kauffmanns ›Idee‹ auf. Stärker noch, er wurde, obwohl er eine Abneigung gegen die ›Pendants‹ hegte, neugierig wie Angelika Kauffmann sich ihn ›denken‹ würde. Letztlich vertraute er darauf, daß sie ihn, auch in der Idealisierung, »richtig« malen würde (Abb. 4).

›Manns-Köpfe‹, ›Weiberköpfe‹

Einen neuen Gesichtspunkt liefern die Beobachtungen des Malers Conrad Geßner (1764–1826), die er in einem Brief an seine Eltern am 22. Juni 1787 festhält:

»... ich sah' Portraits bey ihr, die sehr schön sind. Ihren Köpfen weiss sie eine ganz eigene Grazie zu geben; ihre Manier ist ausserordentlich gefällig, und in dieser Hinsicht verdient sie gewiss allen Beyfall, den man ihr zollt. Aber meiner Hochachtung für sie unbeschadet, glaub' ich, darf sie doch wenigstens mit ihren Manns-Köpfen nicht neben Graf [Anton Graff, 1736–1813] gestellt werde. Was dieser mit einem kühnen Pinselstrich, mit aller Sicherheit der Zeichnung ausdrückt, und so dem Kopfe den schönen Charakter eines Van Dyks giebt, das lässt sie gewöhnlich etwas unbestimmt, und sucht es mit sanften verblassenen Tinten zu verhehlen, welches ihr denn auch trefflich gelingt. Über die Anmuth ihrer Weiberköpfe geht wirklich nichts...«[17]

Nach Geßner mangelt es Kauffmanns Bilnissen an Kühnheit und Charakter, Eigenschaften die letztlich auch Goethe in seinem Porträt vermißt.[18] Geßners Brief enthält einen Kritikpunkt, der in der Beurteilung der Kauffmannschen Bilder immer wieder, und nicht nur von Zeugen des 18. Jahrhunderts, hervorgebracht wird: Die typischen Merkmale ›Grazie‹, ›Gefälligkeit‹ und ›Anmut‹ finden zwar den Beifall Geßners, diese haben aber alleine bei Porträts von Frauen eine Berechtigung.

Zwei weitere Zitate von Matthisson illustrieren zusammenfassend die Hauptzüge, die bei der Beurteilung Kauffmannscher Porträts bislang herausgearbeitet werden konnten. Stärker als in den früheren Zitaten hebt Matthisson die Unähnlichkeit, die zwischen den ›Urbil-

Abb. 4   Angelika Kauffmann, Johann Gottfried Herder, 1789–91, Freies Deutsches Hochstift, Frankfurter Goethe-Museum

Abb. 5 Angelika Kauffmann, Herzogin Anna Amalie von
Sachsen-Weimar, Stiftung Weimarer Klassik,
Kunstsammlungen

dern‹ und den gemalten Porträts besteht, hervor, wenn er schreibt:

»...*Angelika* malte das Bildniß der fürstlichen Freundin von Dessau (vgl. Kat.-Nr. 17 A.K.), mit ihres Kolorits gewohnter Harmonie und Kräftigkeit. Nur haben wir dabey zu bedauern, daß der Hauptpunkt in der Porträtmalerey, die Aehnlichkeit, nicht ganz von der Künstlerin getroffen wurde. Der Kopf erscheint viel zu idealisch und mahnt nur schwach an die charakteristischen Züge des Urbildes. Das nämliche gilt vom lebensgroßen Gemälde der Herzogin *Amalia von Weimar*, im römischen Hause des dortigen Parks, und auch, nur in geringerem Grade, von den Bildnissen *Goethes* und *Herders*, welche, der Staffeley gegenüber, dem Gemüth *Angelikas* die unvergeßlichen Tage zurückrufen, wo die Nähe dieser großen Geister, wie sie selbst sich darüber ausdruckte, höhern Wohlklang in ihr Leben brachte«[19] (Matthisson, Erinnerungen 1795).

Wie zuvor bereits Herder bemerkt Matthisson, daß das ›idealische‹ in dem Porträt der Herzogin Anna Amalie von Sachsen-Weimar (Abb. 5) zu Ungunsten der Ähnlichkeit hervorsticht. Das Zitat enthält ferner einen wichtigen Hinweis sowohl auf den Aufhängungsort als auch die Funktion der Porträts von Herder und Goethe; sie hingen demnach im römischen Atelier der Angelika Kauffmann, ihrer Staffelei gegenüber, und waren offensichtlich für den persönlichen – vermutlich trostspendenden und stimulierenden – Gebrauch der Künstlerin bestimmt. Vor diesem Hintergrund wird aus ganz anderer Sicht deutlich, daß Angelika Kauffmann mit jenen Porträts ein grundsätzlich anderes – persönliches – Ziel als Goethe verfolgte,[20] Würdigung und Wertschätzung demnach recht unterschiedlich ausfallen mußten.

Das letzte Zitat aus Matthissons ›Erinnerungen‹ (1795) hat nahezu den Charakter einer Verteidigung:

»Ich kann die *Villa Malta*, des Prinzen... Wohnung, unmöglich verlassen, ohne seines... Bildnisses von *Angelika Kauffmann* zu gedenken, das in Absicht auf Ähnlichkeit und Ausdruck alle übrigen Porträte bey weitem übertrifft... Anlage, Charakter, Kolorit, Form und Lokalton sprechen sich als vollkommen darin aus, und erheben es zu den gelungensten Werken... Kräftig wird unstreitig diese gelungene Komposition auch dazu mitwirken, des bis zum Überdruß wiederholten Tadels Bitterkeit zu mildern, daß *Angelicas* Helden wie zarte Knaben oder verkleidete Mädchen auftreten, und es ihnen gänzlich an Ernst und Würde gebreche.«[21]

Wichtig wird dieses Zitat durch Matthissons Versuch, die männlichen ›Helden‹ in Kauffmanns Bildern gegen den Vorwurf zu verteidigen, sie seien nur ›zarte Knaben‹ oder ›verkleidete Mädchen‹.[22] Im Gegensatz zu Geßner und anderen Zeitgenossen sieht er die männliche Wunschformel ›Ernst‹ und ›Würde‹ in Kauffmanns Porträts eingelöst. Seine Bemerkung zielt vermutlich auch auf eine Verteidigung der ranghöheren Historienbilder, in denen ›verkleidete Mädchen‹ natürlich keine ›Helden‹ darstellen konnten.

Ohne daß näher auf die Entstehungsgeschichte der einzelnen Porträts eingegangen werden konnte, machte der Blick auf Kommentare zeitgenössischer Kritiker deutlich, wie kontrovers die Qualität der Kauffmannschen Bildniskunst diskutiert wurde. Die Kontroverse konnte sich an der ›Ähnlichkeit‹ bzw. ›Unähnlichkeit‹, am Grad der Idealisierung, am ›Anmutigen‹ und ›Würdigen‹ entzünden. Da ›Anmut‹ und ›Würde‹ spezifische Eigenschaften und Qualitäten des Weiblichen bzw. des Männlichen bezeichneten, gipfelte diese Kontroverse bei Geßner in der Behauptung, Angelika Kauffmann könne als Frau alleine nur Frauen porträtieren. Vor diesem Hintergrund hebt sich Matthissons Versuch ab, die positiven Eigenschaften, die er den ›Helden‹ der Kauffmannschen Porträts zuerkennt, auf ihre Historienbilder zu übertragen und damit eine Diskussion zu beenden, die im 19. Jahrhundert jedoch erst richtig aufflammen sollte. Hinsichtlich des Idealisierungsgrades ließ sich bei den Zeitgenossen eine Irritation festmachen, die unterschiedliche Ursachen hatte und heute alleine auf dem mühevollen Weg einer Analyse der Genese jedes einzelnen Bildes erklärt werden könnte.

Zeugnisse der Unzufriedenheit oder Zweifel der Malerin

an ihrem Schaffen sind mehrfach überliefert, sie waren aber nie so stark, daß sie zu einer Abnahme der künstlerischen Produktion führten.[23] Für die gefeierte Malerin Angelika Kauffmann blieb das Porträt, trotz gewisser »Ermüdungserscheinungen«, zeitlebens das ureigenste Betätigungsfeld. Ein Abgrund trennt sie in dieser Hinsicht von Maria Ellenrieder, die um 1830 beschließt:

»...keine Porträts mehr zu malen, göttliche Vorbilder soll der Mensch sich wählen, um ihnen nachzueifern. Sollte auch das Kunstwerk weit hinter dem Ideal zurückbleiben, das sichtbare Zeichen muß ihn doch erinnern an das, was über ihm ist, dahin wir alle berufen sind. Vor Fesseln aller Art gelangt man aber nicht dahin; es ist also kein gutes Werk, Fesseln zu schmieden [d.h. Porträts zu malen], die uns nur fester an die Erde binden, hängen wir ja doch ohnehin zu viel an allem, was uns lieb ist.«[24]

Anmerkungen

1 Johann Gottfried Herder an Caroline Herder am 27. 2. (17)89. Zitiert nach Eugen Thurnher, Angelika Kauffmann und die deutsche Dichtung. Bregenz 1966, S. 140. Vgl. zur Problematik von Thurnhers Buch den Katalogbeitrag Dagmar Zimdars, Angelika Kauffmann – Notizen zu Leben und Werk, S. 13.
2 Vgl. grundsätzlich: Wilhelm Waetzold, Die Kunst des Porträts. Leipzig 1908; vgl. weiter: Isa-Lohmann Siems, Begriff und Interpretation des Porträts in der kunstgeschichtlichen Literatur. (Diss.) Hamburg 1972. Man darf ferner gespannt sein auf die von Angela Rosenthal jüngst angekündigte Dissertation ›Angelika Kauffmann (1741–1807) als Bildnismalerin‹. Dies., Angelica Kauffman Ma(s)king Claims. In: Art History 15 (1992) 1, S. 55.
3 Vgl. Anm. 13.
4 Ruth Nobs-Greter, Die Künstlerin und ihr Werk in der deutschsprachigen Kunstgeschichtsschreibung. (Diss.) Zürich 1984, S. 134–137; Bettina Baumgärtel, Angelika Kauffmann (1741–1809). (Diss. Berlin 1987), Weinheim, Basel 1990, S. 227. Vgl. ferner: Christoph Michel, Goethe Redivivus? In: Jahrbuch des Freien Deutschen Hochstifts, Tübingen 1991, S. 57–67.
5 Thurnher a.a.O., S. 78; vgl. Baumgärtel a.a.O., S. 159–163.
6 Thurnher a.a.O., S. 80.
7 Vgl. auch: Carl Justi, Winckelmann und seine Zeitgenossen (1866/1872). 2 Bdn., Leipzig 4. Auflage, 1943, Bd. 2, S. 272–276.
8 Thurnher a.a.O., S. 81.
9 Zum historischen Porträt vgl. Baumgärtel a.a.O., S. 170 und Edgar Wind, Hume and the Heroic Portrait. Studies in Eighteenth-Century Imagery. Oxford 1986, S. 1–52.
10 Friedrich von Matthisson, Schriften, Bd. 2, Zürich 1825, S. 130f.
11 Zitiert nach Renate Berger, ›Und ich sehe nichts, nichts als die Malerei‹. Frankfurt a.M. 1987, S. 38.
12 Über die Bildnismöglichkeiten Reynolds vgl. Renate Prochnow, Joshua Reynolds. Weinheim 1990, S. 49ff. und Wind a.a.O.
13 Thurnher a.a.O., S. 91. Zur Entstehungsgeschichte des Tischbeinschen Bildes vgl. Petra Maisak, Wir passen zusammen als hätten wir zusammen gelebt, in: Ausst.-Kat. Johann Heinrich v. Tischbein. Goethes Maler und Freund (Hrsg. H. Mildenberger), Neumünster 1986, S. 17–51. Zur Literatur der Goethe-Bildnisse vgl. grundsätzlich Michel a.a.O., Anm. 25.
14 Zum folgenden vgl. die Literatur in Anm. 4. Daß auch Tischbein Goethe durchaus anders sah und darstellte, dokumentiert seine Tuschezeichnung von 1787, in der er Goethe, in Hauskleidung aus dem Fenster seines Zimmers schauend, zeigt.
15 Thurnher a.a.O., S. 140. Vgl. zur Textredaktion Michel a.a.O., S. 59, Anm. 11.
16 Vgl. Nobs-Greter a.a.O., S. 140. Nach Prochnow a.a.O., S. 51, wurden auch Reynolds einige Porträts mangels Ähnlichkeit nicht abgenommen. »Reynolds hatte hier aber nicht ›zu stark‹ idealisiert, er dürfte lediglich das vom Kunden erhoffte Ideal verfehlt haben.«
17 Thurnher a.a.O., S. 174, 175.
18 Vgl. Baumgärtel a.a.O., S. 170.
19 Matthisson a.a.O., Bd. 4, S. 269f.
20 Michel a.a.O., S. 61 spricht von »privater Mythisierung«.
21 Matthisson a.a.O., Bd. 4, S. 283f.
22 Vgl. auch Baumgärtel a.a.O., S. 59ff., S. 97ff., S. 234f. und S. 335, Anm. 321.
23 Vgl. die Biographie zu Angelika Kauffmann in diesem Katalog.
24 Zitiert in Margarete Zündorff, Marie Ellenrieder. Konstanz 1940, S. 86. Gezwungen durch die Verpflichtungen als Hofmalerin, konnte Marie Ellenrieder das ihr selbst auferlegte Gebot nicht strikt einhalten. Daß sie tatsächlich von dieser Auffassung durchdrungen war, läßt sich sowohl an ihrer Biographie als auch an den zu ›Ikonen‹ erstarrten Bildnissen der späten Schaffenszeit ablesen.

Karin Stober

Marie Ellenrieder und die nazarenische Programmkunst

Es scheint offensichtlich und gilt als unbestritten, daß Marie Ellenrieder in ihrer religiösen Malerei eine Vertreterin des nazarenischen Stilwollens ist. Es verwundert also die bemerkenswerte Tatsache, daß Ellenrieder in den beiden großen Nazarener-Ausstellungen der letzten Jahre[1] mit keinem einzigen Werk vertreten war. Ihren Bildern ist jedenfalls die gleiche romantisch-ideelle Verklärtheit zueigen, die auch aus den Gemälden der nazarenischen Künstlergemeinschaft spricht. Besonders auffallend und unverständlich wirkt die konträre Beurteilung, die die Kunstgeschichtsschreibung dem Stellenwert von Ellenrieders Werk innerhalb der Nazarenerkunst zuspricht; was um so erstaunlicher ist, da sie bereits zu Lebzeiten als hochrangige Künstlerin geschätzt und ausgezeichnet wurde.

Bereits 1863, im Jahr des Todes von Marie Ellenrieder, würdigte der Maler und Kunstkritiker Friedrich Pecht die Künstlerin, die 1822 nach Rom gegangen war »und sich eng an Overbeck anschloss... Es (ihr Madonnenbild) ist eine Leistung von solcher Hoheit und Reinheit der Empfindung, so edler Formenstrenge und ganz besonders einer solchen Glut und Milde des Kolorits, wie sie Overbeck selbst niemals erreicht hat, dessen Farbe leblos und hart daneben erscheint. Marie Ellenrieder zeigt sich in der Handhabung des Helldunkels, der feinen Karnation, der Farbenzusammenstellung darin in einem Grade Meister, wie es um jene frühe Periode neudeutscher Kunst Niemandem unseres Wissens gelungen ist.«[2] Auch 20 Jahre später gehört für Pecht die gleiche Madonna »noch immer zum besten, was die Nazarenerschule hervorgebracht hat.«[3] Beringer (1913)[4] und das Allgemeine Lexikon der Bildenden Künstler (1907, 1914)[5] greifen die Einordnung und das Urteil Pechts auf: Ellenrieder schließt sich dem Kreis um Overbeck an, jedoch übertrifft ihr Können die übrigen Nazarener. Sie gilt als die bedeutendste Malerin in der ersten Hälfte des 19. Jahrhunderts.

Bereits zu Lebzeiten der Künstlerin entdeckte die Kunstkritik aber auch stilistische Besonderheiten, durch die sich ihre Gemälde von denen anderer Nazarener offenbar unterscheiden. Die Darstellungen werden als »zu weich«, »zu mild«, »zu lieblich«, »allzu weiblich« kritisiert.[6] »Man muss freilich von gleicher Gesinnung durchdrungen seyn, um diese Sprache ganz zu verstehen und mitzufühlen.«[7] Oder: Gemütstiefe und Innigkeit der Nazarener entsprächen zwar ihrer Natur,[8] ihr »edles Frauenempfinden« verhelfe ihr jedoch, die meisten Nazarener zu übertreffen.[9]

Die drei bislang über Ellenrieder erschienenen Monographien[10] beurteilen das Verhältnis zu den Nazarenern unterschiedlich. Klara Siebert greift die von Pecht geprägte Beurteilung auf. Margarete Zündorff beschreibt in epischer Breite, wie Ellenrieder sich dem idealen Gemeinschaftsleben der Nazarener ein- und unterordnete. Friedrich Wilhelm Fischer arbeitet die Befindlichkeit Marie Ellenrieders im Kreis der Nazarener heraus und beschreibt ebenso einfühlsam wie korrekt die Auswirkungen des Rom-Aufenthaltes auf ihre künstlerische und persönliche Entwicklung.

Allgemein wird nach 1940 die Bedeutung Ellenrieders als Vertreterin des nazarenischen Stils zurückhaltender beurteilt; sie wird bezüglich ihrer maltechnischen Qualitäten und ihrer ausdrucksvolleren Wiedergabe der Gefühlswelt nicht mehr den Nazarenern vorangestellt.[11]

Auffallend ist die große Diskrepanz in der Einschätzung Ellenrieders zwischen den monographisch ausgerichteten Erörterungen und den Standardschriften zum Nazarenertum. Naturgemäß heben die ersteren den hohen Stellenwert ihres künstlerischen Schaffens besonders hervor; entsprechend muß Ellenrieder in den Nazarener-Kreisen als große Konkurrentin oder wichtige Mitstreiterin wahrgenommen worden sein. Die letzteren würdigen sie kaum eines Wortes. Noack[12] erwähnt beiläufig ihren Namen, und Schindler[13] widmet ihr nur einen kurzen Absatz. In drei wichtigen Ausstellungskatalogen zum Nazarenertum[14] findet nicht einmal ihr Name Erwähnung.

Worin liegt nun die Ursache dafür, daß Ellenrieder in der Kunstgeschichtsschreibung zum Nazarenertum keine dauerhafte Aufnahme und Anerkennung gefunden hat? Es kann wohl kaum an ihren künstlerischen Fähigkeiten liegen, daß sie nicht in einem Atemzug mit bekannten

Namen wie Franz Pforr, Johannes und Philipp Veit oder Hans Schnorr von Carolsfeld genannt wird. Wurde ihr Name wegen der Vorurteile ihrem Geschlecht gegenüber einfach verdrängt, oder ist sie im eigentlichen Sinn gar keinen Nazarenerin?

Einige Aspekte des nazarenischen Kunstgedankens

Historisch betrachtet war die Zeit um 1800 eine Epoche tiefgreifender politischer Instabilität. Die Französische Revolution hatte dem überkommenen Feudalsystem ein Ende gesetzt, Napoleon das nationale Staatengefüge in Europa zerschlagen und gerade in Deutschland erstmals eine übergreifende Bewegung für eine eigene Nation provoziert. Die Kirche durchlebte bereits seit der Aufklärung eine elementare inhaltliche Krise und hatte machtpolitisch erheblich an Einfluß eingebüßt. 1809 war Papst Pius VII. gefangengenommen und ins Exil gebracht worden.

Die Romantik, der die Nazarener in ihrer geistigen Haltung verpflichtet sind, ist eine unmittelbare Reaktion auf diese historische Übergangssituation. In einem gesellschaftlichen und politischen Vakuum gewann das Individuum ein übersteigertes Selbstgefühl[15] und suchte neue Fixpunkte abseits des verstandesmäßig orientierten Denkens in der Aufklärung. Die Romantik kann als Bewegung gegen oder über die Klassik hinaus begriffen werden. Phantasie und Gefühl standen im Mittelpunkt künstlerischen Schaffens, besonders der Dichtkunst. Die Humanitätsreligion der aufgeklärten Theologie war den Romantikern zu verstandesmäßig, und so bekannten sie sich zu einem gefühlsmäßig betonten Christentum mit Neigung zur Mystik. Viele Nazarener konvertierten zum Katholizismus (Friedrich Overbeck, Wilhelm von Schadow, Johannes und Philipp Veit) oder schlossen sich der pietistischen Herrnhuter Gemeinde an (Johann und Franz Riepenhausen). Berufs-, Familien- und Heimatlosigkeit gelten als Kennzeichen der romantischen Lebensläufe.[16] Losgelöst von Zeit und Raum strebten sie in die Ferne, sie entdeckten die mittelalterliche Stadt und den Orient, und die Freiheit des Künstlerlebens im altitalienischen Rom genauso wie die Waldeinsamkeit. Wie die Klassiker die griechische Antike, so verehrten und verklärten die Romantiker das Mittelalter.

Innerhalb der romantischen Bewegung entwickelte sich ein Zweig mit restaurativer Tendenz, dem auch die Nazarener zuzurechnen sind. Konsequent negierten sie alle gesellschaftlichen und künstlerischen Ansätze, die in die Zukunft wiesen – zunehmende Industrialisierung, bürgerliches Fortschrittsdenken sowie neue profane Kunstströmungen und sogar moderne Entwicklungen innerhalb der christlichen Malerei. In diesem Anti-Modernismus projizierten sie eine restaurative Gesellschaftsutopie ins Mittelalter zurück und verherrlichten die Einheit von Religion, Kunst und Leben. Die künstlerischen Vorbilder suchten die Nazarener in der altdeutschen Tafelmalerei und in der italienischen Malerei des Quattrocento. Dürer und Raffael wurden zu Idolen erhoben und ihrer Malerei ein kanonischer Modellcharakter eingeräumt.

Bezeichnenderweise entwarfen und realisierten die Nazarener ihr Gesellschafts- und Kunstideal weit weg von Deutschland und der historischen Gegenwart. Sie hatten sich in Rom zu einer Lebensgemeinschaft zusammen- und vom italienischen Alltag ausgeschlossen. Die Programmatik ihrer Kunst war zwar auf ein breites Wirken in der Öffentlichkeit ausgerichtet, diese konnte aber nicht erreicht werden. Die Möglichkeiten, von Rom aus Deutschland künstlerisch zu missionieren, waren nicht gerade groß, vor allem, weil die Nazarener – statt sich den Bedürfnissen neuer Auftraggeberkreise aus dem Bürgertum zu öffnen – ihre Kunst auf die alten Förderer aus Klerus und Adel ausgerichtet hatten. Durch die zunehmende Säkularisierung von Leben, Kunst und Kultur im 19. Jahrhundert war die im Kreis Overbecks vornehmlich religiös ausgerichtete Malerei schon früh ins geschichtliche Abseits geraten. Freilich meint Nazarenertum nicht ausschließlich Malerei religiösen Inhalts. Im Grunde umfaßt sie sämtliche Gattungen (Historien-, Genre-, Landschafts- und Porträtmalerei), wird aber durch die Dominanz Overbecks vornehmlich mit der

Abb. 1   Friedrich Overbeck, Auferweckung des Lazarus, 1808. Overbecks Selbstbildnis in der zweiten Figur am linken Bildrand. Museum für Kunst und Kulturgeschichte der Hansestadt Lübeck

Malerei in Verbindung gebracht, die sich in den Dienst der katholischen Kirche stellte.
Doch wie stellt sich nun die Programmatik nazarenischen Kunstwollens dar?
Der Lukasbund war 1809 als Bewegung gegen festgefahrene Kunsttheorien und die in mechanischer Praxis erstarrte Künstlerausbildung an den Akademien entstanden. Neben Friedrich Overbeck und Franz Pforr hatten sich Joseph Wintergerst, Ludwig Vogel, Johann Konrad Hottinger und Joseph Sutter in diesem Bund gleichgesinnter junger Künstler zusammengeschlossen. Der Name »Nazarener« wurde der Künstlergemeinschaft erst in der zweiten Hälfte des 19. Jahrhunderts übertragen und bezieht sich auf die auffällige, an das überlieferte Christusbild erinnernde schulterlange Haartracht, die die Lukasbrüder als äußeres Zeichen ihrer rückwärtsgewandten Weltsicht trugen. Um den überkommenen Kunsttheorien und Methoden entgegenzutreten und sich von ihnen absetzen zu können, mußten die Begriffe »Kunst« und »Künstler« mit neuen Inhalten besetzt und

programmatische Richtlinien entwickelt werden. Der Philosoph und Kunstkritiker Friedrich Schlegel (1772–1829) gilt gemeinsam mit seinem Bruder August Wilhelm (1767–1845) als Begründer der romantischen Theorie der Kunstkritik.[17] Philipp Veit (1793–1877), neben Overbeck und Cornelius der führende Kopf der Bewegung, war Sohn der Dorothea Veit, geb. Mendelssohn, die in zweiter Ehe mit Friedrich Schlegel verheiratet war. Aus dieser familiären Beziehung ergab sich Veits enge Anbindung an die Schlegelsche Kunsttheorie, und er war es auch, der die Mitglieder des Lukasbundes bei den Schlegels einführte. Durch die Schlegels erhielt nun der antiakademisch ausgerichtete Lukasbund einen theoretischen Überbau.

Die Theorie, die der Lukasbund für sich übernahm, spricht der Kunst und dem Künstler eine potentielle Mittlerrolle zu Gott und zur göttlichen Wahrheit zu. Friedrich Schlegel schränkte für die »wahre« Kunst die Wahl der Bildinhalte auf Themen ein, die Ausdruck eines neudeutschen Nationalitätenbewußtseins oder tiefempfundener Religiosität sein sollten; letzterem räumte er dabei den Vorzug ein. Aus dem hohen moralischen Anspruch, der an dieses neue Kunstwollen gestellt wurde, und der gleichzeitigen Forderung nach Breitenwirkung und Volkstümlichkeit[18] entwickelte sich ein dogmatisches Programm, das besonders von Overbeck mit missionarischem Eifer vertreten wurde.

Friedrich Overbeck

Die große Identifikationsfigur der Bewegung war Friedrich Overbeck (1789–1869). Er war derjenige, der mit seiner Lebensführung, seinen Arbeiten und Ansichten das Bild dessen festgelegt hat, was mit dem Begriff Nazarenertum gemeint ist. Bis zum Ende seines Lebens hielt er an der Überzeugung fest, daß Kunst einzig und allein ihre Berechtigung darin finde, der Religion und der Verherrlichung Gottes zu dienen.[19] Immer wieder betonte er, daß die Reinheit des seelischen Empfindens über der manuellen Geschicklichkeit des Künstlers stehe, daß es mehr auf die Wahrheit des Dargestellten als auf dessen Richtigkeit ankäme. Der Künstler mußte ein Mensch von ausgezeichneten Qualitäten im Sinn christlicher Tugendvorstellungen sein.[20] Fra Angelico, Dürer, allen voran aber Raffael verkörperten für ihn das Ideal der Einheit von Religion, Leben und Kunst.

So überrascht es nicht, daß die Mitglieder des Lukasbundes ihre Gemeinschaft als »Orden« verstanden und die gegenseitige Anrede mit »Bruder« üblich war. 1810 siedelte ein Teil der Lukasbrüder nach Rom über. Diese erste Romreise glich einer Wallfahrt zu Heiligtümern und Heiligen der Kunst. Raffaels wegen legten sie die Route über seinen Geburtsort Urbino, und Franz Pforr notierte beim Eintreffen in sein Tagebuch: »Mit der Andacht eines frommen Pilgers ... ritt ich an Overbecks Seite durch das Tor; ›Wo steht das Haus, wo der Heilige geboren wurde, und was ist noch hier, was sich auf ihn bezieht?‹«[21] In Rom bezog die Gemeinschaft das leerstehende Franziskanerkloster San Isodoro und verlieh dem mönchischen Lebensideal durch einen entsprechenden äußeren Rahmen Ausdruck.

Für den asketischen Overbeck war die Nachfolge Christi der Leitfaden seiner Lebensführung. In gekonnter Selbstinszenierung trug er das postulierte Ideal der Einheit von Religion, Kunst und Leben vor. Sein Atelier ähnelte einem sakralen Weihebezirk. In- und außerhalb Roms galt es als große Attraktion. Beim Eintreten wurde der Besucher als erstes mit einem riesigen Holzkreuz konfrontiert.[22] Overbecks Auftreten beschreibt Friedrich Pecht in seinem »Skizzenbuch«: »Endlich konnten wir uns zum Meister durchdrängen und eine hohe, hagere, vorgebeugte Gestalt trat uns in ruhiger, sanft beobachtender und zugleich mit jener stolz demütigen Haltung entgegen, die die Frommen fast überall auf den ersten Blick erkennen läßt. (...) Wenn er sich sanft und wohlwollend gibt, so wäre es doch sehr unrichtig, ihn für schlaff zu halten, im Gegenteil steht ihm die schneidenste ironische Schärfe zu Gebot, wenn es gilt, das nichtige Gestaltlose abzuweisen oder zu charakterisieren, und es ist schwerlich ungerecht, wenn man sich dieser Taubensanftheit auch die Schlangenklugheit zugesellt denkt, so anerkannt edel und unantastbar auch sein Charakter ist...«[23]

Der Künstler, der sich offensichtlich wie ein Heiliger fühlte und gerierte, wurde in dieser Weise unter den Zeitgenossen nicht nur von Pecht durchschaut.[24] In Overbecks Charakter treffen Sanftheit und Schlangenklugheit genauso aufeinander wie demutsvolle Bescheidenheit und überhöhtes Selbstgefühl. Die Aussage der Selbstbildnisse, die er in seine religiösen Historienbilder einfügte, Gemälden, die eigentlich der Verherrlichung Christi dienen sollten, schwankt zwischen Bekenntnis und Selbsterhöhung (Abb. 1). Schließlich gewinnt auch das Overbecksche Familienbildnis (Abb. 5) durch den bewußten ikonographischen Rückgriff auf Darstellungen der Heiligen Familie apotheotische Züge. Selbstverherrlichung und christliche Tugendhaftigkeit liegen in den Bildern Overbecks und der Nazarener dicht beieinander.[25]

Nazarenische Bildgestaltung

Für den Künstler sollte es nur zwei Quellen der Inspiration geben, die Bibel und die Natur. Durch seine besondere Begabung sei er befähigt, einerseits das Schöne als Ausdruck des Göttlichen aus der Natur herauszufinden und andererseits durch die Verbildlichung von Schönheit dem Wahren Gestalt zu verleihen. Das Dogma der Ästhetik wird von den Nazarenern mit dem Dogma des Glaubens untrennbar verbunden. Ausdrucksmittel für »das Edle«, »das Schöne« und »das Wahre« finden die Nazarener – und hierin folgen sie ebenfalls Friedrich Schlegel – bei den »Primitiven«, also den altdeutschen und altitalienischen Malern. Von ihnen übernahmen sie als gestalterische Mittel die Umrißlinie, klare und leuchtende Lokalfarben, die vielfältigen Symbolbezüge und die Behandlung des Raumes als Träger der geistigen Sphäre. »Edel« ist das Einfache, dem jede Effekthascherei fern ist, und »schön« ist das Harmonische, und in allem diesem gemeinsam veräußert sich »das Wahre«, und im Wahren das Göttliche – diese Werte lasen die Nazarener aus der alten Malerei heraus. Nach dem Vorbild der italienischen

Abb. 2   Friedrich Overbeck, Der Ostermorgen, um 1818, Kunstmuseum Düsseldorf

Früh- und Hochrenaissance legten sie dem Aufbau ihrer eigenen Bilder klare und strenge geometrische Kompositionsschemata zugrunde. Die Figuren wurden in antikisierend-zeitlose Gewänder gehüllt und agieren mit statuarischer Ruhe, wobei jede Gestalt sowohl stillebenhaft für sich inszeniert als auch dem Gesamtgefüge eingeordnet ist. Die Farbklänge als Träger von Seelenstimmungen setzen sich gleichfalls aus reinen Lokalfarben mit feierlicher Leuchtkraft und symbolischem Wert zusammen. Zu einem weiteren Stimmungsträger wird der Bildhintergrund, häufig eine idealisierte Landschaft. Er ist dem szenischen Geschehen folienhaft hinterlegt, so daß kein eigentlicher Bildraum, sondern eine raumlose Bildillusion die Heiligen hinterfängt. Kulissenhafte, symbolträchtige Versatzstücke betonen zusätzlich die strenge Komposition und die zeitlose Statik, die jedes figürliche Bewegungsmoment in ewiges Verharren bannt. Maltechnisch gesehen wird dieser Effekt – außer über die strenge Betonung der Umrißlinie – vor allem durch die perfekte Glättung der Oberfläche erzielt. Kein Pinselstrich bleibt sichtbar, der das Verharren in der Fläche aufbrechen würde. Die Nazarener haben auch diese Technik, die sie mit bewundernswerter handwerklicher Perfektion beherrschten, von den mittelalterlichen Tafelbildern übernommen.

Bei der Betrachtung nazarenischer Gemälde glaubt man sich ständig der künstlerischen Vorbilder erinnert. Obwohl Parallelen zu den großen Vorbildern Raffael, Dürer, Perugino, Fra Angelico oder direkte Zitate vorkommen, sind die nazarenischen Bilder dennoch keine Plagiate. Die Vorbilder wurden im Sinn der »tief empfundenen Wahrheit«[26] verwandelt, so daß die Nazarener mit ihren Werken einen eigenständigen Stil hervorgebracht haben, der so nur unter den spezifischen geistesgeschichtlichen und historischen Bedingungen des 19. Jahrhunderts entstehen konnte.

Auffallend ist das radikale Ausklammern der Sinnlichkeit. Nazarenische Figuren, ob himmlisch oder irdisch, sind in ihrer körperlichen Präsenz immer radikal reduziert und agieren blutleer und durchgeistet in einer atmosphärelosen Welt (Abb. 2). Sinnlichkeit war bereits von Johann Joachim Winckelmann (1717–1768), dem Begründer der neueren Kunstwissenschaft, aus dem Bereich des Sinnenhaften und Ästhetischen ausgeschlossen und negativ besetzt worden.[27] Sinnlichkeit als sublimere Form der Wollust charakterisiere die Zeugnisse verdorbener Kunst, wie sie – so Winckelmann – zuletzt das Rokoko hervorgebracht habe. Sinnlichkeit als Gegenpol zum »Wahren« und »Schönen« wurde von der katholischen und pietistischen Moral der Nazarener verteufelt und aus der Kunst verbannt.

»Demnach muss also die Kunst geistlich seyn wie der Christ selber ein geistlicher Mensch und nicht ein fleischlicher seyn soll, sie muss keusch, heilig, demüthig seyn, fern von aller Lüsternheit, nicht weltlich und hochfahrend.«[28]

Overbeck selber hat seine Studienzeichnungen zu weiblichen Figuren nur nach bekleideten Modellen gefertigt.[29] Inkarnatspartien zeichnete er aus Überzeugung nicht nach der Natur, so daß schon die Zeitgenossen seine spröden Gestalten mit Holzpuppen verglichen haben.[30]

Zum nazarenischen Zeichenstil

Grundsätzlich wird von den Nazarenern zwischen einer Studie oder Skizze und der Zeichnung oder dem Karton streng unterschieden. Während der Studie bzw. Skizze in der Regel nur persönlicher Erinnungswert oder Vorlagencharakter zugewiesen wurde, standen die bildmäßige Zeichnung und der Karton ihrer künstlerischen Bedeutung nach auf einer Stufe mit dem Ölbild oder Fresko.[31] Der Grund für diese verschiedene Wertigkeit liegt in der nazarenischen Unterscheidung zwischen »Natur« und »Ideal«. Das Studium der Natur steht zwar am Anfang allen künstlerischen Schaffens, ist aber nur insoweit wichtig, als es Ausgangspunkt für einen Prozeß ist, an dessen Ende das Wahre und Schöne einer »höheren, idealistischen Welt« steht, die der Künstler verbildlicht. Das Verhältnis von Studie zu Zeichnung entspricht dem von Natur zu Ideal. Die Studie wird über die Zeichnung schrittweise zum Kunstwerk kultiviert.

Die neue Bedeutung, die der Zeichnung zugemessen wurde, ging einher mit einer Veränderung des Zeichenstils und der technischen Mittel. Die Nazarener verwendeten mit Vorliebe den harten, spitzen Bleistift, die

Abb. 3 Carl Philipp Fohr, Bildnis Friedrich Overbeck, 1818. Kurpfälzisches Museum, Heidelberg

Abb. 4 Carl Philipp Fohr, Selbstbildnis, 1816. Kurpfälzisches Museum, Heidelberg

gespitzte Kreide oder die Feder auf weißem, glattem Papier, das den einzelnen Strich isoliert stehen läßt. Mit dieser Technik gewinnen die Dinge eine festgelegte Erscheinung und definieren sich durch den Umriß. Der Kontur ist das dominierende Element nazarenischer Zeichnung. Die Dingwelt wurde auf den reinen Umriß reduziert und durch die Betonung des Konturs bewußt an die Bildfläche gebunden. Darüber hinaus wurden Gegenstände und Gestalten von Sinneseindrücken wie Farbe und Plastizität befreit. So drängt die möglichst geschlossen gehaltene Umrißlinie nach Vereinfachung und weist Körperlichkeit und Oberflächenbeschaffenheit eine untergeordnete Rolle zu.

Die solchermaßen reduzierte Zeichnung entspricht einerseits der nazarenisch-sinnenfeindlichen Weltsicht, ist andererseits aber auch Ausdruck der Abstraktion vom Gegenständlichen, die der Stilisierung der Wirklichkeit im Sinn intendierter Idealität entspricht.

Die romantische Kunsttheorie maß der Dichtkunst vor allen anderen Künsten die höchste Bedeutung zu, da sich nur in ihr die das Ideale fassenden Gedanken veräußern können, ohne sich dabei von den Widerständen der gegenständlichen Realität einschränken lassen zu müssen. In diesem Sinn ist auch die Zeichnung das Kunstwerk, welches die Wahrheit am reinsten verbildlicht, denn durch die weitgehende Reduktion der technischen Mittel und durch den Verzicht auf Farbe hat der Künstler die größtmögliche Freiheit, der Idee in reiner Form Gestalt zu verleihen. Den nazarenischen Zeichnungen ist deshalb nichts Spontanes, nichts Zufälliges eigen. Alles ist sorgsam gesetzt, handwerklich perfekt ausgeführt und in einer Weise diszipliniert, die das Doktrinäre der nazarenischen Kunstauffassung aufscheinen läßt.

Nazarenische Bildniskunst

Mit dem wahrheitssuchenden Blick strebt die nazarenische Bildniskunst nach einem idealen Ausgleich zwischen realitätstreuer Erfassung der Individualität und objektivierender Reduktion. Ähnlichkeit erzeugende Detailmodellierung und flächenbezogener Linienstil verbinden sich in den nazarenischen Porträts und geben ihnen ein eigenes, stilisiertes Gepräge, das dem Dargestellten eine charakterisierende Idealität verleiht.

Zwei Bildnistypen werden von den Nazarenern bevorzugt: das knapp gefaßte Brustbild und das aufwendigere Porträt in Öl, dem ein reich gestalteter Hintergrund mit vielen symbolhaft besetzten Attributen beigefügt ist. Beiden Typen gemein ist der formale Rückgriff auf Vorbilder aus der Porträtmalerei des 15. und 16. Jahrhunderts und die gestalterische Zentrierung auf den seelenvollen Blick, der gegenstandsunabhängig das höhere, in der Seele begründete Ich verbildlicht.

Das knapp gefaßte Brustbild verstärkt die Konzentration auf den sinnenden Blick. Der Dargestellte wird über die Umrißlinie charakterisiert, Plastizität und Binnenzeichnung werden weitgehend zurückgedrängt. Besondere Aufmerksamkeit widmen die Nazarener dem Haupthaar, welches die blassen, durchgeistigten Gesichter rahmt und ihnen Präsenz und Bestimmtheit verleiht. Dieser Bildnistyp wurde innerhalb der nazarenischen Gemeinschaft vereinheitlicht und als Freundschaftsbild zum Zeichen innerer Verbundenheit weitergereicht. Die romantische Forderung nach Wahrhaftigkeit gerinnt in diesen Bildnissen hinter der Ähnlichkeit zur Konfession (Abb. 3, 4). Die repräsentativen Ölporträts gewinnen durch die additiv hinzugefügten, mit symbolhaften Arrangements angereicherten Hintergründe und der von den Nazarenern speziell entwickelten Farbsymbolik programmatischen Aussagewert.[32] Charakteristisch hierfür steht Overbecks »Familienbildnis« von 1820 (Abb. 5). Der Künstler, seine Frau und den kleinen Sohn überragend, steht vor einer italienischen Landschaft und blickt mit narzißtischer Direktheit den Betrachter an. Die altdeutsche Tracht mit schwarzem Barett, Umhang und weißem Kragen signalisiert Würde. Seine Frau hat er vor einen Vorhang, der die Häuslichkeit versinnbildlicht, gestellt, ihr Blick ist demütig gesenkt. Still in sich gekehrt, konzentriert sie sich nur auf den ebenfalls den Betrachter fixierenden und Aktivität signalisierenden Knaben. Die der Mutter zugeteilten Farben (Dunkelgrün, Violett, Weiß und tiefes Rot) stehen für Stolz und Melancholie. Overbeck verherrlicht mit diesem Bildnis die katholisch-patriarchalische Rollenzuweisung innerhalb der Familie. Durch den formalen Rückgriff in der Bildgestaltung auf Raffaels »Heilige Familie« in der St. Petersburger Eremitage erhebt er sie darüber hinaus zum Glaubensdogma. In welchem Verhältnis steht nun Marie Ellenrieder zu den Lukasbrüdern, und wie verändert sich unter deren Einfluß ihre Kunstauffassung?

Abb. 5   Friedrich Overbeck, Familienbildnis, 1820/30. Museum für Kunst und Kulturgeschichte der Hansestadt Lübeck

Marie Ellenrieder und die romantische Weltsicht

Mit erstaunlicher Selbstverständlichkeit wächst Marie Ellenrieder in die Rolle als Künstlerin hinein. Die hohe Auszeichnung, als erste Frau zum Kunststudium an der Münchner Akademie zugelassen worden zu sein, scheint sie genausowenig persönlich und gesellschaftlich reflektiert zu haben wie ihre Ernennung zur besoldeten großherzoglich-badischen Hofmalerin. Doch zwischen diesen beiden Höhepunkten ihres Lebens hat sie einen enormen künstlerischen Wandel vollzogen, der nur vor dem Hintergrund ihres Zusammentreffens mit den Lukasbrüdern in Rom verstanden werden kann.
Ellenrieder war in besonderem Maß ein Kind ihrer Zeit,

denn in ihrer Persönlichkeitsstruktur lassen sich Eigenschaften erkennen, die dem romantischen Menschenbild und Lebensideal einen fruchtbaren Boden bieten und ihrerseits wiederum nur vor diesem Hintergrund gedeihen konnten. Sie war beseelt von einer tiefen Frömmigkeit und einem uneingeschränkten Gottvertrauen, so daß es ihr nie in den Sinn kam, ihre außergewöhnliche Rolle, die sie als Künstlerin in einer partriarchalisch geprägten Gesellschaft einnahm, zu hinterfragen. Christlich-katholische Tugendvorstellungen hatte sie so sehr verinnerlicht, daß sie selbst als reife Frau am Sterbebett der Mutter ewige Tugendhaftigkeit gelobte.[33]

»Demut« war eines ihrer Lieblingswörter und Leitmotiv ihrer Lebensführung. Die empfindsame Seele, wie sie der Romantik zum Instrumentarium der Wahrnehmung wurde, war in Ellenrieders Persönlichkeit besonders stark ausgebildet, ohne daß sich daneben ein psychisches Regulativ entwickelt hätte, so daß – wie ihre Tagebucheinträge zeigen – diese Empfindsamkeit oft in selbstzerstörerische Empfindlichkeit umschlug. Empfindsamkeit und Empfindlichkeit sprechen auch aus der berückenden Unmittelbarkeit und Naivität, mit der sie sich selber und ihre Umwelt wahrnahm. Überlebensnotwendiges Abstraktionsvermögen und Distanznahme fehlten ihr offenbar, und so trat sie im Lauf ihres Lebens immer stärker die narzißtische Flucht in ihre Kunst und eine bigotteriehafte Frömmigkeit an. Verdrängte Sinnlichkeit und Körperlichkeit sublimierte sie – und damit ist sie Overbeck wohl sehr nahe gekommen – mit der Übersteigerung in die Reinheit der himmlischen Ferne.[34] Ellenrieders Persönlichkeitsstruktur bot die besten Voraussetzungen für ein Gedeihen der nazarenischen Weltsicht. Für das Ideal der Einheit von Leben, Kunst und Religion war sie a priori konditioniert. Dazu bedurfte es keines theoretischen Überbaus, keines Programms und keiner Erziehung – »Nazarenertum« erlebte sie ganz elementar und persönlich. Schicksalhaft trug die Ideenwelt der Lukasbrüder zur stärkeren, aber auch einseitigen Konturierung ihrer Wesenszüge bei.

Das romantische Unterwegs- und Auf-der-Suche-Sein kennzeichnen auch Marie Ellenrieders Leben. Mit ungewöhnlichem Gleichmut reist sie nach Zürich, München, Dresden, Rom, bereist ganz Baden, ohne jemals ein Wort über die Umständlichkeit des Reisens zu Beginn des 19. Jahrhunderts zu verlieren.

»Gewagt in die Welt« – Die erste Romreise

Anders als Angelika Kauffmann hat Marie Ellenrieder mit ihren Tagebüchern Selbstzeugnisse hinterlassen, die dem Leser einen Einblick in größere Lebensabschnitte und persönliche Gedanken der Künstlerin erlauben. Allerdings muß man zwischen den Zeilen lesen, um zu konkreten Fragestellungen Auskünfte zu erhalten, denn Ellenrieder hat diese Tagebücher ihrer »höheren Seele« gewidmet und nicht als Dokumentation des Lebensweges verstanden (über die Tagebücher vgl. S. 135). Zwei Tagebücher (das dritte und vierte), die sie auf der Romreise mit sich führte, verdienen im Zusammenhang mit der Frage ihrer Stellung im Kreis der Nazarener besondere Aufmerksamkeit.

Gleich der erste Tagebucheintrag vom 7. Oktober 1822, dem Tag ihrer Abreise nach Rom, beschreibt die Couragiertheit, mit der sie diesem gewagten Unternehmen entgegentritt: »Im Vertrauen auf Gott, mit ihm, und unter seinem Schutz trete ich getrost meinen Weg an. Alle meine Gedanken seyen auf Gott und meine Beruftreue gerichtet.«

Gott, die Kunst und sie selber – alles andere hat sie hinter sich gelassen, ihr Blick ist auf Rom gerichtet.

Sie beschreibt landschaftliche Stimmungsbilder und informiert über die Wegstationen. Es geht über Feldkirch, Chur, den Splügen-Paß und Chiavenna zum Comer See. Dann über Mailand, Piacenza und Bologna bis Florenz.

Einige Passagen ihrer Beschreibung verdienen hier deshalb besondere Aufmerksamkeit, weil sie zeigen, daß sich Ellenrieders Italienreise deutlich von den Kunstwallfahrten der Nazarener unterscheidet. So hat sie durchaus ein Auge dafür, was ihr die fremde Kultur bietet. Sie macht Bemerkungen über das Essen, schildert folkloristische Szenen, die ihr als besonders malerisch auffallen[35], schaut sich genau die Veränderungen in der Landschaft an und erwähnt Besonderheiten des Hausbaus.[36] Von den Kunstwerken, die aufgesucht werden, gibt sie sich beeindruckt, alles in allem scheint die Auswahl (der Hochaltar in Chur, Leonardos Abendmahl, Fresken von Luini, Raffaels Sposalizio und der Dom in Mailand; Correggios Kuppelausmalung in Parma konnte nicht besichtigt werden, da die Kirche geschlossen war) nicht sonderlich gezielt getroffen worden zu sein.

Daneben finden sich auch Textpassagen, die Ellenrieders geistige Verwandtschaft mit den Lukasbrüdern bereits vor ihrer Ankunft in Rom belegen. So berichtet sie über den Aufenthalt in Mailand erst Tage später in Piacenza und Florenz. Wie sie bekennt, hat ihr die moderne und betriebsame Stadt so sehr den Atem genommen, daß sie die Eindrücke nicht verarbeiten konnte.[37] Dagegen gefällt ihr Siena besonders gut wegen »des Geistes der Vergangenheit«, der in den alten Gebäuden zu walten scheint.[38] Diese Äußerungen kennzeichnen ein persönliches Dilemma, das sie mit den Lukasbrüdern gemein hat: Das Nicht-fertig-Werden mit der Gegenwart ist der entscheidende Motor für die rückwärtsgewandte Flucht in die Vergangenheit. Wie die meisten Deutsch-Römer der Romantik stieß die italienische Realität, die nur wenig mit dem idyllisch-verklärten Italienbild gemein hatte[39], auch Ellenrieder ab. Von Florenz war sie wegen der »kleinen, elenden Häuser« zunächst enttäuscht[40], und die rauhe, »langweiligste« Gebirgslandschaft des Apennin stürzte sie in eine schwere Depression[41], die in dem Tagebucheintrag vom 26. Oktober gipfelt: »Die Ansicht dieser Städte gleicht einem Haufen Ruinen, die für die Entfernung eine malerische Wirkung thun, aber mit der Annäherung verschwindet alles Liebliche; denn unter aller menschlicher Nachlässigkeit herrscht hier Schweinerey und Vernichtung.«[42]

Was nicht dem Ideal der Bilder entsprach, konnte auch in Wirklichkeit nicht gut und schön sein und wurde ausgeklammert. Oder aber, die Realität wurde im Sinn der schönen Bilder umgedeutet und das Ideal kurzerhand auf die Realität projiziert. Das Bedürfnis, sich mit idealen Idyllen zu umgeben, ist Ausdruck der nicht ausgesprochen nazarenischen, vielmehr zeitimmanenten Suche nach einer höheren Ordnung und Wahrheit. Davon war auch Ellenrieders Wahrnehmung geprägt.

»...Und im Leben so manche malerische Darstellung wie jene weissen Klostergeistlichen im dunklen Coore und jene Tragbahre mit der kranken Frau.«[43]

Am 29. Oktober endlich erreichte Marie Ellenrieder Rom.

»Ich danke Dir o Gott. Du führtest mich unter die Zahl Deiner Besten.«

Katharina von Predl, eine Freundin aus der Studienzeit an der Münchner Akademie, erwartete sie in Rom. »Die Predl«, wie Ellenrieder sie in ihren Tagebüchern nennt, war ihrerseits befreundet mit der aus Jena stammenden und dem großherzoglichen Hof in Weimar eng verbundenen Malerin Louise Seidler. Seidler, die sich schon seit 1818 in Rom aufhielt, war für Ellenrieder die Schlüsselfigur, über die sie Zugang zum Nazarener-Kreis bekam. Über Seidler erhielt sie nach wenigen Wochen ein Zimmer im Haus in der Via Porta Pinciana 34, wo sie Tür an Tür mit Seidler, Johannes und Philipp Veit und Julius Schnorr von Carolsfeld wohnte.[44] »Die Predl« war Ellenrieders Vorbild in der praktischen Bewältigung des Alltags, während »die Seidler« zur Bezugsperson in künstlerischen Fragen wurde. Unter ihrer Anleitung vollzog Ellenrieder die Wandlung zum nazarenischen Stilwollen.[45] Louise Seidler war es auch, die sie mit zu Atelierbesuchen und gesellschaftlichen Veranstaltungen nahm und so in das Gemeinschaftsleben der deutschen Künstlerkolonie einführte.

Caspar Schinz, ein Schweizer Kunstmaler und guter Freund von Seidler, und Heinrich Maria Hess, der später als Professor an die Münchner Akademie berufen wurde, waren neben Louise Seidler ihre intensivsten Berater bei der künstlerischen Arbeit. Deren Ratschläge und kritische Bemerkungen hat sie sorgfältig in ihrem Tagebuch festgehalten. Dagegen zeichnet sich ihr Kontakt zu Karl Begas und August Kestner dadurch aus, daß er sehr emotional besetzt war. In Begas, einen hundertprozentigen Nazarener, hatte sie sich offenbar etwas verliebt[46], und August Kestner, der Kunst- und Menschenfreund, bot ihr wohl sehr viel menschliche Wärme, die ihr im nazarenischen Umfeld oft gefehlt haben mag.[47] Künstlerische Anregungen holte sie sich ferner in den Ateliers der Riepenhausen[48], bei Heinrich Reinhold[49], Franz Ludwig von Catel[50] und Bertel Thorwaldsen[51]. Zum »harten Kern« der Nazarener scheint Ellenrieder nie so richtig vorgedrungen zu sein, obwohl sie sicherlich alle persönlich aus den Zusammenkünften des »Komponiervereins« gekannt hat. Die Häupter der Bewegung, die Gebrüder Veit und Overbeck, erwähnt sie wenige Wochen vor ihrer Abreise aus Rom zum ersten Mal: »Veit nahm mich heute recht freundlich auf, ...«[52] und: »Overbeck gefiel mir über alle am besten.«[53]

»Es ist einmal ausgemacht, dass die deutschen Künstler in der Regel die Malerinnen nicht leiden können. Auch hier giebt es in unserer Zunft viele harte Herzen.«[54] Dieser wütende Ausspruch Ellenrieders kehrt mit aller Macht die Widersprüche, in die sie der römische Aufenthalt verstrickt hatte, hervor. Mit unvergleichlichem Fleiß und der Kraft ihrer ganzen Persönlichkeit rang sie um die Ideale der Kunst – allein die Anerkennung von seiten der männlichen Kollegen und der Kunstkennerschaft stellte sich nicht in gebührendem Maß ein. Die Gründe dafür mögen vielfältiger Natur gewesen sein: Zum einen führte Ellenrieder – was besonders im Vergleich ihrer Tagebücher mit den »Lebenserinnerungen« der sehr viel gewandteren Luise Seidler deutlich spürbar wird[55] – ein eher zurückgezogenes Einzelgängerinnendasein. Ihre Schwierigkeiten im zwischenmenschlichen Umgang und ihr Zartgefühl hinderten sie ständig und immer wieder daran, die Kontakte zu den Künstlerkollegen unbeschwert und kontinuierlich zu pflegen.

Als Frau, die es nicht verstand, sich in dem intellektualisierten Umfeld der Deutsch-Römer zu behaupten, wurde sie leicht übersehen, zumal ihre offene Emotionalität[56], ihr selbstvergessener Fleiß[57] und mit Sicherheit auch ihre Herkunft aus der bürgerlichen Provinz einer unkomplizierten Akzeptanz innerhalb dieser Gruppe mit

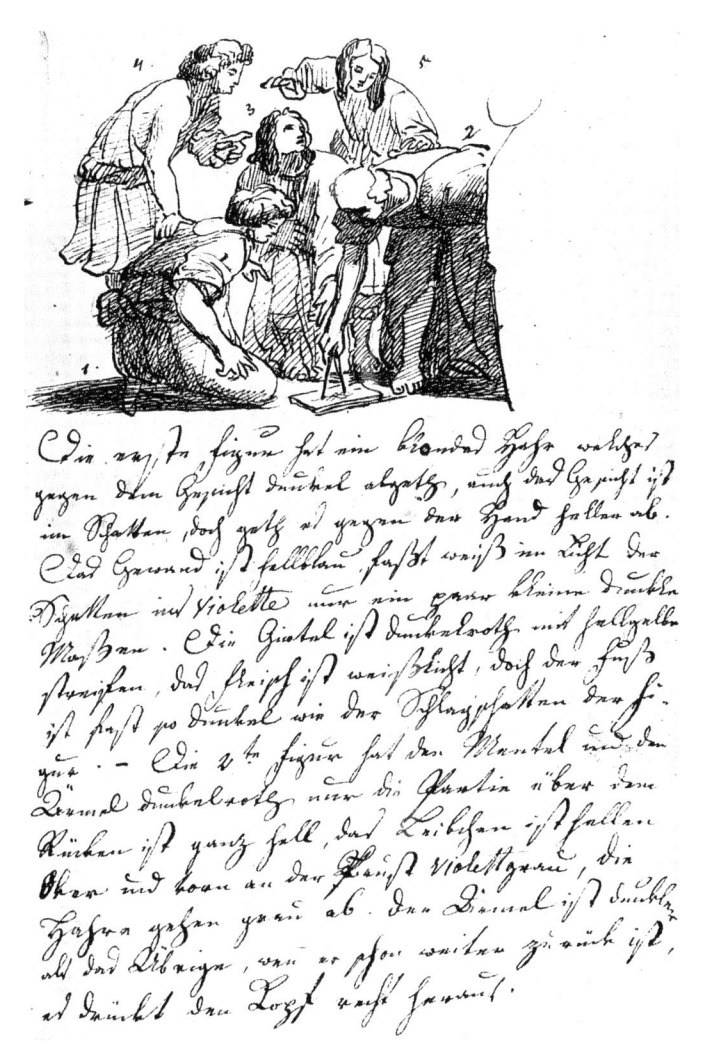

Abb. 6 Marie Ellenrieder, Tagebucheintrag »am hl. Christtag 1822« mit Skizze für Farbstudien zu Raffaels »Schule von Athen«

ausgeprägtem, elitärem Selbstgefühl von vornherein im Weg standen. Enttäuschung schwingt im Tagebucheintrag vom 12. November mit, der vom Besuch des bayerischen Kronprinzen berichtet: »Heute... war der liebenswürdige Kronprinz von Bayern da, er traf aber weder die Predl noch mich, er liess sich indes doch aufschliessen und ging alle Arbeiten durch...«[58] Kronprinz Ludwig suchte und pflegte normalerweise mit großer Leutseligkeit die Kontakte zu den deutschen Künstlern in Rom; bezüglich der beiden Frauen verhielt er sich hingegen außergewöhnlich distanziert.

»Aber nun glaube ich nach meinem Gefühl die Überzeugung des Wahren erreicht zu haben.«

Es entsprach nicht Ellenrieders Naturell, Leben und Kunst – außer am Glauben – an theoretischen Konzeptionen auszurichten. Erfahrungen sammelte sie in jeder Hinsicht empirisch. Weil aber die nazarenische Kunsttheorie die Einheit von Leben, Kunst und Religion proklamierte, bot sie Ellenrieder eine Orientierungshilfe und zukunftsweisende Richtlinien für ihr eigenes künstlerisches Schaffen. Ergriffen bekennt sie sich zu den asketischen Idealen der Bewegung: »...im Anerkennen des Wahren und Schönen wendete sich meine Denkungsart. Ich sah diese Bilder gleich der Sonne die Efecktprodukte überglänzen. So wankend ich herumirrte, so fest glaube ich nun für alle Zukunft zu stehen! Gott sey Dank! Gott gebe mir Hilfe, er gebe mir Gnade! Den Vieles ist versäumt, manches muss verlernt werden, und endlich gebrichts mir in allen löblichen Eigenschaften!!!«[59]

Entsprechend der Vorbildhaftigkeit, die der altitalienischen Kunst von den Nazarenern eingeräumt wurde, rücken die Maler der Früh- und Hochrenaissance verstärkt ins Zentrum ihres Interesses. Seitenweise füllt sie das Tagebuch mit Einträgen über die penibel beobachteten Farbkompositionen und Techniken Raffaels, Tage verbringt sie im Vatikan und fertigt Skizzen und Kopien (Abb. 6). Nach einem Besuch von Karl Begas reflektiert sie zaghaft das übersteigerte Selbstgefühl der Nazarener als gottbegnadete Vermittler der »höheren Wahrheit«: »Das hohe Empfinden für's Höchste, für das Wahre, Innige. Auch für das Entfalten der Schaffenskraft des göttlichen Funkens, den der Schöpfer in meine Hülle pflanzte.«[60] Gleichfalls beeindruckt zeigt sie sich vom nazarenisch-missionarischen Sendungsbewußtsein. Ihr reduziertes Selbstgefühl ließ sie aber vor hohem Anspruchsdenken zurückschrecken, so daß sie den Wirkungskreis ihrer eigenen Bilder auf einen ganz geringen Radius reduzierte: »Und rufen nicht die alten Denkmäler das geistvolle Bestreben der damaligen Künstler uns zur Aufforderung entgegen, dass wir in ihre Fusstapfen treten, der Weld ein Carakterbild zu mahlen, dass es aufbauen möge, die Seele, zu grossen erhabenen Thaten, und sollte es auch nur in dem stillen Zirkel des häuslichen Lebens geschehen!«[61]

Nazarenischen Einfluß verrät auch ihr Vokabular, wenn sie sich schwärmerisch über Kunstwerke äußert:
»Aber wie schön ist nicht die Sixtinische Kapelle! Hier spricht sich deutlich aus, dass der Mahler die Materie vergass und der Geist allein das Mittel befruchtete! –«[62]
»Willa Massimma, ausgemalt von Overbeck, Veit, Schnorr. Hier erbaut das rühmlichste Streben, die Seele zu grossen erhabenen Gedanken, zu Gedanken die keine Sinnlichkeit kennen, zu Empfindungen, die mit der Gottheit vertraut das Beste, das Höchste nur lieben & ergreifen wollen. –«[63]

Fremd und abgehoben stehen derartig theoretische Höhenflüge zwischen Gebeten und zerstörerischen Selbstanklagen in den Tagebüchern und sind ein bitteres Zeugnis dafür, daß Ellenrieder in ein Spannungsfeld geraten ist, dem sie psychologisch nicht gewachsen war.

Auf sicherem Boden bewegt sich Ellenrieder in ihren Aufzeichnungen immer dann, wenn sie über Mal- und Zeichentechniken, komplizierte Farbrezepturen und kompositionelle Überlegungen berichtet. Dokumentarisch hat sie die unmittelbaren Erfahrungen und persönlichen Beobachtungen festgehalten, so daß die Tagebücher ähnlich den Skizzenbüchern eine wertvolle Mate-

Abb. 7   Marie Ellenrieder, Ichenheimer Madonna, 1822.
Katholische Pfarrkirche Ichenheim

rialsammlung darstellen, aus der sie für ihr späteres Kunstschaffen schöpfen konnte.

Als Einzelgängerin innerhalb der Künstlergemeinschaft entwickelte und entfaltete Ellenrieder Vorlieben abseits des nazarenischen Programms.[64] Ihre künstlerische Praxis steht vielfach in direktem Widerspruch zum verbalen Bekenntnis zur nazarenischen Kunstreligion. So ignoriert sie durch ihr ausgiebiges Naturstudium[65] und ihr Streben nach dem korrekten Abbilden der Natur geradezu Overbecks Dogma von der Überlegenheit der Idee über die Richtigkeit der Darstellung. Ellenrieder ringt unermüdlich um technische Exaktheit, während Overbeck seine diesbezüglichen Mängel geschickt im entsprechenden theoretischen Überbau auszugleichen verstand. Ellenrieders Beobachtungsgabe und die exakte Wiedergabe des Vorbildes aus der Natur verleihen ihren Gestalten die menschliche Wärme und Nähe, die Overbecks entsinnlichten »Gliederpuppen« häufig abhanden gekommen ist.

Der Farbe und dem Farbklang widmet Ellenrieder wie kein anderer Künstler im Kreis der Lukasbrüder gesteigerte Aufmerksamkeit. Nach F. Schlegel widersetzt sich Materie dem Geist. Die Nazarener durchsetzten die Materie Farbe mit Geist, indem sie für die Farben eine neue Symbolsprache entwarfen. Ellenrieder jedoch beschäftigt sich mit der Farbe als Materie. Sie experimentiert mit unterschiedlichen Zusammensetzungen, mit dem Farbauftrag, mit Lasurtechniken und Oberflächenbehandlung. Der überwiegende Teil der praktischen Aufzeichnungen in den Tagebüchern handelt von der Farbe.[66] Über intensive Studien, die sie an den altitalienischen Vorbildern betrieb, entwickelte sie ein ungemein sensibles Farbempfinden und Ausdrucksvermögen, mit dem sie Stimmungen in differenziertester Weise verbildlichen konnte. Bezüglich der Leuchtkraft und Intensität, die ihren Gemälden eigen ist, reicht keiner ihrer malenden Zeitgenossen an sie heran.

Ellenrieders mangelndes Selbstvertrauen als Künstlerin, ihr immenser Fleiß und die Gebete, in denen sie während der Arbeit die jeweiligen Heiligen um Unterstützung bittet[67], zeigen, daß sie die Überzeugtheit der Nazarener von der gottgegebenen Inspiration des Künstlers nicht übernehmen kann. Freilich verbirgt sich hinter ihren Selbstanklagen auch ein eigener Narzißmus[68], aber ihr Aufenthalt in Rom ist geprägt vom ständigen Ringen um Inspiration, künstlerische Schaffenskraft und technische Vervollkommnung.

Als Bildinhalte interessieren Ellenrieder nur die religiösen Themen. Mit der neudeutschen Malerei kann sie nichts anfangen, sie erwähnt die deutsche Thematik nicht einmal. Ebensowenig interessiert sie sich für die altdeutsche Malerei; Dürer scheint in ihrem Bewußtsein nicht zu existieren. Ihrer Kunst liegt kein Programm mit Allgemeingültigkeitsanspruch zugrunde. Anstelle des Programms und der großen Geste setzt Ellenrieder tiefempfundenes Gefühl und detailgetreue Korrektheit.

Neue Formulierungen in der Bildgestaltung

Die wesentlichen Veränderungen in Bildgestaltung und Malweise, anhand derer sich Ellenrieders Wendung zur nazarenischen Malerei vollzog, kann am besten im Vergleich zweier Madonnenbilder veranschaulicht werden. 1822, unmittelbar vor Antritt der Romreise, vollendete Marie Ellenrieder den bis dahin für sie bedeutendsten Auftrag, eine »Thronende Muttergottes« für die neuerbaute Kirche in Ichenheim (Abb. 7). Der Bildinhalt ist thematisch dem Aufstellungsort in einer Dorfkirche angepaßt: Drei Landmädchen sind an den Thron der Himmelskönigin herangetreten und bringen ihr Feldfrüchte und Blumen dar. Geprägt von der Studienzeit bei J. P. von Langer an der Münchener Akademie hat sie dem monumentalen Leinwandbild einen betont strengen, klassizistischen Gesamtaufbau mit kühler Tektonik und Farbigkeit verliehen. Über zwei Stufen erhöht thront die Muttergottes vor einer Wandnische, die von zwei wuchtigen Säulen flankiert wird. Ihre Gestalt ist von raumgreifender Plastizität. Zu der statuarisch aufgefaßten Erscheinung kontrastiert ihr lebensnahes, mütterliches Antlitz. Ähnlich fremd wirkt die natürliche Anmut im Auftritt der drei Mädchen vor der monumentalen, fast

Abb. 8 Friedrich Overbeck, Die Madonna vor der Mauer, 1811. Museum für Kunst und Kulturgeschichte des Hansestadt Lübeck

bedrohlichen Architekturkulisse, der auch die Madonnenfigur zu entstammen scheint. Von links einfallendes Streiflicht schafft räumliche Tiefe und verleiht den Gestalten Plastizität und menschliche Präsenz. In früheren Bildern zeigt sich Ellenrieder bezüglich der Behandlung des Lichtes noch viel stärker dem 17. und 18. Jahrhundert verpflichtet[69]. Kräftiges Hell-Dunkel modelliert dort die Gestalten im Raum und steigert den pathetischen Bildgehalt. Die Ichenheimer Madonna kennzeichnet eine beruhigtere, an klassizistischen Richtlinien orientierte Lichtführung. Gleichzeitig haben die Einzelformen an Festigkeit und Plastizität gewonnen.

Das zweite Madonnenbild entstand während Ellenrieders erstem Romaufenthalt und zeigt »Maria mit dem Jesusknaben an der Hand« (vollendet 1824, Farbabb. 30). Zeit ihres Lebens hat sich die Künstlerin nicht von diesem Bild getrennt, und zweifellos stellt es einen Höhepunkt in ihrem Schaffen dar. Der einfache, klare Bildaufbau ist kompositorisch vollkommen reduziert; die Darstellung lebt ganz von der Erscheinung der Muttergottes und des Christusknaben. Ein rahmendes Säulenpaar und die Vorhangdraperie verleihen der Darstellung tektonischen Halt.

Das Bildthema ist Ellenrieders eigene Erfindung. Gesamtaufbau und Formensprache spiegeln unverkennbar ihr intensives Studium Raffaels wider. Der aufgezogene, grüne Vorhang, unter dem die Madonna und der Gottessohn dem Betrachter entgegenschreiten, ist ein direktes Zitat aus Raffaels Sixtinischer Madonna. Auch die Gesichtstypen sind bei Raffael entlehnt. Den ruhigen, symmetrischen Gesamtaufbau und die geschlossenen, betonten Umrisse der Einzelformen kombiniert Ellenrieder mit leuchtenden, im Farbklang ebenfalls an Raffaels Madonnenbilder erinnernden Lokalfarben. Die Oberfläche des Farbauftrags ist perfekt geglättet, nichts mehr ist von den flotten, kräftigen Pinselstrichen der frühen Bilder zu erkennen. Mit maltechnischen Mitteln verleiht Ellenrieder ihrer Darstellung jenes statische Verharren in der Zeitlosigkeit, das den nazarenischen Bildern eigen ist. Zur Zeitlosigkeit gesellt sich eine lichterfüllte Raumlosigkeit. Ellenrieder stellt ihre Gestalten vor eine Sphäre himmlischen Lichtes, die keine räumliche Existenz zuläßt und die Transzendenz der Goldgründe mittelalterlicher Tafelmalerei in Erinnerung bringt. Aus dieser Lichtflut des göttlichen Alls heraus treten die Figuren an die vordere Bildebene heran. Auch das ist ein Kennzeichen nazarenischer Bildgestaltung: In unmittelbarer Nähe zum Betrachter nimmt die vordere Bildebene die Darstellung auf, während der raumlose Hintergrund als symbolträchtige Sphäre die Szene unvermittelt hinterfängt. Während noch die Ichenheimer Madonna sich reliefhaft aus der Tiefe des Raumes entwickelt, hat Ellenrieder unter dem Einfluß der Lukasbrüder die perspektivische Raumillusion aufgegeben.

Ihr neues Verhältnis zur Abbildung des Wahren spiegelt sich in der veränderten Lichtregie. Sie modelliert ihre Gestalten nicht mehr durch Plastizität erzeugende Hell-Dunkel-Malerei. Nun werden sie in ein gleichmäßiges, helles Lichtkontinuum getaucht, das den Unterschied zwischen Sichtbarem und Verborgenem aufhebt und die Plastizität reduziert. Die Körperlichkeit ist zurückgenommen, die Gesichtstypen sind stark idealisiert. Die mütterliche Präsenz der Ichenheimer Madonna ist der sphärischen Erscheinung der himmlischen Jungfrau gewichen. Allerdings abstrahiert Ellenrieder ihre Gestalten zugunsten der entsinnlichten »Wahrheit« nie so weit von der realistischen Körperbehandlung wie Overbeck (Abb. 8); trotz gesteigerter Entrücktheit verbleibt ihnen eine leicht begreifbare menschliche Nähe.

Der Vergleich der beiden Madonnenbilder zeigt deutlich, daß sich Ellenrieder in Bildgestaltung und Malweise an den Nazarenern neu orientiert. Zugunsten der Darstellung von »Wahrheit«, »Schönheit« und »Reinheit« verzichtet sie auf den »Effekt«[70], also auf Raumillusion, betonte Plastizität und pathetische Lichtführung. Die eigenartige Faszinationskraft, die dem Gemälde »Maria mit dem Jesusknaben an der Hand« innewohnt, geht nun von der innig-kontemplativen Frömmigkeit, der sanften Melancholie und dem tiefen Ernst der Darstellung aus. Unübertroffen und fast hypnotisch ist die Wirkung des Farbauftrags zu nennen. Der leuchtende Schmelz des Kolorits erzeugt ein lyrisches Kontinuum transzendierter

Abb. 9 Marie Ellenrieder, Betendes Mädchen, um 1814. Konstanz, Privatbesitz

Entrücktheit. Mystische Strahlkraft und menschliche Nähe miteinander in Einklang zu bringen ist eine eigene künstlerische Leistung Ellenrieders, die sie in Rom zu formulieren gelernt hat. Gerade diese Eigenheit hebt ihre Bilder von der Kunst aller anderen Nazarener ab.

Veränderungen im Zeichenstil

Bereits während ihrer Ausbildungszeit an der Münchener Akademie hatte Ellenrieder Hervorragendes auf dem Gebiet der Porträtzeichnung geleistet. Für die sehr persönlich aufgefaßten Bildnisdarstellungen hatte sie eine eigene Zeichentechnik entwickelt: Auf tonigem Papier benutzte sie Blei-, Kohlestift und Pastellkreiden gleichzeitig. Ihre skizzierende Linienführung setzte sich aus spontanen, offenen Strichen zusammen, in der Binnenzeichnung und zur Modellierung verwendete sie neben der Parallel- vor allem die der älteren Kupferstichtechnik entlehnte Kreuzschraffur. Unvermittelte Überzeichnungen verliehen den Blättern eine enorme Lebendigkeit. Ihre spezielle Mischtechnik ermöglichte es, sowohl situative Impressionen festzuhalten als auch ganzheitlich und differenziert äußere Erscheinung und inneres Wesen ihres Gegenübers zu erfassen und abzubilden. Charakteristisch für ihren frühen Zeichenstil ist die feinteilige Modellierung der Binnenformen, denen sie durch einen Kohle- oder Kreidestift eine offene, aus flotten Einzelstrichen gesetzte Umrißlinie ihre Begrenzung verleiht (Abb. 9).

Im 1824 gegründeten »Komponierverein« traf Ellenrieder regelmäßig mit anderen Künstlern aus dem Kreis des Lukasbundes zusammen, um Entwürfe zu Bildthemen zu besprechen und Studienzeichnungen anzufertigen. Hier dürfte Ellenrieder wesentliche Anregungen für ihre großformatigen Bilder erhalten haben. Diese Versammlungen und der persönliche Kontakt zu anderen Künstlern blieben auch auf ihren Zeichenstil nicht ohne Auswirkung.

So mißt sie der Kontur eine ganz neue Bedeutung zu: »Overbeck gefiel mir über alle am besten. (...) Alles im

Abb. 10 Marie Ellenrieder, heilige Cäcilia, 1833. Privatbesitz

Einschluss der Contour. Wäre nichts als der Umriß würde man doch das Ganze schon empfinden.«[71]
»Das Bedeutsamste liegt überall in den Contouren, sie sind getreulich nach den Wendungen des Lichts gehalten,...«[72]
Sie beginnt nun, in ihren Zeichnungen zunächst den Kontur festzulegen und vom Umriß her die Binnenformen zu entwickeln. Dafür benutzt Ellenrieder wie die Nazarener verstärkt den Bleistift und die Feder. Aber wie schwer tut sie sich, die »reine Linie« tatsächlich zu ziehen! Der Bleistift ist überall ganz sacht aufgesetzt, und auch die Feder vermag nur selten die geschlossene Linie um große Flächen zu ziehen (Kat.-Nr. 72 M. E.). Viel häufiger erreicht sie den geschlossen wirkenden Kontur durch kleinteilig gesetzte Strichelungen, und auch weiterhin benutzt sie mit Vorliebe für länger gezogene Linien den weicheren Kohlestift oder die schwarze gespitzte Kreide. Die Zaghaftigkeit ihres Wesens und ihr vorsichtiger Umgang mit ihrem Gegenüber scheint auf anrührende Weise und ganz unmittelbar in ihrem Zeichenstil auf. »Heute ging es mir so schlecht, als ich die Palme zeichnete, ich gehe viel zu viel immer in Detail, und fasse die Sache nicht auf nach ihren Gruppen und Hauptformen...«[73]

Auffallend hat sich Ellenrieders Technik in der Gestaltung der Einzelformen geändert. Die Mischtechnik ihrer ersten Schaffensperiode ist entzerrt, so daß die unterschiedlichen Zeichenmaterialien und Strichlagen nun für sich stehen und nicht mehr schichtenweise übereinandergelegt sind. Insgesamt erscheinen die Zeichnungen auf dem helleren Papiergrund stärker freigestellt, aufgeräumter und gereinigt. Große Lichtfelder kontrastieren zu tief verschatteten Partien. Dabei behält sie die Kreuzschraffur bei und setzt sie – ähnlich der Laviertechnik der Nazarener – flächenverbindend ein. Die feinteilige plastische Modellierung der Frühwerke ist einer flächenhaften Kompartimentierung gewichen, und insgesamt tritt der Detailrealismus hinter einer akzentuierten Idealisierung des weichen Formenkanons zurück (Abb. 10).

Die ideelle Wertschätzung, die die Nazarener der Zeichnung entgegenbrachten, hat Ellenrieder ebenfalls für sich übernommen. In diesem Sinn erklärt sie dem Großherzog von Baden die Bedeutung ihres Kartons zur »Kindersegnung« (Kat.-Nr. 48 M. E.), als dieser umständehalber verkauft werden sollte:

»...und wirklich sind meistens die Carton genialischer,

indem mann bei der Ausführung der Gemälde sich zu viel mit den Farben & dem Technischen abgeben muss; wobei das Geistige Schaden leidet.«[74]

Entwicklungen in der Porträtauffassung

Die neuere Kunstgeschichtsschreibung mißt Ellenrieders Werk vor allem hinsichtlich ihrer Porträttätigkeit große Bedeutung zu. Tatsächlich finden sich bereits in ihrer ersten Schaffensperiode Bildnisse, die durch ihre feine Psychologisierung und ausdrucksvolle Lebendigkeit mit zum Besten gehören, was die Porträtmalerei der Biedermeierzeit vorweisen kann. Schon früh hatte Ellenrieder auf diesem Gebiet ihre stärkste Begabung entwickelt (Kat.-Nr. 5–21 M.E.). Formal bevorzugte sie das zeittypische, schlichte Brustporträt. Die dargestellte Person modellierte sie in der Regel im Hell-Dunkel erzeugenden Streiflicht sanft aus einem dunklen, undefinierten Hintergrund. Die Lichtwirkung lenkt die Aufmerksamkeit des Betrachters auf das Antlitz, wo sie neben der augenscheinlichen Ähnlichkeit die seelischen Eigenschaften offenlegt und inszeniert. Vor allem zu Bildnissen in Pastellkreide hatte Ellenrieder eine besondere Neigung. Fischer bezeichnet Ellenrieders frühen Porträtstil als »vitalen Realismus der Charakterdarstellung« oder »Sturm-und-Drang-Realismus«[75] (Kat.-Nr. 11, 12, 13, M.E.).

Ellenrieders Hinwendung zum Nazarenertum blieb für ihre Porträtauffassung nicht ohne Folgen. Das gilt sowohl für die repräsentativen Ölbilder als auch für die skizzenhaft angelegten Pastellporträts. Allerdings muß betont werden, daß sie aufgrund ihrer ganz besonderen Begabung auf diesem Gebiet relativ resistent gegenüber den neuen gestalterischen Prinzipien war und viel von ihren bereits vorhandenen Eigenheiten und Techniken beibehielt. Ihre Porträts aus der römischen und nachrömischen Zeit kennzeichnet immer noch der Wille und die Fähigkeit, sich auf das Gegenüber einzulassen und ihm ihre Kunst anzudienen.

Der veränderten Porträtgestaltung liegt der veränderte Mal- und Zeichenstil zugrunde. Die Dargestellten erscheinen infolge der schärferen Betonung des Kontours, der reduzierten Modellierung und des gleichmäßigen Lichtkontinuums versachlicht. Die Ölporträts unterscheiden sich von früheren Bildnissen auf den ersten Blick vor allem dadurch, daß der/die Dargestellte sich nicht mehr im Lichteinfall aus einem dunklen Raum herausentwickelt. Er/sie ist nun vor einem hellen Hintergrund freigestellt und zeigt sich klar umrissen an der vorderen Bildebene (Kat.-Nr. 22, 23 M.E.). Ellenrieder verzichtet vollständig auf die bei den Nazarenern so beliebte, symbolträchtig angereicherte Kulisse. Ihre Persönlichkeiten stehen für sich und zeichnen sich nach wie vor durch ihre individuell, jetzt aber durch verletzlich und verschlossen wirkende Seelenhaftigkeit aus.

Insbesondere die Frauen- und Kinderbildnisse idealisiert Ellenrieder stark im Sinne der Verbildlichung der »reinen Seele«. Die Frauenporträts haben nichts mehr von dem forschen, eigenwilligen Auftreten der vorrömischen Zeit (Kat.-Nr. E 11, 11a M.E.); die ihnen zugeschriebene Anmut und Empfindsamkeit wirkt wie eine verordnete Lebensführung in Demut und sittsamem Benehmen (Abb. 11). Den Kinderbildnissen wendet sich Ellenrieder mit besonderer Hingabe zu. Kinder sind in ihren Augen engelsgleiche Geschöpfe voller unschuldiger Frömmigkeit und Reinheit. In den Kinderporträts geht Ellenrieders stilisierende Idealisierung so weit, daß sie von allegorischen Sinnbildern und Engelsdarstellungen oft nicht zu unterscheiden sind (Abb. 13). Andächtig ist der fromme Augenaufschlag gen Himmel gerichtet (ein Motiv, das Ellenrieder in Rom bei Perugino und Guido Reni kennengelernt hat), durchgeistigt und ordentlich frisiert sind sie, manchmal sogar in zeitlos antikisierende Gewänder gehüllt. Alle kindliche Frische und Lebendigkeit, die Ellenrieders frühere Kinderporträts so ungemein reizvoll und charmant gemacht hat (Abb. 12), ist abgestreift, ihrer eigentlichen Existenz sind sie vollständig entrückt.

Für die Pastellbildnisse greift Ellenrieder das nazarenische Gestaltungsmotiv auf, die Darstellung im Kopf und im Blick gesteigert zu verdichten und den Oberkörper

Abb. 11 Marie Ellenrieder, weibliches Bildnis, angeblich Vittoria Caldoni, um 1823/24. Konstanz, Privatbesitz

Abb. 12 Marie Ellenrieder, Bildnis Rudolph Detrey, Pastell um 1817, Privatbesitz

nur summarisch zu skizzieren. Beispielhaft hierfür steht ihr Selbstporträt »Kopfstudie mit Haube« (Kat.-Nr. 4 M. E.). Differenziert behandelt ist nur der Kopf. Allerdings verzichtet Ellenrieder darauf, in ihrem Blick ein nach außen gerichtetes Bekenntnis zu formulieren. Ihr

Blick ist in eine endlose Ferne nach innen gerichtet; er gerinnt zu einer erschreckenden Zustandsschilderung der eigenen psychischen Verfassung. Den nach innen gerichteten, weltabgewandten, sinnierenden Blick verleiht sie nun mehr oder weniger allen dargestellten Per-

Abb. 13 Marie Ellenrieder, Bildnis Henriette Prinzessin zu Fürstenberg, 1832. Fürstlich Fürstenbergische Sammlungen, Donaueschingen

sönlichkeiten, die somit allesamt Kinder der schwermütig-romantischen Weltsicht zu sein scheinen. Die kraftvolle Lebendigkeit der frühen Porträts ist einem elegischen Verharren in der Zeitlosigkeit gewichen.

Schlußbemerkung

Die Einheit von Leben, Kunst und Religion bildeten in Marie Ellenrieders Persönlichkeit als innere Haltung die Grundvoraussetzung für ihre Hinwendung zum Nazarenertum. Was sie allerdings von den Lukasbrüdern unterscheidet, ist die unreflektierte Selbstverständlichkeit dieser Lebenshaltung.

Während die Lukasbrüder von sich und der Welt das neue Lebens- und Kunstkonzept mit theoretischem Überbau, künstlerischen Gestaltungsregeln und inhaltlichen Programmen proklamierten, lebte, erlebte und malte Ellenrieder das Nazarenertum ganz persönlich, ganz unmittelbar und ganz konsequent in aller Stille. In dieser Stille richtete sie sich ein und entfaltete ihre künstlerischen Eigenheiten, so daß sie innerhalb des nazarenischen Stilwollens ihren Bildern durchaus ein eigenes Gepräge verlieh. Gleichzeitig entwickelte sie eine technische und handwerkliche Perfektion, durch die viele Bilder als Meisterwerke der Nazarenerkunst anerkannt werden müssen.

Ihr Einzelgängerdasein im Kreis der Lukasbrüder steht ursächlich am Anfang dafür, daß ihren Arbeiten bis heute kein gebührender Stellenwert innerhalb der Nazarenerkunst eingeräumt wurde. Weitere und schwerwiegendere Gründe liegen damals wie heute in der zurückhaltenden Akzeptanz weiblichen Kunstschaffens. Nicht nur die Kunst, auch die Kunstgeschichte ist ein vom männlichen Blick geprägter Fachbereich, in dem künstlerische Veräußerungen von Frauen nur schwer ihren Platz finden.

Marie Ellenrieder – ein Fall für die feministische Kunstgeschichtsschreibung!

Anmerkungen

1 Die Nazarener. Frankfurt, 1977. Die Nazarener in Rom. Ein deutscher Künstlerbund der Romantik. Rom und München 1981.
2 Friedrich Pecht, in: Rezensionen für bildende Kunst, 1863. Zitiert nach: Freya. Illustrierte Blätter für die gebildete Welt. Stuttgart 1867, S. 99.
3 Friedrich Pecht, Geschichte der Münchner Kunst im neunzehnten Jahrhundert. München 1888, S. 50.
4 Jos. Aug. Beringer, Badische Malerei im 19. Jahrhundert. Karlsruhe 1913, S. 24f.
5 Thieme/Becker, Allgemeines Lexikon der bildenden Künstler. Leipzig 1907 und 1914. Bd. 10, S. 464–465.
6 Cotta'sches Kunstblatt. Stuttgart und Tübingen 1839, S. 128. Universal-Lexikon vom Großherzogtum Baden. Karlsruhe 1847, S. 334.
7 Cotta'sches Kunstblatt. Stuttgart und Tübingen 1845, S. 182.
8 A. Geigges, Mitteilungen über die erste Studienreise Marie Ellenrieders nach Italien; in: Bodensee-Chronik, Konstanz 4. April 1913.
9 Oscar Gehrig, Maria Ellenrieder, in: Die christliche Kunst. München 1912/13, S. 292ff.
10 Klara Siebert, Marie Ellenrieder als Künstlerin und Frau. Freiburg 1916. Margarete Zündorff, Marie Ellenrieder. Konstanz 1940. Friedhelm Wilhelm Fischer / Sigrid von Blanckenhagen, Marie Ellenrieder. Konstanz 1963.
11 Arthur von Schneider, Badische Malerei des 19. Jahrhunderts. Karlsruhe 1968, S. 51f. Friedrich von Boetticher, Malerwerke des 19. Jahrhunderts. Leipzig 1944–48, Bd. 1, S. 276–278. Neue deutsche Biographie. Berlin 1959, S. 455.
12 Friedrich Noack, Das Deutschtum in Rom. Bd. I, Stuttgart 1927 und Aalen 1974, S. 470. Im auffallenden Gegensatz zum Beitrag Noacks über Marie Ellenrieder in: Thieme/Becker, Allgemeines Lexikon der bildenden Künstler, Leipzig 1907 und 1914, wo er sich der Pechtschen Beurteilung anschließt.
13 Herbert Schindler, Nazarener. Regensburg 1982.
14 Ausstellungs-Kataloge: Die Nazarener, Frankfurt, 1977. Die Nazarener in Rom, Rom und München 1981. Johann Friedrich Overbeck, Lübeck 1989.
15 Vgl. die Erörterung des Verhältnisses zwischen dem Ich und dem Nicht-Ich bei Fichte in: Walter Benjamin, Der Begriff der Kunstkritik in der deutschen Romantik. Frankfurt/Main 1973, S. 14ff.
16 Krell/Fiedler, Deutsche Literaturgeschichte. Bamberg 1965, S. 213.
17 Vgl. dazu und im Folgenden: Gianna Piantoni, Einige Aspekte des nazarenischen Gedankens, in: Ausst.-Kat. Die Nazarener in Rom, a.a.O., S. 18ff.
18 Frank Büttner, Overbecks Ansichten von der Ausbildung zum Künstler, in: Ausst.-Kat. J. F. Overbeck, a.a.O., S. 30.
19 Hans-Joachim Ziemke, Zum Begriff der Nazarener, in: Ausst.-Kat. Die Nazarener, a.a.O., S. 20.
20 Brief Overbecks an seinen Vater vom 27. April 1808, zitiert in: H. Schindler, a.a.O., S. 19.
21 Günter Metken, Italien und Rom aus der Sicht der Nazarener, in: Ausst.-Kat. Die Nazarener in Rom, a.a.O., S. 34.
22 Andreas Blüm, »Herr vergieb ihnen, sie wissen nicht was sie thun«, in: Ausst.-Kat. J. F. Overbeck, a.a.O., S. 69.
23 Zitiert nach: Jens Christian Jensen, Bemerkungen zu Friedrich Overbeck, in: Ausst.-Kat. J. F. Overbeck, a.a.O., S. 13.
24 Vgl. dazu den Aufsatz von Andreas Blüm, a.a.O.
25 Franz Pforr hebt den Künstler über den Rest der Menschheit mit der Ansicht hinaus, daß die Kunst das einzige Mittel zur Wiedervereinigung mit Gott nach dem Sündenfall sei (G. Piantoni, a.a.O., S. 23).
26 G. Piantoni, a.a.O., S. 22.
27 Peter Laub, Wahrnehmung und Wahrheit, in: Ausst.-Kat. Künstlerleben in Rom, Nürnberg 1992, S. 241ff.
28 Brief vom 12. Mai 1827 (Overbeck an J. D. Passavant), zit. nach: F. Büttner, in: Ausst.-Kat. J. F. Overbeck, a.a.O., S. 31.
29 Gerhard Gerkens, Overbeck als Zeichner, in: Ausst.-Kat. »J. F. Overbeck«, a.a.O., S. 37.
30 Günter Metken, Die Nazarener: Selbstzeugnisse und Kritiken, in: Ausst.-Kat. Die Nazarener, a.a.O., S. 412.
31 P. Märker / M. Stuffmann, Zu den Zeichnungen der Nazarener, in: Ausst.-Kat. Die Nazarener, a.a.O., S. 181.
32 Zur Farbsymbolik vgl. Anton Merk, Zur Bildnismalerei der Nazarener, in: Ausst.-Kat. Die Nazarener, a.a.O., S. 149f.
33 Klara Siebert, Abschrift der Tagebücher von Marie Ellenrieder aus den Jahren 1813–1819, S. 5. Karlsruhe, Badische Landesbibliothek, HSA, Nr. 2678.
34 5. Tagebuch, 21. August 1826, S. 9; vgl. dazu auch: Simone de Beauvoir, Das andere Geschlecht, Hamburg 1991, S. 587ff.
35 3. Tagebuch, 11. und 12. Oktober, S. 5.
36 3. Tagebuch, 17. Oktober, S. 6.
37 3. Tagebuch, 18. Oktober, S. 6; 21. Oktober, S. 10.
38 3. Tagebuch, S. 11.
39 Günter Metken, Italien und Rom aus der Sicht der Nazarener, in: Ausst.-Kat. Die Nazarener in Rom, a.a.O., S. 34–37.
40 3. Tagebuch, 21. Oktober, S. 10.
41 3. Tagebuch, 25. Oktober, S. 11/12.
42 3. Tagebuch, S. 14.
43 3. Tagebuch, 23. Oktober, S. 10.
44 Hermann Uhde, Erinnerungen und Leben der Malerin Louise Seidler. Berlin 1875, S. 173f.
45 3. Tagebuch, S. 43, 45, 52, 53. H. Uhde/Seidler, a.a.O., S. 200.
46 4. Tagebuch, 28. September 1823, S. 8.
47 Kestner bringt ihr regelmäßig Blumen, begleitet sie auf Spaziergängen und schenkt ihr als Talisman für die Rückreise 2 Gedichte und Reliquien (4. Tagebuch, 1. Juli 1824, S. 23).
48 3. Tagebuch, 8. März 1823, S. 37, S. 48; 5. Tagebuch, S. 22.

49 3. Tagebuch, 20. Dezember 1822, S. 24; 8. März 1823, S. 37.
50 3. Tagebuch, 28. Dezember 1822, S. 26.
51 3. Tagebuch, 26. Juni 1823, S. 60.
52 4. Tagebuch, S. 21.
53 4. Tagebuch, S. 22.
54 H. Uhde/Seidler, a. a. O., S. 198.
55 H. Uhde/Seidler, a. a. O., S. 198.
56 Marie Jorns, August Kestner und seine Zeit 1777–1853. Hannover 1964, S. 156.
57 M. Jorns, Kestner, a. a. O., S. 188. H. Uhde, Seidler, a. a. O., S. 198.
58 4. Tagebuch, S. 9.
59 3. Tagebuch, S. 43.
60 4. Tagebuch, 19. Januar 1824, S. 17; ebenso 3. Tagebuch, 26.
61 3. Tagebuch, 22. März 1823, S. 39.
62 3. Tagebuch, S. 43.
63 3. Tagebuch, S. 59.
64 Vorsichtig und mit wachsendem Interesse näherte sie sich dem Leben der Italiener. So lernte sie pro Tag eine Stunde Italienisch und unternahm alleine ausgedehnte Spaziergänge durch römische Gassen. Ihre Überheblichkeit der römischen Bevölkerung gegenüber registrierte sie immerhin als persönliches Fehlverhalten (4. Tagebuch, S. 14).
65 3. Tagebuch, S. 29, 42; 4. Tagebuch, S. 13, 19, 21, 30; 5. Tagebuch, S. 3, 9, 10.
66 3. Tagebuch, S. 23, 27–29, 31, 33–35, 43–45; 4. Tagebuch, S. 13, 17, 19, 26, 30; 5. Tagebuch, S. 4.
67 3. Tagebuch, S. 36; 4. Tagebuch, S. 6.
68 3. Tagebuch, S. 26, 29, 36; 4. Tagebuch, S. 8, 17.
69 Kat.-Nr. 31 und 32 M. E.
70 3. Tagebuch, S. 44.
71 4. Tagebuch, S. 22.
72 4. Tagebuch, S. 30; dazu auch: 5. Tagebuch, S. 3, 4, 10.
73 4. Tagebuch, 6. Juni, S. 21.
74 Karlsruhe, Generallandesarchiv, 56/255, Brief Ellenrieders an den Großherzog vom 4. Juli 1852.
75 Fischer / v. Blanckenhagen, 1963, S. 21ff.

Bernhard v. Waldkirch

›Bewußte Tätigkeit und bewußtlose Kraft‹

Zeichnungen und Entwürfe zur Kindersegnung von Marie Ellenrieder

Hanna Gagel gewidmet

An der Münchner Akademie

Als Marie Ellenrieder im Jahre 1813 von Konstanz nach München reiste, um an der dortigen Kunstakademie als Malerin ein regelrechtes Studium aufzunehmen, war die Auseinandersetzung um die romantische Kunstrichtung bereits voll im Gang. Die von König Max Joseph I. 1808 gegründete Akademie versuchte, eine »wirkliche öffentliche Instanz in Sachen der Künste zu sein, in der »der Geist der Freiheit und des Fortschreitens rege erhalten werden« sollte.[1] Infolgedessen versprach die Verfassung auch, daß der Unterricht Schülern aller Nationalität offenstehe. Nach der Auflösung des alten Reichs, in den wechselvollen Jahren der Napoleonischen Kriege gab es für einen freien Meinungsaustausch wenige vergleichbare Orte. Schon die Ernennung des renommierten und tatkräftigen Düsseldorfer Klassizisten Johann Peter von Langer zum Direktor und des ebenso streitbaren wie genialen Naturphilosophen Schelling zum Generalsekretär der Akademie war kühn und für einen künstlerischen Aufschwung vielversprechend. Auf diesem geistigen Hintergrund muß auch die bahnbrechende Tat, die Zulassung Marie Ellenrieders an eine öffentliche Kunstschule, gesehen werden. Nicht nur ihr, auch Louise Seidler, die 1817 die Akademie besuchte, wurde später der Titel einer Hofmalerin verliehen. Die erfolgreiche, wenn auch schwere und zeitweise entsagungsvolle Laufbahn dieser beiden Künstlerinnen vermochte an den weiterhin geltenden Zulassungsbeschränkungen für Frauen wenig zu ändern. In der zweiten Hälfte des Jahrhunderts hatten Künstlerinnen wieder schwer gegen die alten Vorurteile zu kämpfen. Der Streit entfachte sich vor allem um das Aktstudium, das den Kunststudentinnen in fast allen Akademien aus sittlichen Gründen verboten wurde. Die Beherrschung des Aktes war Voraussetzung für die Historienmalerei, das höchste Fach innerhalb der akademischen Rangordnung.[2] Es darf deshalb nicht wundern, daß Ellenrieder sich vorbehaltlos der klassisch-akademischen Richtung Langers anschloß. Er lehrte das Aktstudium »nach den strengen Regeln der Antike (...), weniger das Gefühl als den Verstand anregend«,[3] wie Louise Seidler den Unterricht ironisch kommentierte. Denn sie stand bereits entschiedener auf der Seite des »Gefühls«, verkehrte lieber im Haus der Schellings als im katholischen Kreis des Akademiedirektors.[4] Durch diese verhängnisvolle Polarisierung von klassizistischen und romantischen Positionen wurde das Erarbeiten eines eigenen Standpunkts zu einer schwierigen Gratwanderung. Bis zur Berufung von Peter von Cornelius als Professor der Akademie im Jahr 1819 und sechs Jahre darauf als Direktor und Nachfolger von Langer beherrschten die Klassizisten das Feld. Daß es dabei um mehr als nur pedantische Spiegelfechterei ging, zeigt die Auseinandersetzung um das Fortleben des religiösen Historienbildes am Beispiel der Kindersegnung mit besonderer Deutlichkeit. Dieses bereits um 1800 häufig dargestellte Thema erreichte durch die zahlreichen Repliken und Reproduktionen der Bilder von Friedrich Overbeck und Ellenrieder eine bis dahin unbekannte Popularität. Auch von Louise Seidler und dem mit ihr befreundeten Zürcher Johann Caspar Schinz, der zwischen 1816–1818 an der Münchner Akademie studierte, sind Kindersegnungen bekannt.[5]

Langer gewinnt 1812 mit seinem Entwurf »Lasset die Kindlein zu mir kommen« eine öffentliche, vom König 1807 veranlaßte Ausschreibung zur Schmückung einer Münchner Kirche.[6] An der Akademieausstellung 1814, also während Ellenrieders erstem Studienjahr, zeigt er die Pastellzeichnungen, eine Ölskizze und den Karton. Ein Jahr nach der Aufstellung des Gemäldes veröffentlicht das »Kunst-Blatt« 1820 eine Würdigung mit dem Umriß des Altarbildes (Abb. 1).[7] Die Öffentlichkeit, die sich um diesen offiziellen Auftrag bildete, konnte nicht ohne Einfluß auf Ellenrieders Werdegang bleiben. Sie betrachtete Langer bis zu ihrer ersten Italienreise 1822 als Mentor, der ihr bei den Entwürfen und Studien zu den ersten großen Auftragswerken beratend zur Seite stand. In diesem Zusammenhang erweist sich Langers Kindersegnung als tragfähige Grundlage zur Beurteilung von Ellenrieders früher Historienmalerei und darüber hinaus als eine Orientierung für ihr weiteres Schaffen. Ungemein geschickt versucht die schriftliche Würdigung

Abb. 1 Johann Peter v. Langer, Lasset die Kindlein zu mir kommen, Reproduktion in »Kunstblatt«, 1820

die Position der Nazarener mit jenen des französischen Klassizismus unter der Vorherrschaft eines christlich inspirierten Reformkönigtums zu versöhnen. Dem Sinn nach soll »eine eben so strenge, als milde Lehre des Heilands« verbildlicht werden. Besonderer Wert wird auf deutliche Kontraste in der Charakterisierung der Figuren gelegt. Wenn man die Beschreibung aber mit der Abbildung vergleicht, wird man den Eindruck nicht los, ein aufschlußreiches Traktat über Langers Akademieunterricht gelesen zu haben, dessen Forderungen vom Bild nicht eingelöst werden. Die Bildwirkung wird bestimmt durch den majestätischen Auftritt der Jesusfigur, die sich vor dem Volk im Gefolge der Jünger wie ein vom Senat umringter Imperator gebärdet. Die Frauen und Kinder nähern sich voller Furcht, die vorderste Mutter wirft sich sogar auf die Knie.⁸ Rechts hinten sondert sich eine Gruppe »in Leidenschaft entbrannter Pharisäer« von der Huldigungsszene ab. Zweifellos ein bis in die Einzelheiten streng durchkomponiertes Paradestück, aber kein überzeugendes Bild. Unübersehbar ist die Härte, die sich mit dem Thema der Kindersegnung schlecht verträgt. Bezeichnenderweise richtete sich eine kritische Stimme gegen das stehende Mädchen auf der rechten Seite, an sich eine der gelungensten Figuren im Bild. Man gab zu bedenken, daß in diesem Alter die Zuneigung zu Jesus »durch Verstand und Eigenwille(…) gestört sei.«⁹ Für Langer sollte sie allerdings das Gegengewicht zu dem »in Petrus so kräftig hervortretenden Ausdruck männlicher Gefühlsweise«¹⁰ darstellen. Dazu fehlten dem Akademiedirektor jedoch die nötigen Voraussetzungen, die er in seiner hochtalentierten Schülerin nach Kräften gefördert hat.

Kinderfreund und Nazarener

Doch Langer war vielseitig genug, um auch die empfindsame, einem gemäßigten Realismus zuneigende Richtung innerhalb des Klassizismus zu vertreten.¹¹ Die Diskussion um eine glaubwürdige Darstellung der Christus-Gestalt, wie sie im Zürcher Kreis um Lavater geführt worden war, dürfte ihm wie auch der jüngeren Generation bekannt gewesen sein. Im Mittelpunkt dieser Debatte stand ein von Johann Heinrich Lips gestochener Christus-Kopf nach Anton Raphael Mengs (Abb. 2), zu dem Lavater einige aufschlußreiche Einfälle notierte. Ihm schien der Ausdruck zu »galant«, die meisterhafte Idealisierung verkannte er nicht, aber das Resultat blieb doch ernüchternd: »So einer gefiel aller Welt und würde nimmermehr gekreuzigt!« Was Lavater in diesem Gesicht am meisten vermißte, war die Sublimierung des Leidens. »Ist der Jude, der Nazarener sichtbar genug?«¹² Mit solchen Erwartungen stieß er an die Grenzen der klassizistischen Nachahmungsästhetik. Hier war nicht mehr das äußere Abbild gefragt, sondern eine religiöse

Abb. 2   Anton Raphael Mengs, Christus, 1779, Kupferstich, Kunsthaus Zürich, Graphische Sammlung

Erfahrung, die das künstlerische Tun aus innerer Notwendigkeit hervorströmen läßt.

Die sichtbare Verkörperung der Unschuld ist seit der Frühromantik das Kind. Bahnbrechend wurden die Kinderdarstellungen von Anton Graff und das ebenfalls von Lips gestochene Kinderbildnis nach einem Gemälde von Benjamin West (Abb. 3), das der amerikanische Künstler

Abb. 3 Benjamin West, Kinderkopf, 1779, Kupferstich, Kunsthaus Zürich, Graphische Sammlung

Abb. 4 Johann Heinrich Lips, Kindersegnung, 1807, Kupferstich, Kunsthaus Zürich, Graphische Sammlung

Lavater geschenkt hatte. Auf dem Gemälde lehnt sich das Kind auf die Knie Jesu und blickt vertrauensvoll zu ihm hinauf. »Es gibt schönere Kinder, die aber dann nicht diesen reinen Charakter der Einfalt haben«, kommentiert Lavater.[13] Für ihn war der sichtbare Bezug zur verklärten Gestalt des Erlösers noch eine unverzichtbare Voraussetzung, um den Anspruch auf Individualität mit all seinen Abweichungen und Widersprüchen zu formulieren.

Bemerkenswert in dieser Hinsicht ist die noch ganz dem aufgeklärten Erziehungsideal verpflichtete Kindersegnung von 1807 des Zürcher Stechers Johann Heinrich Lips (Abb. 4). Mit überzeugender Einfühlung werden die Kinder in den Mittelpunkt gerückt. Die Stelle aus dem Matthäus-Evangelium (Kap. XIX,14) erscheint im vollen Wortlaut: »Lasset die Kindlein zu mir kommen und wehret es ihnen nicht, denn ihrer ist das Reich der Himmeln.«

Abb. 5 Marie Ellenrieder, Kindersegnung,
Kompositionsstudie, 1827, Fürstlich Fürstenbergische
Sammlung Donaueschingen

Der segnende Jesus kann auf die Hoheitszeichen der lehrenden Autorität noch nicht verzichten. Dementsprechend heftig ist die Abwehrgeste des Apostels. Aber die Mütter haben durch starke Individualisierung an Würde gewonnen.

Kritik am Münchner Akademiebetrieb wurde von Marie Ellenrieder nie laut ausgesprochen. Dazu besaß sie vor ihrem Romaufenthalt wohl keinen Anlaß. Ihre Eigenständigkeit stellte sie mit ihren Arbeiten schon früh unter Beweis. Wie entscheidend die Münchner Jahre auf sie einwirkten, das geht aus der Beschäftigung mit dem Thema der Kindersegnung hervor, die sich durch ihr ganzes Leben hinzieht. Für die Schloßkapelle von Langenstein zeichnete sie 1828 ein Wandbild mit schwarzer Kreide und wenig Pastelltönung, das an Kartonzeichnungen erinnert.[14] Unter den zahlreichen Figurenstudien und Entwürfen[15] kann mit Sicherheit nur eine datierte Kompositionsstudie mit dem Langensteiner Wandbild in Zusammenhang gebracht werden (Abb. 5).[16] Die meisten anderen Blätter sind mit großer Wahrscheinlichkeit später entstanden. Erst 1839, anläßlich ihres zweiten Romaufenthaltes, wird das Thema von der Künstlerin wieder ernsthaft aufgenommen. Zahlreiche Modellstudien, darunter auch datierte Blätter, lassen die große Meisterschaft in der Zeichnung erkennen.[17] Von 1840–1842 vollendete Ellenrieder die große Ölfassung der Kindersegnung für das Altarbild der Schloßkapelle Kallenberg bei Coburg. Mit diesem monumentalen Spätwerk

Abb. 6 Marie Ellenrieder, Kindersegnung, Feder und Bleistift, nach 1842, Kunsthaus Zürich, Graphische Sammlung

nazarenischer Prägung waren ihre Kräfte als Malerin erschöpft.[18] Der steigenden Nachfrage nach reproduzierbaren Bildsujets erbaulichen Inhalts kam die Künstlerin mittels säuberlich ausgeführter Zeichnungsentwürfe entgegen, deren genauer Verwendungszweck noch nicht geklärt werden konnte.

Die kleine Zürcher Fassung der Kindersegnung gehört höchstwahrscheinlich zu diesen späten Produkten (Abb. 6).[19] Sie stimmt in allen wesentlichen Elementen mit der Langensteiner Fassung überein. Hinzu kommt hier der sinnende Johannes links neben Jesus. Die Ähnlichkeit mit dem Jünger auf dem Bild von Langer ist nicht von der Hand zu weisen. Auf der Donaueschinger Kompositionsskizze von 1827 (Abb. 5), dem ersten datierten Entwurf zur Kindersegnung, sitzt er als einziger Apostel im Rücken des Herrn. In beiden großen Bildfassungen wurde er weggelassen.[20] Die Kinderschar hat Ellenrieder auf dem Zürcher Blatt um einen Kopf und vier Figuren erweitert, so daß mit fünfzehn Kindern, vom Säuglingsalter über ungleichaltrige Geschwister bis zum mütterlich besorgten sitzenden Mädchen im Vordergrund wohl eines der kinderreichsten Sakralbilder vorliegt. Auf der 1826 als Lithographie herausgebrachten Darstellung von Overbeck wird Jesus kelchförmig von immerhin zwölf stehenden und knienden Kindern umringt (Abb. 7).

Was Ellenrieders Komposition über alle durchschnittlichen Machwerke hinaushebt, ist die natürliche Haltung der Figuren. Vom künstlichen Pathos eines durchkonstruierten klassizistischen Architekturraumes ist hier nichts mehr zu spüren. Die Szene spielt unter offenem Himmel, abseits von Städten und Dörfern. Jesus sitzt unter einer Palme, deren Äste sich wie ein Dach über die Köpfe neigen. Die nachdenkliche Haltung des sitzenden Jüngers lädt zum inneren Nachempfinden ein, während die geöffnete Hand und der Begrüßungsgestus Jesu den Blick unmittelbar auf die Figuren und die landschaftliche Umgebung lenken. Die Kontrastarmut des Bildes wird durch eine Vielfalt von Variationen in Haltung und Ausdruck mehr als wettgemacht. Besonders die Gesten sind durch ein zartes Linienspiel mit der Komposition verbunden. Fast unmerklich gleitet der Blick von der Begrüßung zur Ermahnung: Wehret es ihnen nicht! Die greisen Apostelhäupter können ihre Herkunft von Anton Raphael Mengs und Langer nicht verleugnen. Langers Belisar-Kopie nach David könnte der Jesusfigur Pate gesessen haben.[21] Aber Ellenrieders Figuren brauchen ihre Würde und ihren Ausdruck längst nicht mehr von außen zu borgen. Vielleicht legte sie deshalb so großen Wert auf die stilisierte Italienreminiszenz im Hintergrund. Er soll an die Umgebung erinnern, wo die Modelle zu dieser Komposition unter der ihren Beschäftigungen nachgehenden Bevölkerung tatsächlich noch gefunden werden konnten. Die weibliche Rückenfigur rechts trägt ihr Haar gebunden wie die römischen Landfrauen, die Ellenrieder auf Märkten, vor Kirchen und Häusern gezeichnet hatte. Die natürliche Würde einer Haltung, wie sie beispielsweise von Michelangelos Judith

Abb. 7 Friedrich Overbeck, Kindersegnung, Lithographie von Winterhalter, 1826, Wessenberg-Galerie Konstanz

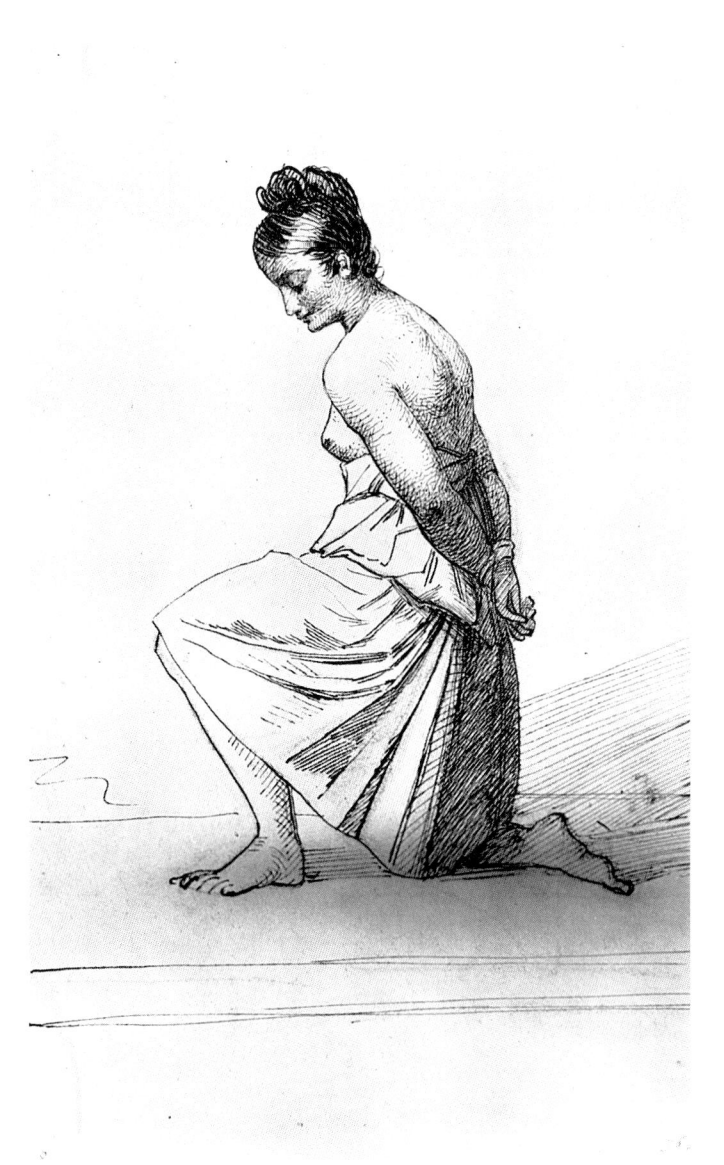

Abb. 8   Marie Ellenrieder, Studie nach einem weiblichen Modell, 1816/20, Feder, Kunsthaus Zürich, Graphische Sammlung

Abb. 9   Marie Ellenrieder, Studie nach einem weiblichen Modell, 1816/20, Feder, Kunsthaus Zürich, Graphische Sammlung

eingenommen wird, erschloß sich ihr im Kontakt mit dem römischen Alltag. Ungewöhnlich, vielleicht einzigartig ist das Verhältnis von gewahrter Distanz und sinnlicher Nähe – wie es im Miteinander von Jünger und Mütter, von Jesus und dem einen Kind, das seine Hand hält – zum Ausdruck gebracht wird.

Die Aktzeichnungen

Der Ruf nach natürlichen Posen im Aktstudium war seit Diderot nicht mehr verstummt. In Wien führte die Ablehnung der erstarrten Tradition zum Bruch mit der Akademie und 1809 zur Gründung des Lukasbundes. Das anregende Klima an der neugegründeten Münchner Akademie schlug sich bei Marie Ellenrieder in einem vielversprechenden Frühwerk nieder. Zu diesen frühen

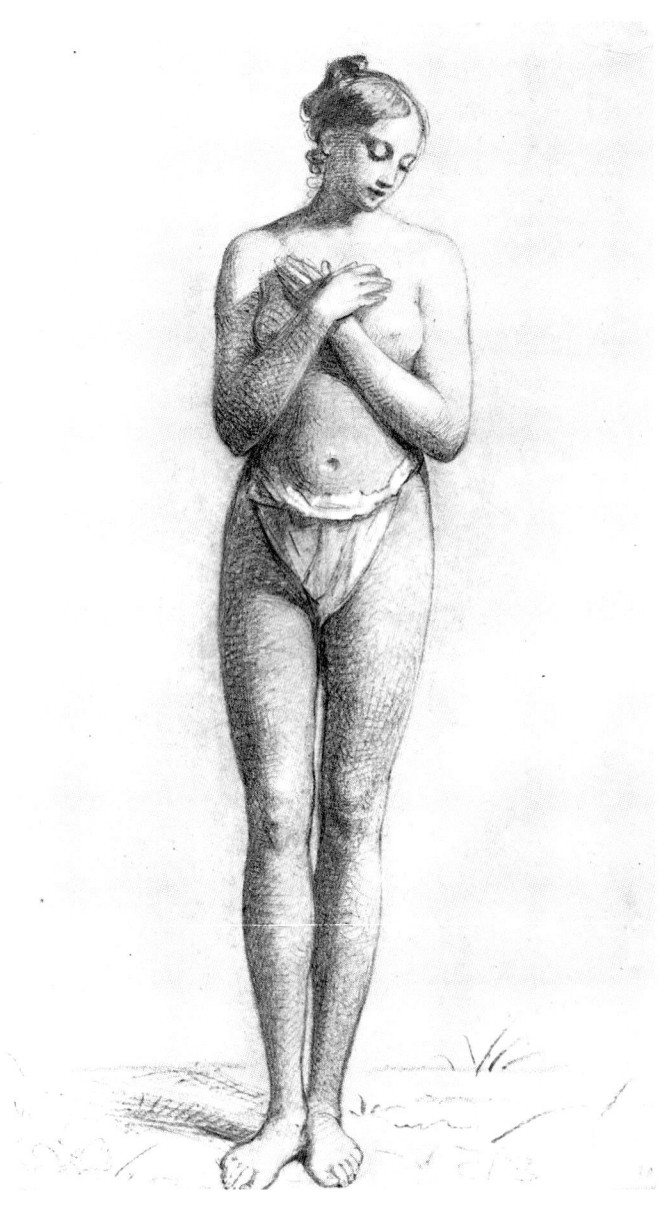

Abb. 10 Marie Ellenrieder, Weiblicher Akt von vorne, 1816/20, schwarze Kreide, Kunsthaus Zürich, Graphische Sammlung

Abb. 11 Marie Ellenrieder, Sitzende Frau mit aufgespanntem Schirm, 1824, Feder, Kunsthaus Zürich, Graphische Sammlung

Arbeiten zählen auch einige meisterhafte Aktzeichnungen. Sie zeigen eine temperamentvolle Aneignung der beiden Hauptrichtungen des Langerschen Klassizismus. Die »architektonische Anordnung«[22] des Faltenwurfs und der strenge Umriß rufen geradezu nach der Feder (Abb. 8, 9). Statt die Schatten zu lavieren, verstärkt Ellenrieder die kühne Flächigkeit und den kristallinen Charakter der Form durch Parallel- und Kreuzschraffuren in der für ihre frühen Zeichnungen und Radierungen eigentümlichen »Kupferstichmanier«.[23] Im Gegensatz dazu verwendet sie für den nackten Körper die Kreide, der Umriß wird durchlässig wie eine Membrane, der strenge Aufbau der Figur gibt sich mehr gefühlsmäßig zu erkennen (Abb. 10). Die Abhängigkeit solcher Studien von typisierten Stellungen auf Langers Kindersegnung[24] kann nicht über Ellenrieders Fähigkeit hinwegtäuschen, bei aller Stilisierung das Augenmerk zuerst auf den Charakter des Modells zu richten. Die rundliche Schulterpartie und die gebeugte Haltung des Oberkörpers prägen sich viel stärker ein als der formelhafte Stilkanon der Pose. Aus diesen Anfängen entfaltete Ellenrieder ihre Meisterschaft in der Pastelltechnik, vor allem in den Kinderbildnissen, und in den Federzeichnungen des ersten Italienaufenthalts.

Skizzen nach der Natur
(Erster Italienaufenthalt 1822–25)

Man kann die innere Wandlung der Malerin vom Klassizismus und romantisch angehauchten Realismus zur Kunst der Nazarener am besten an Hand von Zeichnungen verfolgen. Johann Caspar Schinz berichtet, Marie sei »sehr einseitig« nach Rom gekommen, »völlig Langerisch« habe ihr erstes Bild ausgesehen.[25] Die Hinwendung zu den Nazarenern war bei ihrem religiös veranlagten Naturell nicht weiter erstaunlich. Doch die erneuernde Kraft, der soziale Schranken überschreitende, Lehrer und Schüler verbindende Freundschaftsgeist der Lukasbrüder hatte seinen Höhepunkt längst überschritten.[26] Wohl beherrschen in ihrer zweiten Ausstellung von 1822 die arrivierten Nazarener das Feld. Unter den jüngeren Anhängern begrüßte ein Kritiker den »gesünderen Sinn«.[27] Kontakte zu Künstlern wie Thorwaldsen, Canova, Camuccini und Corot, aber auch die zunehmenden Aufträge und Berufungen an die deutschen Akademien lockerten die Strenge der ursprünglich national und religiös gefärbten Erneuerungsbewegung. Marie Ellenrieder schien von dieser entspannteren Atmosphäre höchstens in Nebenstunden profitiert zu haben. Ihnen verdanken wir die spontanen Skizzen, die sie auf den Straßen und Plätzen, in der Umgebung von Rom und Florenz sowie auf ihrer Hin- und Rückreise rasch mit dem Bleistift in ihr Skizzenbuch notierte und an den Abenden mit der Feder überarbeitete.[28]
Die inneren Krisen, die sich in erschütternden Tagebucheintragungen niederschlagen, spiegeln sich sehr

Abb. 12 Marie Ellenrieder, Studienblatt mit Reisenden und sitzendem Knaben, 1823/25, Feder, Kunsthaus Zürich, Graphische Sammlung

viel verhaltener in den Zeichnungen. Auffallend ist die Häufigkeit vereinsamter, in Gedanken versunkener Einzelfiguren: die sich hinter dem Schirm verbergende, in die Ecke gedrängte Frau (Abb. 11), der zusammengekauerte Junge, der sich mit einer Hand den Fuß wärmt, hinter ihm drei Reisende, der eine im altdeutschen Rock und mit Barett, in Betrachtung versunken (Abb. 12). Ohne eine Spur von Sentimentalität, ganz von innen heraus, gelingt in einer solchen Skizze ein Sinnbild romantischer Reflexion: eine in sich ruhende weibliche Gestalt, am Boden sitzend mit aufgestütztem Kopf, das Körblein geschützt zwischen den Knien (Abb. 13). Eine ähnliche Haltung wird später Johannes in der Kindersegnung einnehmen. Für Schelling muß sich mit der »bewußten Tätigkeit eine bewußtlose Kraft verbinden«, um das Höchste in der Kunst zu erzeugen.[29]
Zahlreiche Briefstellen der Nazarener zeugen von der selbstverständlichen Frömmigkeit der italienischen

Abb. 13 Marie Ellenrieder, Sinnende Frau, 1823/25, Feder, Kunsthaus Zürich, Graphische Sammlung

Abb. 14 Marie Ellenrieder, Mutter mit Kind, Studie zur Kindersegnung, um 1825, Feder, Kunsthaus Zürich, Graphische Sammlung

Landbevölkerung. Sie drückt sich nicht nur im Beten aus, sondern ebenso im vertraulichen Umgang zwischen Mutter und Kind wie auch durch einfache Handarbeiten, dem Spinnen oder dem Zubereiten einer Mahlzeit. Solche Motive treffen wir bei Schnorr von Carolsfeld und Franz Horny. Die Zeichnungen von Ellenrieder brauchen den Vergleich nicht zu scheuen. Um so unbegreiflicher die Feststellung, daß sie in allen großen Ausstellungskatalogen und Anthologien zur Kunst der Nazarener fehlen.

In einem Brief aus Rom macht Cornelius auch auf die politische Bedeutung des Nazarenergedankens aufmerksam: »Denn nicht die großen Armeen, Festungen und Bollwerke sind der Schutz eines Volkes, sondern sein Glaube, seine Gesinnung. Dieses ist die innere Kraft, die nach außen wirkt und schafft und belebt, (...) und kein Ding ist da gering zu achten.«[30] Einfachheit und Natürlichkeit wurden zu Synonymen für Weltfrömmigkeit und Gotteskindschaft. Schlegels Kunstprogramm sah vor, durch die nazarenische Malerei »jene kindliche gutmüti-

Abb. 15 Marie Ellenrieder, Bärtiger Mann, Studie zu einem Apostel der Kindersegnung, um 1825, Feder, Kunsthaus Zürich, Graphische Sammlung

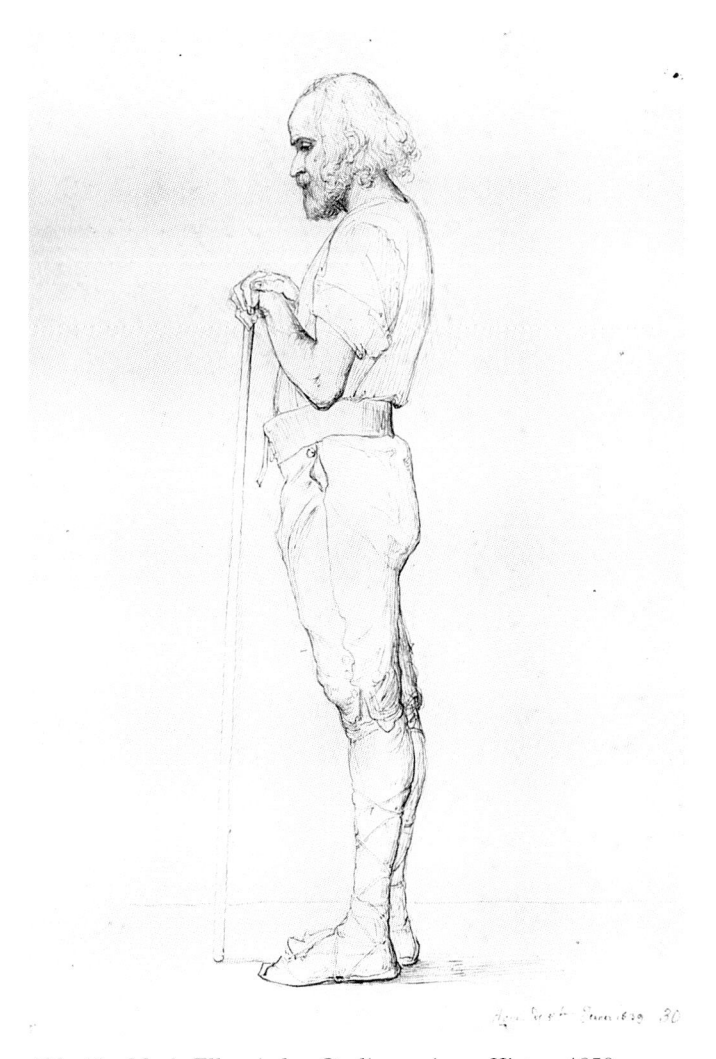

Abb. 16 Marie Ellenrieder, Studie zu einem Hirten, 1839, Feder, Kunsthaus Zürich, Graphische Sammlung

ge Einfalt und Beschränktheit, die ich geneigt bin, für den ursprünglichen Charakter der Menschheit zu halten«, anschaulich werden zu lassen.³¹ Durch eine solche Verinnerlichung des Egalitätsgedankens würde die Geschichte einen anderen Verlauf nehmen.
Spuren einer romantischen Naturfrömmigkeit sind auch in Ellenrieders Genreszenen zu finden, obschon sie den Gelegenheitsskizzen nach der Natur nur eine relative Bedeutung beimaß. Der folgende Tagebucheintrag kann für viele andere stehen: »Herr, gib mir Kraft, daß ich horchend die Wunder der Natur betrachte!«³² Die Innigkeit, mit der sie den Schlaf eines Neugeborenen und die Unbekümmertheit der Mutter darstellt, sucht in Nazarenerkreisen ihresgleichen. Es mag sich auch hier ein tieferer Sinn erst im nachhinein, auf dem Weg zur Kindersegnung eingestellt haben. »Wer sagt dem Kinde, daß die Mutter die Brust ihm nicht versage?«³³ Verlorenes Urvertrauen kann nur zuunterst, auf dem Grund der Hoffnungslosigkeit, von neuem keimen.

Modellstudien (Erster und zweiter Italienaufenthalt)

Höher geschätzt waren die im Hinblick auf eine Komposition angefertigten Modellstudien. An den abendlichen Zusammenkünften des 1824 gegründeten »Komponiervereins« traf sich Marie Ellenrieder mit ca. acht Künstlern, darunter Overbeck, Philipp Veit, Schnorr von Carolsfeld, Sutter, Hess und Begas, um gemeinsam nach einer gestellten Aufgabe mit biblischer Thematik zu arbeiten und die Ergebnisse am Ende des Monats zu besprechen. Im Unterschied zur Akademie wurde bei den Nazarenern die »Erfindung« durch sorgfältige Naturstudien ergänzt.[34] Ellenrieders forcierte Idealisierung in späteren Jahren ist wohl auf den Einfluß des römischen Freundeskreises zurückzuführen. Entscheidende Anregungen zur Komposition der Kindersegnung scheint sie durch den Komponierverein nicht empfangen zu haben. Overbecks Sepiazeichnung entstand 1826, mehr als ein Jahr nach ihrer Abreise aus Rom.[35] Der Donaueschinger Entwurf von 1827 (Abb. 5) wirkt für eine so anspruchsvolle Aufgabe etwas dürftig. Erst im darauffolgenden Jahr gelang die Verschmelzung der locker addierten Genreszenen zur einheitlichen Komposition. Dieser blieb sie, mit nur geringen Abweichungen, bis zum Schluß treu.

Berufsmodelle und nackte Modelle waren schon bei den Lukasbrüdern verpönt. Es ist kaum anzunehmen, daß Ellenrieder, wie Cornelius und Schnorr von Carolsfeld, sich Modelle mietete oder an Aktsitzungen der »Kapitoliner« teilnahm, die für ihre freiheitlichere Gesinnung bekannt waren. Besonders Ellenrieders Studien aus dem zweiten Romaufenthalt fallen durch ihre vergeistigte Linienführung auf. In der Regel posierten die Künstler selbst. Bei Ellenrieder werden auch Hirten und Bauern in das Studium einbezogen. Man kritisierte anfänglich ihren zu mageren und gleichmäßigen Faltenwurf.[36] Bei größeren Zeichnungen wirkt die Linienführung noch bis weit in die 1820er Jahre unsicher, wie eine schön angelegte Studie mit Mutter und Kind zeigt (Abb. 14).

Anhand von einigen Modellstudien zur Kindersegnung aus dem zweiten Romaufenthalt (1838–1840) treten die

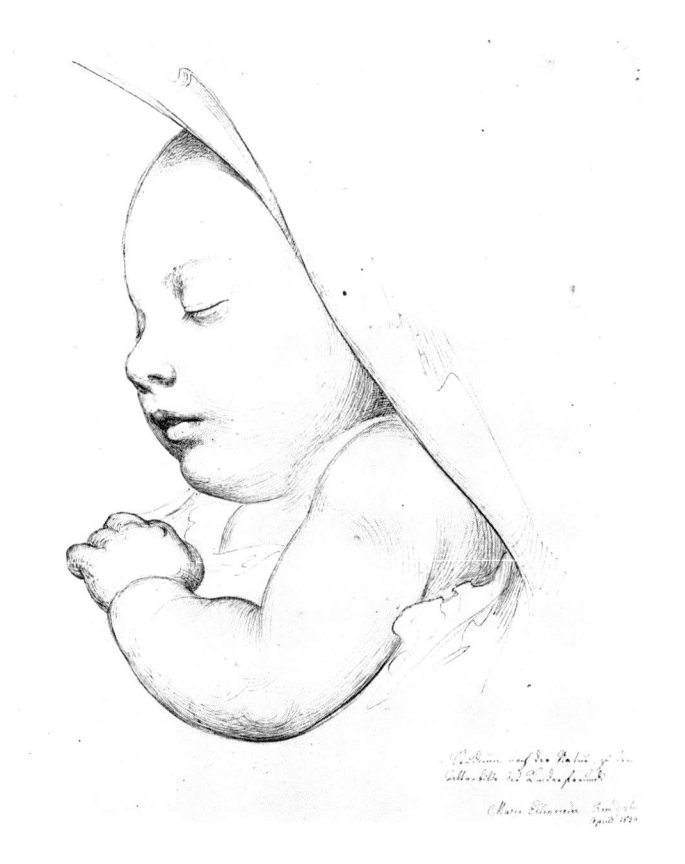

Abb. 17 Marie Ellenrieder, Schlafendes Kind, Studie zur Kindersegnung, 1839, Feder, Kunstsammlungen der Veste Coburg

Fortschritte in der Zeichnung deutlich zutage. Ein römischer Bauer im offenen Hemd und mit langen Hosen posiert für den stehenden Apostel im Hintergrund (Abb. 15). Der angehobene linke Arm wie auch die Füße sind nackt. Der Kontrast von Standfestigkeit und Ausdrucksgebärde bestimmt die Haltung bis in die Einzelheiten. Auch in der Linienführung widerspiegelt sich ein kontrastierendes Prinzip. Statt wie in frühen Jahren die Figur durch einen harten Umriß zu isolieren, wächst dieser als optische Summe gebrochener Einzelstriche aus den Körperschatten hervor. Weiche modellierende Strichlagen wechseln sich ab mit ausgezogenen Linienstrahlen. Kein Zweifel, »es gibt noch ein immer weiteres Studium«. Aber das hier Erreichte entspricht in hohem Maß den Idealvorstellungen ihrer Italienerfahrung: »Wenn man einmal so weit gekommen ist, die Sache nach seinem Vermögen zu gestalten, muß man versuchen, die Gestaltungsmittel immer mehr zu vergeistigen.«[37] Dieselbe Meisterschaft kann die daraus entwickelte Gewandstudie[38] nicht beanspruchen, obschon Haltung und Geste nahezu identisch sind. Ebenfalls im Januar 1839 entstand die ergreifende Profilzeichnung nach einem alten Hirten (Abb. 16). Seltsam, während Marie Ellenrieders Malerei der Erstarrung anheim fiel, blühte in ihren Zeichnungen diese Spätlese auf. Geheimnisvoll schlummert das Neugeborene unter der Falte eines weiten Mantels (Abb. 17). Wie oft bittet die Künstlerin vergeblich, daß ein Engelchen ihr seine Züge vorschweben lasse, um das Göttliche nur schwach anzudeuten, das aus einer unschuldigen Kindergestalt hervorleuchtet.[39] Auf dieses eigenwillige Kind scheint sie auch später noch mit Genugtuung geblickt zu haben. Das Blatt ist signiert und genau bestimmt: »Studium nach der Natur zu dem Altarbild des Kinderfreunds. Rom d 3 ter April 1839.«

Anmerkungen

1 Werner Beierwaltes: Einleitung, in: F. W. J. Schelling: Texte zur Philosophie der Kunst, Stuttgart 1982, S. 3.
2 Renate Berger: Malerinnen auf dem Weg ins 20. Jahrhundert, Kunstgeschichte als Sozialgeschichte, Köln 1982, S. 103–149.
3 Hermann Uhde: Erinnerungen und Leben der Malerin Louise Seidler, Berlin 1847, S. 179.
4 H. Uhde (op. cit. Anm. 3), S. 175.
5 Die wichtigsten Werke um 1800, in: Barbara Hadtwig [Bearb.]: Nach-Barock und Klassizismus, Bayerische Staatsgemäldesammlungen, Neue Pinakothek, München 1978, S. 237, Anm. 3. – H. Uhde (op. cit. Anm. 3), S. 439. – J. C. Schinz, Kompositionsstudie Lasset die Kindlein zu mir kommen (1816/18), Federzeichnung, Kunsthaus Zürich, Graphische Sammlung, Signatur 0.40, fol. 3 unten.
6 Nach-Barock und Klassizismus (op. cit. Anm. 5), Nr. 7617 mit genauer Beschreibung der Entstehungsgeschichte.
7 Kunst-Blatt Nr. 60, 27. Juli 1820, Dr. L. Schorn (Hrsg.), Stuttgart/Tübingen 1820, S. 237–238.
8 Der Einfluß von Davids Schwur der Horatier ist durch eine Kopie belegt; siehe Nach-Barock und Klassizismus (op. cit. Anm. 5), S. 233.
9 Morgenblatt für gebildete Stände, 24. Dez. 1814, Nr. 307, S. 1226; zit. in Nach-Barock und Klassizismus (op. cit. Anm. 5), S. 237, Anm. 2.
10 Kunst-Blatt (op. cit. Anm. 7), S. 238.
11 Vgl die Kopie nach Mengs Himmelfahrt Christi, in: Nach-Barock und Klassizismus (op. cit. Anm. 5), Nr. 7646, S. 235–236.
12 J. C. Lavater: Physiognomische Fragmente IV, 1778 nach S. 450; zit. nach Joachim Kruse: Johann Heinrich Lips 1758–1817, Ein Zürcher Kupferstecher zwischen Lavater und Goethe, Kunstsammlungen der Veste Coburg 1989, S. 118–119.
13 J. C. Lavater (op. cit. Anm. 12), S. 118–119.
14 Friedhelm Wilhelm Fischer/Sigrid von Blanckenhagen: Marie Ellenrieder, Leben und Werk der Konstanzer Malerin. Ein Beitrag zur Künstlergeschichte des 19. Jahrhunderts. Mit einem Werkverzeichnis von Sigrid von Blanckenhagen, Stuttgart 1963, S. 41.
15 Fischer/Blanckenhagen (op. cit. Anm. 14), Nr. 304–308; einige Datierungen bleiben kritisch zu überprüfen.
16 Fischer/Blanckenhagen (op. cit. Anm. 14), Nr. 305.
17 Fischer/Blanckenhagen (op. cit. Anm. 14), Nr. 307.
18 Fischer/Blanckenhagen (op. cit. Anm. 14), S. 55.
19 Auf zahlreichen ähnlichen Blättern finden sich am unteren Rand Bleistiftnotizen (Auflagenhöhe?, Preisangaben?), die an eine Vorlage für eine Stecherwerkstatt oder Lithoanstalt denken lassen.
20 Nach freundlicher Mitteilung von Frau Karin Stober, Rosgartenmuseum Konstanz und Graf Douglas, Schloß Langenstein.
21 Nach-Barock und Klassizismus (op. cit. Anm. 5), Nr. 7649, S. 232–233.
22 H. Uhde (op. cit. Anm. 3), S. 179.
23 Stilistisch vergleichbar sind die Pastellbildnisse der Jahre 1815/18; Fischer/Blanckenhagen, 1963, S. 23. Vergleiche auch die Radierung nach dem Ichenheimer Altarbild von 1822. – Offenbar verband Langer mit dem zu »grossen kubischen Formen erstarrten Kleid« der Kronprinzessin Therese von Bayern die einem solchen Bildnisauftrag angemessene Würde; Nach-Barock und Klassizismus (op. cit. Anm. 5), S. 240, Nr. WAF 481.
24 Besonders auffällig in der etwas steifen Gewandfigur im Kunsthaus Zürich, Graphische Sammlung, Signatur 0.4, fol. 8. Weitere Feder- und Kreideakte in diesem Band. – Vgl. auch mit dem Kreideakt von

J. C. Schinz in der gleichen Sammlung, Signatur 0.40, zweifellos aus den Münchner Studienjahren 1816/18.
25 Zit. nach Fischer/Blanckenhagen (op. cit. Anm. 14), S. 30–31. Fischers Augenmerk war schon 1963, anläßlich der ersten größeren Ellenrieder-Ausstellung auf die Zeichnungen gerichtet. Die schonende Aufbewahrung der Ellenrieder-Bestände des Kunsthauses Zürich in Klebebänden erschwert die Ausleihe.
26 Schinz war die Veränderung schon zwischen Herbst 1818 und 1821 bei seinem zweiten Romaufenthalt aufgefallen: »Es schien ihm alles gegenseitige Zutrauen erloschen zu sein.« (Neujahrsblatt der Künstlergesellschaft in Zürich auf das Jahr 1834, S. 9).
27 Klaus Gallwitz (Hrsg.): Die Nazarener in Rom, Ein deutscher Künstlerbund der Romantik, München 1982, S. 47.
28 Klara Siebert, Marie Ellenrieder als Künstlerin und Frau, Freiburg i. Br. 1916, S. 36. – Manchmal zeichnete sie in Begleitung des künstlerisch viel bescheideneren Schinz: »Auch freute ich mich, nach der Natur zu zeichnen, auf alles achtzugeben, dahingegen Schintz es grossartig auffasste.« (Tagebucheintragung von M. Ellenrieder, zit. nach K. Siebert, S. 39).
29 F. W. J. Schelling: Über das Verhältnis der bildenden Künste zu der Natur (1807), in: Texte zur Philosophie der Kunst (op. cit. Anm. 1), S. 64.
30 Eberhard Haufe (Hrsg.): Deutsche Briefe aus Italien, Von Winckelmann bis Gregorovius, Leipzig 1987, S. 185.
31 Ellen Spickernagel: »Das Innerste erschüttern und bewegen« – Zur religiösen Tafelmalerei der Nazarener, in: Die Nazarener, Frankfurt a. M. 1977, S. 115.
32 K. Siebert (op. cit. Anm. 28), S. 38.
33 Friedrich Hölderlin, Hyperion oder der Eremit von Griechenland, 1. Band, 1. Buch, 1797–99.
34 Peter Märker und Margret Stuffmann: Zu den Zeichnungen der Nazarener, in: Die Nazarener (op. cit. Anm. 31), S. 198.
35 Margaret Howitt: Friedrich Overbeck, Sein Leben und Schaffen, 2 Bände, Freiburg i. Br. 1886, Bd. 2, S. 408.
36 Margarete Zündorff: Marie Ellenrieder. Ein deutsches Frauen- und Künstlerleben, Konstanz 1940, S. 44.
37 M. Zündorff (op. cit. Anm. 36), S. 69.
38 Kunsthaus Zürich, Graphische Sammlung, Band 0.4/fol. 20 links.
39 M. Zündorff (op. cit. Anm. 36), S. 39

Michaela Burek

Anmerkungen zur Maltechnik Angelika Kauffmanns und Marie Ellenrieders

Im Rahmen der Ausstellungsvorbereitungen waren an verschiedenen Exponaten des Rosgartenmuseums, der Wessenberg-Galerie und privater Leihgeber Konservierungs- und Restaurierungsarbeiten vorzunehmen. Hierdurch ergab sich die Gelegenheit, die unterschiedlichen Techniken des Bildaufbaus der beiden Künstlerinnen Angelika Kauffmann (1741–1807) und Marie Ellenrieder (1791–1863) zu untersuchen.

Die vergleichende Gegenüberstellung von Bildentstehung und Maltechnik vermittelt nicht nur einen Einblick in die jeweilige zeittypische Arbeitsweise der beiden Malerinnen, sondern zeigt auch interessante Aspekte ihres Stilwandels, der sich auf ihrem künstlerischen Werdegang vollzog. So kennzeichnen Änderungstendenzen in bezug auf Grundierung, Untermalung und Malweise den Übergang A. Kauffmanns vom Spätbarock zum Klassizismus. Ähnliches gilt für Marie Ellenrieder, die sich abrupt von ihrer akademisch-barocken Malweise abwendet, als sie unter den Einfluß der Nazarener gerät.

ANGELIKA KAUFFMANN

Die anfangs von der venezianisch-lombardischen Maltradition[1] beeinflußte Malweise Angelika Kauffmanns, in der sie u.a. durch die künstlerische Ausbildung bei ihrem Vater geschult war, wandelt sich entscheidend mit ihrer Hinwendung zum Klassizismus Ende der 60er Jahre des 18. Jahrhunderts.

Bildträger und Grundierung

Die Präparierung der Leinwände – dem bis auf wenige Ausnahmen[2] überwiegend benutzten Bildträger Kauffmanns – mit den Grundierungen lag offensichtlich in den Händen ihres Vaters, bevor ihr Gatte Antonio Zucchi als langjähriger Werkstattmitarbeiter diese Tätigkeit übernahm: »Er bereitete an ihres Vaters Statt ihre Leinwände vor, legte ihr die Farben bereit und führte über ihre Werke Buch.«[3]

Die untersuchten Gemälde, an denen sich die originalen Spannränder erhalten haben, zeigen ein für jedes Gemälde individuell vorbereitetes und grundiertes Format. Die ungrundierten Spannränder sind deutliches Kennzeichen dafür, daß nicht bereits großflächig vorgrundierte und dann stückweise aufgespannte Malleinwände verwendet wurden.

Die Schichtdicke und damit die Nivellierung der Leinwandstruktur durch die Grundierung variiert z.T. sogar innerhalb eines zusammengehörigen Gemäldezyklusses[4], so daß eine beabsichtigte künstlerische Einbeziehung der Leinwandstruktur nicht zu vermuten ist. An dem Gemälde »Hebe füttert den Adler« (Kat.-Nr. 21 A.K.) lassen sogar deutliche Spachtelspuren(!) die Auftragsweise der Grundierung erkennen.

Den frühen Bildnissen, die noch unter der Anleitung des Vaters entstehen, ist gemeinsam, daß sie auf *dunklen* Grundierungen ausgeführt sind. Dementsprechend zeigen sie einen spezifischen Bildaufbau und eine charakteristische Farbwirkung. Nachweisbar sind warmtonige und rotbraune Grundierungen bei dem frühen Selbstbildnis mit Notenblatt (1753/54), dem Selbstbildnis in Bregenzwälder Tracht (1757/58) und bei den Auftragsarbeiten für Schloß Tettnang (Bildnisse Graf und Gräfin v. Montfort (1758/59, Kat.-Nr. 5, 6 A.K.). Baumgärtel beschreibt die übereinstimmenden Merkmale dieser frühen Bildnisse folgendermaßen: »...ein hartes Chiaroscuro, das die Köpfe und Dekolletés aus einem Rüschendreieck hervorblenden läßt. Die kantigen Malflächen können nicht allein einem steifen Frühwerk zugerechnet werden, sondern müssen auf die lombardische Malweise zurückgeführt werden.«[5]

Der Gebrauch dunkler Grundierungen (zumeist rotbraune, durch eisenoxidhaltige Pigmente angefärbte Grundierungen, die häufig als »Bolusgründe« bezeichnet werden) kommt als Charakteristikum in der venezianischen Barockmalerei auf. Sie erlauben mit der Entfaltung der Primamalerei eine rationale »Schnellmaltechnik«: stark gedeckte Lichter, durchscheinende Halbtöne und der in den Schattenpartien offen belassene Grundierungston bilden das Grundgerüst. Durch das »Mitspielen-

Abb. 1 Die lediglich grob skizzierende Unterzeichnungsweise – mit der leicht korrigierbaren Zeichenkohle ausgeführt – ist an dem unvollendeten Männerbildnis (Spätwerk) sichtbar geblieben.
Bregenz, Vorarlberger Landesmuseum

lassen« des dunklen Grundierungstones durch einen lichter lasierend darübergelegten Farbton, der zu den Lichthöhungen hin deckender wird, lassen sich schnell stufenlose Modellierungen erzielen (sog. optisches Grau).

Diese ökonomische Technik, vielleicht vom Vater als Produzent »gutkäuflicher Heiligenbilder«[6] übernommen, kennzeichnet auch das Frühwerk Angelika Kauffmanns. Erst im Spätwerk überwiegen die hellen Grundierungen. Die kunsthistorische Forschung kritisiert an den frühen Porträts das »harte Chiaroscuro«[7] und die »unglückliche Transparenz des dunklen, warmen Grundes«.[8] Durch die Untersuchung wurde klar, daß diese Phänomene auf den maltechnischen Aufbau der Bilder zurückzuführen sind. Durch chemisch-physikalische Prozesse (Bleiweißverseifung, Transparenzerhöhung trocknender Ölmalfilme) büßen ölhaltige Malschichten im Laufe der Zeit ihr ursprüngliches Deckvermögen ein, so daß insbesondere in den Lasurpartien der dunkle Grundierungsfarbton stärker hervortritt.[9] Die auf natürliche Alterung zurückzuführende Kontraststeigerung von hellen und dunklen Malpartien kann zusätzlich durch Verputzungen der bindemittelreichen und damit lösungsmittelempfindlichen Lasuren gesteigert werden.

Deutlich wird dieses Phänomen der Transparenzerhöhung, insbesondere bei Bleiweiß-Ölfilmen, am Beispiel der Ölskizze für das Familienporträt Bariatinsky (Kat.-Nr. 15 A.K.). Bei den augenfälligen Korrekturen der Beinstellung der beiden Herren in der sonst sorgfältig ausgeführten Ölskizze ist der beschriebene Vorgang nachvollziehbar.

Unterzeichnung

Untersuchungen mittels IR-Photographie bzw. Reflektographie[10] an verschiedenen Gemälden gewährten Einblicke in Angelika Kauffmanns Unterzeichnungstechnik, wie sie auch nebenstehendes unvollendetes Porträt zeigt. Die in Vorstudien und Skizzen vorbereitete Komposition überträgt die Künstlerin nicht exakt auf den eigentlichen

Abb. 2   Bei der Infrarotuntersuchung zeigen sich deutlich die Pentimenti innerhalb der Unterzeichnung.
Bregenz, Vorarlberger Landesmuseum, Restaurierungsbericht 1991

Malgrund, sie entwirft diese quasi noch einmal frei auf der bereits präparierten Leinwand. Die Unterzeichnung gewinnt damit den Charakter einer »Entwurfsskizze« auf dem Malgrund – ganz im Gegensatz zur detailgetreuen Unterzeichnungsweise Ellenrieders. Die zumeist mit Kohle vorskizzierte Unterzeichnung wird dann mit schnellen dunklen Pinselzügen nachgearbeitet und korrigiert. Dabei entsteht keine detailgenau ausgeführte Kompositionsanlage, sondern eine grobe Fixierung der Figurenvolumina, ihrer Haltungen und Bewegungen, ohne der folgenden malerischen Gestaltung einengende Grenzen zu setzen. Dies bezeugen die zahlreichen Pentimenti zwischen Unterzeichnung und malerischer Ausführung, die die Infrarotuntersuchung sichtbar werden läßt.[11]

Auftragstechnik und Farbmaterialien

Charakteristisch für die Malweise Kauffmanns ist die überwiegende Primamalerei. Mit dem Verzicht auf langwierige Untermalungsschichten scheint sie die Farben naß-in-naß verarbeitet zu haben, wobei die neben- und übereinandergesetzten Farbpartien zu einem harmonischen Ganzen verschmelzen. Dabei nutzt sie sowohl im Frühwerk den dunklen Grundierungston in den Schattenpartien als auch in der späteren klassizistisch kühler werdenden Farbigkeit den nunmehr vorwiegend eingesetzten hellen Grundierungston als Reflektor des Lichtes. In den oft breit lasierend angelegten Malflächen, insbesondere Gewandpartien und Hintergründen, bezieht sie deutlich den Grundierungston in Verbindung mit einer starken Textur des Pinselduktus in die Farbwirkung ein. Die konzentrierte Verwendung lasierender Pigmente ist durch die Nachweise an ihren Gemälden und durch Analysen ihrer im Deutschen Museum in München erhaltenen Malfarben bzw. Pigmente[12] sowie durch Äußerungen in ihren Briefen und denen ihrer Zeitgenossen leicht zu dokumentieren.
Als beredtes Zeugnis dienen Auszüge aus George Keates »Epistle to Angelica Kauffmann« (1781), in dem er ein »Mumienpulver« erwähnt, das sie in geringen Mengen ihren Farben zusetzte, wodurch sie »die leichten, durchsichtigen Schatten« und eine »kristalline Oberfläche« ihrer Farbpartien erzielte.[13] Dieses im wesentlichen aus Asphalt und Harzen bestehende Farbmaterial entfaltet als Lasur eine ungeheure Farbtiefe. Das durch Zermahlen von Mumienteilen gewonnene tiefbraune Material ist auch in der von Goethe als »Ocker« bezeichneten Farbe, »... die Angelica Kauffmann zu den Fleischpartien ... zu benutzen pflegte«, zu vermuten. Denn er führt weiter aus: »Sie schätzte das Wenige, das sie davon besaß nach dem Gewicht des Goldes.«[14] Eine Aussage, die sich weniger mit den stets preiswerten und leicht erhältlichen Ockersorten als mit dem nur schwer erhältlichen[15] und wegen seiner (in größeren Mengen) schlechten maltechnischen Eigenschaften bekannten »Mumienpulver«[16] in Verbindung bringen läßt.

Abb. 3 Der lasierend auf den Grundierungston aufgebrachte Farblack im Gewanddetail des Gemäldes »Porträt Ferdinand IV.« gibt in der starken Textur des Pinselduktus die Modellierung an.
Bregenz, Vorarlberger Landesmuseum

Eine Transparenz der Farben im lasierenden Auftrag zu bewirken scheint ihr selbst eine Voraussetzung für ein gelungenes Gemälde zu sein. So schreibt sie zufrieden an Goethe über ein gerade fertiggestelltes Gemälde: »... das Stück hat viel Krafft... die Farben seind mir sehr durchscheinend geworden.«[17]

Das Einschlagen der Lasuren durch einen zu stark saugenden Malgrund oder zu extreme Verdünnung des Bindemittels konnte die ursprünglich erzielte Feurigkeit ihrer Lasuren und damit die gesamte Bildwirkung mindern. So klagt Goethe über die Veränderung an einem Porträt von ihrer Hand, daß es »... sein Äußeres einigermaßen verändert (hat), indem der Firnis entweder verflogen oder eingeschlagen ist, sodaß die Lebhaftigkeit der Farben und ihre Harmonie nicht wie zuerst gesehen wird«.[18]

MARIE ELLENRIEDER

Von Josef Einsle in der Miniaturmalerei unterwiesen, kommt Marie Ellenrieder unter Anleitung des Münchner Akademiedirektors Johann Peter von Langer in den für sie anfangs wichtigen Kontakt mit der eigentlich unzeitgemäßen Maltradition und -technik. J. P. von Langer, der »in einem spätbarocken Klassizismus erzogen, ... noch in Kontakt mit der selbstbewußten Welt des Barock« steht, erkennt und fördert Marie Ellenrieders »geheime Wahlverwandtschaft zum Barock«.[19] Dies bemerkt Friedhelm Wilhelm Fischer und beurteilt die in ihrer Akademiezeit gemalten Porträts folgendermaßen: »alle entstanden noch in barocker Manier«. Das um 1817 entstandene Bildnis des »Hl. Hieronymus« (Kat.-Nr. 32 M. E.), dessen »barockes Hell-Dunkel« nach Meinung Fischers »in engem Anschluß an ein Vorbild des 17. Jahrhunderts entstanden sein[20] dürfte, konnte als repräsentatives Beispiel dieser Stilphase Ellenrieders genauer untersucht werden: Der Bildträger zum Gemälde des »Hl. Hieronymus« (um 1817) besteht aus Leinwand. Sie wurde im aufgespannten Zustand (ungrundierte Spannränder) dünn mit einer zweilagigen Grundierung versehen. Eine schwarze

Abb. 4 IR-Durchlichtaufnahme, Kopfdetail »Hl. Hieronymus« (Kat.-Nr. 32 M. E.). Die skizzenhafte Unterzeichnung (Pfeil), die deutliche Pinseltextur und die dünne, z. T. durchscheinende Grundierung sind Kennzeichen ihrer »barocken Manier« vor 1822, die auf ihre akademische Ausbildung unter Langer zurückzuführen sind. Kat.-Nr. 32 M. E.

Pinselunterzeichnung gibt die Komposition an, die mit den bereits beschriebenen Kennzeichen der barocken Malweise auf dunklen Grundierungen ausgeführt ist.
Die Verwendung des optischen Grau unter Einbeziehung des dunklen Grundierungsfarbtons in den Schattenpartien, die nur dünn lasierend übergangen sind, zeugt von der genauen Beobachtung maltechnischer Eigenheiten barocker Vorbilder. Die IR-Durchlichtaufnahme zeigt das von den Schattenpartien ausgehende immer dichter und pastoser werdende Bleiweißgerüst des Inkarnates. Entlang der schattenreichen Konturen ist der Grundierungsfarbton sogar offen stehengelassen. Dieser Rückgriff auf Technik und Malweise barocker Maltradition, wobei Ellenrieder den Grundton als verbindendes Farbelement der Komposition benutzt, ist spektakulär in Anbetracht der Gemälde ihrer zweiten Stilphase, in der sie den Grundierungsfarbton vollständig und nahtlos überdeckt.
In den kurze Zeit später entstandenen Porträts, »Selbstbildnis mit Palette« (1819, Kat.-Nr. 2 M. E.), »Porträt Dr. Hug« (1820, Kat.-Nr. 15 M. E.) und »Lesendes Mädchen« (1819, Kat.-Nr. 33 M. E.) sind die gewonnenen Erfahrungen Ellenrieders nachvollziehbar. Auch wenn sie hier bereits die nun üblichen industriell hergestellten weißgrundierten Malleinwände[21] verwendet, so sind doch die Inkarnate auf einer Rotuntermalung aufgebaut. Diese Rotuntermalung als verbindenden Zwischenton nutzend, höht sie allmählich zu den Lichtern und verstärkt die Schattenpartien dunkel lasierend; partiell bleibt der Grundierungsfarbton als Zwischenton offen stehen (Ohrbereich).
Ablesbar wird dieser maltechnische Aufbau in den Korrekturbereichen, die sie während der malerischen Ausarbeitung vornimmt und die teils durch Frühschwundrißbildung[22], teils durch Verputzung heute sichtbar sind.

Die Maltechnik der nazarenischen Stilphase nach 1822

Das Hauptwerk Marie Ellenrieders entsteht unter dem Einfluß nazarenischer Stilprägung. Die ihr bis 1822 eigene »barocke Manier«[23] in Technik und Darstellung wandelt sich mit der Ankunft in Rom und ihrem Zusammentreffen mit der Künstlergruppe um Peter v. Cornelius und Friedrich Overbeck. Ein Zeitgenosse berichtet, daß »Marie sehr einseitig nach Rom gekommen...« sei und ihr erstes Gemälde »völlig langerisch« ausgesehen habe. »Im Vatikan scheinen ihr indessen die Schuppen von den Augen zu fallen und nie ist sie glücklicher, als wenn Luise sie mitnimmt, Veit, Overbeck und andere deutsche Künstler zu besuchen.«[24]

Sie lernt in der handwerklichen und künstlerisch völlig anders gearteten maltechnischen Tradition der Nazarener zu arbeiten.

Bildträger und Grundierung

Bezeichnend ist die ausschließliche Benutzung sehr glatter und weißer Malgründe. Die verwendeten Bildträger sind, neben den industriell vorgrundierten Malleinwänden, Holztafeln (Nußbaumholz konnte bei dem Porträt »O. v. Vincenti«, S. 39, Eichenholz bei: »Johannesknabe«, Kat.-Nr. 38 M. E., nachgewiesen werden) und Seide (»Madonna im Rosenbogen«, Kat.-Nr. 45 M. E.). Ellenrieder scheint ganz bewußt das harte und homogene Nußbaum- bzw. Eichenholz als Material für glatte Bildtafeln eingesetzt zu haben.

Die ölhaltigen Halbkreidegründe nivellieren jegliche Struktur der textilen Bildträger. Unebenheiten, wie die sichtbaren Spachtelspuren in der Grundierung des Kauffmann-Gemäldes »Hebe füttert den Adler«, sind in den Malgründen Marie Ellenrieders in dieser Stilphase nicht nachzuweisen und auch undenkbar.

Abb. 5   Vorstudie zum Selbstbildnis mit Palette, 1819. Die Größe entspricht genau der Ausführung in Öl. Privatbesitz.

Vorstudien und Unterzeichnung

Auf diese glatten Malgründe überträgt sie die bis ins kleinste Detail sauber ausgeführte originalgroße Vorzeichnung auf (Paus-)Papier.

Die außerordentliche Perfektion, die sich in den Vorzeichnungen Ellenrieders widerspiegelt, wird in stets

Die Schraffur markiert die in der Untermalung angelegte Komposition.

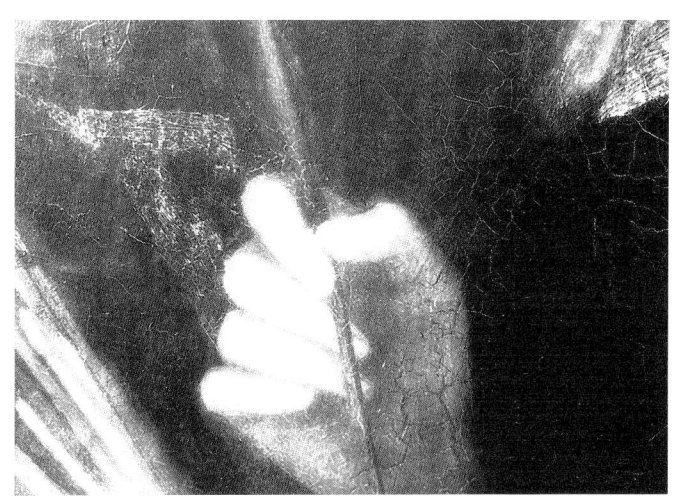

Abb. 6   Die Rotuntermalung der ursprünglich zum Staffeleibild gerichteten rechten Hand scheint heute durch die dunkle, darübergelegte Hintergrundfarbe und wird im IR-Photo (Abb. 5) als Pentiment deutlich sichtbar. Diese Handhaltung wurde während der malerischen Ausarbeitung (als Eigenkorrektur Ellenrieders) ebenso verworfen wie der in der Untermalungsfarbe angelegte tiefere Halsausschnitt des Kleides, wie ihn bereits die Vorzeichnung zeigt. Kat.-Nr. 2 M. E.

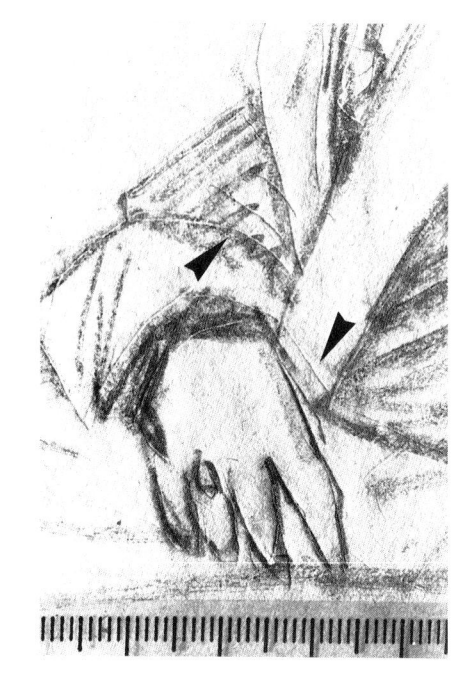

Abb. 7/8   Streiflichtaufnahme. Skizze zum »Porträt Dr. Hug« (Kat.-Nr. 15 M. E.). Die scheinbar flüchtige Skizze wurde auf einer durchgeriffelten »Unterzeichnung« ausgeführt (s. Pfeil). Konstanz, Rosgartenmuseum

Abb. 9   Streiflichtaufnahme. Die detaillierte Vorzeichnung zum »Bildnis der Anna Martignoni«, 1828, enthält die Griffelspuren (s. Pfeil) von der Übertragung auf den Malgrund. Konstanz, Rosgartenmuseum

präziser ausgeführten Vorstudiensequenzen erreicht. Wie mühevoll es für Ellenrieder war, eine zeichnerisch perfekte Vorzeichnung zu erzielen, dokumentiert ein Tagebucheintrag im April 1823: »Beym Gewand meiner stehenden Madonna machte ich die Falten zu einförmig, zu mager...; doch sagte man mir nicht bey diesem Anlasse wie Raphaello einmal für einen Ärmel 10 Studien machte.«[26]

Auf dem Weg zu einer stets sorgfältigeren Vorstudie scheint Ellenrieder bereits das Pausverfahren angewendet zu haben. So zeigt eine lediglich skizzenhafte Vorstudie zu einem Porträt Griffelspuren, d. h. durch Aufpausen entstandene schwache Vertiefungslinien im Papier, auf dem die nur scheinbar schnell hingeworfene Figurenskizze in Kohle quasi »nachkomponiert« wurde.

Sie fertigt demnach nicht zwingend mehrere neuentworfene Vorstudien zu ein und demselben Porträt, sondern verbessert zuweilen Schritt für Schritt die jeweilige auf ein neues Blatt übertragene (durchgepauste) Studie.

Als Übertragungsverfahren der so perfektionierten Vor-

Abb. 10/11 Die detaillierte Unterzeichnungspraxis Marie Ellenrieders mit der präzisen, spitzpinseligen Ausmalung entlang der Konturen zeigt die Übernahme der nazarenischen Malweise.
Rechts: M. Ellenrieder »Madonna mit zwei Engeln« (1863/ unvollendet), Kat-Nr. 51 M. E.
Oben links: P. v. Cornelius »Grablegung« (publ. bei Doerner, Malmaterial, München 1963, ohne Standortangabe)

zeichnung auf den eigentlichen Malgrund ist auch hierbei überwiegend das Pausverfahren nachweisbar. Dabei ist nur an einem Beispiel, dem bereits als Pastell ausgeführten »Porträt Dr. Hug«, eine Anfärbung der Papierrückseite mit Kohle zu beobachten. Die Griffelspuren sind in dem nachträglich(!) als Pause verwendeten Pastell im Streiflicht sichtbar. Die übrigen im Konstanzer Sammlungsbestand vorhandenen Pausen zeigen nur die mit dem Griffel auf den Malgrund durchgedrückten Vertiefungslinien.[27] Diese wurden dann mit Bleistift, Kohle

und/oder mit dem Pinsel in braunschwarzer Farbe sauber nachgezogen; die Schattenpartien in Parallelschraffuren angegeben.
Das z.T. stereotype Erscheinungsbild ihrer Heiligenfiguren und Engel legt die mehrfache Verwendung *einer* Pause in verschiedenen Bildkompositionen nahe.
In einem Fall ist durch identische Größe und Formgebung eine zweimalige Verwendung der Pause konkret zu vermuten: Der stehende »Johannesknabe« (Kat.-Nr. 42 M. E.) und der Christusknabe im Gemälde »Maria mit dem Jesusknaben« (Kat.-Nr. 36 M. E.) sind deckungsgleich – mit Ausnahme der Stellung der Beine. Beim »Johannesknaben« geben demgemäß auch Frühschwundrisse Einblick in eine mehrfache Korrektur der Beinstellung.

Auftragstechnik und Farbmaterialien

Innerhalb der detailliert angegebenen Unterzeichnung beginnt Ellenrieder die einzelnen Bildpartien Stück für Stück auszumalen.
Ihre Vorgehensweise bei der Ausmalung beschreibt sie in einem Tagebucheintrag 1822: »Das schöne rote Gewand mußte ich nur mit Neapelrot und Weiß mahlen, im Schatten pur... Das dunkle Grün ganz mit Neapelgelb und Perliner Blau, zum Schatten hin ein bißchen Goldokker;... Beim Übermahlen die Tinten (Lasuren) auf gleiche Weise gemischt, graulicht gehalten, und *keine Stelle unbemalt gelassen*. Dann nach der Form (der Unterzeichnung) mit einem kleinen Pinsel verarbeitet und dann erst mit einem Großen vertrieben. Aber bey der ganzen Behandlung unendlich auf die Contur(!) und die kleinsten Formen bedacht sein.«[28]
Demnach vermischt sie die Farben auf der Palette, trägt sie streng innerhalb der Grenzen, die ihr die Unterzeichnung vorgibt, alla prima auf und vertreibt sie danach ineinander. Der Pinselduktus und eventuelle Pastositäten werden so vollkommen nivelliert, denn »uneben«, so fährt sie fort, »darf man es nicht dulden wegen dem Laßieren«.[29] Auf diese Weise entsteht die charakteristische, emailhaft glatte Gemäldeoberfläche, wie sie beispielhaft das Gemälde »Johannesknabe, das Kreuz bindend« (Kat.-Nr. 38 M. E., Farbabb. 32) zeigt.
Die zügig voranschreitende Malweise Angelika Kauffmanns, deren schnelle Pinselführung in den Modellierungen ablesbar ist, war Marie Ellenrieder fremd (geworden). Immer und immer wieder übergeht sie verbessernd einzelne Bildpartien: »Ich mußte zum 4ten Mal drüber über das Köpfchen, weil es in manchen Tönen dem Original nicht gleich kam«, vermerkt sie im Tagebuch 1822.[30]
Um das bereits Gemalte nicht wieder aufzureißen und damit gänzlich zu verderben, legt sie offensichtlich Trocknungsphasen bei der malerischen Bildausführung ein. Dabei überzieht sie z.T. mit einem Zwischenfirnis isolierend die stellenweise matt eingeschlagenen Partien: »Beim Retuschieren des lieben Julianenköpfchens mußte ich mit Firniß und Öl anfeuchten.«[31] Diese Trocknungsphasen sind vielleicht auch eine Erklärung dafür, daß die so häufig übergangenen Malpartien heute nicht durch breite Schwundrisse verdorben sind.[32]
Die in der Akademiezeit unter Langer kennengelernte und praktizierte Mitverwendung des Grundierungsfarbtons (wie sie auch die Maltechnik Kauffmanns zeigt) und/oder eines Untermalungsfarbtons zur Harmonisierung des Bildgefüges negiert sie bewußt: »Denn Vieles ist versäumt, manches muß *verlernt* werden...«, schreibt sie gleich im ersten Romjahr als Tagebuchnotiz und »kämpft« mit Hilfe großflächiger Schlußlasuren gegen ein Auseinanderfallen der Farbharmonie in ihren Gemäldekompositionen: »Auch ein Tönchen von braunem Lack mußte über die blaue Luft gelegt werden, wie man überhaupt darauf achtgeben muß, daß das Ganze sich zu einem Lokalton vereinige.«[33]
Bei der Auswahl ihrer Farbmaterialien wirkt Marie Ellenrieder eher traditionell, gemessen an der um die Jahrhundertmitte zahlreich neu auf den Markt kommenden Künstlerpigmente, die die Bandbreite der bisher verfügbaren Farben erheblich vergrößern. Nach den Notizen in den Tagebüchern besteht ihre Palette aus: »Chremnitzerweiß«, »Neappelroth«, lichtem Ocker, Gold-

ocker, Zinnober, Neapelrot, rotem Farblack, »Terra di siena«, »Englisch-Ocker«, Ultramarin, »Perliner Blau«, Asphalt und einem nicht näher charakterisierten Schwarz. In ihren Aufzeichnungen und auch auf der Palette des Selbstbildnisses (1819) fehlen die Grüntöne, sie erhält sie durch Ausmischung von »Neapelgelb & Perliner Blau« bzw. »Ultramarin« und »Ocker & Ultramarin«.

Während in der Farbpalette Kauffmanns noch das aus Lapislazuli gewonnene, kostspielige Ultramarin nachgewiesen ist, verfügt Marie Ellenrieder bereits über das seit 1830 fabrikmäßig hergestellte preiswertere Substitut.

Für die zum Schluß aufgesetzten Heiligenscheine und feinteiligen Goldborten verwendete Ellenrieder – wie wir aus ihren Aufzeichnungen wissen – Muschelgold, dessen Name von dem bis ins 20. Jahrhundert in Muschelschalen im Handel erhältlichen, leimgebundenen Pudergold herrührt.

»Auf die Vergoldungen kränkte[34] es mich, aber es war zu meiner angenehmen Überraschung recht leicht; man feuchtet nur mit dem Speichel jene Stellen an und reibt es hinein, aber es muß gut trocken seyn, dann nimmt man ein gutes Pinselchen und mahlt auf dem goldenen Müschelchen mit Waßer, wenn man fertig ist, geht man ganz leicht mit Firniß darüber.«[35]

Das angedeutete Vornetzen mit Speichel verhindert ein Abperlen des wäßrig verarbeiteten, leimgebundenen Goldpuders beim Auftragen auf ihre ölhaltigen Malflächen.

Leider finden sich in den Quellen keine konkreten Angaben zu den verwendeten Bindemitteln ihrer Malfarben oder zu ihren Schlußüberzügen auf den Gemälden. Überliefert ist allerdings eine ungewöhnliche Schutzmaßnahme, die sich an den Gemälden »Maria im Rosenbogen« (Kat.-Nr. 45 M. E.) und »Betendes Mädchen« (Kat.-Nr. 33 M. E.) nachweisen läßt. An den noch originalen Zierrahmen haben sich eine originale Vorhangkonstruktion bzw. im zweiten Fall die Ösen der Vorhangstange erhalten. Daß diese Schutzvorrichtungen zweifellos auch auf einen künstlerischen Effekt zielen, zeigt die gemalte Version des zurückgezogenen (farblich identischen) Vorhanges im Gemälde »Maria mit dem Jesusknaben« (Kat.-Nr. 36 M. E.).

Auf diese Wirkungsabsicht bezieht sich Joachim v. Sandrart, wenn er beschreibt, »er habe ... Caravaggios ›Cupido‹ in der Gall. Giustiniani zu Rom mit einem dunkelgrünen seidenen Vorhang bedecken und zur Steigerung der Bildwirkung diesen erst im letzten Augenblick öffnen... lassen.«[35]

Anmerkungen

1. Vgl. Baumgärtel, B., Angelika Kauffmann, 1990, S. 46, »...den starken Einfluß der lombardischen Malerschule von Ligari und Carloni auf die Malweise des norditalienischen und süddeutschen Raumes, der auch Angelika Kauffmanns frühe Bilder merklich prägte.«
Vgl. Clark, A., Roma mi e sempre in pensiero, in: Ausst.-Kat. Bregenz 1963, S. 5, »Angelika Kauffmanns norditalienische Schule läßt sich nicht verleugnen...«
2. Neben Leinwand findet sich in wenigen Beispielen Kupfer bei kleinen Oval- und Rundformaten als Bildträger. Vgl. Ausst.-Kat. Bregenz 1963, Kat.-Nr. 56, 67.
3. Nach Baumgärtel, 1990, S. 219.
4. Vgl. Ausst.-Kat. Angelika Kauffmann-Restaurierungen, Bregenz 1991, S. 3f.
5. Baumgärtel, 1990, S. 46.
6. Pignatti, T., Angelika Kauffmann und Venedig, in: Ausst.-Kat. Bregenz 1963, S. 1.
7. Baumgärtel, 1990, a.a.O.
8. Clark, A., in: Ausst.-Kat. Bregenz 1963, a.a.O.
9. Vgl. Kühn, H., Bindemittel, in: Reclams Handbuch der Künstlerischen Techniken, Stuttgart 1984, S. 49.
10. Vgl. hierzu Ausst.-Kat. A. Kauffmann-Restaurierungen, 1991, S. 5, Abb. 4.
11. Mit Hilfe der Infrarotphotographie/Reflektographie können bei der Gemäldeflächenuntersuchung unter der Malschicht befindliche Unterzeichnungen sichtbar gemacht werden, da die langwelligen Infrarotstrahlen in der Lage sind, trübe Medien (so auch begrenzt Farbschichten) zu durchdringen.
12. Ziegler, I., Die Farben der Rokoko-Malerin A. Kauffmann, in: Die BASF, 1974, S. 11ff.
13. Keate, G., Epistle to Angelica Kauffmann, 1781, nach Auszügen in: Helbok, C., Miss Angel-Angelica Kauffmann, Wien, 1968, S. 134.

14 Nach Baumgärtel, 1990, S. 331, Anm. 239.
15 So warnen bereits zeitgenössische Quellenschriften vor den »betrügerischen Nachahmungen« dieses wertvollen Pigments, das aus staubfein zerriebenen Mumien und Mumienbandagen bestand. Vgl. Hochheimer, C., Chemische Farbenlehre, Leipzig 1803, S. 161.
16 Ausführlich bei Schulze-Zumloh, M., Eine Sammlung von Malmaterialien des frühen 19. Jahrhunderts, Stuttgart 1989 (unpubl. Dipl.-Arbeit).
17 Brief A. Kauffmanns an Goethe, Rom 5. 8. 1788, in: Thurnher, E., Angelika Kauffmann und die dt. Dichtung, Vorarlberger Schriften, Bd. 10, Bregenz 1966, S. 50.
18 Brief Goethes an Kauffmann, Weimar 18. 1. 1797, zitiert nach Thurnher, 1966, S. 66; frdl. Hinweis von D. Zimdars.
19 Fischer / v. Blanckenhagen, 1963, S. 17.
20 a.a.O.
21 Maschinell gewebte Leinwände in genormten Größen auf Keilrahmen oder bahnenweise mit Grundierung versehen, kommen Ende des 18. Jahrhunderts verstärkt in den Handel. Vgl. hierzu: Haaf, B., Industriell vorgrundierte Malleinen, in: Kunsttechnologie u. Konservierungstechnik, Jg. 1/87, S. 7ff.
22 Spezifische Craqueléform, die in diesem Fall durch den Auftrag einer Farbschicht über einer ungenügend getrockneten Untermalungsschicht entstand. Physikalisch-chemische Prozesse ließen die in den Rißtiefen sichtbare Untermalungsschicht die aufliegende Farbschicht quasi »aufbrechen«.
23 Fischer / v. Blanckenhagen, 1963, S. 18.
24 Zitiert nach: Fischer / v. Blanckenhagen, 1963, S. 30.
25 Hierfür beispielhaft haben sich die Skizzen und Vorzeichnungen zu den Werken »Großherzogin Sophie v. Baden mit Kindern (1832/34) und »Sanftmut und Demut« (um 1855) erhalten.
26 Ellenrieder, Tagebuch 1823, in masch. schrift. Übertragung von K. Stober.
27 Deutliche Griffelspuren im Malgrund zeigen sich in der Bildfläche der Gemälde Kat.-Nr. 41 und Kat.-Nr. 42 M. E.
28 Ellenrieder, Tagebuch, 1822.
29 a.a.O.
30 a.a.O.
31 a.a.O.
32 Ein Negativbeispiel stellt das Gemälde »Zwei Engel mit Schriftband« (1856) im Vorarlberger Landesmuseum Bregenz dar, das von tiefen Frühschwundrissen gleichsam »narbig« durchzogen wird.
33 Ellenrieder, Tagebuch, 1822.
34 Veralteter Ausdruck für: »... sich Sorgen machen...«
35 a.a.O.
36 Nach Koller, M., Staffeleibild der Neuzeit, in: Reclams Handbuch der Künstlerischen Techniken, Stuttgart 1984, S. 336.

Karin Stober

Die Tagebücher der Marie Ellenrieder

Marie Ellenrieder hat insgesamt mindestens sechs Tagebücher verfaßt. Im handschriftlichen Original sind allerdings nur zwei erhalten geblieben: das dritte Buch in der chronologischen Reihe (7. Oktober 1822 bis 4. August 1823), welches Marie Ellenrieder während der ersten Romreise führte, und das sechste und letzte (29. Dezember 1833 bis 1862); beide befinden sich heute im Rosgartenmuseum. Vier weitere waren 1913 der Badischen Hof- und Landesbibliothek überwiesen worden, gelten aber seit 1934 als verschollen. Klara Siebert, die Verfasserin der ersten ausführlichen Monographie über Marie Ellenrieder, hatte zur Fertigung derselben eine redigierte Abschrift der Tagebücher (»vier schmale Hefte«) verfaßt. Diese Abschrift ist heute Besitz der Badischen Landesbibliothek.[1] Mit welcher Hingabe sich Marie Ellenrieder dem Tagebuchschreiben widmete, zeigen die beiden handschriftlichen Originale. Das frühere (das dritte) ist ein dünnes, äußerlich zerschlissenes Büchlein, welches sie während der Italienreise mit sich führte und eigens wegen des praktischen Formats dafür ausgewählt hatte. Für das sechste Tagebuch benutzte sie ein kleines, von der Großherzogin als Geschenk verehrtes Album[2] mit geprägtem, weinrotem Ledereinband und Goldschnitt. Die Schriftzüge sind mit feiner Feder, ausgesprochen akkurat und sorgfältig, aber dennoch flüssig ausgeführt. Kleine, eingestreute Skizzen und Verzierungen (denen sie im letzten Buch viel Aufmerksamkeit gewidmet hat) verleihen diesen Dokumenten einen ganz besonders lebendigen und kostbaren Charme (Abb. 1). Die Abschrift des ersten und zweiten Tagebuchs (Frühjahr 1813 bis zur Ankunft in Rom 1822; Überschneidung mit dem dritten Tagebuch) ist stark zusammengefaßt, auf die Wiedergabe von Ereignissen aus Ellenrieders künstlerischer Laufbahn beschränkt und läßt schwerlich Rückschlüsse auf Umfang und Ausführlichkeit des Originals zu. Das vierte und fünfte (Herbst 1823 bis Oktober 1824 und 12. Oktober 1824 bis Silvestertag 1825) ist dagegen häufiger in Form authentischer Zitate übertragen.

Marie Ellenrieder hat ihre Tagebücher nicht mit besonderer Regelmäßigkeit geführt. Von Anfang an finden sich zeitliche Lücken zwischen den Niederschriften, die sich mit fortschreitendem Alter vergrößern und häufen, bis die Eintragungen im letzten Jahrzehnt ihres Lebens nur noch sporadisch erfolgen. Die Aufzeichnungen sind vielseitig. Es wechseln Reisebeschreibungen, Kunstbetrachtungen, Schilderungen des Alltags und besonderer Ereignisse mit Bemerkungen über Personen ihres Umkreises. Den weitaus meisten Raum aber widmet sie von Anfang an, jedoch mit zunehmender Tendenz, ihrer empfindsamen christlichen Seele. Aus den früheren Tagebüchern spricht überschäumende Freude und ein Staunen über ihr eigenes Lebensglück. Das Tagebuch wirkt wie ein Behältnis, in welchem etwas von diesem Glück aufgefangen und bewahrt werden soll. Die Tagebücher drei bis fünf beschreiben den ersten Italienaufenthalt bis zu den Jahren in Karlsruhe. Die Romreise galt ihr von Anfang an als ein ganz besonderer Lebensabschnitt, den sie dokumentarisch festzuhalten beabsichtigte. Allein die Dokumentation mischt sich schon bald mit der Schilderung seelischer Zustände und tritt hinter Selbstbeschuldigung und religiösen Selbstbeschwörungslitaneien zurück. Das sechste Tagebuch handelt dann überwiegend nur noch von dem, was Ellenrieder ihren »höheren Lebenslauf«, »das Leben in der Seele« nennt: Selbstbesinnung im Gebet, Zwiesprache mit Gott, Selbstanklage wegen sündhafter Verfehlungen, Beschwörungen einer besseren Lebensführung im Sinne christlicher Tugendvorstellungen. Manifestationen religiöser Seelenhaftigkeit haben die Aufzeichnungen über ihre konkrete Lebensführung fast vollständig verdrängt.

Ellenrieders Tagebücher tragen den ambivalenten Charakter, der wohl allen Tagebüchern eigen ist. Die Aufzeichnungen sind sowohl in Monolog- als auch in Dialogform abgefaßt. Der Monolog dient dazu, die Dinge vor dem eigenen geistigen Auge faßbar zu machen und sie zu vermitteln. Monologisierend berichtet sie über Ereignisse, Begebenheiten und Beobachtungen, aber auch über die Malerei. Den Dialog führt Ellenrieder einerseits mit Gott und der göttlichen Sphäre, andererseits mit ihrem – und darin spricht aus ihr der Zeitgeist der Romantik – Ich, welches die Aufgabe hat, das Nicht-Ich ins Ich umzuformen: »Wie werde ich dem Ziel meines

Herr! Du begegnest meinen Arbeiten, und ich, bedanke Dich. Du sendest mir alle nöthigen Hülfen, und ich, bearpeindige mich. Du gewährst in meinen [...] Verlegenheiten Deines Kinde, und ich, folge den Lockung böser Freunde. — So, ist mein Herrnund a [...] bestehen, und ich kämpfe nicht mit den mir anvertrauten Waffen. —

Ach! nun o Jesu! mich Sünderin auch, weil ich um [...] sehen will aus meinem Lebenslauf: zu der un[...] schuldigen Zeit der Täufe entsprossen; wo fragt ich, [...] von meinen bewahrenden Engel[...]

Ach nehme mir meinen Sünden nicht an, daß ich [...] vor Dir bestehen kann. Leite mich auch den Weg der [...] Tugend, und daß ich immer vereinigt mit dem Höchsten. [...] Und daß ich nicht im mindesten brecha die [...] Und bis an mein Ende bestehe die Reue.

Du musst nicht auch mein Engel sich über meine [...] Sünden bekehren, und betrübt die Dinge wieder greten!

Roma
Santa Roma!
d 19 Sept
1839

Abb. 1 Marie Ellenrieder, Tagebucheintrag vom 19. September 1839

Lebens entgegen gehn, wenn tobende Nebendinge meinen Geist an sich ziehn! – Auf! – Die Schlacht hat begonnen, die Festung muss erstürmt werden! Hin zur Überwindung als Opfer forderte der Engel Gottes mich auf.!«
Bei aller Intimität, die Tagebüchern als sehr persönlich aufgefaßten Selbstzeugnissen zueigen ist, implizieren sie doch allein schon durch ihren relativ dauerhaften Charakter den Wunsch nach einer Öffentlichkeit, von der sich der/die Verfasser/in bereits beim Schreiben eine vage, jedoch stets idealisierte Vorstellung macht. Daß auch Marie Ellenrieder ihre Tagebücher nicht nur als persönliches Gegenüber, sondern gleichfalls als zukünftige Hinterlassenschaft begriff, verrät die Erklärung zum Zustand des dritten Buches: »Dieses Buch war schon alt & Blätterleer: weil es aber leicht war, wählte ich es zum Gebrauche auf die Reise.«[3]
Das Büchlein ist heute auf zweierlei Weise blätterleer: Die Heftung ist so locker, daß sie ursprünglich mit Sicherheit mehr Blätter einfaße. Es sind aber auch offensichtlich ehemals von Ellenrieder beschriebene Seiten sorgfältig mit einer scharfen Klinge herausgetrennt worden – wobei offenbleiben muß, ob die Künstlerin selber diese Zensur vorgenommen hat oder ob ein späterer Leser für diesen Verlust verantwortlich ist. Der einleitende Satz zum 6. Tagebuch: »Lange schwankte ich hin und her, zu welchem Zweck ich wohl diess theure Buch verwenden sollte... Ich soll es weihn' dem höhern Lebenslauf: Dem Leben in der Seele. –«[4], verrät indirekt, daß diese Öffentlichkeit als moralische Instanz gesehen wird, deren wachsamem Auge die Schreibende ihre ständigen seelischen Konflikte, ihre Bemühungen und Verfehlungen schildert und zur gnädigen Beurteilung anheimstellt.

Ellenrieders Tagebücher geben leider keine konkreten Antworten auf viele Fragen, die die Kunstwissenschaft aus heutiger Sicht an eine Malerin des 19. Jahrhunderts stellen möchte. Über ihre Studienzeit an der Münchener Akademie, zu der sie als erste Frau überhaupt zugelassen worden war (und weshalb uns ihr Ausbildungsgang und persönliche Befindlichkeit ganz besonders interessieren würde), schweigen sie sich genauso aus wie über die Umstände, die sie den gesellschaftlich vorgegebenen Spielraum innerhalb der bürgerlichen Familie überschreiten ließen, um als alleinstehende Frau und begabte Künstlerin zu hoher Anerkennung zu gelangen. Dafür bieten sie reichlich Substanz, um das differenzierte psychosoziale Persönlichkeitsbild einer sensiblen Künstlerin zu zeichnen, die besonders heftig auf die zeitimmanente Moral und damit verbundene Widersprüchlichkeit reagierte. Darüber hinaus läßt sich aus den Aufzeichnungen das Kräftefeld nachvollziehen, in dem die Künstlerin ihre Formensprache entwickelte.

Anmerkungen

1 Badische Landesbibliothek Karlsruhe, HSA, Nr. 2678.
2 6. Tagebuch, 29. Dezember 1833.
3 3. Tagebuch, 17. Oktober 1822.
4 29. Dezember 1833.

Katalog

Angelika Kauffmann
Marie Ellenrieder

Angelika Kauffmann

Selbstbildnisse

1 A. K.　　　　　　　　　　　　　　　*Farbabb. 1*
Selbstbildnis

Um 1780

Öl auf Leinwand, 93×76,5 cm

Aus Privatbesitz, bis 1945 Lausanne-Pully Depositum der Eidgenössischen Gottfried-Keller-Stiftung

Chur, Bündner Kunstmuseum, Inv.-Nr. 45/321

Das Bildnis der Zeichnenden mit der Büste der Minerva gehört zu den wichtigsten Selbstbildnissen der Künstlerin. Neben seiner hohen malerischen Qualität und seinem reizvollen, der venezianischen Malerei verpflichteten Kolorit ist in dem Churer Selbstbildnis die Körperhaltung überzeugend formuliert und die Präsentation der Figur im Raum besonders gelungen. A. Kauffmann verlegt gerne den Schwerpunkt in den linken Bildteil, wo die Figur gemäß der Leserichtung nach rechts gerichtet sitzt, ihren Kopf aber nahezu frontal zum Betrachter wendet, während die Arbeitsutensilien im rechten unteren Bildteil zu sehen sind. Vorformuliert im Londoner Selbstbildnis um 1775 (Nat. Port. Gall., London) ist die Haltung dort noch unfreier, da sich die Arme im Gestus der Raffaelschen Donna Velata vor der Brust überkreuzen, und dadurch der nackte, auf der Zeichenmappe ruhende Arm den Zugang zum Bildraum verschließt. Im Churer Bildnis findet A. Kauffmann eine gelungenere Lösung, indem sie nun den hinteren Arm auf der Zeichenmappe und den vorderen locker am unteren Bildrand auf dem Schoß ruhen läßt, so daß sie den Blick in die Mitte des Bildes freigibt. Im Selbstbildnis für den Herzog von Toskana von 1787 öffnet die Künstlerin noch konsequenter die verschränkten Arme, indem sie den Kopf nach links zurückwendet, den vorderen Arm an den linken Bildrand drängt und die Hand auf eine Konsole stützt. Diese Haltung gibt den Blick auf eine antikisierende Gürtelschnalle der Künstlerin frei (Abb. S. 63). Der Bildnistypus mag im Florentiner Porträt gewagter erscheinen, im Churer Bildnis ist er jedoch ausgewogener formuliert und damit ausgereift.

Paul Lang hat die Minerva-Büste im Churer Katalog irrigerweise als ein konkretes Zeichenobjekt interpretiert. Auch gibt

1 A. K.

sie für die Datierung des Bildes keinen Anhaltspunkt, da A. Kauffmann Minerva-Statuetten oder -Büsten häufig und zu allen Zeiten als symbolhaftes Attribut in weiblichen Porträts und allegorisch-mythologischen Gemälden verwendet hat. Minerva galt als die Schutzgöttin der Künste und des Handwerks. Die gleiche Profilbüste finden wir im Porträt der Lady Sutton von 1778 oder auch in dem der Herzogin Anna Amalia von Sachsen-Weimar von 1789 (Abb. S. 84), sicherlich in Anspielung auf das rege Mäzenatentum der Dargestellten.

Zu 1 A. K.   Idealer Frauenkopf nach einer antiken Skulptur. Skizzenbuch, Vic. & Albert Museum, London

Eine schöne Rötelzeichnung aus dem Skizzenbuch vom Kopf einer antiken weiblichen Statue könnte als Vorlage für den Minervakopf gedient haben.
In ihren Selbstbildnissen strebt Angelika Kauffmann aristokratische Formen an. Sie war immer bestrebt, sich möglichst vorteilhaft zu präsentieren und sich mehr als Dame und nicht so sehr als arbeitende Künstlerin der Nachwelt zu überliefern, von daher vermied sie es, ihren Alterungsprozeß ehrlich wiederzugeben. Innerhalb der Reihe von Selbstbildnissen dürfte das Churer Bildnis wie bisher allgemein vermutet, um 1780 datiert werden, dargestellt ist jedoch eine Vierzigjährige in altersloser Jugendlichkeit.

Lit.: Helbok 1968, Abb. S. 129. – Kat. Ausst. London, The Age of Neo-Classicism, The Royal Academy / Vic. & Alb. Mus., London 1972, Nr. 164. – Weitere Lit.: Paul Lang, in: Kat. Chur Bündner Mus., Gemälde und Skulpturen, Chur 1989, S. 30 f.   B.B.

2 A. K.   *Farbabb. 2*
Selbstbildnis mit Pinsel und Palette

Rückseitig von fremder Hand bez.: Angelika Kauffman painted by herself in the year 1780 (?).

Öl auf Holz, 18×14 cm, wohl nachträgliche Übermalung in Grau

Slg. Ehepaar Dr. Schminck, Frankfurt/M., aus Kunsthandel, Wien

In diesem bisher unpublizierten Selbstbildnis en miniature zeigt sich A. Kauffmann als Malerin mit Palette und Pinsel und führt ihr meisterhaftes Können in der feinen Unterscheidung verschiedener stofflicher Materialien vor. Die durchsichtige Spitze des Häubchens liegt transparent über der mit einem haarfeinen Pinsel ausgeführten Frisur. Der rosa-grüne Atlasstoff des Umhangs hebt sich schillernd vom knittrigen Tuch des weißen Kleides ab und wird von einem braunen Pelzbesatz gesäumt, dessen feine Haare einzeln greifbar scheinen.
Der Typus des Selbstbildnisses mit Spitzenhäubchen kommt bei Kauffmann mehrfach und oft in eher privaterem Zusammenhang vor, so in einer Zeichnung aus dem Skizzenbuch (Nr. 54) oder in dem frühen Ölbildnis von 1763/64, das sie ihrem Arzt Dr. Morgan schenkte (Philadelphia, Pennsylv. Gall., Acc. of Fine Art). Porträtskizzen von Kollegen bestätigen die für A. Kauffmann typische Kopfbedeckung, auch ihr Malerkollege Nathaniel Dance skizzierte die Künstlerin zum einen beim Zeichnen einer Kleinplastik (Edinburg, Nat. Gall. of Scotl.), zum anderen in einer karikierenden Szene mit dem Maler J. Reynolds, jeweils mit jenem Häubchen auf dem Kopf (Slg. The Earl of Harewood). Auch Johann Zoffany hat sie in seiner Darstellung einer Aktzeichnungs-Sitzung der Royal Academy mit Häubchen gezeigt, allerdings erscheint sie als weibliches Mitglied nur im ovalen Porträt an der Wand (London, H. M. the Queen).
Die Künstlerin hat sich mit Palette und Pinsel selten, lediglich noch auf dem frühen Selbstbildnis für die Uffizien von Florenz dargestellt. Alle späteren Selbstbildnisse zeigen sie meist mit Reißstift und Zeichenmappe oder ohne jedes Handwerkszeug. Da 1780 ein Nachstich von F. Bartolozzi erschienen ist, muß das Bildchen vorher, nach der rückseitigen Beschriftung zu urteilen eventuell im gleichen Jahr, entstanden sein. Ein etwas abweichender Nachstich ohne Spitzenhäubchen und mit ungeschickterer Handhaltung wurde 1809 von W. Ridley gestochen (Boerner 85). Eine Deckfarben-Miniatur auf Elfenbein, die sich im Privatbesitz in Berlin befindet, kann nur nach diesem Stich und damit nach dem Tode der Künstlerin entstanden sein und ist also nicht eigenhändig.

Lit.: Unveröffentlicht
Vgl. Boerner 1979, Nr. 85.   B.B.

3 A. K.   *Farbabb. 3*
Selbstbildnis

Sign. u. dat.: Angelika Kauffmann Pinx 1784

Öl auf Leinwand, 64,8×50,7 cm

Werkliste: »Naples Sept. 1784. For the Count of Firmian of Salsburg. The portrait of the artist painted by her, life size head including hands – 30 Zecchini paid for on 8th October«

München, Bayer. Staatsgemäldesammlungen, Neue Pinakothek, Inv.-Nr. 1056

Das Münchener Bildnis dürfte nach dem Churer und sicher vor dem Florentiner Selbstbildnis entstanden sein und kommt in der Anordnung der Haare, des Schleiers und der Kopfwendung dem Churer besonders nahe. Das Brustbildnis nach rechts gewendet mit Blick zum Betrachter entstand im Auftrag des Grafen Firmian von Salzburg, nicht, wie Clark vermutete, des Kurfürsten Karl Theodor (Clark, Kat. Augsburg 1970, S. 13). Auch hier stellt sich die Künstlerin als Zeichnende mit Reißfeder dar, beide Hände nun auf die Zeichenmappe aufgestützt, im Unterschied zum Churer Porträt im sibyllinischen Gewand mit Schulterborte.

Schon Helbok hat darauf hingewiesen, daß Graf Karl Josef Firmian (gest. 1782) als Diplomat Maria Theresias der jungen Kauffmann »die Wege für ihre Lehr- und Wanderjahre in Italien« ebnete. Nicht er, sondern sein Bruder, Graf Franz Laktanz (1712–1786), bestellte das Selbstbildnis für seine immense Sammlung von Maler-Selbstporträts auf Schloß Leopoldskron, die neben der in den Uffizien einmalig in ihrer Art war. Nach Schaffer soll »seine letzte Anschaffung das eigenhändige Konterfei der Angelika Kauffmann gewesen sein, über dessen Eintreffen aus Neapel in Salzburg die ›Oberdeutsche Staatszeitung‹ am 14. März 1785 berichtete«. Zunächst ging das Bildnis mit denen von R. Mengs, J. Beich, A. Graff und P. Batoni in den Besitz des Hofjuweliers Trautmann in München, von ihm erwarb König Ludwig I. durch G. v. Dillis' Vermittlung im Jahre 1826 die Bilder für seine Privatsammlung, die er 1835 an den Staat weitergab.

Dieses Selbstbildnis, das zu den bekanntesten der Kauffmann gehört, wurde vielfach kopiert, nachgeahmt und nachgestochen. Eine verkleinerte Kopie in Öl befindet sich im Rosgartenmuseum Konstanz und dürfte nach 1800 entstanden sein. Eine weitere Miniatur-Kopie, die heute nicht mehr lokalisierbar ist, bilden Pawlowska und Manners/Williamson ab. Einen Kupferstich von I. Weiß von 1800 und eine Lithographie von M. Franck von 1813 werden im Münchener Bestandskatalog aufgeführt.

Lit.: In Ergänzung zu Gem.-Kat. Nach-Barock und Klassizismus, Vollst. Kat. Bayer. Staatsgem.-Slg., Neue Pinakothek, bearb. Barbara Hardtwig, München 1987, Nr. 1056: Gerhard 1893, S. 376. – C. Helbok, Zwei Werke von Angelika Kauffmann, in: Mitt. d. Österr. Gal., 7/15, Wien 1963, S. 6. – Magdalena Pawlowska, O portretach polskich Angeliki Kauffmann, in: Rocznik Muz. narod. Warszawie, XIII (1969), vol. 2, S. 73 f, Abb. 35. – Nikolaus Schaffer, in: Weltkunst 14, Juli, München 1991, S. 2027 f.
B.B.

Porträts

4 A. K.
Kardinal Franz Konrad von Rodt, Bischof von Konstanz (1706–1775)

Rückseitig sign. u. dat.: Mia Anna Angelica Kauffmann, Pingebat 1757, Nel aetta sua Anno ... / XVII.

Öl auf Leinwand, doubliert, 91,5×73,5 cm

Zürich, Schweizerisches Landesmuseum, Inv.-Nr. LM 6999, 1903 aus Züricher Privatbesitz

Die sitzende Halbfigur in roter Mozetta und Käppchen, schwarzem Bäffchen und grauer Perücke trägt auf der Brust ein mit Edelsteinen besetztes, großes Kreuz und hält in der Rechten einen Brief.

Das Gesicht ist nicht geschönt, es verrät ein Bemühen um die genaue Erfassung der charakteristischen Züge. Dagegen fehlt

4 A. K.

es noch an der gekonnten Wiedergabe des Stoffes und dessen Faltengebung.

Der Bischof (1750–1775) baute seine Heimatstadt Meersburg zur Residenz der Bischöfe von Konstanz weiter aus. Er war nicht nur ein ausgezeichneter Politiker und typischer Vertreter der Aufklärung, sondern auch ein Förderer der Kunst und Kultur am Bodensee. Nachdem J. J. Kauffmann und seine Tochter die Fresken für die Schwarzenberger Kirche beendet hatten, kamen er und seine 15jährige Tochter, frühestens im Spätsommer 1757, nach Meersburg an den Musenhof des Bischofs. Nach Rossi soll der Mailänder Kardinal Giuseppe Pozzobonelli Vater und Tochter an Bischof Rodt empfohlen haben, zumal Schwarzenberg, die Heimat des Vaters, zu Rodts Bistum gehörte.

Anlaß zum Porträtauftrag mag seine kurz zuvor erfolgte Ernennung zum Kardinal gewesen sein. Die erfolgreiche Fertigstellung des Bildnisses zog mehrere Aufträge in der Umgebung, u. a. am Schloß der Montforts in Tettnang, nach sich.

Im gleichen Jahr, im Frühjahr 1757, muß das Porträt ihres zweiten wichtigen Gönners, Anton von Salis, signiert und datiert 1757, in Chur entstanden sein. Vor 1757 sind jedoch kaum mehr als zehn Porträts entstanden. Es scheint, als habe A. Kauffmann mit dem Porträt des Konstanzer Bischofs einen Schritt ins Rampenlicht getan.

Lit.: Rossi 1811/1971, S. 13. – Wurzbach 1864, S. 52. – Gerard 1893, S. 379. – Jahresbericht Schweiz. Landesmus. Zürich, 1903, S. 39, XII. – Kat. Ausst. Chur 1941, Nr. 4. – Helbok 1968, S. 35. – Baumgärtel 1990, S. 27, Nr. 150. B.B.

5 A. K.
Gräfin Sophie von Montfort, geb. von Limburg-Styrum (1740–1767)

Ende 1758, vor Februar 1759

Rückseitig von fremder Hand alt bezeichnet

Öl auf Leinwand, 105×75 cm

Wiesbaden, Privatbesitz, Leihgabe für Schloß Montfort, Tettnang

Das Bildnis gehört zusammen mit der nächsten Katalog-Nr. zu einer Serie von sechs Montfort-Bildnissen, die vermutlich alle zwischen 1758 und 1759 entstanden sind. Ob Angelika Kauffmann allein oder mit ihrem Vater zusammen alle sechs Porträts malte, bleibt unklar. Laut einer von Eggart publizierten Rechnung vom 4. 12. 1758 bis 13. 7. 1759 aus dem Montfort-Archiv (Abschrift Dr. Moll) erfolgte für mindestens ein Porträt und drei Kopien eine Bezahlung. Wahrscheinlich ist, daß A. Kauffmann anläßlich der bevorstehenden Hochzeit der Gräfin im Februar 1759 mit dem Grafen Franz Xaver diese zwei Porträts nach dem Leben ausführte und vermutlich auch das des Bruders Anton von Montfort (1723–1787). Kopien wird sie nach den ganzfigurigen Bildnissen der bereits verstorbenen Eltern, Graf Ernst

6 A. K.

(1700–1759) und Gräfin Maria Antonia von Waldburg, und nach einem kleinen, einfachen Porträt (Privatslg. Schwäbisch Gmünd) der 1753 verstorbenen Adelheid, Schwester des Grafen Franz Xaver, ausgeführt haben.

Alle Porträts befanden sich im Besitz des »Kreuzwirtes« Philipp Loth in Tettnang und hingen in seinem Gasthaus. 1860 oder nach 1862 erwarb sie der bekannte Heimatforscher Dr. A. Moll, bis 1938 waren sie im Besitz der Frau Gerichtsdirektorin Moll in Ulm und zeitweise als Leihgaben im Ulmer Museum ausgestellt, sie gelangten dann nach Wiesbaden in den heutigen Besitz.

Die jugendliche Gräfin sitzt als Kniefigur im roten Gewand, von zarter Spitze gerahmt und mit großen blauen Schleifen am Mieder, frontal zum Betrachter. Ihr Ellenbogen ist auf eine Konsole gestützt, während die linke Hand die Pfote eines kleinen Hundes hält, der sich ihr nähert.

6 A. K.
Graf Franz Xaver von Montfort (1722–1780)

Öl auf Leinwand, 105×75 cm
vgl. Kat.-Nr. 5 A. K.

Graf Franz Xaver dürfte der Auftraggeber des J. J. Kauffmann und der jungen Angelika Kauffmann gewesen sein. Er war damals mit dem Wiederaufbau seines fünf Jahre vorher abgebrannten Residenzschlosses beschäftigt und holte J. J. Kauffmann hauptsächlich zur Ausmalung des Schlosses nach Tettnang, während die junge Malerin wohl lediglich die Porträts, keine Freskoarbeiten ausführen sollte.
Der Graf ist als Jäger im grünen Rock mit Flinte und breitem Gürtel als stehende Dreiviertelfigur, eine Hand auf einer Tischplatte, die andere auf dem Kopf eines großen Jagdhundes, gezeigt.
Als Pendant zum Bildnis seiner Frau ist er in spiegelverkehrter Haltung gegeben, allerdings weniger repräsentativ und koloristisch weniger reizvoll. Der zurückhaltend wirkende Mann überließ 1779 seinem Bruder Anton die Regierung.

Lit.: s. Kat.-Nr. 5 A. K. B.B.

5 A. K.

Alle sechs Porträts stehen in der Nachfolge repräsentativer Rokoko-Porträts des französischen Hofes. A. Kauffmann schloß ihre eigenständigen Porträts möglicherweise den drei vorgegebenen Kopien an, deren Urheber wir nicht kennen, um den einheitlichen Charakter nicht zu stören. Dabei spielt die Kleidung der Damen eine hervorragende Rolle und zeigt noch nichts von der Zurückhaltung ihrer späteren bürgerlichen Porträts.

Lit.: Rossi 1811/1971, S. 14. – Wurzbach 1864, S. 52. – Gerard 1893, S. 375. – H. Eggart, Die Bildnismalerei der Grafen Montfort, in: Schriften des Vereins f. Geschichte d. Bodensees u. seiner Umgeb., Friedrichshafen 1939, S. 20–34. – E. Moll, Die Gräfin Sophie von Montfort, in: Heimatl. Mitt. d. Bodensee-Gesch. Vereins, 4. Jg. (1940), Nr. 2/3. – Helbok 1968, S. 35f. – A. Pfaff-Stöhr, Die Grafen von Montfort, Kunst am See, 8, Friedrichshafen 1982, S. 59f. – Baumgärtel 1990, S. 29, Nr. 118, Abb. 2. B.B.

7 A. K. *Farbabb. 4*
Johann Joseph Kauffmann (1707–1782)

Vor 1767

Öl auf Leinwand, rentoiliert, 63,5×51,5 cm

Aus dem Nachlaß der Künstlerin, Slg. Walch, Dornbirn, Ludwig von Wieser Legat 1888

Innsbruck, Tiroler Landesmuseum Ferdinandeum, Inv.-Nr. 300

Bildnis des Vaters der Künstlerin als Halbfigur mit dunkelgrüner Jacke, weißem Hemd und Halsbinde, die rechte Hand hält einen Zeichenstift und ein Zeichenbuch. Der Dargestellte wird vor bewölktem Himmel gezeigt, er faßt den Betrachter von einem leicht erhöhten Standpunkt aus genau und ernsthaft ins Auge. J. J. Kauffmann stammt aus Schwarzenberg in Vorarlberg und gehörte noch zu den Handwerker-Künstlern, die in einem alten feudalistischen Produktionsumfeld tätig waren. Er porträtierte, restaurierte, freskierte und kopierte. Zu den wichtigsten Auftraggebern des Vaters und später auch der Tochter zählten neben den kirchlichen Würdenträgern in Graubünden und am Bodensee, vor allem die Adelsfamilie Salis in Chur, eine der führenden Familien der Adelsrepublik Graubünden. An den Orten ihrer Oberhoheit lassen sich Arbeiten des Vaters nachweisen, u.a. in Morbegno, Chiavenna und Sondrio. 1739 ist J. J. Kauffmann als fürstbischöflicher Hofmaler in Chur ausgewiesen.
Ein Jahr später heiratete er in Chur Cleopha Lutz, Tochter einer Hebamme aus verarmtem Bündner Adel. Beide müssen ihre

einzige Tochter streng und mit viel Ehrgeiz erzogen und zur Malerei angeleitet haben. Nach Rossi trug die väterliche Eifersucht dazu bei, daß A. Kauffmann bis in ihr 40. Lebensjahr keine glückliche Bindung einging. Der Vater soll kurz vor seinem Tod seinen Freund und Kollegen, den italienischen Maler Antonio Zucchi, zum Ehemann seiner Tochter bestimmt haben. Ab den 60er Jahren sind keine Werke des Vaters mehr nachweisbar. Es ist nicht auszuschließen, daß er bei den Aufträgen der Tochter mithelfend tätig war, möglicherweise hat er Kopien nach gefragten Arbeiten seiner Tochter angefertigt, wie Zeitgenossen berichten. In jedem Fall hat er seiner Tochter Vorarbeiten, wie das Grundieren der Leinwand und das Herrichten der Farben u. a., abgenommen.

Von der Mutter ist kein Bildnis bekannt, vielleicht weil die junge A. Kauffmann erst zu malen begann, als die Mutter 1757 starb. Das Bildnis des Vaters vermachte die Künstlerin in ihrem Testament ihrem Vetter Johann, der die letzten Jahre bei ihr in Rom lebte. Die Datierung des Bildnisses um 1763, wie Schmidt-Dörrenberg vorschlägt, scheint etwas zu früh angesetzt. Zwar sprechen sowohl die gewisse Flächigkeit, der glatte Farbauftrag, die Korrekturen und Unsicherheiten besonders an seinem rechten Ärmel, als auch das Alter des Dargestellten für ein Frühwerk der Künstlerin, jedoch im Vergleich mit dem Selbstbildnis in Bregenzwälder Tracht von ca. 1759 (Florenz, Uffizien) reicht das Bildnis des Vaters über dieses noch steifere Erstlingswerk weit hinaus. Außerdem ist naheliegend, daß die Tochter, als sie 1766 von Venedig nach England reiste und sich über ein Jahr vom Vater trennte, sein Bildnis zur Erinnerung anfertigte. Demnach wäre eine Datierung nach 1763, aber noch vor 1767 glaubwürdig.

Lit.: Gerard 1893, S. 382. – Helbok 1968, S. 10f. – Kat. Ausst. Bregenz, Barock am Bodensee, Bregenzer Künstlerhaus Palais Thurn und Taxis, 1963, Nr. 52 Abb. – Kat. Ausst. Bregenz 1968, Nr. 7, Abb. 6, dort weitere Lit. – G. Poensgen, Ch. Kniep. Ein Künstlerbildnis von A. Kauffmann, in: Pantheon 31, 1973, S. 294f. Abb. 3. – Hammer 1987, S. 24. – Baumgärtel 1990, bes. S. 211f., Nr. 178. B.B.

8 A. K. *Farbabb. 5*
Lady Mosley

Um 1770

Öl auf Leinwand, 100×125 cm

Bregenz, Privatbesitz

Die stehende Dreiviertelfigur en face im antikischen weißen Gewand mit rotem Umhang lehnt mit ihrem linken Ellenbogen auf einem getreppten Postament. Als Gegengewicht dazu rundet ein grüner gerüffter Vorhang im linken Bildteil die Komposition auch farblich ab.

Unser Exponat steht stellvertretend für eine Vielzahl qualitätvoller Bildwerke der erfolgreichen Englandzeit und ist ein typisches Beispiel für bestimmte Tendenzen in der Arbeit der Künstlerin in dieser Zeit. Das Porträt macht deutlich, wie die Malerin Einflüsse der Antike mit denen des römischen Barock zu kompilieren vermag. Neben Anregungen aus dem antiken Fresko der Aldobrandini-Hochzeit, hat A. Kauffmann gekonnt Renis und Guercinos Einzelfigurbilder für das Porträt nutzbar gemacht. Neue Strömungen im zeitgenössischen englischen Porträt von Reynolds und Gainsborough verfolgte sie mit Aufmerksamkeit, ohne in Nachahmung zu verfallen. Vergleicht man beispielsweise das so ähnliche Porträt der Elizabeth Gunning von Reynolds (Lever Art Gall., Port Sunlight), so liegt beiden das gleiche Porträtmuster zugrunde. Während Reynolds seine Modelle in einen englischen Landschaftsgarten versetzt, konzentriert sich A. Kauffmann vollkommen auf die Person selbst und sucht dabei nach Antikennähe.

Darüber hinaus bezieht sie sich auch auf die aktuellen politischen Ereignisse der 1770er Jahre. Der goldbortenbesetzte Umhang der Dargestellten greift die sogenannte Griechenmode auf und ist Ausdruck für die Anteilnahme Englands an dem von den Türken besetzten Griechenland. Einen vergleichbaren Umhang trägt die Künstlerin selbst in dem bekannten Bildnis im Goethe-Museum, Frankfurt a. M.

Das Bildnis der Lady befand sich ehemals in der Sammlung des Brigadier-Generals Sir Holden, Blackheath, über Erbschaft wurde es schließlich 1962 im Londoner Kunsthandel angeboten. In Übereinstimmung mit Manners/Williamson kann das Porträt um 1770 datiert werden.

Lit.: Manners/Williamson 1924/76, S. 191. B.B.

9 A. K. *Farbabb. 6*
Bildnis eines jungen Mannes

Um 1774

Öl auf Leinwand, 61×52 cm

Graz, Alte Galerie am Joanneum, Inv.-Nr. 28

Der junge Mann, ein Brustbildnis im Dreiviertelprofil nach rechts in dunkelrotem Mantel mit Van-Dyck-Spitzenkragen wurde bisher nicht identifiziert.

Anzunehmen ist, daß es sich um einen jungen englischen Adeligen handelt, da A. Kauffmann diesen Bildnistypus im Van-Dyck-Kostüm mehrfach in ihrer frühen Englandzeit malte. Bereits in den 50er Jahren hatte P. Batoni für seine englischen Auftraggeber jene Van-Dyck-Mode adaptiert, B. West hatte sie ebenso wie Reynolds erfolgreich aufgegriffen. Bei A. Kauffmann taucht der Van-Dyck-Kragen bezeichnenderweise erstmals im Zeichnungs-Porträt ihres Malerkollegen B. West aus dem Jahre 1763 auf (Nat. Port. Gall., London). Dies deutet darauf hin, daß sie West diesen Bildnistypus zu verdanken hatte. Etwas später begegnen wir diesem Typus auch in ihrem Skizzenbuch

(Nr. 51). Das hier ebenfalls ausgestellte sog. Goethe-Porträt (Kat.-Nr. 10 A. K.) ist mit dem Grazer Bildnis nahezu identisch. Es ist ein Beispiel mehr für A. Kauffmanns Methode, nach einem Katalog standardisierter Bildnistypen zu arbeiten. Später wurde diese in England kreierte Mode von polnischen oder österreichischen Auftraggebern (Graf Fries, Kat.-Nr. 14 A. K.) verlangt. 1791 entstand das Brustbildnis des jungen polnischen Grafen Zamoyski mit Spitzenkragen (bisher als Christian VII. von Dänemark bezeichnet, VLMus. Bregenz). Durchaus üblich war, daß neben dem repräsentativen Familienbildnis Zamoyski, auf dem der junge Mann mit seinem Vater und seinen Geschwistern im römischen Gewand dargestellt ist (Kopie, Nat.-Mus. Warschau), Einzelporträts im modischen Gewand der Zeit für den persönlicheren Gebrauch angefertigt wurden.

Zu 9 A. K. Angelika Kauffmann, Benjamin West, Nat. Portrait Gallery, London

10 A. K.

Es ist auch für das Grazer Bildnis nicht auszuschließen, daß der Dargestellte noch in einem größeren Zusammenhang porträtiert wurde. Tatsächlich steht das Bildnis in engem Zusammenhang mit dem Gruppenbildnis der Geschwister Spencer, das um 1774 entstanden sein dürfte (Slg. Earl of Spencer, Althorp). Neben der Porträtähnlichkeit mit dem jungen George John, 2nd Earl of Spencer, vor seinen Schwestern stehend, stimmt auch sein Spitzenkragen mit dem auf unserem Bildnis vollkommen überein. Auch wenn die Identität weiter offenbleiben muß, ist die Entstehungszeit zumindest klar, das Bildnis dürfte zeitgleich zum Spencer-Gruppenbildnis sein. Wenig überzeugend ist dagegen die im Bregenzer Katalog vermutete Identität mit B. West.

Lit.: Kat. Ausst. Bregenz 1968, Nr. 16, Abb. 13. – Baumgärtel 1990, Nr. 180a, Abb. 102. B.B.

10 A. K.
Männliches Bildnis, sog. Goethe

1770–1780, Englandzeit

Öl auf Leinwand, 61x48 cm

Aus dem Nachlaß der Künstlerin an Alois Kauffmann, an Kauffmann-Erben in Luzern; 1850 an Meyer am Rhyn, Luzern; 1951 an heutigen Eigentümer

Solothurn, Privatbesitz

Das nach rechts gewandte Brustbildnis eines jungen Mannes im zinnoberroten Umhang mit Van-Dyck-Spitzenkragen wurde nachweislich ab 1883 bis in jüngste Zeit (Michel 1991) als Goethe-Bildnis gedeutet.
Auch wenn die Liste der Publikationen und Ausstellungen lang ist, in denen von einem Goethe-Bildnis gesprochen wird, darf wohl eher von einer unkritischen Übernahme eines alten Titels als einer genauen Analyse ausgegangen werden. Im Œuvre der

Kauffmann finden sich mehrere Beispiele für die jahrzehntelange Akzeptanz frei erfundener Titel. Als ein Beispiel dafür, wie das Werk der Kauffmann durch die starke Goethe-Verehrung umgedeutet wurde, kann das Gruppenbildnis Bariatinsky angeführt werden, das lange als A. Kauffmann und Goethe im Kreis ihrer Freunde betitelt wurde (Kat.-Nr. 15 A. K.). Nur durch einen längeren Wissenschaftsstreit konnte die hartnäckige Legende schließlich revidiert werden. Ebenso wie in Gemälden der Kauffmann hinter jeder weiblichen Figur gerne das Bildnis der Künstlerin vermutet wurde, wurde gleichfalls in jedem unbekannten männlichen Bildnis vorschnell der berühmteste ihrer Freunde, J. W. Goethe, angenommen.

Von den modischen Trends einmal abgesehen, weisen viele männliche Dreiviertelporträts der Künstlerin die gleichen physiognomischen Einzelheiten unseres Bildnisses auf, wie die hohen Geheimratsecken, die tief eingeprägten Mundwinkel oder den leicht gebogenen Nasenrücken. Diese Gemeinsamkeiten scheinen zwar immer wieder Anlaß für die jeweilige gewünschte Identifikation zu bieten, sie lassen sich jedoch lediglich auf eine Art Standardisierung, eben eine Routine im Porträtieren und eine formelhafte Idealisierung der Dargestellten zurückführen. Insofern müssen die Unterschiede vom Weimarer Goethe-Porträt zu unserem Männerbildnis ernster als die Gemeinsamkeiten genommen werden. Allein die runden Backen und die in einem runden Bogen geformten Augenbrauen, im Weimarer Bildnis und auch in anderen bekannten Goethe-Bildnissen entsprechen nicht den physiognomischen Details in unserem Bildnis (s. Abb. S. 81).

Das angeführte Argument, auch das Weimarer Goethe-Bildnis sei in der Werkliste nicht genannt, besagt nur, daß es sich um keine Auftragsarbeit, sondern ein Geschenk handelte. Da wir spätestens ab der Italienzeit bestens auch über solche Bilder durch vielfältige zeitgenössische Überlieferungen unterrichtet sind, ist es um so wahrscheinlicher, daß unser Bildnis in der durch Quellen schlechter dokumentierten Englandzeit und damit vor Beginn der Bekanntschaft mit Goethe entstanden ist. Auch hätte es keinen Anlaß gegeben, Goethe in englische Van-Dyck-Mode zu kleiden, vielmehr kann es nur der Wunsch eines Engländers gewesen sein, der englischen Mode entsprechend porträtiert zu werden.

Weder die Quellen noch der kritische Vergleich mit dem von der Künstlerin 1787 geschaffenen Goethe-Bildnis (Weimar, NFG d. klass. dt. Lit., Goethemus.) liefern einen konkreten Anhaltspunkt für die Identifikation als Goethe. Vielmehr muß angenommen werden, daß es sich um das Porträt eines jungen englischen Adeligen handelt (vgl. Kat.-Nr. 9 A. K.).

Lit.: In Ergänzung zur Lit. bei: Christoph Michel, Goethe Redivivus? Zu einem unbezeichneten Porträt Angelika Kauffmanns, in: Jb. d. FDH, Tübingen 1991, S. 57 ff. – Ausst.-Kat. Bregenz 1908, Slg. Meyer-Rahn, als Goethebildnis. – Frimmel, Blätter f. Gem.kunde V, 1910, Anm. S. 123, verweist irrigerweise auf H. Rollett, Goethebildnisse 1883, S. 84 ff., der nicht unseres, sondern ein weiteres zweifelhaftes Goethe-Bildnis im Privatbesitz, Zürich, bespricht. – Kat. Ausst. Chur 1941, Nr. 11. – Baumgärtel 1990 S. 116 f., Nr. 164, Abb. 15 (evtl. B. West). B.B.

11/12 A. K.
Studien zum Bild der Königsfamilie von Neapel

Maria Theresa, später Kaiserin von Österreich (1772–1807) und Maria Christina, später Königin von Sardinien (1779–1849)

Maria Luisa, später Großherzogin der Toskana (1773–1802) und Maria Amelia, später Herzogin von Orléans und Königin von Frankreich (1782–1860)

1782

Zwei Ölskizzen über Kohleskizze, auf Leinwand, 64,2x54,5; 52,5x50 cm

Werkliste: »Naples. Sept. and Oct. 1782. The portraits of all the Royal Family of Naples, life size heads, painted first singly on separate canvases to be afterwards painted together in one big picture whole length figures...«, mehrfach erwähnt bis zur Fertigstellung: »Painted in Rome and brought to Naples, 24th March 1784...«

St. Gallen, Kunstmuseum, Depositum des Kunstvereins

An keinem Gemälde der Kauffmann kann der Entstehungsprozeß und die Vorgehensweise der Künstlerin so lückenlos nachvollzogen werden wie bei dem großen Gruppenbildnis »Ferdinand IV. und Maria Carolina, König und Königin von Neapel, mit ihren sechs Kindern« (Neapel, Museo e Gall. Naz. di Capodimonte). Unsere Ölstudien von je zwei Köpfen auf einer Leinwand wurden bisher als unbekannte Mädchenbildnisse bezeichnet und erstmals von der Verfasserin als Vorstudien zu dem großen Familienbildnis gedeutet.

Dieses wohl größte und berühmteste Bildnis entstand im Auftrag der Königin, die Angelika Kauffmann mehrfach an den Neapeler Hof einlud und vergeblich bat, als Hofmalerin zu bleiben. Vom Frühsommer bis November 1782 arbeitete die Künstlerin an Entwürfen für das Bildnis. Erhalten ist eine Kompositionsstudie der Gesamtgruppe (lavierte Federzeichnung, 23x30,4 cm, Slg. des Fürsten von Liechtenstein). Noch in Neapel fertigte die Künstlerin sicherlich nach den lebenden Modellen unsere Porträt-Bozzetti an. Neben diesen ist eine weitere Ölstudie des Prinzen Janarius (1780–1789) durch die Bregenzer Ausstellung bekannt (Slg. S. A. Albrecht Prinz zu Schaumburg-Lippe, Lochau-Bregenz). In diesen Studien, die A. Kauffmann nach Rom mitnahm, achtete sie besonders auf die Porträtgenauigkeit, die meist bei der Übertragung in das große Format leidet. Im nächsten Arbeitsschritt fertigte die Künstlerin ein Gesamt-Modello in Öl an (Slg. des Fürsten von Liechtenstein), auf dem das gerade verstorbene Kind in der Wiege übermalt werden mußte, demnach 1783, im Todesjahr des Prinzen Joseph, ausgeführt wurde. Das fertige Gruppenbildnis schließlich zeigt unsere älteste Prinzessin, an der Harfe spielend, die kleine Schwester neben ihr schmiegt sich im fertigen Bildnis an die Königin. Die zweite Ölstudie entspricht weitgehend der Situation später im Bild, die ältere Prinzessin Maria Luisa sitzt im fertigen Gemälde ganz rechts und hält Maria Amelia auf ihrem Schoß.

11 A. K. (Ausschnitt)

12 A. K. (Ausschnitt)

Bevor die Künstlerin mit der Pinselarbeit begann, setzte sie die Proportionen der Köpfe fest, indem sie den Raum für die Köpfe durch ein in Kohle gezeichnetes Oval abzirkelte. Die beiden ältesten Prinzessinnen unterrichtete A. Kauffmann im Zeichnen, wofür sie nach Aussage der Werkliste großzügig entlohnt wurde.

Lit.: Wurzbach 1864, S. 53 (eine Reihe von Studienköpfen). – Baumgärtel 1991, S. 3543 f.

Das Gruppenbildnis wird fast in jeder Literatur über A. Kauffmann erwähnt, neue Fakten lieferten: M. d'Ayala, Angelica Kauffmann a Napoli, in: Napoli Nobilissima, (1898), vol. 7, 100 ff. – Kat. Ausst. Bregenz 1968, Nr. 22, 23, 36. – Kat. Ausst. Napoli Civiltà del '700 a Napoli, 1734–1799, Neapel 1979, Bd. I, Nr. 171. – Kat. Ausst. Liechtenstein. The Princely Collections, Metropolitan Mus. of Art, Slgen. des Fürsten Liechtenstein, New York 1985, Nr. 147 mit weiterer Lit.

B.B.

Zu 11 und 12 A. K. Familie des Königs Ferdinand IV. v. Neapel, Öl-Modello, Vaduz, Sammlung des Fürsten v. Liechtenstein

13 A. K.
Dr. Auguste Samuel Tissot (1728–1797)

1783

Sign.: Angelica Kauffmann pinx.

Öl auf Leinwand, 94×79,5 cm

Werkliste: »Rome Feb. 1783. Monsieur Tissot of Lausanne celebrated doctor, a portrait of the above on canvas four spans, half length including hands – given to the above by the artist.«

Lausanne, Musée Cantonal des Beaux-Arts, Inv.-Nr. 000 763

Der berühmte Mediziner sitzt als Kniefigur, mit grauer Jacke und grüngelber Weste gekleidet, frontal zum Betrachter und blickt, während er beim Verfassen einer Schrift innehält, in nachdenklicher Konzentration am Betrachter vorbei. Diese Wendung soll den Dargestellten als genialen Menschen ausweisen. Als sich Dr. Tissot von A. Kauffmann malen ließ, war er bereits seit 1780 auf Einladung Josef II. zum Nachfolger von

13 A. K.

Borsieri an der Klinik von Pavia ernannt worden. Schon in den 50er Jahren hatte er sich durch weitreichende Aufrufe zur Volksimpfung (1756 »Linoculation justifiée«) und in den 60er Jahren durch zahlreiche Schriften (Avis au peuple sur la santé, 1761 erschienen und in 13 Sprachen übersetzt) einen Namen als einer der ersten Populärmediziner der Zeit gemacht. Er war Professor für Medizin an der Universität von Lausanne.

A. Kauffmann hatte großes Interesse an naturwissenschaftlichen Untersuchungen und pflegte den freundschaftlichen Austausch mit vielen bekannten Naturwissenschaftlern ihrer Zeit, wie z.B. mit dem Arzt Domenico Cirillo, dem bekannten Geologen Déodet de Dolomieu, dem Naturforscher und Leibarzt des englischen Königs Henry Hampe oder dem Geologen und Physiker Henri Réboul. Die Künstlerin lernte Dr. Tissot bereits im Winter 1782 während ihres Aufenthaltes am Hof von Neapel kennen (Brief des Dichters Wilhelm Heinse an Jacobi, Rom 18. Dez. 1782). Das Porträt, das sie möglicherweise dort begann, wurde im Februar des folgenden Jahres fertig. Sie muß Dr. Tissot sehr geschätzt haben, da sie ihm das Bildnis zum Geschenk machte.

Lit.: Manners/Williamson 1924/1976, S. 63, 143. – Ausst. Chur 1941, Nr. 24. – Helbok 1968, S. 162. – Kat. Ausst. Bregenz 1968, Nr. 24, Abb. 104. – Hammer 1987, S. 68. – Baumgärtel 1990, S. 185, Anm. 83, Nr. 186. B.B.

14 A. K. *Farbabb. 7*
Josef Graf Fries (1765–1788)

Sign. u. dat.: Angelica Kauffman pinx. Romae 1787

Öl auf Leinwand, 126×102 cm

Werkliste: »(Rom 1787) April. For Count Flyes (sic) of Vienna portrait of the above on canvas 46 full half length 100 Zecchini, paid for on 26th October.«

Aus Slg. Fries, Kunsthandel, dann Slg. Figdor

Wien, Historisches Museum der Stadt Wien, Inv.-Nr. 56.406

Graf Fries reiste ein Jahr vor seinem frühen Tod nach Rom, um sich zu bilden und den Grundstein für eine große Sammlung zu legen. »Der Graf kauft viel«, schrieb Goethe in seiner »Italienischen Reise« am 17. 6. 1787 und bedauerte, daß Fries dabei nicht immer die besten Ratgeber hatte. Zwar zog er A. Kauffmann und ihre Freunde einmal bei Kunstkäufen hinzu, jedoch war er, wie Gorani schrieb, »stolz auf seine erlangten Halbkenntnisse; gab sich in Rom für einen Grundgelehrten Kenner aus. Fällt auf Kopien herein, Pichler verkaufte ihm im Preis eines Originals Kopien von Kameen.« (Josef Gorani, Rom und seine Einwohner am Ende des XVIII. Jahrhunderts, Riga 1794). Tatsächlich hatte sich bei einigen Kunsthändlern in Rom, die sich mit Nachahmungen von Antiken über Wasser hielten, herumgesprochen, daß der Graf reichlich Geld für den Aufbau seiner Sammlung ausgab.

Graf Fries war einer der ersten des österreichischen Adels, der sich von A. Kauffmann porträtieren ließ, später kamen auch die Waldecks, Liechtensteins, Kinskys und Esterhazys zu ihr.

Graf Fries wird als Kniefigur in der Manier des flämischen Malers van Dyck mit Spitzenkragen, großem Federhut und in der Haltung eines stolzen Adeligen gezeigt. Seine Hand ruht auf einem Postament, auf dem die Theseusgruppe des Bildhauers Antonio Canova dargestellt ist. Diese Marmorgruppe hatte Fries in Rom ein Jahr vor unserem Porträt für eine sehr hohe Summe gekauft, 1787 hatte Raffael Morghen einen Kupferstich nach der Gruppe angefertigt. Fries präsentiert sich hier als stolzer Eigentümer einer Plastik, von der man damals annahm, sie leite eine Wende zur Erneuerung der Bildhauerkunst des Klassizismus ein. Fries muß die Arbeit Canovas als Glanzstück seiner Sammlung angesehen haben, da er sie später in Wien ins Zentrum des großen Kuppelraumes seiner Villa aufstellen ließ. Er zeigt sich damit im Porträt nicht nur als engagierter Sammler und Kenner, sondern vor allem auch als einer, der versucht, die Antike mit der Moderne zu verbinden. Denn Canovas Gruppe wurde damals als eine Synthese von antiken Elementen mit neuen Ideen angesehen. Der bekannte Künstler und Antikenhändler Gavin Hamilton soll Canova den Rat gegeben haben, nicht den Kampf zwischen Theseus und dem Minotaur, sondern den erfolgreichen Sieger nach dem Kampf, auf dem toten Untier sitzend, darzustellen. Galt bisher die Bewegung im Kampf als besondere Herausforderung für Bildhauer, so wurde nun die philosophisch-kontemplative Ruhe, die stille Größe des Helden im Sinne Winckelmanns Ziel der Darstellung. Entsprechend nahm sich Canova, wie H. Honour gezeigt hat, für die Figur des Theseus die derzeit so sehr bewunderten antiken Skulpturen des Torso von Belvedere und des ruhenden Kriegers Ares Ludovisi zum Vorbild.

Im Bildnis erscheinen Dargestellter und Marmorgruppe fast gleichgewichtig nebeneinander. Kauffmanns Porträt steht deutlich in der Nachfolge repräsentativer Bildnisse P. Batonis. A. Kauffmann, die mit dem jungen Canova befreundet war, zollt somit nicht nur dem Sammler, sondern auch dem jungen Bildhauer Anerkennung. Interessanterweise scheint sie nicht das fertige Werk, sondern eines der Gipsmodelle wiederzugeben. Auf ihrem Bild liegt der Minotaur auf einem dicken kissenartigen Sockel, während die ausgeführte Marmorgruppe einen flachen, rauhen Steinsockel hat. Dagegen hatte ein Gipsmodell, heute Gipsoteca di Possagno (Honour, Abb. 15, 16), jenen von Kauffmann dargestellten glatten, dicken Sockel. Es ist anzunehmen, daß nicht das Original, sondern das Modell während der Ausführung des Porträts zur Verfügung stand.

Lit.: Frimmel, Das Bildnis des Grafen Fries von Angelika Kauffmann, in: Blätter für Gemäldekunde, 1910, VI. – Helbok 1968, S. 209, Farbabb. S. 176. – Hugh Honour, Canova's Theseus and the Minotaur, Kat. Vic. & Alb. Mus., London 1969, Abb. 8. – Baumgärtel 1990, Nr. 192. B.B.

15 A. K.
Ölstudie zum Familienbildnis Bariatinsky

1791

Öl auf Leinwand, 62,5×50,5 cm

Werkliste: »Rome Feb. 1791. For her Highness the Princess Holstein Beck of Russia a big picture with four life size portraits ... 800 Zecchini Zahlung erwähnt 24th Nov. 1791 und 3. Aug. 1792.«

Bregenz, Vorarlberger Landesmuseum, Inv.-Nr. Gem 10, aus dem Nachlaß der Künstlerin, 1860 erworben

Mit dieser Ölstudie gab die Künstlerin ihren Auftraggebern einen Eindruck von der Gesamtkomposition des geplanten, großen Gruppenbildnisses.
Die Fürstin Katharina Petrowna Bariatinsky, geb. Herzogin von Holstein-Beck, sitzt links vor der Büste ihres Vaters, die von dem Bildhauer Trippel ausgeführt wurde. Sie hält das Medaillon-Bildnis ihres Mannes in der Linken. Zwischen ihrem Sohn, Prinz Iwan I. Bariatinsky, und ihrem Schwiegersohn, Fürst N. A. Tolstoi, als Buchliebhaber mit einem Buch in der Hand, steht ihre Tochter Anna Iwanowa, vertraulich an ihren Mann gelehnt.
Die Künstlerin ging wie beim großen Neapeler Gruppenbildnis »Ferdinand IV. mit seiner Familie« (Abb. S. 149) so vor, daß sie zunächst zeichnerische Entwürfe schuf (Kat.-Nr. 15a) und dann die genauen Einzelporträts laut Werkliste anfertigte. Einzig das Porträt des Grafen Tolstoi (Privatslg.) ist bisher nachweisbar

15 A. K.

und wurde erstmals von Hugelshofer als »Goethe« publiziert. Unsere Studie ist der letzte Entwurfsschritt vor der Übertragung auf die große Leinwand.

Helbok, E. Poulsen, Busiri-Vici und Liebmann haben der Interpretation des Bildes, zuletzt 1962 von Hugelshofer, als A. Kauffmann mit Goethe im Freundeskreis zu Recht widersprochen. Neben der Beschreibung in der Werkliste gibt die Legende des Nachstiches von R. Morghen von 1793/94 Auskunft über die genaue Identifikation der Dargestellten (Kat.-Nr. 45 A. K.). Von den zwei fertigen Ölfassungen scheint die in Moskau im Puschkin-Museum das Original zu sein, während die in Lausanne, Gemeindehaus, eine zeitgenössische Kopie sein dürfte, zumal hier die Signatur fehlt. Die schöne Bregenzer Ölstudie weicht nur geringfügig von der Endfassung ab: Die junge Fürstin trägt einen Lorbeerkranz, die Fürstin hält kein rechteckiges, sondern rundes Medaillon, die Büste des Vaters neigt sich mehr zur Sitzenden.

Dieses Familienbildnis gehört zu A. Kauffmanns qualitätvollsten Porträtarbeiten. Es ist in seinem Einfallsreichtum, beispielsweise die Büste des verstorbenen Vaters als verstecktes Porträt zu integrieren, und mit der streng klassizistischen

15a A. K.

Raumangabe und seiner sparsamen, aber auserlesenen Möblierung ein ausgereiftes Werk. Es kündigt besonders in der Dreiergruppe der Geschwister die Porträtmalerei der Romantik an. Runge könnte sich mit seinem Selbstbildnis mit Paula und Bruder (»Wir Drei«) an dieser Gruppe orientiert haben. J. Reiffenstein, der die Familie Holstein-Beck schon in den 70er Jahren kennenlernte, wird die Fürstin mit der Künstlerin bekannt gemacht haben. Sie konnte das wichtige Selbstbildnis der Malerin »Zwischen Malerei und Musik« (Abb. S. 14) von Angelika Kauffmann erwerben.

Lit.: In Ergänzung zu Lit. in Kat. Ausst. Bregenz 1968, Nr. 37, Abb. 24: Wurzbach 1863, S. 52. – Gerard 1893, S. 372 (eine Ölfassung). – Kat. Ausst. Bregenz 1908 (als Bariatinsky). – Walch 1968, Nr. 120 (nennt nur die Fassung in Lausanne). – Boerner 1979, Nr. 77 (falsch: Eremitage Leningrad). – Hammer 1987, S. 100. – Baumgärtel 1990, Nr. 213, 214. B.B.

15a A. K.
Studie zur Fürstin Katharina Petrowna Bariatinsky, geb. Prinzessin Holstein-Beck (1750–1811)

Vor 1791

Kohlezeichnung auf grau grundiertem Papier, 34,5×23,5 cm

Aus der Slg. Nicat, Slg. Meisser, Slg. Henrici, Berlin 1926

Frankfurt a. M., FDH, Goethe-Museum, Inv.-Nr. 7366-Ia-mi

Detailstudie der sitzenden Gräfin Bariatinsky zum großen vierfigurigen Familienbildnis, von dem zwei ausgeführte Fassungen (Moskau, Puschkin-Mus., Lausanne Gemeindehaus), eine Ölstudie zur Gesamtkomposition (Bregenz, VLM, Kat.-Nr. 15), eine weitere Ölskizze (ehem. Moskau, Puschkin-Museum, 1933 wohl in Düsseldorf bei Paffrath verkauft, Ort heute unbekannt), ein Einzelporträt des Grafen Tolstoi (Privatslg.) und ein Nachstich von R. Morghen (Kat.-Nr. 45) bekannt sind. Eine Zeichnung im Goethe-Museum Düsseldorf ist dagegen keine Entwurfszeichnung, sondern eine Kopie nach dem Stich von Morghen.

Die Vorstudie der sitzenden Gräfin wurde im fertigen Ölgemälde geringfügig verändert, lediglich die Beine des niedrigen Schemels sind schmaler und das runde Medaillon in Händen der Dargestellten hat im Ölgemälde ein rechteckiges Rähmchen erhalten. Diese Details sind in der Bregenzer Ölskizze noch vorhanden. In der Zeichnung legt die Künstlerin vor allem auf die Haltung und die Gewandgestaltung Wert und vernachlässigt die Gesichtszüge. Das Medaillon enthält im Ölgemälde ein Profilporträt ihres verstorbenen Mannes, es ist hier noch leer gelassen. Da das Ölgemälde laut Werkliste und Signatur im Februar 1791 fertiggestellt wurde, dürfte die Studie vor 1791, eher bereits 1790 entstanden sein.

Lit.: In Ergänzung zu Lit. in Kat. Ausst. Bregenz 1968, 37, Abb. 24 u. 38: Gerard 1893, S. 372. – Baumgärtel 1990, Nr. 215, Abb. 213, 214, Abb. 295, 281, Abb. 297, 374, Abb. 298. B.B.

16 A. K.
Theresa Bandettini-Landucci (1763–1837)

1794

Öl auf Leinwand, 128,5×95 cm

Werkliste: »Rome, march, 1794 For Signora Bandettini of Lucca, poetessa(sic) and wonderful improviser whose Arcadian nom-de-plume is Amaryllis, the portrait of the above, attired as a Muse in the act of reciting and wearing an ivy wreath… given by the artist to the above.«

1931 Rom, Slg. Sestieri; Auktion Fischer, Luzern 1945, Nr. 1614, Abb. 27

Illnau, Privatbesitz

16 A. K.

Die stehende Dreiviertelfigur wurde in der bisherigen Literatur über die Künstlerin fälschlicherweise als Porträt der Schauspielerin Maddalena Riggi angesehen. Tatsächlich handelt es sich um ein Porträtgeschenk der Künstlerin an die berühmte Stegreifvirtuosin Theresa Bandettini aus Lucca, mit Künstlernamen Amarillide Etrusca, die im Salon der Kauffmann mehrfach Proben ihres Könnens gab. Wie in der Werkliste beschrieben, trägt sie einen Lorbeerkranz und ist mit sprechender Geste im Moment des Vortrags dargestellt. Die Verwechslung mit der Riggi liegt durchaus nahe. Nicht nur im Brustbildnis der Riggi (Frankfurt, Goethe-Mus.) erscheinen der Gesichtstypus und die Kopfhaltung ähnlich, sondern auch im Doppelbildnis als komische Muse mit ihrer Schwägerin Domenica Volpato als tragische Muse (Warschau, Nat.-Mus.) wird die Riggi in einer ganz ähnlichen Haltung mit Lorbeerkranz im Haar gezeigt. Aber auch das Porträt der berühmten Attitüden-Darstellerin Emma Hamilton von Kauffmann zeigt eben jene Haltung und Gestik, ebenso eine Zeichnung »Die tragische Muse und die komische Muse vor der Büste Goethes«, eine Huldigung an Goethe, von Lips als Titelkupfer zu Goethes Schriften (Leipzig 1790) nachgestochen.

Die vermeintliche Porträtähnlichkeit ist vielmehr eine Typisierung des Schauspielerinnen-Porträts, erkennbar in einer formelhaften Körpersprache, wobei Muse und Schauspielerin eins werden. Zwei nach dem Bildnis radierte Blätter, eines von I. Rosaspina, das andere von Rosini aus dem Jahre 1852, bestätigen auch durch ihren Titel die Identifikation der Person. Eine Fassung des Gemäldes schenkte die Künstlerin laut Werkliste der Dargestellten, eine zweite scheint sie als Erinnerungsbild für sich behalten zu haben. Es befand sich nach ihrem Tode in ihrem Atelier, von Sickler/Reinhart als »Art des Improvisierens, Lebensgroß, über halbe Figur« aufgeführt. Sowohl ihr Neffe Johann Kauffmann als auch ihr Bediensteter Prosperi berichteten von zwei für ihre Poesie berühmten Frauen, die »göttlich improvisierten, eine Fähigkeit, die Angelika Kauffmann so liebte, Die erste, eine gewisse Fantastici, Florentinerin, ...die zweite war Bandettini von Lucca, die Josef II. ... und Gustav II. von Schweden hörten und bewunderten.« Auch Rossi schildert als kulturellen Höhepunkt diese Salonabende der Kauffmann: »Ich erinner mich...dieser trefflichen Frauenzimmer in dem Hause der Kauffmann,...als sie aus dem Stegreif Gedichte in Verse absangen; beyde sangen vielleicht nie besser als in diesem Augenblick; und in der That mußte Begeisterung sie entflammen und dahinreißen, an einem Orte, den man so zu sagen den Tempel des weiblichen Ruhmes nennen konnte.«

Lit.: Brief J. Kauffmann an Metzler, 7. 3. 1794, Vorarlb. Landesarchiv, Bregenz, Nr. 395. – Rossi 1811/1971, S. 76. – Gioacchino Prosperi, Gli ultimi 26 anni die Anglica Kauffmann in Roma 1781–1807, Hrsg. G. Castellani, in: Strenna dei Romanisti 27 (1966), S. 75f. – Sickler/Reinhart 1810, S. 151, Nr. 7. – Wurzbach 1864, S. 53. – Kat. Ausst. Chur 1941, Nr. 20 (als Riggi). – Kirsten G. Holmström, Monodrama, Attitudes, Tableaux vivants, Stockholm 1967, Abb. 58. – Baumgärtel 1990, S. 205f., S. 338, Anm. 30, Nr. 147, Abb. 292.   B.B.

17 A.K.

17 A.K.
Luise Henriette Wilhelmine, Gräfin von Anhalt-Dessau (1750–1811)

Rückseitig sign. u. dat.: Angelica Kauffmann Pinx: Romae A° 1796

Öl auf Leinwand, 77×65 cm

Werkliste: »January, 1796. On 20th January begun the portrait of her Highness Princess Dessau-Ferra. 270 Zecchini paid for on 5th February...«, nochmals S. 172 erwähnt.

Halle, Staatliche Galerie Moritzburg, Inv.-Nr. I/2120, erworben 1981

Das bisher fälschlich als Porträt der Gräfin Lichtenau bezeichnete Bildnis wurde 1986 von der Verfasserin identifiziert. Das Brustbildnis im gemalten Oval zeigt die 46jährige Gräfin in weißer Bluse mit gekräuseltem Kragen, lockerem Schultertuch und einem dunklem Band, das unter der Brust zu einer großen Schleife gebunden ist. Die offenen, lockigen Haare werden von einem schmalen Band gehalten.

Das recht persönliche, unkonventionelle Porträt ist nicht auf

Repräsentation ausgerichtet, sondern genügt der im Freundschaftskult gefragten Innerlichkeit. Die Seele sollte durch das Gesicht sprechen, dementsprechend hebt es sich vom dunklen Grund deutlich ab. Das Oval unterstreicht die Funktion des Bildes als »Erinnerungs-Medaillon« und verkennt nicht die Einflüsse der »Physiognomischen Fragmente« Lavaters (1775–78). Als Freundschaftsbild war es möglicherweise für eine Freundschaftsgalerie, in Anlehnung an die so berühmte des Dichters Gleim in Halberstadt, gedacht. Insofern ging es der Künstlerin nicht so sehr um die Darstellung der charakteristischen Züge, deren Fehlen Matthisson kritisch bemerkte, sondern vielmehr um das innere Wesen der Person. Luise von Anhalt-Dessau, geb. Brandenburg-Schwendt, gehörte zu den wichtigsten Reformerinnen ihrer Zeit. Einflüsse aus der Schweiz (Rousseau, Lavater, Gessners Idyllen, im Auftrag des Dessauer Hofes gestochen) und aus England (Neuerungen zur Industrie, Architektur und Gartenbau, z. B. Rousseau-Insel, Freundschaftsstempel) griff sie sehr früh schon auf. Mit ihr verbunden ist der Dessauer Philanthropismus mit weitreichenden Folgen für die Pädagogik. Kunstpädagogisch wirksam war auch die von ihr geförderte Chalcographische Anstalt, deren Stichwerke für die weite Verbreitung auch unseres Porträts sorgten. A. Kauffmann muß die Dargestellte bereits in London in den 60er Jahren kennen- und als gebildete Gesprächspartnerin schätzen gelernt haben. Als die Fürstin von 1795–96 auf ihrer Romreise A. Kauffmann in ihrem Atelier besuchte, erwarb sie gleich mehrere Bilder, u. a. »Amor und Psyche«, die Ölskizze aus dem Nachlaß der Künstlerin (Bregenz, Vorarlb. Landes-Mus.).

F. v. Matthisson berichtete: »Ich kehrte zurück in die heilige Stadt der Sieben Hügel, um die stille Behausung der Schülerin der Grazien, Angelika Kauffmann, auf der luftigen Höhe von Trinità di Monti, zu begrüßen, wo eben die Fürstin von Anhalt-Dessau den zu London mit der liebenswürdigen Künstlerin geschlossenen Freundschaftsbund erneuerte... Unter mehreren Werken ihres Pinsels... hielt ein Gemälde vor allem übrigen unsere Bewunderung fest. Angelika, in der ersten Jugendblüthe, zwischen den Himmeltöchtern Tonkunst und Malerei... Die Fürstin wünschte das Bild um jeden Preis zu ihrem Eigenthume zu machen, allein die Künstlerin erklärte, daß es ihr unmöglich sei, sich davon zu trennen.« (Abb. S. 14, F. v. Matthisson, Erinnerungen, XVII, 1795, in: Schriften, Zürich 1825–29, 259f.)

Das Schabkunstblatt von J. Freidhof nach dem Porträt ist wohl irrtümlich 1792 datiert. Es ist jedoch nicht ausgeschlossen, daß A. Kauffmann noch vor unserem Brustbildnis eine sitzende Ganzfigur ausführte, zumal F. Gerard auch ein ganzfiguriges Bildnis in ihrer Liste nennt, das 1792 entstanden sein soll. Auch wenn es sich um eine Verwechslung handeln könnte, da das Bild laut Werkliste nicht vor 1795 begonnen wurde, könnte das Brustbildnis dennoch eine verkleinerte Replik einer verschollenen, größeren Fassung sein, zumal der in der Werkliste genannte Preis eher einem ganzfigurigen Porträt entspricht.

Lit.: Gerard 1892, S. 363. – Friedrich Noack, Das Deutschtum in Rom seit dem Ausgang des Mittelalters, Berlin/Leipzig 1927, S. 301. – Helbok 1968, S. 214. – Ausst. Neuerwerbungen der Staatl. Gal. Moritzburg Halle 1981. – Baumgärtel 1990, S. 176, Nr. 149, Abb. 228. – Kat. Ausst. Staatl. Gal. Moritzburg Halle, Klassizismus und Biedermeier, Malerei und Zeichnungen aus eigenen Beständen, bearb. Karin Volland u. a., Halle 1991, Nr. 4.

B.B.

18 A. K. Farbabb. 8
Wilhelmine Bernhardine Ritz, Gräfin von Lichtenau (1752–1820)

Sign. u. dat.: Angelica Kauffmann Pi. Romae 1796

Öl auf Leinwand, 220×140 cm

Werkliste: »(1796) On 16th April begun the portrait full length life size figure of Countess Riz ... (1797) On 27th August received from Signor Ferdinandino Acquarini 220 Zecchini, for the portrait, full length of Madame Gugielmina Ritz Countess of Liechtenau...«

Halle, Staatliche Galerie Moritzburg, Inv.-Nr. I/1220, erworben 1954

Die »Pompadour des Preußischen Hofes« wollte von A. Kauffmann mit bloßen Armen, »in einsamer Landschaft«, im Hintergrund mit einer »merkwürdigen Ruine von Rom« dargestellt werden. Sie lehnt im antikischen Gewand mit breitem Gürtel und antiker Gemme als Gürtelschnalle in lockerer Haltung an einem von Girlanden geschmückten runden Postament, auf dem eine antike Vase steht. Durch zwei gekreuzte Baumstämme erblickt man die Ruine des Colosseums.

Im Mai 1795 verließ die Gräfin Berlin, um sich in Pisa von einer Erkrankung zu kurieren. Sie hielt sich danach länger in Rom und Neapel auf, wo sie sich im Kreis von Frederike Brun um Kontakt zum römischen Adel bemühte und sich in Neapel mit der berühmten Attitüden-Künstlerin Emma Hamilton anfreundete. So wenig wie diese als langjährige Geliebte des Grafen Hamilton und von niedriger Herkunft am Hof von Neapel zugelassen wurde, so sehr verweigerte man auch der Lichtenau als Maitresse Friedrich Wilhelms II. von Preußen den Empfang bei Hofe. Dies veranlaßte den König, sie rückwirkend zum April 1794 zur Gräfin zu erheben. Als Tochter des Trompeters E. Enke, tätig in der Kapelle Friedrichs d. Gr., erregte sie durch ihre Schönheit das Interesse des Prinzen Friedrich Wilhelm von Preußen, der sie bald zu sich nahm und erziehen ließ. Das Verhältnis, aus dem fünf Kinder hervorgingen, dauerte bis ca. 1780. Auf Wunsch Friedrich Wilhelms heiratete sie später seinen Kämmerer J. F. Ritz. Noch Jahre später blieb die Gräfin trotz zahlreicher gesellschaftlicher Anfeindungen bis zu seinem Tode seine engste Beraterin. Wie rechtlos sie als Maitresse war, zeigt ihre sofortige Verhaftung und die Beschlagnahme ihres gesamten Eigentums am Todestag des Königs. Nach zahlreichen Verhören verbannte man sie aufs Land. Nur der Verzicht ihrer Ansprüche ermöglichte ihr später die Rückkehr nach Berlin. Durch die italienische Reise noch in Schulden verwickelt, gab ihr der neue König zwei ihrer Güter wieder (vgl. Apologie der Gräfin Lichtenau).

Aus unpublizierten Quellen des Ritz-Lichtenauschen Archives, die von Berthold Hase-Faulenort 1932–33 ausgewertet wurden, geht hervor, daß die Gräfin ihrer Enkelin Luise Stolberg ihr Bildnis vermachte, da sie es wegen zu hoher Importkosten nicht nach Wien mitnehmen konnte. Auf Grund von Schulden stellte dann ein Herr Pöltinger Ansprüche an die Erben auf das Gemälde. Eine Quelle aus dem Jahre 1818 besagt ferner, die Gräfin habe vergeblich versucht, das Gemälde, das sie ausdrücklich als eines der qualitätvollsten Bilder ihrer Sammlung bezeichnete, an den preußischen König zu verkaufen. Sie kommentierte die Ablehnung des Königs in einem Brief an den Vermittler Wittgenstein: »Erneuter Beweis, wie wenig mein einst so hoch praesumierter Reichtum ist« (frdl. Hinweis Prof. Dr. v. Barsewisch, München).

Zu 18 A. K.
Bildnis Anna Potocka,
1791, Warschau,
Nationalmuseum

In der Tat gehört das Gemälde auf Grund seiner reichen Ausstattung und sorgfältigen Ausführungen zu den erstklassigen Porträtwerken A. Kauffmanns. Einen vergleichbar großen Aufwand trieb die Künstlerin im Porträt der mit ihr befreundeten Herzogin Anna Amalia von Weimar (Abb. S. 84) oder in dem Doppelporträt des mit ihr befreundeten Bankiers Jenkins mit seiner Nichte (Nat. Port. Gall., London). Das Colosseum ist Topos für die Sehnsucht nach der Antike und Dokument für den Romaufenthalt der Dargestellten. Der an englischen Vorbildern orientierte weite Landschaftsgarten unterstreicht die aufklärerische Idee von der Natürlichkeit menschlichen Daseins. Der Typus einer weiblichen Ganzfigur, die sich einem antikisierendem Sockel mit Vase oder Urne zuwendet, wurde von der Künstlerin ab den 90er Jahren vor allem in ihren zahlreichen polnischen und russischen Porträts, z.B. der Helena Mecinska und der Anna Potocka, beide von 1791, entwickelt. Dabei greift die Künstlerin spielerisch auf kanonische Bilder zum »Et in Arcadia ego [Selbst in Arcadien gibt es den Tod]« von Guercino und Poussin zurück, um dem Porträt eine historisch-philosophische Dimension zu geben. Dies wird auch durch das Relief der antiken Vase deutlich, wo eine Trauerszene mit einem weinenden Genius, dessen Fackel zum Boden zeigend Tod andeutet, dargestellt ist. Möglicherweise bezieht sich diese Szene auch auf die konkrete, persönliche Situation der Dargestellten.

Lit.: W. G. v. Lichtenau, Apologie der Gräfin Lichtenau gegen die Beschuldigungen mehrerer Schriftsteller, von ihr selbst entworfen, Leipzig/Gera 1808, Bd. II, S. 159, 187. – Noack 1927, S. 394f. – Manners/Williamson 1924/76, S. 168. – Helbok 1968, S. 205. – Gisold Lammel, Deutsche Malerei des Klassizismus, Leipzig 1986, Abb. 60. – Kat. Ausst. Halle, Klassizismus und Biedermeier, s. Kat. 17 A. K., Nr. 3.
B.B.

19 A. K.
Johann Isaak Freiherr von Gerning (1767–1837)

Sign. u. dat.: Angelica Kauffmann pinx. Romae anno: 1798

Öl auf Leinwand, 64×50 cm

Werkliste: »(1798) Painted the portrait of Mr Germing of Frankfort, life size head on canvas 40 Zecchini.«

Wiesbaden, Museum Wiesbaden, Inv.-Nr. 588,
1924 aus Slg. Gerning, Frankfurt erworben.

Der Diplomat, Schriftsteller und Sammler Gerning wird hier im ovalen Brustbild mit gemalten Eckzwickeln, in Dreiviertelansicht nach rechts, in einfacher dunkler Jacke und weißem Hemd dargestellt. Neben der bürgerlichen Kleidung gleicht dieses Porträt formal denen von Herder (1791, Goethe-Museum Frankfurt), Goethe (1787, Weimar) oder Sir R. Harvey (1794, Kunsthandel London 1986), da es laut Preisliste zu der billigsten Variante ohne Hände vor neutralem Grund und ohne besondere Ausführung der Kleidung gehört.
Über seinen Aufenthalt in Italien berichtete Gerning selbst in seiner »Reise durch Österreich und Italien«, 1802 in Frankfurt mit dem Stich von Müller nach dem Kauffmann-Porträt erschienen. Über seinen Besuch bei der Künstlerin schreibt er: »Ihre Wohnung, die zauberisch von selbst sich zu öffnen scheint, ist ein Musentempel mit Statuen, Büsten und herrlichen Bildern, worunter eine schöne Grablegung von Daniele Volterra sich befindet...« Er schildert die Künstlerin im Topos bescheidener, zurückhaltender Weiblichkeit.
Durch einen Brief A. Kauffmanns an Herzogin Anna Amalie von Weimar vom 22. 3. 1794 erfahren wir von der Rückreise Gernings von Neapel (Thurnherr S. 68). Er sei nur kurz in Rom gewesen, so daß er die Noten, die er für die Herzogin mitbringen sollte, vergaß mitzunehmen.

Mythologische und literarische Darstellungen

19 A. K.

Bereits 1792 muß die Künstlerin Gerning gekannt haben, da er ihr anläßlich der revolutionären Ereignisse in Paris ein pro-royales Gedicht widmete, das bei Helbok abgedruckt ist und sich im Nachlaß der Künstlerin befand.

Lit.: Helbok 1968, S. 211, 219. – Baumgärtel 1990, Nr. 202.
B.B.

20 A. K. *Farbabb. 9*
Der Spiegel der Venus

Nach 1769

Öl auf Leinwand, doubliert, Tondo, ⌀ 63,8 cm

Lustenau, Privatsammlung

Venus wird von den Grazien geschmückt und blickt dabei in einen runden Spiegel, der ihr von einer der drei Grazien gehalten wird. Amor sitzt neben ihr, während zwei Grazien ihr Haar mit Perlenketten schmücken.
Dieses in mehreren Varianten gemalte Thema kann als malerische Essenz des Kauffmannschen Œuvres angesehen werden. Sie selbst wurde schon frühzeitig als Malerin der Grazien gepriesen und lieferte durch zahlreiche Verbildlichungen dieses mythologischen Themas, aber auch durch kompositionelle wie auch farbliche Schwerpunkte ständig neue Beweise für dieses Etikett. Unser Gemälde dürfte für Sayers gemalt worden sein, wie der Nachstich von Trottet von 1787 besagt (Boerner 63). Später dürfte es an Colonel Baldock, 1905 verkauft bei Christie's an Ussher & Thence, weitervererbt und schließlich 1980 nochmals durch den Londoner Handel an den heutigen Besitzer gegangen sein. Weitere Versionen sind als Oval in London als Deckengemälde, 12 Grosvenor Square, und eine gleiche Fassung als Auftrag von Bowles, ausgestellt in der Royal Academy 1781 Nr. 169 (Manner/Williamson S. 206), nachgestochen durch Bartolozzi und Watts von 1784, bekannt. Weiter ist eine Version und sein Pendant »Das Urteil des Paris« lediglich durch den Nachstich von F. Dumée von 1794 publiziert (Boerner 62), die am deutlichsten auf das allgemeine Vorbild »Die Toilette der Venus« von G. Reni zurückgeht. Das Ölgemälde von Reni kam mit dem gleichen Pendant »Das Urteil des Paris« aus der Gonzaga-Sammlung 1723 nach Enland und wurde 1769 durch einen Stich von Strange und einem weiteren von Dell'Aqua verbreitet. Durch diesen Stich konnte man einen terminus ante quem für Kauffmanns Venusszenen annehmen.
Ein »Urteil des Paris«, vermutlich das Pendant unseres Gemäldes, befindet sich in Bregenzer Besitz (Helbock, Abb. S. 96).

Lit.: Gerard 1893, S. 380. – Manners/Williamson 1924/1976, S. 206, 233. – Kat. Ausst. Kenwood 1955, Nr. 40 (Nachstich). – Maué 1980, Nr. 37. – Baumgärtel 1990, Kap. V (Grazie im Werk der A. K.), S. 149, Anm. 80, Nr. 72–74, Abb. 201. – Ausst. Schwarzenberg Heimatmuseum 1991.
B.B.

21 A. K. *Farbabb. 10*
Hebe tränkt den Adler des Zeus

Um oder nach 1770

Öl auf Leinwand, 127×105 cm

Konstanz, Rosgartenmuseum, Inv.-Nr. L 3
Leihgabe aus Privatbesitz

Hebe, die Göttin der ewigen Jugend, Tochter des Zeus und der Hera, war als die Mundschenkin des Olymp tätig. Im Gemälde sitzt sie als Dreiviertelfigur nach rechts und reicht dem Adler des Zeus, der sich auf einem Postament niedergelassen hat, aus einer Schale Nektar. Sie hält in ihrem Schoß eine kleine Lekythos. Die Figur der Hebe griff A. Kauffmann bereits in ihrer Frühzeit in Italien auf und verwendete sie vielfach in ihren weiblichen Porträts (Lady Carlisle von ca. 1770, Lady Berkeley von 1767, Dame als Hebe, s. Moulton-Mayer, Abb. 34). A. Kauffmann hatte durch zahlreiche Porträts an dieser Mode, in die Rolle der anmutigen und keuschen Hebe zu schlüpfen, wesentlichen Anteil. Ihre Kollegin Ann Forbes kommentierte ironisch: »The misses are not pleased without they are flying in the air or riding on a cloud feeding Jupiter's Eagle.«

Auch wenn Franziska Forster-Hahn annimmt, daß Gavin Hamilton mit seiner Hebe im Stanford University Mus. of Art, entstanden um 1767, die Hebebilder der Kauffmann wesentlich beeinflußt hat, so entwickelte A. Kauffmann ihren Hebe-Typus dennoch schon früher und unabhängig von Hamilton. Die weitläufigen Anleihen an Guercinos und Domenichinos Sibyllen dürften dabei eine weit größere Rolle gespielt haben. Die Künstlerin gelangte im Laufe der Zeit zu einem Grundtypus einer sitzenden Profilfigur im sibyllinischen Gewand, den sie nicht nur in ihren Hebe-Bildern, sondern auch in den Sappho-, Sibyllen- und Vestalinnen-Darstellungen konsequent weiterführte. Dabei lassen schon ihre weiblichen Porträts ab 1766 und die Serie von elf weiblichen Einzelfiguren in ihrem Skizzenbuch eine von Hamilton unabhängige Gestaltung vermuten. Dabei variierte sie das Hebe-Thema u. a. in einer weniger strengen und eher gefälligen stehenden Dreiviertelfigur, überliefert durch Bartolozzis Nachstich (Boerner 50).

Schwieriger ist dagegen die Frage nach der Autorschaft der sich so ähnelnden Hebe-Bilder in der Slg. Exeter, Burghley House, und in Konstanz.

Daß Hamilton der Urheber der Stanfordschen Hebe ist, steht durch den Nachstich von Cunego fest, ob die Exeter-Hebe eine eigenhändige Replik Hamiltons oder eine Kopie von A. Kauffmann ist, ist nicht ganz geklärt. Auch wenn Forster-Hahns Zuschreibung der Exeter-Hebe an Hamilton und nicht an Kauffmann glaubwürdig scheint, muß dies nicht bedeuten, daß die Konstanzer Hebe ebenfalls von Hamilton als zweite Replik gemalt wurde.

Nicht nur in der Figurenauffassung, sondern auch in vielen Details unterscheidet sich die Konstanzer Hebe von der in der Exeter-Slg. Vergleicht man die Radierung einer Hebe von Kauffmann aus dem Jahre 1770 (Boerner 29, vgl., Kat.-Nr. 42) mit der Konstanzer Hebe, so gleichen sie sich nicht nur in der Körperauffassung, sondern auch in der Auffassung des Adlers. Dagegen ist der Adler der Exeter-Hebe flügelspreizend dargestellt und ornamental ins Bild gefügt. Auch im Kopf- und Bewegungstypus gleichen sich die Hebe in der Radierung und im Konstanzer Gemälde. Hinzu kommt, daß laut Nachlaßliste (Almanach aus Rom 1810) zu einer Hebe als Pendant eine Bacchantin gehörte, die sich offenbar heute in Rom, Gall. Naz. d'Arte Antica, befindet.

Auch der Vergleich der Konstanzer Hebe mit der Bacchantin zeigt eine übereinstimmende Formgebung, nicht zuletzt in der Profillinie, d. h. in der Linie des Halses bis zum Unterarm.

Ob das Konstanzer Bild aus dem Nachlaß stammt, wissen wir nicht, es könnte aber vom Format her das in Chur 1941 ausgestellte Werk sein und 1945 in Luzern in den Kunsthandel gelangt sein, wo es vermutlich von den heutigen Leihgebern erworben wurde.

Die Nähe zu Hamiltons Werk in der Slg. Exeter, das neuerdings 1786 datiert wird, und die Verwandtschaft mit der eigenen Radierung von 1770 legt eine Datierung der Konstanzer Hebe um oder nach 1770 nahe.

Vgl. Kat.-Nr. 42 und 43 A. K.

Lit.: Kat. Ausst. Chur 1941, Nr. 19 (u. Nr. 33, Vorstudie). – Baumgärtel 1990, S. 117f., Abb. 21 (Radierung), Nr. 43, Abb. 111. – Zu den anderen Hebe-Bildern: Franziska Forster-Hahn, After Guercino or after the Greeks? Gavin Hamilton's Hebe: Tradition und change in the 1760's, in: Burl. Mag. CXVII/867, June 1975, S. 367–382. – Kat. Ausst. Bregenz, Nr. 274, Abb. 53 (Exeter-Hebe, Kopie von A. K. nach G. Hamilton). – P. Walch, Rez. zur Ausst. Bregenz: Art Bull. 51 (1969), S. 83f. – Rieder, Burl. Mag. 1972, Abb. Exeter-Hebe v. Hamilton sei das Porträt der Emma Hart, entstanden 1786. – D. Moulton Mayer, Angelica Kauffmann, Gerrads Cross 1972.
B. B.

22 A. K. *Farbabb. 11*
Klio, die Muse der Geschichtsschreibung

Um 1770–1775

Öl auf Leinwand, 76,2×63,5 cm

Slg. Sir Robert Harvey, London, Kunsthandel 1975, München Kunsthandel Arnoldi/Livie 1976

Augsburg, Kunstsammlungen der Stadt Augsburg, Schätzler Palais, Inv.-Nr. 12 410, erworben 1976

Die Muse lehnt als halbe Figur mit ihrem linken Ellenbogen auf drei Schriftrollen, die die Lettern: »Ilia«, »Odi« und »E« tragen. Die Künstlerin hat hier historisch getreu keine Bücher, wie bisher angenommen wurde, sondern Schriftrollen dargestellt. Angesprochen sind wohl drei der bedeutendsten antiken Epen, Homers Ilias und Odyssee sowie Vergils Aeneis, in italienischer Schreibweise. Darunter auf dem runden Behälter gibt eine griechische Inschrift Auskunft über die dargestellte Figur: »KAEI ICTOPIAN«, d. h. Klio (schreibt die) Geschichte. Sie hält

23 A. K.

in ihrer Linken einen Lorbeerkranz. Im Hintergrund ist der Schaft einer kannelierten Säule zu sehen. A. Kauffmann hat die Muse der Geschichtsschreibung mehrfach dargestellt. Als Pendant zur Muse der Musik (Gerard S. 368) könnte eine Einheit der für die Malerei wichtigsten Quellen der Inspiration, Gesang, Wort und Schrift angesprochen sein. Bisher in der Literatur nicht bekannt ist eine Kohlezeichnung einer Klio, ein Buch in der Rechten haltend, mit Flügelohren, als halbe Figur im Oval (Rotterdam, Mus. Boymanns-van Beuningen).

Für das Augsburger Gemälde ist aufschlußreich, wie die Muse in dem großen Historiengemälde »Vergil schreibt kurz vor seinem Tode sein eigenes Epitaph in Brundisium« (Slg. Walch, Albuquerque) aus dem Jahre 1785 gezeigt ist. Die Muse links steht trauernd am Fußende des Bettes, auf dem der sterbende Vergil liegt. Sie hält wie im Augsburger Bild den Arm über ein rundes Behältnis, in dem sich die Schriftrollen zur Aeneis befinden. Die Hand hält ebenfalls einen Lorbeerkranz, zusätzlich vor ihr auf dem Boden liegt eine Lyra, deren Seiten gerissen sind, hinter ihr ist eine Säule zu sehen. In die historisch-konkrete Sterbeszene ist demnach eine allegorische Nebenszene eingefügt, die darauf anspielt, daß der Dichter seine Schriften vernichten lassen wollte, die Geschichtsschreibung sie aber vor dem Vergessen bewahrt und über den Tod hinaus für den Nachruhm des Dichters sorgt.

Das Augsburger Bild kann als Vorläufer zur Vergil-Historie angesehen werden und ist in Übereinstimmung mit P. Walch von der Verfasserin in die Englandzeit um 1770–1775 datiert worden. Dabei ist nicht ganz schlüssig, daß Robert Harvey und seine Frau erst 1794 die eigenen Porträts laut Werkliste bei der Künstlerin in Rom bestellten. Wäre die Klio damals bestellt worden, wäre sie aller Wahrscheinlichkeit nach auch in der Werkliste genannt. Es ist also nicht ausgeschlossen, daß die Klio bereits in London erworben wurde.

Die Vermutung, daß hinter dieser weiblichen Figur ein Selbstbildnis steckt, ist im Bestandskatalog des Museums (1984) zu Recht korrigiert worden. Dennoch ist in der Klio eine für die Künstlerin elementare Grundlage ihrer Malerei angesprochen. Die antike Geschichte war für A. Kauffmann wichtigste Quelle der Inspiration, besonders aber für ihre Historiengemälde. Und ganz besonders aus jenen drei Epen hat sie eine Fülle an Bildstoff gewonnen.

Die Klio dürfte mit der Vestalin und der Sibylle in Dresden zeitgleich entstanden sein und ist offenbar direkt von Renis Spätwerk »Mädchen mit Kranz«, seit 1748 in der päpstlichen Pinacoteca Capitolina, wo A. Kauffmann das Gemälde gesehen haben könnte, beeinflußt worden (Kat. Ausst. G. Reni, Frankfurt 1988, A 38).

Lit.: Gerard 1893, S. 386, Nr. 49 (Eigentümer unbekannt). – Kat. Arnoldi-Livie, Die Kunst der Deutsch-Römer, 1780–1880 und ihre Zeitgenossen im Norden, München 1976, Nr. 1 (Selbstbildnis als Clio). – Gode Krämer, Augsburger Kulturnachrichten, Juli 1977, S. 25, Abb. (Selbstbildnis). – Kat. Städt. Kunstsammlungen Augsburg Deutsche Barockgalerie, Kat. der Gemälde, bearb. Gode Krämer, Augsburg 1984, S. 149 f., Abb. 129. – Gisela Kraut, Weibliche Masken, in: Kat. Ausst. Sklavin oder Bürgerin? Frankfurt/M., S. 346 f. B.B.

23 A. K. *Abb. S. 159*
Shakespeares Grab

Um 1772

Öl auf Leinwand, oval, 32,0×25,5 cm

Stamford, The Marquess of Exeter, Burghley House, von der Künstlerin erworben

Angelika Kauffmann kam 1766 in ein Shakespeare-begeistertes England, das auf vielfältige Art und Weise das 200. große Shakespeare-Jubiläum beging. Einer der gefeiertsten Shakespeare-Interpreten auf englischen Bühnen war David Garrick, den die junge Künstlerin bereits in Neapel 1764 porträtiert hatte (ebenfalls Slg. Exeter). Garrick war der ambitionierte Initiator der Shakespeare-Feier.

Die stehende Personifikation der Phantasie (keine Nymphe wie in Kat. Kenwood) im weißen Kleid mit Flügeln auf dem Kopf streut Blumen auf das in einer hügeligen Landschaft stehende Grab, das von der Kopfseite mit dem Schriftzug »Shakespeare« zu sehen ist. Die Darstellung geht auf den 7. Vers von John Gilbert Cooper Dodleys »Tomb of Shakespeare, a Vision«, London 1755, zurück. Walch hat darauf aufmerksam gemacht, daß im Nachstich die erste Zeile des Verses »Here Fancy sat...« dem Gemälde angepaßt wurde und nun in der Legende lautet: »Here Fancy stood...«

Im Auftrag von George Bowles of Wanstead, einem der wichtigsten Auftraggeber A. Kauffmanns, entstand eine weitere Fassung unseres Gemäldes, zu dem ein Pendant »Die Geburt Shakespeares« gehörte. Diese mit unserem Bild nahezu identische Fassung, Öl auf Kupfer, befand sich ehemals in der Slg. Spencer-Churchill, 1965 bei Christie's, Northwick-Sale, verkauft. Der dazugehörige Nachstich von Bartolozzi von 1782 (Boerner 163) nennt Lady Rushout als Besitzerin des Bildes.

Zu 23 A. K.
Geburt Shakespeares, Stamford

24 A. K.

Vermutlich hat Bowles das Bildchen seiner Schwester Rebecca Rushout geschenkt, die ihre Sammlung von Kauffmann-Gemälden wenige Jahre später um ihr eigenes Porträt mit Tochter bereicherte. Es ist anzunehmen, daß zu unserem Werk ebenfalls ein Pendant gehörte. Nicht geklärt ist die Frage, ob das »Shakespeare-Idealporträt«, das sich im Geburtshaus in Stratford befindet und im gemalten Steinsockel unsere Darstellung im Queroval zeigt, tatsächlich von A. Kauffmanns Hand stammt. Helbok hegt keine Zweifel und datiert es um 1766. Anzunehmen ist, daß unser Gemälde eher als Vorlage dafür diente und in dieser Phase der Shakespeare-Renaissance nach 1766 entstand. In jedem Fall bilden die zwei ovalen Bildchen den Auftakt für zahlreiche mit dem Werk des Dichters verbundene Arbeiten der Künstlerin, die noch 1789 in Italien für John Boydell's »Shakespeare-Gallery«, einem Sammelband mit Illustrationen zu Shakespeare-Dramen, zwei Ölgemälde als Vorlagen schuf.

Die besondere Vorliebe der Zeit für die Darstellung der weiblichen Totenklage im Gewand antiker Themen, z.B. einer Andromache, die den Hektor beweint oder einer Agrippina mit der Urne des Germanicus, lieferte das Grundmuster für unsere

Darstellung. Ebenfalls in der Sammlung Exeter befindet sich eine heroische Variante unseres allegorischen Bildchens »Kleopatra schmückt das Grab des Marc Anton«, die bereits 1770 in der Royal Academy ausgestellt wurde. Kleopatra und Fama gleichen sich. Ein kleinerer Nachstich von F. del Pedro (Boerner 164) wurde später mit geänderter Legende als Huldigung an Rousseau wiederverwendet, ebenso wurde sein Pendant »Birth of Shakespeare« als Titelkupfer des Almanach de Goettingue von 1807 mit dem neuen Titel »Mutterglück« neu publiziert.

Lit.: Gerard 1893, 370, Nr. 6, 435 (Slg. Spencer). – Manners / Williamson 1924/76, S. 188, 182 (Slg. Spencer), S. 438 (Slg. Ponsoby). – Kat. Ausst. Kenwood, Nr. 10, 11 (Slg. Rushout). – Helbok, Shakespeare-Themen im Œuvre von A. Kauffmann, in: Jb. d. VLM-Vereins, Bregenz 1966, S. 22f., Nr. 2 (Ideal-Porträt), Nr. 3, 4 (Slg. Spencer). – Walch 1968, Nr. 30. – Maué 1980, S. 13.

B.B.

24 A. K.
Rinaldos Abschied von Armida

Abb. S. 161

Vor 1776

Öl auf Leinwand, 100×126 cm

Kenwood, The Iveagh Bequest, Leihgabe T. A. Greeves

Das Thema Rinaldo und Armida wurde von Angelika Kauffmann zwischen 1772 und 1776 mehrfach gemalt. Unser Gemälde wurde 1776 in der Royal Academy, London, erstmals ausgestellt und dürfte kurz vorher entstanden sein. Es zeigt eine dramatische Abschiedsszene, in der die schöne Zauberin Armida den Kreuzritter Rinaldo auf Knien bittet, sie nicht zu verlassen, während zwei seiner Kameraden, Ubaldo und Carlo, links im Hintergrund gerüstet zur Abfahrt bereitstehen. Angelika Kauffmann hat mehrere Szenen der literarischen Vorlage von Tassos Gerusalema Libertata aufgegriffen, unsere Szene bezieht sich auf Vol. II, Canto 16. Am häufigsten hat die Künstlerin die Liebesszenen im Zaubergarten, wo Armida Rinaldo verführt und so von seiner Mission abhält, gemalt. Eine Fassung befindet sich in derselben Sammlung, aus der unser Gemälde kommt, eine zweite in New Haven, Yale Center of British Art und British Studies. Versionen sind durch Nachstiche von Bartolozzi, Hogg und Dickinson bekannt (Boerner 30, 113–115).
Einen weiteren Moment der Geschichte, wo Rinaldo Armida vom Selbstmord abhält, ist nur durch ein Schabkunstblatt von V. Green von 1775 (Boerner 116) und einen Nachstich von Skorodomoff von 1783 (Boerner 117) nach einem verschollenen Gemälde der Künstlerin überliefert. Zwei Ölstudien zum Selbstmordversuch der Armida und zur Erweckung des Rinaldo aus seiner Verzauberung, die 1968 auf der Kauffmann-Ausstellung in Bregenz/Wien gezeigt wurden, sind nachweislich nicht von Kauffmanns Hand, sondern Zucchi zuzuordnen (heute Privatbesitz, Bregenz und Bregenz Landesmuseum, Kat. Ausst. Bregenz 1968, Nr. 61, 61).

Unser Gemälde ist das einzige rechteckige Format zum Thema, das in seiner Lokalfarbigkeit und seinem friesartigen Aufbau von der idyllischen Schilderung und somit von der vom Rokoko geprägten Auffassung des Themas abkommt. Während in »Rinaldo und Armida im Zaubergarten« die geschönte Dominanz des weiblichen Parts mittels zarter Verführungskünste dargestellt wird, wird im ausgestellten Bild der Sieg der Vernunft und der Vorrang der öffentlichen Aufgaben des Mannes über der Verwirklichung seiner privaten Ziele vorgeführt.

Lit.: Kat. Ausst. Zwei Jahrhunderte Englische Malerei, München 1979/80, Nr. 139.

B.B.

25 A. K.
Penelope weint über dem Bogen des Odysseus

Um 1775–1778

Öl auf Kupfer, im Oval, 27,5×22,6 cm

Bregenz, Landeshauptstadt, Kulturamt

1768 berichtete Helferich Sturz, daß er Angelika Kauffmann in London beim Lesen von Pope antraf. Es könnte Popes Homer-Übersetzung gewesen sein. In jedem Fall muß die Künstlerin Homers »Ilias« und »Odyssee« bereits in der frühen Italienzeit gekannt haben, wie das bereits 1764 in der Royal Academy ausgestellte erste Penelope-Bild belegt. Spätestens durch Winkkelmann und ihre Schweizer Freunde wird sie Bodmers Übersetzung der Odyssee gelesen haben. Unser Bild zeigt eine sitzende Penelope vor einer mit einer dorischen Säule untergliederten Wand. Die weinende Penelope hat im Melancholiegestus den Kopf auf ihre linke Hand gestützt, mit ihrer Rechten hält sie den Bogen des Odysseus. Die einfigurige Szene gehört zu A. Kauffmanns beliebtesten Motiven, sie ist in einer verwirrenden Anzahl von eigenhändigen Wiederholungen, Versionen und Kopien von fremder Hand überliefert. Die Form der weiblichen, meditativen Einzelfigur geht auf eine Reihe früher Zeichnungen ab ca. 1764 und eigenhändiger Radierungen zurück (vgl. das Skizzenbuch im Vic. & Alb. Museum, London). Möglicherweise ist das Bregenzer Bildchen auf einen Auftrag von M. Boulton zurückzuführen, der das gefragte Motiv in seine mechanischen Gemälde umsetzen wollte, um sie dann als Dekoration für Wand und Decken der Häuser im Adam-Stil verkaufen zu können. Neben dem Bregenzer Bildchen sind teils leicht abweichende Fassungen in der Sammlung Exeter, in Wolverhampton Museum, in Nottingham Castle, in einer Sammlung in Lustenau, im Züricher und Londoner Handel bekannt. Interessant ist, daß vielfach die Penelope als Pendant zur trauernden Calypso ausgeführt wurde, die spiegelverkehrt, aber in nahezu identischer Haltung, gegeben ist.
Die früheste der nachweisbaren Penelope-Darstellungen ist

25 A. K.

1767 datiert, seitenverkehrt und mit Hund dargestellt (Hove Museum, City Art Gallery). Der Vergleich mit den ganz ähnlichen Porträts »Lady Rushout« und »Morning Amusement« von 1775 und 1773 und dem Nachstich von Delattre von 1779 könnte für eine Datierung unseres Bildes um 1775–1778 sprechen.

Lit.: Gerard 1893, S. 370. – Kat. Ausst. Bregenz 1968, Nr. 56/35 (fälschlich als unpubliziert). – Walch 1968, Nr. 46 (Delattre Stich). – Robinson / Thompson 1970, S. 504 f. – Baumgärtel 1990, Kap. V, Abb. 44 (Zürich, Handel); Nr. 18, Abb 324, 325; 23, Abb. 320; 31, Abb. 321.   B.B.

26 A. K.
Das Opfer an die Liebe

27 A. K.   *Farbabb. 12*
Amor wird keine Herzen mehr verführen

Vor 1777

Ein Tondo (Amors Rache) sign.: Angelica Kauffman Pinx.

Öl auf Leinwand, Tondi, ⌀ 64,8–65,2 cm, ein Tondo doubliert

Bregenz, Vorarlberger Landesmuseum, Gem. aus 65–70, 1980 im Kunsthandel London erworben

Gezeigt werden zwei von sechs Tondi einer Serie zum Thema Liebe im allegorischen Gewand des Amor mit drei Grazien. Fünf der sechs Tondi wurden 1980 für das Bregenzer Landesmuseum, das sechste, »Der Triumph der Liebe«, von Privat erworben.
»Amor wird keine Herzen mehr verführen« zeigt drei Grazien, die dem schlafenden Amor Pfeil und Köcher entwendet haben. Im zweiten Tondo reichen vier Grazien am Altar der Liebe, eine kniend, drei stehend, Blumen und Früchte als Opfer dar.
Ob die literarische Vorlage Metastasios »Isola disabitata« oder Wielands Gedicht »Grazien« ist, ist ungeklärt. Für »Aglaia an den Baum gebunden«, eines der sechs Tondi, ist die erste der genannten literarischen Quelle gesichert, im Münchener Katalog wird von der zweiten Vorlage ausgegangen.
In jedem Fall ist das Thema ›Grazie‹ ein Schwerpunktthema des Kauffmannschen Werkes. Grazie ist hier nicht nur im übertragenen Sinne gemeint, sondern wird in der Form des Tondo auch formal umgesetzt. Der schlafende Amor dürfte als Allegorie auf die noch nicht erweckte Liebe, und wie Panofsky in anderem Zusammenhang dargelegt hat, als Allegorie der Keuschheit gelesen werden.
Das Thema des Opferns am Altar war seinerzeit sehr beliebt und wurde in vielen Varianten, z.B. als opfernde Vestalin, Frauen am Altar der Freundschaft opfernd und auch im Porträt verwendet (s. Porträt der Lady Francis Ann Hoare, Stourhead).
Auf das direkte Zitat aus Domenichinos »Caccia di Diana« von 1617 für eine die Pfeile hochhaltende Grazie wurde bereits im Münchener Katalog hingewiesen. A. Kauffmann könnte von Domenichinos Original in Rom in der Villa Borghese ausgegangen sein. Eine zeitgenössische Kopie unseres Exponats im Oval, Öl auf Kupfer, befindet sich in München in der Pinakothek und könnte mit der ovalen Fassung, die 1921 bei Christie's angeboten wurde, identisch sein.
Walch weist auf eine Opferszene, Auktion Lepke Berlin, hin, die er irrigerweise als seitenverkehrte Fassung zu unserer Opferszene beschreibt. Vielmehr handelt es sich um das Opfer an Ceres, wie durch einen Stich von Skorodomoff von 1778 bezeugt ist (Boerner 46).
Unsere Tondi wurden als Folge von Skorodomoff 1777–1779 im Nachstich publiziert. Somit ist von einer Entstehungszeit vor 1777 auszugehen. Bereits Walch nahm ein Datum Mitte der 1770er Jahre an. Ein einzelnes Gemälde zu einem der Themen

26 A. K.

27 A. K.

der Tondi »Aglaia an einen Baum gebunden« wurde bereits 1774 in der Royal Academy ausgestellt (Nr. 144) und gehörte zur Bowles-Sammlung.

Lit.: Locquin, Jean, La Peinture d'Histoire en France de 1747–1785, Paris 1912/1987, S. 156. – Walch 1968, Nr. 40 (Opfer an Ceres), 41. – Kat. München, Neue Pinakothek, Gesamtkat. der Gemälde, 1978, 13 036 (Kopie). – Maué 1980, Nr. 31. – Baumgärtel 1990, S. 147 f., Nr. 49 a–f, Abb. 192–198. – Kat. Ausst. Bregenz Angelika Kauffmann Restaurierungen, Begleitheft zur Ausstellung, bearb. H. Swozilek, Gerhard Grabher, Doris Hess, Inken Hußmann, Helga Musner, Bregenz 1991. B.B.

28 A. K. *Farbabb. 13*
Irre Maria

1777, Royal Academy-Ausstellung, Nr. 194

Öl auf Leinwand, 31×22,9 cm

Stamford, Slg. Exeter, Burghley House, Nr. 234,
von der Künstlerin erworben

Die aus Liebe wahnsinnig gewordene Maria sitzt nach links gerichtet im Melancholiegestus, einen Ellenbogen auf dem Oberschenkel aufgestützt, versunken in der Landschaft. Ihr Hund ist rechts zu ihren Füßen zu sehen, die Flöte, die sie bei ihren Wanderungen durch die Landschaft bläst, liegt neben ihr. Empfindsame Strömungen traten um 1768 in England mit dem Kultbuch der Empfindsamkeit, L. Sternes »A Sentimental Journey«, das hier die literarische Quelle ist, in Erscheinung. Erst 1771 mit der Veröffentlichung von Goethes »Leiden des jungen Werther« kann von einem Höhepunkt der Empfindsamkeit in Deutschland und von einer ersten Sterne-Rezeption gesprochen werden.

Angelika Kauffmann war für die Sterne-Rezeption in der Malerei wegweisend. Von ihr sind mindestens fünf Fassungen in Öl und zahlreiche Nachstiche zur literarischen Vorlage bekannt. Nach den Memoiren des Malers Moser von 1809 soll eine Zeichnung der »Irren Maria« Ausgangspunkt zahlloser Repliken gewesen sein. Das in der Royal Academy ausgestellte Werk, das erste zu Sternes Roman, dürfte im Auftrag von Lord Exeter entstanden sein. Kein Werk der Künstlerin hat diese Popularität und diesen internationalen Verbreitungsgrad erlangt und ist so vielfältig vom furniture print bis zum Teekessel nachgeahmt oder kopiert worden. Schon Walch nannte einige Ölgemälde ihrer Kollegen, die im darauffolgenden Jahr in der Akademie-Ausstellung gezeigt, auf Kauffmanns »Irre Maria« zurückzuführen sind.

Eigenhändig dürften folgende Fassungen sein, die alle auf Kupfer gemalt wurden: erstens Slg. O'Neill, im Auftrag der gleichnamigen Familie, die bei der Künstlerin mehrere Gemälde bestellt hatte (Ryland 1779, Boerner 149, Pedro-Stich, B. 148; Kenwood 5), zweitens Slg. Rutland, Belvoir Castle (Bartolozzi-Stich o. J., Gerard S. 436, Manners/Williamson S. 205), drittens Nottingham, Richard Godson Millus Bequest seitenverkehrte Version mit knittrigem Gewand (Baumgärtel Nr. 63, Abb. 327), viertens eine am 18. 11. 1988 im Londoner Kunsthandel aufgetauchte, ebenso seitenverkehrte Fassung.

Als Ende der 1780er Jahre eine zweite Welle der Sterne-Rezeption einsetzte, schuf A. Kauffmann, wohl für Katharina d. Gr., eine weitere, fünfte Fassung, die sog. Irre Maria mit dem Taschentuch, heute Leningrad, Eremitage, wo neben der Maria der Reisende hinzugefügt wurde.

Im Bregenzer Kat. wurden zwei der in Kenwood ausgestellten Fassungen und ihre Nachstiche fälschlicherweise als Repliken dieser zweifigurigen Version zugeordnet. Dabei wurde als eine Irre Maria aus der Slg. Clive Milnes-Coates, Öl auf Kupfer (Manners / Williamson S. 182, Kenwood Nr. 4) als eigenhändig betrachtet, die eher als zeitgenössische Kopie eingestuft werden muß.

Die als bloße Rührseligkeit verkannten Einzelfigurbilder trauernder oder nachdenklicher Frauen im Œuvre A. Kauffmanns sind Beispiele für die Loslösung von einem historisch-literarischen Stoff, der nun rein subjektiv verarbeitet wird. Es eröffnet der Künstlerin die Möglichkeit, die Irre Maria und andere weibliche Einzelfiguren, wie die Penelope, Ariadne oder Calypso als reine Stimmungsträger einzusetzen. Insofern unterscheiden sich diese Figuren kaum voneinander, sondern sind feste Formeln für Trauer, Melancholie oder weibliche Tugendhaftigkeit.

Lit.: Moser, Memoirs of the late A. Kauffman, in: European Mag; April 1809, S. 254. – Gerard 1893, S. 370, 436. – Manners/Williamson 1924/1976, S. 182, 205, 237. – Kat. Ausst. Kenwood 1955, Nr. 4, 5. – Kat. Ausst. Bregenz 1968, Nr. 65, Abb. 45. – Walch 1968, Nr. 47, 103. – Boerner 1979, Nr. 148, 149. – Baumgärtel 1989, S. 328. – Baumgärtel 1990, S. 232ff., Abb. 45, Nr. 62–64, Abb. 326, 327, Nr. 70.   B.B.

29 A. K.   *Farbabb. 14*
Abra

Um 1780

Öl auf Kupfer, oval, 32,5×26,0 cm

Stuttgart, Staatsgalerie, Inv.-Nr. 2738, erworben aus Privatbesitz 1966

Die literarische Vorlage für dieses reizvolle Einzelfigurbildchen ist William Collins' (1721–1759) »Persian Eclogues«, erstmals 1742 erschienen. Collins erzählt in der dritten Ekloge, »Abra; or, the Georgian Sultana«, von der schönen Schäferin Abra, die in glücklicher Unschuld ihre Schafe hütete und dabei Kränze aus der vielfältigen Blumenpracht grüner Weiden flocht. Von ihrem Gesang angelockt, beobachtete sie der König Abbas, er verliebte sich in sie und nahm sie mit an seinen Hof. Abra blieb allzeit trotz des Reichtums am Hof die einfache Schäferin, und auch der König suchte, sooft er konnte, im Gewand eines Schäfers die Natur auf, wo er in jungen Jahren so glücklich war. Collins betont, daß nicht nur vermögende Mädchen zu ihrem Glück kommen, auch einfache Schäfermädchen erreichen ihr Ziel durch die Liebe. Collins' Ekloge beinhaltet die Sehnsucht nach dem Goldenen Zeitalter, wo Liebe ohne Klassenschranken möglich ist, symbolisiert in der idyllischen Natur und einem einfachen Schäferdasein.

Textgetreu zeigt A. Kauffmann die junge Schäferin in waldiger Umgebung mit den bei Collins genannten Schafen, dem Schäferstab und den im einzelnen aufgeführten Blumensorten.

28 A. K.

Der englische Verleger James Birchall publizierte ab 1781 eine Stichfolge zur englischen Dichtung nach mehreren Einzelfigurbildchen auf Kupfer von A. Kauffmann. Offensichtlich entstanden als Pendants zur Abra eine »Griselda« (Chur, Kat.-Nr. 30) und »Una«, nach der Feenkönigin zu Edmund Spenser (1552–1599). Bisher nicht als dazugehörig erkannt wurden weibliche Einzelfiguren nach Shakespeares Schriften, die Birchall teils selbst bei A. Kauffmann bestellte (in der Werkliste falsch geschrieben: Borchall), teils wurden ihm die fertigen Gemälde für den Nachstich zur Verfügung gestellt. Alle Bildchen haben dieselbe Größe und sind auf Kupfer gemalt. Die Birchall-Serie dürfte in einem Zeitraum von ca. 1780 bis 1787 entstanden sein.

J. Birchall konnte Bartolozzi für sein Projekt gewinnen, denn wie bei der Abra, die 1783 von ihm (auch von T. Burke und 1784 von Legrand) nachgestochen wurde, sind für die meisten der folgenden Werke Stiche von dem berühmtesten der in London tätigen Stecher mit der Herausgeberadresse von Birchall nachweisbar. Zu dieser Serie gehören: »Die Geburt des Shakespeare« und »Shakespeares Grab« (Kat.-Nr. 23 A.K.), »Hermione« zu Shakespeares Wintermärchen (Bartolozzi 1781 für Birchall, Boerner 123), »Erminia ritzt den Namen ihres Geliebten in den Baum« (1969 englischer Handel, Öl auf Kupfer gleicher Größe), außerdem die durch die Werkliste belegten Aufträge von 1782, »Cordelia« zu Shakespeare, und von 1787, »Eurydice, von einer Schlange gebissen« (beide Slg. Zürich, Öl auf Kupfer, Bartolozzi für Birchall, Boerner 121).

Zu überlegen wäre, ob »Penelope« und »Calypso«, »Lesbia und Catull« sowie »Irre Maria« (Kat.-Nr. 28 A.K.) dazugehörten. Ein Paar der Abra und Una befand sich in der englischen Sammlung Steel, Oxford, die Una wurde laut Manners/Williamson bei Christie's vor 1924 verkauft. Ob diese Abra mit dem gleich großen Stuttgarter Bildchen identisch ist, bleibt unklar. Ein weiteres Paar befindet sich heute in Privatbesitz, Feldkirch. Bildpaare dieser Art wurden vielfach noch zu Lebzeiten A. Kauffmanns kopiert und nachgeahmt (nicht eigenhändig z.B. Slg. Sheepshrank, London 1914, Foto Witt-Library oder Kunsthandel London, Februar 1981). Sie dienten auch häufig als Vorlage für das Kunsthandwerk, vgl. eine Tischplatte nach einigen der hier aufgeführten Bilder (Slg. The Earl of Waldgrave, Chewton Mendip, Bath) oder für die Porzellanbemalungen (Maué 1980). Siehe Pendant Kat. 30 A.K.

Lit.: Gerard 1893, S. 364 (Slg. Birchall: Una, Abra, Selbstbildnis). – Manners/Williamson 1924/1976, S. 210, mit Una, S. 213 (auf Tischplatte). – Kat. Ausst. Kenwood 1955, Nr. 59 (auf Tischplatte). – Kat. Ausst. Bregenz 1968, Nr. 67 (fälschlich als unveröffentlicht bez.), Nr. 95, Abb. 377 (auf Tischplatte). – Boerner 1979, 126, 169. – Maué 1980, Nr. 13. – Kat. Staatsgalerie Stuttgart, bearb. Corinna Höper, 1987. – Hammer 1987, S. 52 Abb. – Kat. Chur 1989, S. 32 (Abra, Una, Griselda). B.B.

30 A. K.
Griselda

Um 1780

Sign.: Angelica Kauffman

Öl auf Kupfer, oval, 32×25,5 cm

Chur, Bündner Kunstmuseum, Inv.-Nr. 76/3280, erworben 1976 von Frau Dr. Bener-Kuoni, Chur

Die in einer waldigen Landschaft sitzende Griselda geht auf Geoffrey Chaucers (um 1342–1400) »The Clerk's Tale« aus den »Canterbury Tales« zurück. A. Kauffmann wählt nicht den frauenverachtenden Part dieses Stoffes, wo der ehefeindliche Graf Gualteri, zur Heirat angehalten, die arme Bauerstochter Griselda zur Frau nimmt und, absoluten Gehorsam verlangend, sie demütigenden Prüfungen unterwirft (Frenzel, Stoffe der Weltliteratur). Die Künstlerin greift einen frühen Zeitpunkt der Erzählung heraus, um ein Tugendbeispiel einer aufopferungsvollen Tochter zu zeigen, die sich treu und ergeben um ihren alten Vater kümmerte, unermüdlich im Haus tätig war, sorgsam

30 A. K.

31 A. K.

32 A. K.

seine Schafe hütete und nach Chaucer lediglich im Schlaf müßig war.

Die Künstlerin versetzt die im Haus Tätige in eine idyllische Landschaft und, wie schon Paul Lang bemerkte, gab sie Griselda als Zeichen ihres Fleißes die Spindel in die Hand. Der an G. Reni erinnernde Blick zum Himmel bezeugt ihre Ergebenheit.

Gerard nennt zwei Fassungen einer Griselda, in der Slg. Woodhouse, und auch Manners/Williamson erwähnten eine weitere Fassung, ehemals in der Sammlung Wells, die 1888 bei Christie's an Agnews verkauft wurde.

Bartolozzi schuf 1784 einen Nachstich, auf den, wie schon im Kat. Ausst. Kenwood vermutet, die Griselda-Darstellung auf der oben erwähnten Tischplatte zurückgeht, also kein Original von A. Kauffmann ist. Weitere Einzelheiten, s. das Pendant (Kat.-Nr. 29 A. K.).

Lit.: s. o. B.B.

31 A. K.
Cephisa und ihr Geliebter entdecken Cupido

32 A. K.
Cephisa beschneidet die Flügel Cupidos

1782

Öl auf Leinwand, im Oval, 63×22 cm

Werkliste: »Neaples, June 1782. For Mr. Bowles of London two ovals... Cephisa with her lover finding Cupid asleep in the wood of Sdallia, the picture expresses the surprise of the two lovers. – The other Cephisa in the act of cutting Cupids wings whilst he is asleep, and her lover is trying to prevent her, but he does not succeed and again he looks amazed – the two pictures for 60 guineas.«

Rückseitig bezeichnet: »For George Bowles, Esq.«

Staatliche Museen zu Berlin, Gemäldegalerie,
Inv.-Nr. 3/86, 4/86

Angelika Kauffmann malte das reizvolle Paar für ihren wichtigsten Auftraggeber, George Bowles, als sie bereits England verlassen hatte und sich noch in Neapel am königlichen Hof aufhielt, um dann endgültig in Rom ihr Atelier in der Via Sixtina einzurichten. Sie muß Bowles bevorzugt bedient haben, da die Bildchen die ersten sind, die in Neapel laut Werkliste fertiggestellt wurden, bevor sie sich im September an das große Gruppenbildnis der königlichen Familie machte.
Die beiden zusammengehörigen Stücke versinnbildlichen auf erzählerische Weise die Flüchtigkeit der Liebe. Nachdem Cephisa und ihr Liebhaber die Liebe entdeckt haben, versucht Cephisa sie zu halten, indem sie Cupido die Flügel beschneidet, denn Cupido ist ein unbeständiger Geselle und fliegt, wohin er will. In Montesquieus Erzählung »Le Temple de Gnide«, die A. Kauffmann literarische Vorlage gewesen sein dürfte, sorgt Venus jedoch dafür, daß ihm die Flügel wieder nachwachsen.
Eine illustrierte Ausgabe von 1772 mit Stichen von Le Mire nach Zeichnungen von Ch. Eisen könnte die Künstlerin gekannt haben, da die kompositionellen Übereinstimmungen deutlich ins Auge fallen (s. Holloway, French Rococo Book Illustration, London 1969, Nr. 64). Links sitzt Cephisa, ihr rechter Arm ist bildparallel zum Flügel des Cupido geführt, der schlafend vor ihr liegt. Der Liebhaber erscheint in der rechten Bildhälfte. A. Kauffmann interpretiert diesen Moment der Geschichte positiver als Ch. Eisen. Während bei Eisen der Liebhaber seinen Schrecken stärker zum Ausdruck bringt und seine Ablehnung mimisch offenbart, überwiegt im Gemälde der Künstlerin die Freude des Liebhabers über den Treuebeweis der Cephisa. Der gefühlvolle direkte Bezug der Liebenden aufeinander ist für A. Kauffmann ausgesprochen typisch und wird durch die dekorative Bildform unterstützt. Erst 1789 und 1799 wurden die Sujets von Thomas Burke nachgestochen und vielfach auch in der Porzellanmalerei aufgegriffen.
Gerard nennt eine weitere Fassung zweier Rundbilder, die in der Sammlung J. Pyke, London, nachweisbar waren, heute aber unauffindbar sind. Die Berliner Bildchen dürften von G. Bowles an Rebecca, Lady Rushout, und durch Erbschaft an ihren Sohn Rushout-Bowles gegangen sein. 1879 fand der berühmte Verkauf der Rushout-Sammlung statt, Agnews erwarb die Bildchen und verkaufte sie an Alfred Beit, London. Sie kamen über den New Yorker Handel in die Sammlung R. Brooman White, Dumbartonshire, 1943 in den Londoner Handel und wurden schließlich 1973 in London erneut angeboten und sind seit 1986 durch Stiftung des Konsuls A. Türklitz in der Gemäldegalerie Dahlem zu besichtigen.

Lit.: Gerard 1893, S. 367, 436 (Rundfassung). – Manners/Williamson 1924/1976, S. 142, 178. – Maué 1980, Nr. 26, 61. – Bettina Baumgärtel, Angelika Kauffmann, in: Kat. Ausst. Das Verborgene Museum, Hrsg. NGBK, Berlin 1987, S. 111 Abb. – Helmut Börsch-Supan, Die Deutsche Malerei von Anton Graff bis Hans von Marées, 1760–1870, München 1988, S. 149, Abb. 21. B.B.

33 A. K.
Selim, oder des Schäfers Moral

1782

Öl auf Leinwand, 27,5×34 cm

Werkliste: »Napoli Sept. 1782. For Mr. Yenn associate of Mr. Yorne small picture of about one Englisch foot representing a subject particularly well known to the above – one sees the statue of Jupiter – a youth praying to the statue & indicating three lovely maidens who stand aside. 30 guineas.«

Winterthur, Museum Stiftung Jacob Briner,
1938 im Kunsthandel, London, erworben

Das Gemälde, das bisher als verschollen galt, kann hier erstmals lokalisiert und gedeutet werden. Es ist in Neapel im Auftrag eines nur namentlich bekannten englischen Herren entstanden. Die Werkliste gibt keinen Aufschluß über das dargestellte Thema. Wie bereits in Kat.-Nr. 29 hat sich A. Kauffmann auch hier von W. Collins' »Persian Eclogues« anregen lassen.
In der ersten Ekloge, »Selim; or, the Shepards Moral«, betet der Schäfer Selim in einem grünen Tal bei Bagdad und belehrt durch sein Gebet drei junge Frauen, die rechts von ihm in der Formation der Drei Grazien zu sehen sind. »Von heiliger Wahrheit inspiriert«, übermittelt er ihnen, was weibliche Tugendhaftigkeit sein sollte. Collins, der bereits mit 17 Jahren jene Idyllen-Dichtung verfaßte, verlegte den Ort des Geschehens in das fremde, arabische Land. Das Schäferdasein steht für seine Sehnsucht nach einer idyllischen Natur und nach glücklichen, einfachen Menschen. Erst nach seinem Tode wurde Collins als einer der wichtigsten vorromantischen Dichter Englands neben Thomas Gray und Thomas Wharton bekannt. Die hohe Wertschätzung seines auf wenige Gedichte und Fragmente beschränkten Œuvres setzte ab 1760 ein und zeigte sich in zahlreichen Publikationen. Das 1788 publizierte »Poets of Great Britain« des Verlegers Bell ist ein Beispiel dafür. A. Kauffmann dürfte mit acht malerischen Umsetzungen literarischer Vorlagen den Großteil der Illustrationen dieser Publikationen geliefert haben. Neben Collins' Eclogues setzte sie sich auch mit Chaucer, Mallet und Churchill's Poems malerisch auseinander. Der englische Verleger Macklin brachte im Erscheinungsjahr den Nachstich nach unserem Gemälde heraus, den Bartolozzi gefertigt hatte. Nach der Legende war der Stich als Blatt 1 der Bell's Poets vorgesehen. Allerdings nahm Bartolozzi Korrekturen vor. Während im Gemälde Selim im Widerspruch zur arabischen Örtlichkeit vor einer Zeusstatue betet, ersetzte Bartolozzi die Zeusstatue, die auf das berühmte Standbild des Phidias für den Zeus-Tempel in Olympia zurückgeht, durch ein der Schäferidylle gemäßeres Felsgeröll mit Bachlauf. Außerdem wendet sich Selim nun den jungen Frauen direkt zu.
Die textgetreue Umsetzung, um die die Künstlerin immer bemüht war, erschwert in dem Fall die Deutung des Gemäldes, zumal die Beziehungslosigkeit zwischen Selim und den jungen Frauen ohne die Textkenntnis wenig sinnfällig erscheint. Noch

33 A. K.

schwieriger war es, die moralische Botschaft und die empfindsame Stimmung dieser Ekloge zu konkretisieren und überzeugend ins Bild zu setzen.

Unveröffentlicht
Lit.: Gerard 1893, S. 165, 373, erwähnt die Illustrationsfolge. – Vgl. The Works of William Collins, hrsg. R. Wendorf, Ch. Ryskamp, Oxford 1979, S. 2f.　　B.B.

34 A. K.
Pallas von Turnus getötet

1786

Öl auf Leinwand, 44,8×61,9 cm

Werkliste: »Rom Sept. 1786. For his Majesty the Emperor Joseph the second … (beide) 450 Zecchini …«

Innsbruck, Tiroler Landesmuseum, Ferdinandeum, Inv.-Nr. 298, erworben 1831 aus dem Nachlaß der Künstlerin

34 A. K.

Eine von zwei Ölstudien zu den zwei großen Historienbildern für Kaiser Josef II., die ehemals in Wien im Kunsthistorischen Museum hingen und seit dem letzten Krieg verschollen sind. Kaiser Josef II. überließ der Künstlerin die Wahl der Themen, als er sie im September 1784 in Rom besuchte. Sie wählte klugerweise ein Thema der antiken und eines der alten deutschen Geschichte, die in Bezug zum Kaiser interpretiert werden konnten. Die Rückkehr des Arminius aus der Schlacht des Teutoburger Waldes entnahm sie Klopstocks »Hermannsschlacht«, wohl wissend, daß Klopstock 1767 sein Werk Josef II. gewidmet hatte. Insofern stellt dieses Gemälde eine Huldigung an den bewunderten Dichter dar und schafft gleichzeitig den indirekten Bezug zum Kaiser in der Figur des siegreichen Hermann.

Im »Pallas von Turnus getötet«, aus der antiken, von ihr bevorzugten Aeneis des Vergil formuliert die Künstlerin die höchste Stufe des Erhabenen innerhalb der Gattung der Historienmalerei. Die Totenbettszene des sterbenden Germanicus von N. Poussin rezipierend, stellt sie die stille Größe des trauernden Aeneas gegen eine Vielfalt extremer Gefühlsausdrücke der klagenden Trojaner. Dabei setzt sie den Aspekt der Freundschaft zwischen Pallas und Aeneas besonders wirksam ein, indem sie Aeneas in einer rührseligen Geste den Körper des toten Freundes mit einem kostbaren Tuch, einem Geschenk Didos, bedecken läßt. Ohne die Vielfalt der Trauergesten und die geistreichen Zitate alter Meister hier im einzelnen aufschlüsseln zu können, geben die zwei noch erhaltenen Modelli und die Überlieferungen der Nachstiche von Durmer (Boerner 145, 152)

Zu 34 A. K. Rückkehr Hermanns. Pendant zu 34 A. K., Innsbruck, Tiroler Landesmuseum Ferdinandeum

einen Eindruck vom reifen Können der Künstlerin in ihrer Romzeit.

Kardinal Hrzan war der Vermittler auch der später ausgehändigten kostbaren Geschenke und eines Dankschreibens Josefs II., in dem er seine vollste Zufriedenheit zum Ausdruck bringt und mitteilt, die Bilder werden an prominentester Stelle in seiner Galerie gehängt werden (vgl. Helbok).

Lit.: Kat. Ausst. Bregenz 1968, Nr. 57, Abb. 62. – Helbok 1968, S. 161f., 170f. – Walch 1968, Nr. 89. – Kat. Ausst. Melk 1980, Österreich zur Zeit Kaiser Joseph II., Niederösterr. Landesausst., Nr. 1070 Abb. – Baumgärtel 1991, S. 2833f. Zu den fertigen Gemälden: Gerard 1893, S. 382. – Kat. Wien 1907, Nr. 1610, 1611, S. 372. – Manners / Williamson 1924/1976, S. 60, 70, 151, 215. B.B.

35 A. K. Farbabb. 15
Telemach in der Grotte der Kalypso

1788

Sign.: Angelika Kauffman

Öl auf Leinwand, 112,5×126,5 cm

Werkliste: »Rome. Finished in October, 1788. For his Highness the Duke (Peter) of Courland a picture ... representing Telemachus with Mentor in the Island of Calypso when the goddess gave him some food and beverage, and the Nymphes are singing the praises of Ulysses, Telemachus becomes sad, the goddess sees it and orders the Nymphs to cease singing – 150 Zecchini.«

Chur, Bündner Kunstmuseum, Inv.-Nr. 70/797, erworben aus Schweizer Privatbesitz 1970

François de Salingnac de la Mothe Fénélon beschreibt in »Les aventures de Télémaque« die Irrfahrt des Telemach auf der Suche nach seinem Vater Odysseus. Fénélons vielgelesener und weitverbreiteter Reiseroman war eine der wichtigsten literarischen Quellen für Kauffmanns Gemälde. Homer berichtet über die sieben Jahre andauernde Liebschaft des Odysseus mit Kalypso, die ihm Unsterblichkeit versprach, wenn er bei ihr bleiben würde. Fénélon setzt mit der Strandung des Telemach auf der Insel der Kalypso Homers Epos fort. Athena in der Gestalt des Mentor begleitet den jungen Mann, der eher kühl von der enttäuschten Geliebten seines Vaters bewirtet wird. Als die Nymphen die großen Taten des Odysseus preisen, verfällt Telemach in Schwermut, worauf Kalypso mit einer Geste die Nymphen zum Schweigen veranlaßt.

Unser Gemälde ist eines von insgesamt drei Fassungen zu diesem Moment der Geschichte. Die erste bekannte Fassung, die sich von unserer lediglich im Baumbestand unterscheidet, befindet sich in New York im Metropolitan Museum und wurde 1783 für den Geistlichen Onorato Caetani gemalt (Werkliste S. 142, nochmals erwähnt S. 143). Es war ein Folgeauftrag zu einem bereits 1782 dargestellten anderen Moment der Erzählung, wo Kalypso Mentor zur Seite nimmt, um Telemach mit den Nymphen allein zu lassen (ebenfalls Metr. Mus., Boerner 167).

Unser Gemälde kann hier erstmals als Auftrag des Grafen von Kurland von 1788 dokumentiert werden. Ein Jahr nach unserem Gemälde entstand eine dritte Fassung für eine Lady Bryer, wiederum als Paar zu einem vorher entstandenen vielfigurigen Gemälde, »Bacchus lehrt den Nymphen Verse zu machen« (Privatslg., ehem. Slg. Spencer-Churchill, 1965 im Londoner Handel). In dieser Telemach-Fassung wird die Höhle der Kalypso deutlicher ausgeführt, indem der weite Landschaftsausblick durch eine Felsbrücke verdeckt wird.

Gerard nennt in der Kurländischen Sammlung neben dem Telemach auch ein entsprechendes Pendant Bacchus, Verse lehrend. Ob der Graf von Kurland tatsächlich ein Pendant zum Telemach bestellt hat, wissen wir nicht. Paul Lang, im Hinweis auf Peter Walchs Katalog, geht im Churer Katalog von vier Fassungen unseres Bildes aus, irregeleitet durch wiederholte Erwähnungen in der Werkliste für Lady Bryer (S. 156, nochmals erwähnt S. 171). Auch ordnet Paul Lang das Churer Gemälde nicht dem Kurland-Auftrag von 1788 zu, so daß bisher die Datierung recht global ausfiel. Auch wenn nicht ausgeschlossen ist, daß A. Kauffmann noch weitere Repliken angefertigt hat, kommt nach heutigem Stand für das Churer Gemälde nur diese eine Kurland-Fassung in Frage, zumal die Bryer-Fassung 1789 datiert ist (Kenwood-Kat.).

Die in der Bewegung erstarrte flüchtige Geste der Kalypso und des Mentor zeigt A. Kauffmanns Bemühen, dem Bild ein transitorisches bzw. erzählendes Moment hinzuzufügen. Das im gleichen Jahr entstandene Selbstbildnis für die Uffizien zeigt eine der Kalypso ähnliche Figurenkonzeption. Der gleiche Wiedererkennungseffekt ergibt sich in der Drei-Grazien-Gruppe der

Nymphen links, die ein Spiegelbild zu der Gruppe in »Selim, des Schäfers Moral« (Kat.-Nr. 33 A.K.) ist. Auf die »zitatgetreue« Umsetzung des Fénelonschen Textes hat bereits Paul Lang hingewiesen. Die Anlehnung an die Illustrationskupfer in der Fénelonschen Ausgabe von 1773 von Charles Monnet nennt bereits P. Walch. Interessant ist außerdem die versteckte Anspielung auf Raffaels Hochzeit der Psyche, eines von vielen Beispielen für A. Kauffmanns Raffael-Verehrung. Rechts die Nymphe erinnert an Raffaels geflügelte Dienerinnen des Mahles. Die Wasser ausschenkende Nymphe vorne links ist Raffaels Repoussoirefigur in der berühmten »Verklärung« (Città di Castello) nachempfunden.

Lit.: Wurzbach 1864, S. 51 (Pendant zu Odysseus und Circe). – Gerard 1893, S. 369. – Manners/Williamson 1924/1976, S. 181 (Slg. Spencer, Verwechslung mit »Achilles trauert über seinen toten Freund Patroclos«). – Kat. Ausst. Kenwood 1955, Nr. 13 (ebenso verwechselt). – Helbok 1968, S. 162. – Maué 1980, Nr. 40. – Weitere Lit. in: Kat. Chur 1989, bearb. v. Paul Lang, Nr. 34. – Vgl. Fénelon, Les Aventures de Télémaque… Paris 1773, Abb. 11. B.B.

36 A.K.
Der Tod der Alcestis *Farbabb. 16*

Sign. u. dat.: Angelica Kauffman Pinx. 1790

Öl auf Leinwand, 114×154 cm

Werkliste: »Rome, Jan. 1790. For Mr. Matthews of London a picture… representing Alcestis' death taken from the tragedy of Euripides, it is the moment when Queen Alcestis nearing her end, recommends her two sons to her husband King Admetus… 100 guineas«, nochmals erwähnt S. 173, Nr. 8,

Bregenz, Vorarlberger Landesmuseum, Inv.-Nr. Gem 108, 1962 aus Kunsthandel, Wien

In den losen Blättern ihrer Werkliste beschreibt A. Kauffmann ihr Gemälde mit Stolz als eines, das für seine genaue und akkurat gezeichnete Vielfalt des menschlichen Ausdrucks (»expression«) und für seine Transparenz und Farbenprächtigkeit besonders hervorzuheben sei. Tatsächlich darf es zu den Hauptwerken der Künstlerin gezählt werden, da es neben »expression« und »colorito« vor allem »inventio« (Eigenschöpferisches) aufweist.

Eines der wichtigsten und am häufigsten variierten Themen der klassizistischen Malerei ist die Sterbebettszene. Der Prototyp, Poussins »Der Tod des Germanicus«, wurde dabei vielfältig rezipiert. A. Kauffmann selbst hat diesen Typus in ihrem »Pallas von Turnus getötet« verwendet (Kat.-Nr. 34 A.K.), so auch Füger in seinem »Tod des Germanicus« (Wien) und J. L. David in »Hector und Andromache« (Louvre, Paris). Auch der tragische Tod zahlloser sterbender Helden wie Seneca, Marat oder Marc Aurel wurde in Varianten dieses Schemas dargestellt.

Bemerkenswert ist, daß A. Kauffmann eine weibliche sterbende Heldin zum Thema ihres Gemäldes macht und sich dabei eines ikonographischen Musters bedient, das nahezu ausschließlich in der Malerei für Sterbebettszenen männlicher Helden Verwendung fand.

Auch die Stoffwahl war ungewöhnlich. Das Schicksal der Alcestis, die sich bereit erklärt, für ihren Mann zu sterben, da von den Göttern ein Menschenopfer verlangt wird, fällt aus dem üblichen Themenprogramm klassizistischer Malerei heraus. Einen ähnlichen Opfertod erleidet Iphigenie, ein Thema, das weitaus häufiger dargestellt wurde. Während Iphigenie als ein Tugendbeispiel für die töchterliche Treue und für die jungfräuliche, makellose Frau noch im Tode steht, geht es bei der Alcestis um die über den Tod hinausreichende, eheliche Treue und ganz besonders, auch in dem Gemälde der Kauffmann, um die vorbildliche Mutterliebe. Zwar ist der Tod der Kleopatra oder der Dido ebenfalls häufig im Schema des Sterbebettes dargestellt worden, die Parallele ist jedoch rein formal, da Kleopatra noch im Sterben die schöne verführerische Frau bleibt.

A. Kauffmann hat die Szene auf folgende Textstelle bezogen, in der der Sohn klagend am Bett der sterbenden Mutter ausruft: »Weh mir! alles aus Mutter ist hinab gegangen… Nun bin ich verlassen, nun bin ich verwaist, Ich armes Kind! Ihr Aug' ist gebrochen, schlaff hängt die Hand. O, erhöre mich doch! Vernimm, mein inbrünstig Flehn!… Dein Bub herzet dich und küßet deinen Mund…« (Euripides, Tragödien, übersetzt v. Hans von Arnim (1931), Zürch/München 1990, S. 36).

Wie schon bei Poussins Germanicus trennt A. Kauffmann die weiblichen Trauernden räumlich von den männlichen. Jeder Figur wird eine eigene Gestik der Trauer zugeordnet. Während bei Poussin männliche Gesten gezügelt zum Ausdruck kommen, werden die Frauen in ihren Gefühlen ungehemmter geschildert. A. Kauffmann unterscheidet dagegen nicht geschlechtsspezifisch. Gerard konnte das Gemälde noch in der Sammlung des Prinzen N. Esterhazy nachweisen. Möglicherweise war es als Paar zu »Pyrrhus, bittet um Zuflucht beim König Glaucus« (Budapest, Mus. d. Schönen Künste) aus derselben Sammlung gedacht. 1796 erstmals von Bartolozzi nachgestochen und von dem Auftraggeber Matthews herausgegeben, wurde diese Darstellung auch in einem großformatigen Schabkunstblatt nochmals 1802 von Colnaghi publiziert.

Lit.: Gerard 1893, 371. – Wurzbach 1864, S. 51. B.B.

37 A. K. *Farbabb. 17*
Odysseus auf der Insel der Circe

Sign. u. dat.: Angelica Kauffmann, 1793

Öl auf Leinwand, 115,5 × 158 cm

Werkliste: »Rome. 1793. For Mr. Rushout, English nobleman a picture... representing Ulysses in the Island of Circe in the moment when after having bathed himself and now wearing a dignified attire he is sitting at a table on which are prepared fruits of all kinds, he is being served by four of Circe's maidens. But he refuses to take any kind of food, so long as the said goddess does not restore to their human form, his companions which she, the said goddess had changed into beast. 300 Zecchini.«, nochmals erwähnt 15. 4. 1796 und S. 173, Nr. 2.

Privatbesitz

Das bisher als verschollen gegoltene Historiengemälde kann hier erfreulicherweise erstmals ausgestellt und interpretiert werden. Die sechsfigurige Szene aus Homers Odysee gehört zu den wichtigsten Historiengemälden innerhalb A. Kauffmanns Spätwerk. Odysseus vergißt ein Jahr lang durch die Verführungskünste der Zauberin Circe seine Heimreise völlig. Dargestellt ist der auf der Insel gelandete Odysseus, der, erfrischt und neu eingekleidet, von vier Nymphen bewirtet wird, sich aber weigerte, von den Früchten zu kosten, solange Circe nicht seine in wilde Tiere verzauberte Begleiter wieder zu Menschen verwandelt. Die zu ihm tretende Circe versucht, ihn durch Verführung abzulenken. Odysseus ist mit seinen gelockten Haaren und dem kurzem Vollbart im Typus des sog. Seneca mit dem dazugehörigen angestrengten Gesichtsausdruck gegeben.
Die Szene ist vor einem streng klassizistischen, mit schweren dorischen Säulen gesäumten Hintergrund friesartig angelegt, lediglich die im strengen Profil gegebene Mundschenkin schafft im Vordergrund eine zweite Bildebene. Circes Spiel mit dem Schleier ist durch Lady Emma Hamiltons Attitüdenkunst, die Angelika Kauffmann seinerzeit in Neapel so bewunderte, angeregt. Bereits 1791 porträtierte die Künstlerin Lady Hamilton als komische Muse, hinter einem Vorhang hervortretend, in einer ähnlichen Haltung wie die Circe.
Das Thema Odysseus und Circe beschäftigte die Künstlerin mehrfach. Bereits 1786 schuf sie für Duc de Chaulnes, Paris, eine auf die zwei Hauptfiguren beschränkte Szene (s. Werkliste, Kunsthandel London 1976, fälschlich als Antonius und Kleopatra). Eine bisher ungedeutete Zeichnung im Amsterdamer Rijksmuseum (signiert, 19×26 cm, Feder- und Kohlezeichnung, weiß gehöht) kann hier erstmals als Kompositionsstudie für das Ölgemälde eingeordnet werden. In der Zeichnung verfolgt die Künstlerin noch die Idee eines von Circe zu seinem Lager geführten Odysseus. Sechs Nymphen bereiten hier im Vorder-, Mittel- und Hintergrund die Bewirtung vor, wobei die Korbträgerin, Schüssel- und Amphora-Tragende und die Mundschenkin später in das Ölgemälde übernommen werden. Die Komposition ist hier noch aufgelockert, während sie im Ölgemälde um einen Mittelpunkt konzentriert wird. Erst um 1809 wurde der

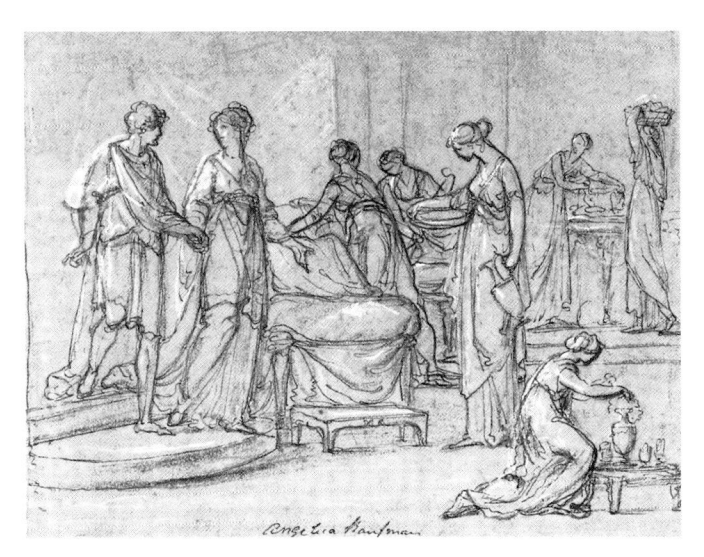

Zu 37 A. K. Circe und Odysseus, Amsterdam, Rijksmuseum

einzige, selten nachweisbare Nachstich von William Bond nach unserem Exponat publiziert. Daher blieb das Gemälde bis heute weitgehend unbekannt.
Der Auftraggeber John Rushout, später Baron Northwick, war mit Rebecca Lady Rushout verheiratet und damit der Schwager des so wichtigen Auftraggebers George Bowles, der möglicherweise diesen Auftrag neben seinen eigenen so zahlreichen an die Künstlerin vermittelt haben könnte. Das Gemälde könnte innerhalb des 1897 stattgefundenen spektakulären Rushout-Sale veräußert worden sein.

Lit.: Wurzbach 1864, S. 51. B.B.

38 A. K.
Betende

Rückseitig sign.: Angelica Kauffman Pinx. Romae 1802

Öl auf Leinwand, 61×49 cm

Kunsthandel, London, 1985

Bregenz, Privatbesitz

Dargestellt ist eine stehende junge Frau, halbe Figur, die Hände zum Beten gefaltet, ihr Kopf ist mit einem Tuch bedeckt und der Blick ist demütig gesenkt. Der Kopftyp und die Haltung deuten darauf hin, daß es sich um eine betende Maria handelt. Nicht ausgeschlossen ist ein allegorischer Gehalt, zumal der Überlieferung nach das Gemälde auch »Die Unschuld« genannt wird. Angelika Kauffmann hat sich in ihrem letzten Lebensjahrzehnt bevorzugt religiösen Themen zugewandt. Im gleichen Jahr

38 A. K.

vollendete sie das große Altarblatt für die Schwarzenberger Kirche, ein Jahr später »Die Geburt Johannes des Täufers«, ein Altarstück für Abbate Martinengo in Brescia (Mus. Brescia). Allen religiösen Spätwerken ist die Vereinfachung und Isolierung der Figuren gemeinsam, eine Tendenz, die wir auch vom Spätwerk eines Reni oder Guercino kennen.

Lit.: Hammer 1987, S. 122 Abb. B.B.

Graphik, Autograph

39 A. K.
Schreitender männlicher Akt – Studie zum weinenden Telemach

Vor 1773

Von fremder Hand bez.: Angelica Kaufman

Kohlezeichnung auf Bütten, 19×15,4 cm

Innsbruck, Tiroler Landesmuseum, Ferdinandeum, Inv.-Nr. K 105

Die Aktstudie eines nach rechts schreitenden Jünglings, der sich beide Hände vor sein Gesicht hält, ist eine erste Detailstudie zu dem großen Historiengemälde »Telemach am Hof von Sparta, am Kummer über die Leiden seines Vaters Odysseus erkannt« (ein Fassung Toledo, Mus. of Fine Art). Die Studie wurde erstmals von der Verfasserin identifiziert und mit einer weiteren Studie der ETH Zürich in Verbindung gebracht. Dort ist der bekleidete Telemach neben dem auf seinem Thron sitzenden König von Sparta zu sehen. Unsere reine Umrißzeichnung des Jünglings läßt sich auf die Figur des Adam aus Raffaels Vertreibung aus dem Paradies in den Loggien des Vatikan zurückführen. A. Kauffmann ging es in diesem Blatt lediglich um das Muskelstudium und den genauen Kontur. In der Züricher Zeichnung konzentriert sich die Künstlerin auf den nächsten Schritt, die Kleidung und seine Faltengebung der Gestik der Figur anzupassen. Figürliche Skizzen sind im Œuvre der Künstlerin selten erhalten, die Tatsache, daß es sich um eine männliche Aktstudie handelt, ist um so brisanter, da Künstlerinnen damals das Aktzeichnen verboten war.

Das Blatt, das offenbar aus einem Skizzenbuch herausgerissen wurde, ist geringfügig größer als die Blätter des Londoner Skizzenbuches. Die Tatsache, daß das fertige Ölgemälde erstmals 1773 in der Royal Academy, London (Nr. 163) ausgestellt wurde, legt eine Datierung der Studie vor 1773 nahe.

Lit.: Baumgärtel 1989, S. 42 f. – Baumgärtel 1990, S. 80 f., Abb. 16, Nr. 25, 228, 229. B.B.

40 A. K.
Urania

Um 1776

Pinselzeichnung in Sepia, weiß gehöht, auf dickem Bütten mit Wasserzeichen Lilienwappen mit angehängtem W, 25,5×20,5 cm

Wien, Privatsammlung,
1971 aus deutschem Kunsthandel erworben

39 A. K.

40 A. K.

Die Zeichnung zeigt die weibliche Halbfigur über eine Himmelskugel gebeugt, mit einem Zirkel Messungen vornehmend. Die mit einem Lorbeerkranz geschmückten Haare und das sibyllinische Gewand kennzeichnen sie als ideale Gestalt. Die Astrologie, ein Ölgemälde von Guercino (Austin, Huntington Art Gall., Univ. of Texas) dürfte Pate gestanden haben.

Ob die Zeichnung als Vorlage für die eigenhändige Radierung oder nach dieser entstanden ist, bleibt unklar. In jedem Fall entsprechen sich beide nicht nur in der Größe, sondern in allen weiteren Einzelheiten. A. Kauffmann schuf mehrere Radierungen gemeinsam mit ihrem zukünftigen Schwager Joseph, eigtl. Giuseppe Carlo Zucchi, nicht mit ihrem Mann Antonio, wie öfter behauptet wird (Kat. Bassano 1986). Im gleichen Jahr wie A. Kauffmann kam auch Joseph Zucchi zu seinem Bruder Antonio nach London. Ab 1774 entstanden, teils nach alten Meistern wie Reni, teils nach eigenen zeichnerischen und malerischen Vorlagen, präzise gestochene Blätter.

Der Titel der Radierung lautet »Urania Coeli motus scrutatur, et astra«. Der Hinweis »Ang. Kauffman pinx(it), Eadem, et Jos. Zucchi sculpser(unt)« läßt vermuten, daß ein in Öl gemaltes Bild von der Künstlerin vorgelegen hat, das heute nicht mehr nachweisbar ist. Die erste Fassung der Radierung entstand 1776, ein späterer Abzug wurde 1781 von Boydell herausgegeben und mit seiner Adresse versehen. Demnach könnte die Zeichnung um 1776 entstanden sein.

Pendants zur Urania sind »Die Muse Erato«, von Kauffmann gemalt und von J. Zucchi nachradiert (Nagler, Zucchi Nr. 2), und »Simplicity« (Andresen 15), von beiden Künstlern gemeinsam ausgeführt. Im Victoria & Albert Museum in London befindet sich eine lavierte Federzeichnung einer Urania als stehende Ganzfigur aus der Sammlung B. West.

Unveröffentlicht
Lit. zu Radierung: Andresen 14 (2 Zustände). – Nagler 11. – Gerard 1893, S. 389, Nr. 8 (falsch als Selbstporträt). – Manners / Williamson 1924/1976, Nr. 8. – Kat. Ausst. Donne artiste collezioni del Museo di Bassano, Bassano-Pal. Agostinelli 1986, Nr. 66 (Astronomia).

B.B.

41 A. K.

42 A. K.

41 A. K.
J. J. Winckelmann am Tisch sitzend

1764

Radierung, 21,7×16 cm

Bregenz, Vorarlberger Landesmuseum

Angelica Kauffmann dipin. et inc. in Roma anno 1764, 1780 in London nochmals von J. Boydell teils mit Aquatintaton abgezogen. Radierung nach dem berühmten Winckelmann-Porträt (Kunsthaus Zürich).

Lit.: Andresen 3. – Nagler 31. – Gerard 14. – Manners/ Williamson 1924/1976 (13). – Schulz, A., Die Bildnisse J. J. Winckelmann, Berlin 1953, 14, S. 22 f. – Boerner 14, 15. B.B.

42 A. K.
Hebe

43 A. K.
Juno

1770

Zwei Radierungen, je 21×16,3 cm

Bregenz, Vorarlberger Landesmuseum

Angelica Kauffmann fec. Lon 1770. 1780 in London von J. Boydell erneut teils mit Aquatintaton abgezogen. Vgl. Kat.-Nr. 21.

Lit.: Andresen 9 u. 11. – Nagler 3 u. 4. – Gerard u. Manners/ Williamson 1924/1976, (6) u. (7). – Boerner 21, 22, 28, 29. B.B.

43 A. K.

44 A. K.

44 A. K.
Selbstbildnis als Personifikation der Zeichenkunst, der Inspiration der Poesie lauschend

1787

Radierung und Punktiermanier in Schwarzdruck von Th. Burke, 32 cm (Darstellung)

Lustenau, Privatbesitz

Angelica Kauffmann pinx – Thomas Burke sculpt.
Published Jan 5th 1787 by Tho Burke, Westminster

Das Blatt geht auf ein 1782 in Rom gemaltes Gemälde zurück (heute London-Kenwood, Iveagh Bequest). Es ist Ausdruck der gegenseitigen freundschaftlichen Inspiration der Künste. Angelika Kauffmann, in deren Salon sich Dichter, Maler, Musiker und Schauspieler trafen, war dieses Thema und ihre eigene Rolle darin sehr wichtig. Insbesondere die Dichtkunst spielte für sie eine große Rolle, geben doch viele ihrer Arbeiten Themen der Literatur wieder.

Lit.: Boerner 1979, Nr. 86. E.G.

45 A. K.

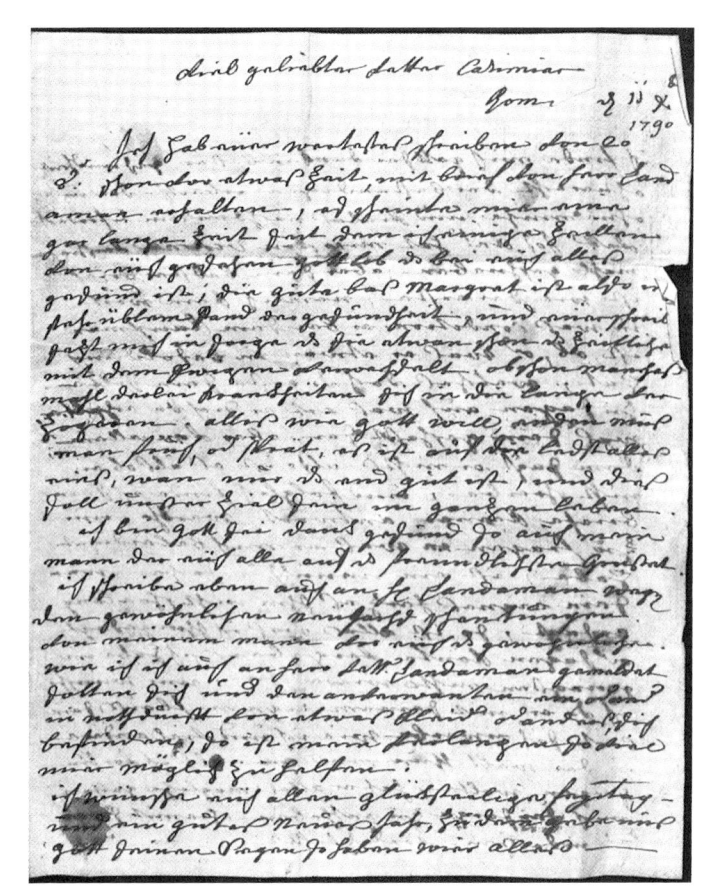

46 A. K.

45 A. K.
Familienbildnis Bariatinsky

1793/94

Radierung und Kupferstich von Raphael Morghen, 59×41 cm

Bregenz, Vorarlberger Landesmuseum

Angelica Kauffmann Pinx. Romae; Joan. Bapt. dell'Era delineavit, Raph. Morghen Sculp. Flor.
Unter der Darstellung das Wappen der Fürsten Bariatinsky und ein Lobgedicht auf die Fürstin. Vgl. Kat. 15 A. K.

Lit.: Boerner 1979, Nr. 77. E.G.

46 A. K.
Brief an Vetter Casimir Kauffmann

Rom, 11. Oktober 1790

Bregenz, Vorarlberger Landesmuseum, Inv.-Nr. AG 6

Angelika Kauffmann fühlte sich ihr Leben lang eng verbunden mit dem Bregenzer Wald, der Heimat ihres Vaters, und mit den Vorarlberger Verwandten. So schwärmt sie auch in ihrem Brief an Vetter Casimir von der guten Butter aus dem Bregenzer Wald, die sie hoffe einmal wieder genießen zu können. E.G.

Marie Ellenrieder

Selbstbildnisse

1 M. E. *Farbabb. 18*
Selbstbildnis

Bez. auf der Rückseite: Das eigene portrait /
Von Marie Ellenrieder selbst gemalt 1818

Öl auf Leinwand, 53×43,5 cm

Karlsruhe, Staatliche Kunsthalle, Inv.-Nr. 783

Die siebenundzwanzigjährige Malerin zeigt sich dem Betrachter in einem repräsentativen Brustbild, gekleidet in ein schwarzes Samtkleid mit hauchdünnem weißem Spitzenkragen. Der Ausschnitt des Kleides ist knapp, er läßt nur Nacken und Hals frei. Der Kopf ist leicht nach links gewendet, Ellenrieder schaut mit weit geöffneten Augen aus dem Bild heraus, scheint aber an dem Betrachter vorbei zu blicken. Das Gesicht ist geschickt ausgeleuchtet und steht in lebendigem Kontrast zur dunklen Kleidung und zu den dunklen Haaren. Die kunstvoll arrangierte Frisur und kleine Perlenohrringe geben ihr das Aussehen einer jungen, attraktiven Frau.

Die Malerin charakterisiert sich selbst mit einem weiteren, scheinbar unbedeutenden Attribut näher. An einer doppelten Goldkette hängt ein schlichtes Perlenkreuz. Die Mittelachse des Bildes betonend, hebt es sich schimmernd vor dem schwarzen Stoff des Kleides ab. »...Alle meine Gedanken seien auf Gott und meine Berufstreue gerichtet...«, schreibt Ellenrieder 1822 auf den ersten Seiten ihres römischen Reisetagebuches. Vor dem Hintergrund dieser Äußerung ist das Kreuz somit bekenntnishafter Ausdruck einer ganz auf Innerlichkeit und Arbeitsdisziplin gerichteten Persönlichkeit.

Ellenrieder stellt sich hier nicht als Malerin dar – Palette, Staffelei, Pinsel – fehlen. Ein Künstlerselbstbildnis entsteht erst ein Jahr später mit ihrem »Selbstbildnis mit Palette« (Kat.-Nr. 2 M. E.). Was diese auf den ersten Blick sehr unterschiedlichen Porträts verbindet und gemeinsam auszeichnet, sind die konzentrierte Präsenz und die ungemeine Direktheit, Frische und Offenheit, mit denen sich die Malerin dem Blick des Betrachters aussetzt. Alle späteren Selbstbildnisse dokumentieren den immer stärker werdenden Verlust dieser Eigenschaften, denn Marie Ellenrieders entschiedener Rückzug auf Themen der religiösen Malerei geht einher mit dem tragischen Verzicht auf Selbstentfaltung und dem Rückzug auf ein durch Selbstzweifel gequältes Inneres.

Das Selbstbildnis von 1818 markiert zweifellos einen Höhepunkt im Schaffen der Malerin. Die in den Jahren nach der Münchener Ausbildungszeit und vor der ersten Romreise gemalten Porträts verraten eine große Selbständigkeit im Umgang mit dem bei Langer Erlernten. Sie geben ein psychologisch differenziert erfaßtes Bild der jeweils dargestellten Persönlichkeit und verzichten dabei auf prätentiöse Arrangements.

1 M. E.

Für ihre Porträts wählte Ellenrieder meistens das in Profilansicht gezeigte Brustbild vor neutralem Hintergrund, damit eine Reduktion der gestalterischen Mittel im klassizistischen Sinn, wodurch ihr malerisches und koloristisches Können um so mehr zur Wirkung kommt.

Lit.: Fischer / v. Blanckenhagen, 1963, S. 23, WV 1. – v. Schneider, 1968, S. 78, 81. – Kunst in der Residenz, Kat. Ausst. Karlsruhe 1990, Nr. 19. D.Z.

2 M. E. *Farbabb. 19*
Selbstbildnis mit Palette

Rückseitig bez.: Das eigene Porträt von Marie Ellenrieder selbst gemalt 1819

Öl auf Leinwand, 63,9×47,6 cm

Konstanz, Rosgartenmuseum, Inv.-Nr. M 133

Selbstbildnisse von Künstlern sind im frühen 19. Jahrhundert häufig. Diese Erscheinung hat neben der Emanzipation des bürgerlichen Individuums auch die Freisetzung des Künstlers als unabhängigem Produzenten zur Voraussetzung. Auch auf der Münchener Akademie wurde das neue, selbstbewußte Rollenverständnis der Künstler intensiv diskutiert. Marie Ellenrieder wurde zu ihrem Selbstbildnis mit Palette sicherlich durch dieses gesteigerte Standesgefühl angeregt.
Der eng gefaßte Bildausschnitt verrät im Aufbau noch die klassizistische Auffassung und Schulung der Malerin durch die Ausbildung bei Langer in München: die strenge Profilansicht mit Betonung der Vertikalen und Horizontalen, große Formen und Flächen, Dreieckskomposition. Der Blick der Künstlerin ist nach links und offensichtlich auf die Staffelei gerichtet. In der Linken hält sie die Palette und mehrere Pinsel, in der Rechten einen einzelnen Pinsel. Vor dem dunklen Hintergrund ist das Gesicht in hellem Licht modelliert. Der Blick ist gespannt und erwartungsvoll auf die Leinwand gerichtet. Auch der leicht nach oben gezogene Mundwinkel verrät die gespannte Aufmerksamkeit, mit der sie nicht allein auf ihre Arbeit, sondern auch in die Zukunft zu blicken scheint. Ellenrieder wirkt in ihrer jugendlichen Frische durchaus diesseits und aktiv. Wie schon die Wahl des Bildausschnittes verdeutlicht, liegt der Akzent nicht in erster Linie auf der Dokumentation ihrer Arbeit vor der Staffelei. Das Gemälde ist vielmehr eine sehr persönliche Situationsbeschreibung, die ahnen läßt, mit welcher Intensität Ellenrieder ihre Aufgaben und Ziele als Malerin verfolgt.
Als Vorzeichnung existiert eine Kopfstudie (schwarze Kreide und Rötel auf graublauem Tonpapier, 41,9×28,2 cm) in Privatbesitz.

Lit.: Siebert, 1916, S. 18f., 61, 109. – Zündorff, 1940, S. 122, 128. – Fischer / v. Blanckenhagen, 1963, S. 23, 123, WV 3. – v. Schneider, 1968, S. 78. K.St.

3 M. E. *Farbabb. 20*
Selbstbildnis

Um 1820

Farbige Pastellkreide, Bleistift, laviert, auf Papier, 32,7×23,5 cm

Aus dem Besitz Friedrich Mosbruggers

Konstanz, Rosgartenmuseum, Inv.-Nr. M 134

Das Brustbild zeigt Marie Ellenrieder im Alter von etwa 29 Jahren als reizvolle junge Frau mit kunstvoll aufgesteckter Biedermeierfrisur und feinem Ohrschmuck. Die steil ansteigende, weiche Nackenlinie führt zu den anmutigen Gesichtszügen empor. In den Blick der Künstlerin hat sich bereits ein Hauch von Müdigkeit und Melancholie eingeschlichen, der in den folgenden Selbstdarstellungen sich weiter verstärken wird. Marie Ellenrieder hat mit kompositorischem Feingefühl den Ausdruck in die sanfte Bewegtheit des figürlichen Aufbaus gelegt. Durch eine leichte Drehung um die eigene Achse ist sowohl eine die Anmut steigernde Ansicht des Nackens als auch das Gesicht als Spiegel der Seele im Halbprofil gegeben. Dabei ist der Oberkörper der linken und der Kopf der rechten Bildhälfte zugeordnet. Dennoch ist die Mittelachse im Gesamtaufbau betont.

Lit.: Zündorff, 1940, S. 122. – Fischer / v. Blanckenhagen, 1963, S. 123, WV 4. K.St.

4 M. E.
Selbstbildnis, Kopfstudie mit Haube

Um 1827

Kohle- und Bleistift, weiß gehöht (weitgehend verloren), auf verbräuntem Papier, 21,2×17,3 cm

Konstanz, Rosgartenmuseum, Inv.-Nr. G 273

Die nur leicht gedrehte Profilansicht gibt die rechte Gesichtspartie in fein modellierter Ausführung wieder. Die Haube ist skizziert, der mantelartige Umhang ist angedeutet. So konzentriert sich die Darstellung auf den abwesenden Blick der weit geöffneten Augen. Der melancholische Ausdruck wird verstärkt durch den regungslos geschlossenen Mund, den hochschließenden Kragen und die das Haupthaar bedeckende Haube, unter der nur die rahmenden Locken der biedermeierlichen Frisur hervortreten.
Der Bleistift ist auch in den Umrißlinien so weich aufgesetzt und geführt, daß die Zaghaftigkeit, die sich im Wesen der Künstlerin im Lauf der Jahre entwickelt hat, in dieser Selbstdarstellung aufzuscheinen vermag.

Lit.: Fischer / v. Blanckenhagen, 1963, S. 123, WV 6. K.St.

4 M. E.

5 M. E.

Porträts

5 M. E.
Johann Peter von Langer

Um 1814/16

Schwarze Kreide und Rötel, weiß gehöht, Schraffuren teilweise geritzt, 51,7×42,1 cm

München, Stadtmuseum, Inv.-Nr. 39/1222

Auf Initiative von Ignaz Freiherr von Wessenberg kam die Malerin 1813 zur Ausbildung nach München, wo sie bei Johann Peter von Langer (1756–1824) studierte und auch wohnte. 1815 kehrte sie nach Konstanz zurück, für 1816 und 1820 sind weitere, jeweils kürzere Aufenthalte in München belegt.
Langer erhielt seine künstlerische Ausbildung an der Düsseldorfer Akademie, an der er 1784 zum Professor, 1789 zum Direktor ernannt wurde. 1806 wurde er Gründungsdirektor der Akademie in München. Als Maler vertrat er den zeittypischen Stil eines eklektischen Klassizismus, seine Bilder zeigen z.B. Einflüsse der niederländischen Meister oder verweisen auf Vorbilder des französischen Klassizismus Davidscher Richtung. Porträts und Porträtstudien machen einen Großteil seines Œuvres aus.

Ellenrieder zeigt ihren Lehrer als Brustbild, gekleidet in Rock, Hemd mit Stehkragen und Halsbinde. Durch die Beleuchtung von links wird die Aufmerksamkeit auf das im Dreiviertelprofil dargestellte Gesicht gelenkt. Die rechte Körper- und Gesichtshälfte ist verschattet. Die parallele Strichführung, die für die Zeichnung der Kleidung kennzeichnend ist, steht in spannungsvollem, aber ausgeglichenem Kontrast zu der des Kopfes. Unruhige, an feines Craquelé erinnernde Striche bauen das Gesicht auf, in dem vor allem die wach blickenden Augen zum Ausdrucksträger werden. Dünne, fransige Haare umspielen den Kopf, hier klingt ein an den Topos des genialen Künstlerporträts erinnerndes Motiv an; weitere Elemente der idealisierenden Stilisierung fehlen in diesem Bildnis.

Lit.: Fischer / v. Blanckenhagen, 1963, S. 16 f., WV 60.   D.Z.

6 M. E.

6 M. E. *Farbabb. 21*
Valentin Joseph Fritz Detrey

Um 1816/17

Farbige Pastellkreiden, 41,2×31 cm

Tübingen, Frau Grete Schleicher

Valentin Joseph Fritz Detrey (1805–1839) ist der Sohn von Ellenrieders Schwester Valentine, deren Kinder sie mehrfach porträtierte. Das Bildnis Fritz Detreys wurde um 1817 auch in Öl ausgeführt. Die Kreidezeichnung erfaßt den zwölfjährigen Neffen im Dreiviertelprofil, wache Augen und ein spitzes Gesicht kennzeichnen den Jungen. Zeichnung und Weißhöhungen werden souverän beherrscht und gekonnt als Mittel eingesetzt, um Unbekümmertheit und Natürlichkeit des Kindes im Bild einzufangen.

Lit.: Fischer / v. Blanckenhagen, 1963, WV 173. D.Z.

7 M. E. *Farbabb. 22*
Carl Anton Erbprinz von Hohenzollern

Um 1818

Schwarze Pastellkreide, Rötel, weiß gehöht, Ritzlinien, 43,6×29,1 cm

Konstanz, Wessenberg-Galerie, Inv.-Nr. 55/27

In einem lebendigen Wechselspiel von schwarzen Schraffuren und weißen Höhungen gibt Ellenrieder den siebenjährigen Carl Anton Erbprinz von Hohenzollern (1811–1885) wieder. Ruhepunkt der Zeichnung ist das selbstbewußte Jungengesicht, das beherrscht wird durch die intensiv blickenden Augen. Die immer wieder aufgebrochene Kontur, die wie zersaust wirkenden Haare scheinen in dem Augenpaar zur Ruhe zu kommen.

Als Nachfolger seines Vaters Karl Fürst von Hohenzollern-Sigmaringen (1785–1853) verzichtete Carl Anton nach der 1848er Revolution auf seine Herrschaft und gab diese an den König von Preußen ab. Der Erbprinz zeigte bereits in jungen Jahren Interesse für die wertvolle Hohenzollernsche Kunstsammlung, die er zeit seines Lebens mit großem Aufwand förderte.

Der Auftrag für Bildnisse am Hohenzollernschen Hof in Sigmaringen brachte für Marie Ellenrieder den Durchbruch für anspruchsvolle Porträtaufträge auch anderer Höfe.

Lit.: Fischer/v. Blanckenhagen, 1963, WV 190. D.Z.

8 M. E.
Maria Emilia (Emma) Gräfin von Thurn-Valsassina

Bez.: Marie Ellenrieder 1818 pinx.

Öl auf Leinwand, 47,5×41 cm

Schloß Bruchhausen/Sauerland, Privatbesitz

Maria Emilia war die älteste Tochter (1809–1871) von Graf Theodor von Thurn-Valsassina (Kat.-Nr. E 10). Sie war befreundet mit Annette v. Droste-Hülshoff, die 1835 mehrere Monate bei der Familie Thurn in Schloß Berg/TG lebte. 1836 heiratete Emma Freiherrn Karl v. Gaugreben. Der leichtlebige Ehemann mußte 1852 Schloß Berg verkaufen, Emma nahm das Inventar und auch die Familienbilder mit nach dem Gaugrebenschen Familienbesitz im Sauerland.
Die zwei Kinderporträts (vgl. Kat.-Nr. 9, 9a M. E.) sind kompositionell und motivisch direkt voneinander abhängig: Rückt man sie nebeneinander, wird deutlich, daß die Mädchen gemeinsam auf einem zierlichen Sofa sitzen, die ältere, Maria Emilia, links, die jüngere, Thekla Maria, rechts. Die Haltung ihrer Körper und

8 M. E.

Vorzeichnung zu 9 M. E.

die der Arme sind spiegelbildlich aufeinander bezogen, Kopfneigung und Gesichtsausdruck jedoch nicht. Durch Ellenrieders nahezu barocke Detailbehandlung werden das kurzärmelige Kleidchen, die zierlichen Ohrgehänge und die Perlenkette zu kleinen Kostbarkeiten. Wenn mit spielerischer Geste die Ältere einen Finger in die Rüschen ihres Kleides steckt und die Jüngere ihren rechten Zeigefinger in die Perlenkette hängt, werden trotz der repräsentativen Kleidung zwei reizende kleine Mädchen lebendig. Kreidevorzeichnungen zu den Bildern befinden sich in Privatbesitz.

Lit.: Fischer / v. Blanckenhagen, 1963, WV 196. D.Z.

9 M. E. *Farbabb. 23*
Thekla Maria Auguste Gräfin von Thurn-Valsassina

Bez.: Marie Ellenrieder 1818 pinx.

Öl auf Leinwand, 47,5×41 cm

Schloß Bruchhausen/Sauerland, Privatbesitz

Thekla Maria Gräfin von Thurn-Valsassina, verheiratete Freifrau von Schönau-Wehr, wurde 1813 geboren und starb 1893. Das Porträt zeigt ein fünfjähriges Mädchen mit kurzen Haaren und vergnügtem Gesichtsausdruck, das unbeobachtet mit seiner Perlenkette spielt.
Die Tradition der Kinderbildnisse war seit Beginn des 19. Jahrhunderts im Wandel begriffen. Kinder wurden z. B. nicht mehr als kleine Erwachsene gezeigt, man versuchte nun die eigene Persönlichkeit mit dem typisch kindlichen Wesen darzustellen. Ellenrieder vertritt diese Auffassung vor allem in ihren frühen Kinderporträts.

Lit.: Fischer / v. Blanckenhagen, 1963, WV 197. D.Z.

9a M. E.   10 M. E.

9a M. E.
Thekla Maria Auguste Gräfin von Thurn-Valsassina
Studie zum Kinderbild

Um 1818

Schwarze und farbige Pastellkreiden, weiß gehöht, stellenweise
Bleistift, auf bräunlichem Papier, 39×32,5 cm
Verso: Kreidestudie einer männlichen Figur, beschnitten

Zürich, Kunsthaus, Z. Inv. A. B. 939

Das Gemälde mit der fünfjährigen Gräfin scheint bis heute
nicht zu einem Vergleich mit dem Zürcher Mädchenbildnis
verlockt zu haben. Die Identifikation der Zeichnung muß von
Blanckenhagen, der Autorin des Werkverzeichnisses, durch
eine Verwechslung entgangen sein. Auf den ersten Blick vermag
die Änlichkeit mit dem Gemälde nicht vollends zu überzeugen.
Das Kindergesicht wird dort deutlich stilisiert. Die
pausbäckige, an Graff orientierte Rundlichkeit des Kopfes, die
dunklen, kugeligen Augen sind bereits in der Vorzeichnung
(Privatbesitz, Abb. S. 183) weitgehend überwunden. Es scheint,
als wäre die kleine Gräfin auf dem Gemälde ein paar Jahre älter
(Farbtafel 23), ihr Gesicht länger und schmaler geworden. Die
Augen blicken bestimmter, ein konventionelleres Lächeln
umspielt den Mund. Kleidung und Haltung sind auf ein distanziertes
Verhältnis zum Betrachter angelegt.
Dagegen erweckt die Zürcher Studie den Eindruck einer spontanen
Niederschrift, als wäre das Kind ganz ungestört sich
selbst überlassen gewesen. Der lockere Studiencharakter wird
noch durch die angeschnittene Skizze auf der Rückseite bekräftigt.
Dem Schnitt sind auf unserem Bildnis ein Teil der Stuhllehne
am rechten Rand und möglicherweise auch die Beschriftung
am unteren Rand zum Opfer gefallen.
Ein gewisser Eigensinn und eine verträumte selbstvergessene
Anmut sprechen aus der leicht gesenkten Stirn. Ellenrieders
Kunst, die »kindliche Persönlichkeit in ihrer Eigenart scharf zu
erfassen« (Zündorff, S. 33), entfaltete sich in den Jahren nach
ihrer Akademieausbildung zu höchster Meisterschaft. Ein Kritiker
hob die »tiefe Kindlichkeit« (Zündorff, S. 30) in der Zeichnung
ihres ersten Altarbildes hervor. Noch wirkt sich die gegenseitige
Beeinflussung von religiösen und profanen Motiven
wohltuend auf ihr Naturstudium aus. Jener »überirdische Reiz«,
den die Freundin Louise Seidler in Madonnen und Christkindern
der Ellenrieder bewunderte und in ihren Kinderbildnissen

11 M. E.

wohl auch nachzuahmen suchte, findet sich auf diesem Studienblatt noch ungezwungen neben den Charakterzügen einer kleinen, der Öffentlichkeit zum ersten Mal sich darstellenden Person.

Lit.: Siebert, 1916, S. 116. – Fischer / v. Blanckenhagen, 1963, WV 203 (irrtümlich betitelt »Mädchen mit Zöpfen«, datiert 1815/16). B.v.W.

10 M. E. *Abb. S. 184*
Johann Theodor Graf von Thurn-Valsassina

Bez.: Marie Ellenrieder 1819 pinx.

Öl auf Leinwand, 56×44,5 cm.

Schloß Bruchhausen/Sauerland, Privatbesitz

Johann Theodor von Thurn-Valsassinas Familie erlangte 1730 den Reichsgrafenstand, Johann Theodor (1768–1836) war das letzte männliche Glied dieses Geschlechtes, von dem ehemals drei Schweizer Linien existierten. Nach sechsjähriger Ausbildung an der Hohen Karlsschule in Stuttgart wurde er 1786 Offizier, 1797 zog er sich aus dem Militärdienst zurück. Ein Jahr später trat der Graf in den Malteserorden ein. Von 1814 bis 1831 war der Graf einer der führenden Politiker des schweizerischen Thurgau.
Als Herr von Schloß Berg, Bießelbach und Neuland im schweizerischen Thurgau heiratete er 1807 die früh verstorbene (1815) Karolina, geb. Freiin von Gemmingen-Steinegg. Von Ellenrieders Hand entstand 1818 ein posthumes Idealbildnis dieser Frau. Die Familie hatte Kontakte zur Stadt Konstanz, sowohl zum Bruder Johann Theodors, der als Domherr in Konstanz lebte, als auch zu Ignaz Freiherr von Wessenberg, durch dessen Vermittlung Marie Ellenrieder als Malerin der vier Porträts der Familie Thurn-Valsassina gewonnen werden konnte.
Das Brustbild Graf Johann Theodors zeigt ihn mit zeittypischem Rock, hochgeschlagenem Kragen und Halsbinde. Perle und Malteserorden sind kleine, aber unaufdringliche Blickfänge. Das von links hell beleuchtete Gesicht zeigt einen freundlichen, warmherzigen Mann, der 1818 auf dem Höhepunkt seines gesellschaftlichen Ansehens stand.

Lit.: Fischer / v. Blanckenhagen, 1963, WV 75. – Rolf Soland, Johann Theodor v. Thurn-Valsassina, in: Thurg. Beiträge zur vaterländischen Geschichte, 1970 (108), S. 15–51. D.Z.

11 M. E.
Therese Fürstin Jablonowska

Um 1819

Öl, 95,5×66,9 cm

Konstanz, Rosgartenmuseum, Inv.-Nr. M 139

Fürstin Jablonowska (1771–1863) sitzt nach rechts gewandt an einem mit Büchern gefüllten Tischchen. Die spannungsreich angelegte Komposition – Dreiviertelprofil des nach rechts geneigten Oberkörpers mit dem auf eine Textstelle weisenden Zeigefinger der rechten Hand und der heftig bewegt wirkende, nach links gedrehte Kopf – vermittelt das Bild einer unabhängigen, selbstbewußten Frau. Die Bildaussage konzentriert sich auf den Kopf, der sich aus dem dunklen Kleid und der doppelreihigen Halskrause zu befreien scheint und der sich mit der bewegten Kontur der lockigen Kurzhaarfrisur frei vor dem neutralen Hintergrund zu entfalten weiß.
Nur weniges ist aus der Literatur über die Persönlichkeit der Dargestellten zu erfahren: Als Eltern werden Fürst Anton Jablonowski und seine zweite Frau Thekla Czlapik genannt. Zeitgenössische Quellen rühmen ihren Verstand (»mehr männlich gelehrt, als im täglichen Umgang angenehm«, Tagebuch des Gesandten Graf Andlaw) und ihre Belesenheit. Eigenschaften, die auch durch das aufgeschlagene Buch – vermutlich ein homerisches Werk – dokumentiert werden.
Die Fürstin lebte in Wien, später in Ischl, zusammen mit Gräfin Flore Wrbna, die ihrem Vetter Metternich in Wien zeitweise das Haus führte. Bei einem Besuch der Mme de Staël kam es gelegentlich zu gelehrten Streitgesprächen zwischen den beiden Damen (frdl. Mitt. Alfred Graf Kageneck †).
Verstandesschärfe und äußerste Wachheit kennzeichnen die Züge des wohlgeformten Gesichtes. Zartes und Ungestüm, Merkmale, die sich in Haltung und Kleidung andeuten, kommen in ihm gleichermaßen zum Ausdruck.

Lit.: Zündorff, 1940, S. 33. – Fischer / v. Blanckenhagen, 1963, S. 22, WV 126. D.Z.

11a M. E.
Therese Fürstin Jablonowska

Um 1819

Vorzeichnung
Schwarze Kreide mit Rötel, weiß gehöht, Ritzlinien, 60,3×46 cm

Konstanz, Rosgartenmuseum, Inv.-Nr. 1962/52

Ellenrieder wählt in der Vorzeichnung zum Ölbild einen engeren Bildausschnitt und läßt das Motiv des Lesens weg. Die Kopfpartie ist nahezu identisch durchgearbeitet, auch die Haltung des Kopfes ist bereits festgelegt. Kräftige, an Effekte der

11a M. E.

Radiertechnik erinnernde Strichlagen und Schraffuren sind die bildaufbauenden Elemente. So entwickelt sich die linke Schulter bzw. der linke Arm aus eher weit auseinanderliegenden unruhigen Strichen im nahezu dramatischen Wechselspiel mit den die rechte Hälfte des Oberkörpers charakterisierenden, sich eng überlagernden Strichen.

Lit.: Fischer / v. Blanckenhagen, 1963, WV 126a.　　　　D.Z.

12　M. E.　　　　　　　　　　　　　　　　　　　*Abb. S. 188*
Bildnis des Vaters

Rückseitig bez.: Marie Ellenrieder Del. Um 1819

Kohle- und Bleistift, farbige Pastellkreiden auf bräunlichem Papier, 48,4×38,1 cm

Konstanz, Rosgartenmuseum, Inv.-Nr. M 130

Josef Konrad Ellenrieder (1744–1834) war fürstbischöflicher Hofuhrmacher in Konstanz. 1774 heiratete er Anna Maria Herrmann. Marie Ellenrieder ist das jüngste der vier Kinder aus dieser Ehe. Der Vater ist im Brustbild nach halbrechts, der Kopf annähernd im Profil gegeben. Anton Graff (1736–1819) hatte den Typus des schlichten Brustbildes im Halbprofil im aufklärerischen Sinn des ausgehenden 18. Jahrhunderts weiterentwickelt und durch die serienweise Herstellung solcher Porträts von geistig und literarisch bedeutenden Zeitgenossen für weite Verbreitung gesorgt. Vater Ellenrieder trägt den braunen Rock der Biedermeierzeit über der weißen Weste mit Stehkragen. Die Rechte greift in den Rock. Marie Ellenrieder hat den Vater erst in zweiter Linie als standesbewußten Bürger gemalt. Im Vordergrund steht die feine psychologische Charakterisierung und das Erfassen der Persönlichkeit des Vaters. Zusammen mit dem Bildnis der Mutter (Kat.-Nr. 13 M. E.) gehört dieses Porträt »zum Besten, was sie überhaupt im Porträtfach geschaffen hat« (A. v. Schneider). Das Pastellbild gilt als Vorzeichnung für ein kurz danach identisch ausgeführtes Ölbild (Privatbesitz). Die Akribie, mit der Ellenrieder dieses Blatt gefertigt hat, verweist auf die von Anfang an beabsichtigte Weiterverwendung des Pastells.

Lit.: Siebert, 1916, S. 18, 59, 108, 115. – Zündorff, 1940, S. 32, 122, 128. – Fischer / v. Blanckenhagen, 1963, S. 21f., 126, WV 48. – v. Schneider, 1968, S. 81.　　　　K.St.

13　M. E.
Bildnis der Mutter

Rückseitig bez.: Marie Ellenrieder, um 1819

Kohle- und Bleistift, farbige Pastellkreiden auf bräunlichem Papier, 49×38,5 cm

Konstanz, Rosgartenmuseum, Inv.-Nr. M 131

Anna Maria Ellenrieder, geb. Herrmann (1747–1820) entstammte einer bedeutenden Malerfamilie. Ihr Großvater, Franz Benedikt Herrmann, war in Venedig Schüler Pellegrinis gewesen und erhielt 1713 als Mitglied der Accademia di San Luca den ersten Preis. In der Heimatstadt Kempten übernahm er später die Werkstatt des Großvaters, der seinerseits Hofmaler war. Franz Ludwig, der Vater von Anna Maria, siedelte nach Konstanz über (ab 1750 als Bürger eingetragen) und trug mit

12 M. E.

13 M. E.

seiner kraftvollen Rokoko-Malerei zur Ausstattung zahlreicher Kirchen im Bodenseekreis bei. Die künstlerische Tradition in der Herrmann-Familie erweckte gewiß auch den mütterlichen Ehrgeiz der Anna Maria, als die besondere Begabung ihrer jüngsten Tochter offensichtlich wurde.

Als Brustbild nach halblinks ist es das Gegenbild zum Porträt des Vaters (Kat.-Nr. 12 M. E.). Die bürgerliche Kleidung mit der Haube auf dem straff nach hinten gekämmten Haar verleihen der Mutter einen eher strengen als gütigen Ausdruck. Die Augen blicken fest auf das Gegenüber, sachlicher Ernst spricht aus der leicht gepreßten Lippenpartie. Die Porträts der Eltern zeigen in besonders sprechender Weise Marie Ellenrieders »Freude am vitalen Realismus der Charakterdarstellung« (Fischer). Damit greift sie auf die situativ-realistische Porträtauffassung der zweiten Hälfte des 19. Jahrhunderts vor. Das Pastellbild gilt ebenso wie das Porträt des Vaters als Vorzeichnung für ein kurz danach identisch ausgeführtes Ölbild (Privatbesitz).

Lit.: Siebert, 1916, S. 18, 59, 108, 115. – Zündorff, 1940, S. 32, 122, 128. – Fischer / v. Blanckenhagen, 1963, S. 21f., 131f., WV 117. – v. Schneider, 1968, S. 78–81. K.St.

14 M. E.
Ignaz Heinrich Freiherr von Wessenberg

Rückseitig bez.: Marie Ellenrieder pinx. 1819

Öl auf Leinwand, 64,6×51,5 cm

Konstanz, Wessenberg-Galerie, Inv.-Nr. 100g/1000

Als katholischer Theologe der Spätaufklärung war von Wessenberg der herausragendste Kirchenpolitiker im deutschsprachigen Südwesten. 1774 in Dresden geboren, erhielt er als Kind

14 M. E.

15 M. E.

eine Erziehung im Geist der Aufklärung. Nach dem Studium der Theologie trat er 1802 sein Amt als Generalvikar des Konstanzer Fürstbischofs Karl Theodor von Dalberg an. 1814 wurde er zum Koadjutor erhoben und vertrat 1814/15 Dalberg auf dem Wiener Kongreß. Wessenberg war ein Gegner des päpstlichen Ultramontanismus und Verfechter des Staatskirchentums. Er setzte sich kompromißlos für die Reform der Priesterausbildung, der Seelsorge und der Liturgie im Sinn aufgeklärter Theologie ein. 1815 wurde Wessenberg auf päpstliche Weisung hin von seinen Amtsgeschäften enthoben. Trotz Wahl durch die Domkapitel wurde er vom Heiligen Stuhl weder 1817 als Bischof von Konstanz noch 1822 in Freiburg (1821 Verlegung des Bistums nach Freiburg) akzeptiert. Bis 1827 verwaltete er die Amtsgeschäfte im aufgelösten Konstanzer Bistum; danach zog er sich ins Privatleben zurück und war als Gelehrter und Schriftsteller tätig. 1860 starb er in Konstanz. Wessenberg hat der Stadt seine umfangreiche Bibliothek, eine Gemäldesammlung und sein Vermögen für die Einrichtung einer Sozialstation hinterlassen.

Marie Ellenrieder stand mit Wessenberg in regem Kontakt. Er hat sie an die Münchener Akademie vermittelt und Beziehungen zu hochgestellten Auftraggebern hergestellt. Durch ihn erhielt Ellenrieder bereits in jungen Jahren ihre geistige Prägung. In seiner zweibändigen Schrift »Die christlichen Bilder, ein Beförderungsmittel des christlichen Sinnes«, Konstanz 1827, hat Wessenberg eine programmatische Kunsttheorie religiöser Empfindsamkeit entworfen, die mit Sicherheit Leitbild für Ellenrieders künstlerischen Schaffens war.

Das Gemälde zeigt Wessenberg als Privatmann. Die feinen Gesichtszüge sind in hellem Licht weich modelliert. Er hat die intelligenten, lebendigen Augen mit zurückgenommener Direktheit auf den Betrachter gerichtet. Im gleichen Jahr hat Ellenrieder das Bildnis als Radierung wiederholt.

Lit.: Siebert, 1916, S. 18, 59f. – Beringer, 1922, S. 13. – Zündorff, 1940, S. 32, 123. – v. Boetticher, 1941, S. 261, Nr. 2. – Fischer / v. Blanckenhagen, 1963, S. 22, 129, WV 79. – v. Schneider, 1968, S. 81. K.St.

15 M. E.
Dr. Johann Leonhard Hug

Rückseitig bez.: Marie Ellenrieder pinx. 1819

Öl auf Leinwand, 63,6×50 cm

Konstanz, Rosgartenmuseum, Inv.-Nr. 1972/51

Johann Leonhard Hug (1765–1846), Professor und Domdekan zu Freiburg, war einer der hervorragendsten Gelehrten in der Geschichte der Freiburger Theologischen Fakultät. Er forschte und unterrichtete in den Fächern orientalische Sprachen, hebräische Altertümer und Altes Testament. 1812 hatte er das Pfarramt in Umkirch übernommen und war ab 1828 Domkapitular in Freiburg. 1837 wurde er zum Geheimrat 3. Klasse, 1840 zum Geheimrat 2. Klasse ernannt.

Das Bildnis zeigt den Gelehrten im schlichten Brustbild nach halbrechts gewandt vor einem dunklen Hintergrund. Am linken Revers des grünlichblauen Rocks über weißem Jabot trägt er einen Ordensstern, der als einziges Attribut einen Hinweis auf seine hohen Ämter und Auszeichnungen gibt. Schräg von links einfallendes Licht modelliert seine rechte Gesichtshälfte und gibt den Blick auf die feinen, aber ausdrucksvollen und intelligenten Gesichtszüge frei. Das zurückgekämmte Haar legt die tiefen Geheimratsecken frei und betont die großflächige, hohe Stirn. Mit festem Blick aus wachen, klaren Augen fixiert er den Betrachter. Einen zweiten, weich und gedämpft schimmernden Lichtschein hat Ellenrieder hinter den Oberkörper gelegt. Dadurch wird die Härte des Helldunkels gemildert, die Gestalt sanft vom Hintergrund gelöst und zur vorderen Bildebene geschoben. Einfühlsam und mit flotter Pinselführung hat die Künstlerin dem Gelehrten eine feinsinnige Faszinationskraft und würdevolle Ausstrahlung verliehen.

Ellenrieder hat Hug, den sie durch die Vermittlung Wessenbergs kennenlernte, anläßlich ihres Aufenthaltes in Freiburg (1818/19) porträtiert. Hug schlug der Künstlerin vor, ihn auf einer Italienreise zu begleiten und informierte sie ausführlich über die Organisation einer solchen Reise. Durch Intervenieren der Mutter nahm Ellenrieder zunächst von dem Vorhaben Abstand. Erst der Tod der Mutter (1820) ermöglichte es ihr, sich aus dem familiären Rahmen soweit zu lösen, daß sie 1822 die Reise nach Rom antreten konnte.

Im Rosgartenmuseum befindet sich eine identische Pastellausführung dieses Porträts (Bleistift, farbige Pastellkreiden auf ockerfarbenem Papier, 58,5×43,4 cm, Inv.-Nr. M 196). Die Bildunterschrift datiert das Pastell auf 1820, es ist aber sicherlich vor der Ausführung des Ölbildes entstanden. Eine Bildnisstudie in schwarzer Kreide (17,5×11 cm) befindet sich ebenfalls im Rosgartenmuseum.

Lit.: Zündorff, 1940, S. 122. – Fischer / v. Blanckenhagen, 1963, S. 127, WV 55, 56. K.St.

16 M. E.
Carl Egon II. Fürst zu Fürstenberg

Bez.: Marie Ellenrieder pinx. 1819

Öl auf Leinwand, 121,7×82,8 cm

Donaueschingen, S. D. Joachim Fürst zu Fürstenberg, Sammlungs-Nr. 375

Das Fürstenhaus in Donaueschingen gab 1819 bei der Malerin zwei annähernd gleich große (Kat.-Nr. E 17) Porträts des jungen Herrscherpaares in Auftrag. Der porträtierte Fürst Carl Egon II. (1796–1854) stand dem Hause Fürstenberg, das bis 1806 reichsunmittelbar war, vor. Danach fiel der größte Teil seines Landes

16 M. E.

an das Großherzogtum Baden. Durch seine Heirat 1818 mit der badischen Prinzessin Amalie zu Baden-Hochberg wurde sein Streben nach Wiederherstellung der ehemaligen Rechte befriedet. Das Halbfigurenbild zeigt Fürst Carl Egon in einem dunkelgrünen Jagdanzug nach rechts gewandt. Entspannt lehnt er sich an eine Brüstung. Hell heben sich der nicht ganz im Profil gezeigte Kopf und die linke Hand vor dem neutralen Hintergrund ab. Durch Licht und Profilhaltung rücken Jugendlichkeit und sanfte Nachdenklichkeit des Gesichtes in den Mittelpunkt der Bildaussage. Gegenüber der Vorzeichnung erscheint das Ölbild weniger direkt, Haltung und Ausdruck entsprechen sich jedoch.
Zu dem Bildnis sind mehrere Vorzeichnungen und Studien erhalten (Rosgartenmuseum und FF Sammlungen Donaueschingen, siehe auch Kat.-Nr. 73 M. E.).

Lit.: Zündorff 1940, S. 28, 33, 125. – Fischer / v. Blanckenhagen, 1963, S. 22, WV 51. – v. Schneider, 1968, S. 81. – Kunst in der Residenz, Kat. Ausst. Karlsruhe, 1990, Nr. 11.   D.Z.

17 M. E.   *Farbabb. 24*
Amalie Christine Caroline Fürstin zu Fürstenberg, geb. Prinzessin zu Baden

Bez.: Marie Ellenrieder pinx. 1819

Öl auf Leinwand, 120,5×82 cm

Donaueschingen, S. D. Joachim Fürst zu Fürstenberg, Sammlungs-Nr. 376

Das Gegenstück zu Kat.-Nr. 16 M. E., jedoch von der Bildnisgestaltung her nicht auf dieses bezogen. 1817 erhielt Amalie von Hochberg (1759–1869), einzige Schwester des Großherzogs Leopold von Baden (Kat.-Nr. 17 M. E.), den Titel einer badischen Prinzessin. Nach einer in die Brüche gegangenen Verlobung mit dem Fürsten Ludwig von Öttingen-Wallerstein heiratete sie 1818 Fürst Carl Egon II. von Fürstenberg. Aus dieser Ehe entstammen sieben Kinder (Kat.-Nr. 60 M. E.). Fürstin Amalie sitzt lesend am Schreibtisch, sie hat ihre Lektüre allerdings unterbrochen und schaut den Betrachter an. Das Bildnis zeigt die nach links gewandte Dreiviertelfigur in weißem Kleid vor einem rauchig-braunen Hintergrund. Neben und hinter ihr, kunstvoll die Bilddiagonale betonend, leuchtet eine Stehlampe im Stil des Empire die Szene aus. Das Bildnis ist ausgewogen und ruhig komponiert, eine warme weiche Farbigkeit charakterisiert es.
Die Porträts des Fürstenbergischen Paares gehören zu Ellenrieders frühesten Herrschaftsbildnissen. Sie sind qualitätvolle Beispiele ihrer empfindsam-realistischen Porträtkunst, an denen überdies ihre Schulung an klassizistischer Malerei Davidscher Prägung ablesbar wird.

Zu dem Bildnis sind mehrere Vorzeichnungen und Studien erhalten (Rosgartenmuseum und FF Sammlungen Donaueschingen).

Lit.: Zündorff, 1940, S. 33, 120. – Fischer / v. Blanckenhagen, 1963, S. 22, WV 120. – v. Schneider, 1968, S. 81. – Kunst in der Residenz, Kat. Ausst. Karlsruhe, 1990, Nr. 11.   D.Z.

18 M. E.
Markgraf Leopold von Baden

Bez. auf der Rückseite: Marie Ellenrieder pinx. 1820

Öl auf Leinwand, 119×82 cm

Privatbesitz

Das erste Auftragsbild für den markgräflichen Hof in Baden schuf Ellenrieder 1820, ein Jahr nach Vollendung der Fürstenbergischen Porträts, an die es in Format, Figurenauffassung und Malweise erinnert. Die Familie Leopolds von Baden (1790–1852), vor allem dessen Gattin Sophie von Schweden

18 M. E.

(1801–1865), malte Ellenrieder immer wieder, auch als Pendant zum vorliegenden Bild. Der hier dargestellte dreißigjährige Leopold von Baden war der älteste Sohn aus der zweiten Ehe des Markgrafen Carl Friedrich von Baden mit Luise Caroline, Reichsgräfin von Hochberg, geb. Geyer von Geyersberg. Aus dieser nicht standesgemäßen Ehe stammten drei weitere Kinder, Wilhelm, Amalie und Maximilian. Zehn Jahre nach Entstehen dieses Porträts, am 31. März 1830, bestieg Leopold als erster Großherzog der Hochberger Linie den badischen Thron, das liberale Baden setzte große Hoffnungen in seine Regierung.
Leopold sitzt in einem dunklen Anzug nach links gewandt an einem Schreibtisch. Sein in helles Licht getauchtes, fast im Profil gemaltes Gesicht wird von einem neutralen Hintergrund hinterfangen. Er scheint im Schreiben innezuhalten, seine Augen richten sich in die Ferne, so, als ob er über das eben Geschriebene nachdenken würde. Ellenrieder zeigt den kunstsinnigen badischen Thronfolger als Privatmann in nachdenklich-empfindsamer Haltung, Lichtregie und Stimmung verweisen auf die romantische Bildnistradition.

Lit.: Fischer / v. Blanckenhagen, 1963, WV 40. – v. Schneider, 1968, S. 81. – Kunst in der Residenz, Kat. Ausst. Karlsruhe, 1990, Nr. 12. D.Z.

19 M. E. *Abb. S. 194*
Carl Christoph Freiherr von Röder zu Diersburg

1821

Öl auf Leinwand, 68,5×51,7 cm

Konstanz, Rosgartenmuseum, Inv.-Nr. 1963/10. Erworben 1963 aus Familienbesitz

Carl Christoph Frhr. von Röder zu Diersburg (1789–1871) hatte zunächst als letzter Sproß einer weit verzweigten katholischen Familie eine militärische Laufbahn eingeschlagen, war seit 1830 Kammerherr im Dienst des Großherzogs und wurde 1833 Abgeordneter der Ersten Kammer. Zwei Jahre später zog er sich nach Diersburg zurück und verbrachte sein Leben mit schöngeistigen Beschäftigungen. Erst 1851 gab er das zurückgezogene Dasein auf, siedelte nach Freiburg über und unternahm expeditionsartige Reisen in die Türkei und den Kaukasus. 1871 starb er unvermählt in Freiburg. Mit ihm verband Ellenrieder eine über vier Jahrzehnte anhaltende Freundschaft; ein umfangreicher Briefwechsel seit 1818 befindet sich heute im Rosgartenmuseum in Konstanz. Von Röder nahm am künstlerischen Schaffen Ellenrieders regen Anteil. Neben dem achtteiligen allegorischen Zyklus der vier Lebensalter (Kat.-Nr. 52–55 M. E.) gab er bei Ellenrieder für den Altar der Kirche in Diersburg einen hl. Carl Borromäus in Auftrag.
Der Typus des ins Profil genommenen Schulterstücks vor einem undifferenzierten Hintergrund setzt unprätenziös und wirkungsvoll die Persönlichkeit des Dargestellten in den Mittelpunkt. Das schräg von hinten einfallende Licht modelliert die dem Betrachter zugekehrte Gesichtshälfte nur so weit, daß die Augenpartie schon wieder durch eine leichte Verschattung wie verschleiert erscheint und sich dem »Blick in die Seele« entzieht. Durch diese raffiniert eingesetzten gestalterischen Mittel formuliert Ellenrieder einerseits distanzgebietende Reserviertheit, andererseits die Ausstrahlungskraft und Eigenart, in welcher sie eine Seelenverwandtschaft mit von Röder erkannt haben mag. Sie schlägt hier »eine Brücke vom repräsentativen Gesellschaftsporträt zum romantischen Idealbildnis« (Fischer). Der Brief von Röders an Marie Ellenrieder vom 6. Oktober 1821 nimmt vermutlich Bezug auf dieses Bildnis. Demnach ist das Porträt ein Geschenk der Künstlerin an den Dargestellten.

Lit.: Zündorff, 1940, S. 85, 129. – O. Kähni, Marie Ellenrieder in der Ortenau, in: Ekkart, Jb. f. d. Badner Land, 1959, S. 88. – Fischer / v. Blanckenhagen, 1963, S. 43, 50f., 128, WV 67. K.St.

19 M. E.

20 M. E.
Carl Ferdinand Martignoni

Rückseitig bez.: Marie Ellenrieder pinx: 1822

Öl auf Leinwand, 54×43 cm

Konstanz, Rosgartenmuseum, Inv.-Nr. 1978/103

Carl Ferdinand Martignoni (1782–1871), Kaufmann und Firmengründer, war mit Maria Anna Martignoni, geb. Ellenrieder, der älteren Schwester der Künstlerin, verheiratet. Das im Aufbau schlicht gehaltene Brustbild zeigt den Dargestellten im Profil, leicht aus der Achse gedreht nach rechts blickend. Auch mit diesem Bildnis weicht Marie Ellenrieder von den Richtlinien der Porträtmalerei ihrer Zeit ab. Anstelle der selbstgefälligen Freundlichkeit, die den Biedermeier-Bildnissen in der ersten Hälfte des 19. Jahrhunderts anhaftet, setzt sie das differenzierte Abbild einer lebendigen Seelenhaftigkeit. Das Gemälde ist als Doppelbildnis konzipiert. Ähnlich wie beim Bildnispaar der Eltern gibt es als Gegenstück ein Porträt der

Maria Anna Martignoni (Kat.-Nr. 21 M. E.); auch hier ist der Mann im Profil nach rechts gegeben, die Frau blickt aus dem Bild heraus und den Betrachter an. Als Studie oder Entwurf für dieses Porträt existiert eine Zeichnung in Privatbesitz (farbige Pastellkreide auf graublauem Tonpapier, 41,5×30,5 cm).

Lit.: Fischer / v. Blanckenhagen, 1963, S. 127, WV 63.   K.St.

21 M. E.
Maria Anna Martignoni

Um 1822

Rückseitig bez.: Marie Ellenrieder pinx.

Öl auf Leinwand, 54×43 cm

Konstanz, Rosgartenmuseum, Inv.-Nr. 1978/104

Maria Anna Martignoni (1782–1870) war eine ältere Schwester von Marie Ellenrieder und in zweiter Ehe mit Carl Ferdinand Martignoni verheiratet. Das Gemälde entstand als Gegenstück zu Kat.-Nr. 20 M. E.

Lit.: Fischer / v. Blanckenhagen, 1963, S. 133, WV 132.   K.St.

22 M. E.
Anton Aloys Fürst von Hohenzollern-Sigmaringen

Bez.: Marie Ellenrieder pinx: 1827

Öl auf Leinwand, 63,8×48,5 cm

Sigmaringen, Fürstlich Hohenzollernsche Sammlungen

Fürst Anton Aloys von Hohenzollern (1762–1831), verheiratet mit Amalie Zephyrine Gräfin von Solm-Kyrburg, war der Groß-

20 M. E.   21 M. E.

22 M. E.

23 M. E. *Farbabb. 25*
Ludwig I. Großherzog von Baden

Um 1827

Öl auf Leinwand, 64,3×52,5 cm

Privatbesitz

Ludwig I. (1763–1830), jüngster Sohn von Markgraf Carl Friedrich, war seit 1818 Regent von Baden. Mit ihm starb die badische Hauptlinie im Mannesstamm aus. Trotz seines manchmal als leichtsinnig bezeichneten Lebenswandels galt er als ein tatkräftiger Regent, der die Staatsfinanzen sanierte und die im frühen 19. Jahrhundert einsetzende technische Entwicklung für sein Land nutzte. In preußischem Militärdienst unter König Friedrich II. wurde er Generalmajor und Chef eines Infanterieregimentes. Das Porträt stellt ihn in Uniform mit dem Kreuz des Ordens vom Zähringer Löwen, dem Stern des badischen Hausordens und dem Stern des Carl-Friedrich-Verdienstordens dar.

1822 heiratete er – inoffiziell – die Schauspielerin Catharina Werner, seit 1827 Gräfin von Langenstein und Gondelsheim. Großherzog Ludwig kaufte 1826 Schloß Langenstein, auf dem Marie Ellenrieder immer wieder, auch später nach seinem Tod, arbeitete. Er gehörte zu den bedeutendsten Gönnern und Förderern der Malerin. Zwei Jahre nach diesem hervorragenden repräsentativen Porträt ernannte er die Künstlerin zur badischen Hofmalerin.

Von diesem Bild gibt es zwei Versionen, einmal in Öl und einmal in Pastell. Ein weiteres Bildnis in Pastellkreide zeigt den Großherzog, anders als hier, nicht in Uniform und in ungewöhnlicher, strenger Profilansicht.

Mit diesem Ölbild und dem im selben Jahr gemalten Hohenzollern-Porträt (Kat.-Nr. 22 M. E.) knüpft Ellenrieder nach ihrer Romreise an die Bildniskunst ihrer vorrömischen Zeit an. Nichts deutet auf ihr »Nazarener-Erlebnis« hin, Porträtauffassung, Farbigkeit, Lichtarrangement und Gesichtsdurchbildung verweisen auf die penibel beobachtende, naturalistische Sichtweise der Biedermeierzeit.

Lit.: Fischer / v. Blanckenhagen, 1963, WV 41, A, B und 42.   D.Z.

vater von Erbprinz Carl Anton (Kat.-Nr. 7 M. E.). Das Hohenzollernsche Haus entging unter seiner patriarchalischen Führung der Mediatisierung und gewann sogar an äußerem Umfang. Fürst Anton Aloys galt als eher schwerfällig und politischen Experimenten abgeneigt, sein Charakter haushälterisch und seine Interessen wenig hervorstechend.

Das Brustbildnis gehört zum Typus des Uniformporträts, das dem des Herrscherporträts ähnlich ist. Es besticht durch die vollendete Balance zwischen peinlich genauer Wiedergabe der Uniform und feinfühliger Charakterisierung der fürstlichen Persönlichkeit.

Das Bildnis wurde auch in Pastell (63,9×47,5 cm) ausgeführt (FHS, Sigmaringen).

Lit.: Zündorff, 1940, S. 83. – Fischer / v. Blanckenhagen, 1963, WV 54 und 54A.   D.Z.

24 M. E.
Catharina Gräfin von Langenstein und Gondelsheim, geb. Werner

Bez.: Marie Ellenrieder delin. 1827

Pastell auf Papier, seitlich und oben angestückt, 66,3×53,5 cm

Freiburg, Freiherrlich Gayling von Altheim'sches Gesamtarchiv, Schloß Ebnet

Catharina Werner (1799–1850) war bereits mit zwölf Jahren Schülerin an der Karlsruher Theaterschule, noch 1821 trat sie

24 M. E.

als Schauspielerin am dortigen Großherzoglichen Hoftheater auf. 1822 heiratete sie Großherzog Ludwig I. von Baden.
Die morganatische Verbindung blieb aus staatspolitischen Gründen inoffiziell, doch war die (katholische) Trauung durch den Geistlichen Geheimen Rat Dr. Engesser in einem Ort im Schwarzwald vollzogen worden (frdl. Mitt. P. R. Zander). 1827 ernannte Ludwig seine Frau zur Gräfin von Langenstein und Gondelsheim. Sie hatte drei Kinder (vgl. Kat.-Nr. 25 und 29 M. E.), das älteste starb allerdings bereits mit vier Jahren.
Das Pastellbildnis der Gräfin Catharina von Langenstein zeigt die große Meisterschaft, mit der die Malerin diese Technik beherrschte. Ellenrieder könnte Bilder des ebenfalls am Karlsruher Hof arbeitenden Philipp Jacob Becker (1759–1829) studiert haben, der in klassizistisch-naturalistischer Manier hervorragende Pastellbildnisse schuf.
Seidenkleid, Pelz, Ohrgehänge und kunstvoll arrangierte Frisur vermitteln ein allen repräsentativen Ansprüchen genügendes Bild von Großherzog Ludwigs Gemahlin linker Hand. Fern vom Hof war sie auf Schloß Langenstein Mittelpunkt eines glücklichen Familienlebens. Ellenrieder bringt alle Möglichkeiten des Pastells zur vollen Entfaltung, indem sie z. B. so unterschiedliche Materialien wie Pelz, Seidenkleid oder auch Hautpartien sinnlich erfahrbar macht.

Lit.: Fischer / v. Blanckenhagen, 1963, S. 40, WV 127. D.Z.

25 M. E.
Ludwig Graf von Langenstein und Gondelsheim

Bez.: Marie Ellenrieder 1827

Pastell, 58×43 cm

Freiburg, Freiherrlich Gayling von Altheim'sches Gesamtarchiv, Schloß Ebnet

Ludwig Graf von Langenstein (1820–1872) war der einzige Sohn des badischen Großherzogs Ludwig I. und seiner morganatischen Gemahlin Catharina Gräfin von Langenstein und Gondelsheim, geb. Werner (Kat.-Nr. 24 M. E.). 1829 adoptierte der Großherzog seinen Sohn, um dessen Legitimität zu festigen (frdl. Mitt. P. R. Zander, vgl. Kat.-Nr. 24 M. E.). Ob er beabsichtigte, ihn zum Thronfolger aufzubauen, bleibt ungewiß, da Ludwig I. bereits 1830 starb. Nach dem Tode seines Vaters erbte Ludwig das Gräflich von Langenstein'sche Stammgut.
Das Bild zeigt den siebenjährigen Ludwig, der mit vor der Brust verschränkten Armen in einem blauen Kleidchen mit großem weißem Kragen aus dem Bild schaut. Trotz der Porträtähnlichkeit ist der Versuch der Idealisierung spürbar, wodurch es sich deutlich von den früher gemalten Kinderbildnissen unterscheidet. Unterstützt durch die Technik des Pastells, herrscht das Zarte, Unschuldige des Knaben vor, kindliche Unbefangenheit und individuell Spontanes treten hinter diesen idealisierenden Eigenschaften zurück.

Lit.: Zündorff, 1940, S. 83. – Fischer / v. Blanckenhagen, 1963, WV 195. – Franz Götz u. Alois Beck, Schloß und Herrschaft Langenstein im Hegau, Hegau-Bibliothek, Bd. 22, Singen 1972.
D.Z.

26 M. E. *Farbabb. 26*
Bildnis eines Jünglings

Rückseitig bez.: Marie Ellenrieder 1830

Farbige Pastellkreiden, weiß gehöht, auf ockerfarbenem Papier, 42,3×28 cm

Konstanz, Rosgartenmuseum, Inv.-Nr. M 143

Obwohl das Porträt lange nach dem ersten Romaufenthalt entstanden ist, knüpft Ellenrieder deutlich an die Pastellbilder aus

25 M. E.

ihrer vorrömischen Zeit an. Der junge Mann ist im Brustbild frontal dargestellt, wobei durch die gegengleiche Drehbewegung in der Achse die Schulterpartie nach links orientiert ist und der Kopf mit einer Drehung ins Halbprofil nach rechts darauf antwortet. Der verträumt nach unten gerichtete Blick, die weichen, heiteren Züge, die die Mundpartie umspielen, der geöffnete Hemdkragen machen aus dem Dargestellten eine Figur aus der romantischen Dichtkunst. Das kurzgeschnittene, ungekämmte Haar unterstreicht diesen spontan aufgefaßten romantisch-realistischen Persönlichkeitsausdruck. Eine ungewöhnlich starke sinnliche Ausstrahlung und Lebendigkeit geht von diesem Bild aus, die Ellenrieder durch die als Lichtreflexe akzentuiert gesetzten Weißhöhungen erreicht hat. Bemerkenswert gering ist in diesem Porträt, das eher einem Studienkopf gleicht, der Einfluß nazarenischer Bildniskunst. Nur die partiell schärfer gefaßte Umrißzeichnung läßt diesen Einfluß erahnen. Vielmehr hat Ellenrieder die Technik des Pastellporträts, die ihr offensichtlich ganz besonders lag, selbständig weiterentwickelt. Das Pastellporträt blieb bis ins hohe Alter einer ihrer künst-

lerisch stärksten Bereiche. Sie lehnte aus innerer Überzeugung die Porträtmalerei in zunehmendem Maße ab (Brief an Röder vom 25. 1. 1834), so daß nach 1834 nur noch wenige Zeugnisse ihrer hervorragenden Fähigkeiten auf diesem Gebiet entstanden sind.

Lit.: Siebert, 1914, S. 115. – Zündorff, 1940, S. 123. – Fischer / v. Blanckenhagen, 1963, S. 43, 129, WV 80. K.St.

27 M. E. *Abb. S. 199*
Sophie Wilhelmine Großherzogin von Baden mit ihren Kindern Prinzessin Alexandrine, den Prinzen Ludwig, Friedrich, Wilhelm und Karl

Um 1832/34

Kartonvorzeichnung für Ölgemälde, schwarze Kreide, weiß gehöht. Durch eine spätere Fixierung beeinträchtigt.
194,5 × 162,8 cm

Konstanz, Wessenberg-Galerie, Inv.-Nr. Z 82

Marie Ellenrieder erhielt 1832 den Auftrag für das monumentale Familienbildnis der Großherzogin Sophie von Baden mit ihren fünf Kindern (Farbtafel 27). Zwei Jahre arbeitete die Künstlerin an dem Ölbild, zu dem die nahezu identische und maßstabsgetreue Kartonvorzeichnung gehört.
Die markgräfliche Familie (der Vater Leopold fehlt) reiht sich bildparallel im Vordergrund auf, eingebunden in eine Parklandschaft mit Blick auf die im Hintergrund erscheinende Karlsruher Stadtsilhouette. Großherzogin Sophie sitzt links mit dem jüngsten, 1832 geborenen Prinz Karl auf dem Schoß. Hinter ihnen steht die älteste Tochter Alexandrine. An ihrer linken Hand hält sie Prinz Wilhelm, mit dem kompositionell geschickt die Verbindung hergestellt wird zu den rechts angeordneten älteren Prinzen Ludwig (sitzend) und Friedrich (stehend).
Gleichzeitig zu den Vorarbeiten an dem Karton entstanden mehrere Bildnisse, vor allem Kinderporträts der Prinzen, auf die die Malerin sehr viel Sorgfalt verwendete. Bildnisse der Markgräfin hatte Ellenrieder bereits mehrfach, 1820 in Öl, in Bleistift und Pastell 1827, angefertigt.
Zwei zeitgenössische Aussagen der Malerin illustrieren den Entstehungsprozeß dieses Bildes. In einem Bericht Ellenrieders an Prinzessin Alexandrine heißt es. »... begann ich den Karton, und siehe da, wer wollte es glauben, die kleinen Prinzen, so jung und so lebhaft sie sind, saßen und standen mir gern, und es klagte auch keiner, daß ich ihn ermüde; ich wechselte aber auch schnell mit dem einen und dem andern ... Und somit ist der Karton bis auf zwei Hauptfiguren vollendet ...« Aufschlußreich ist ferner eine Briefstelle von 1834, in der Ellenrieder ihre idealisierende Porträtauffassung, mit der sie die markgräflichen Kinder malte, umschreibt. Sie berichtet darin über die Zufriedenheit hinsichtlich der erreichten Porträtähnlichkeit, fügt aber bezeichnenderweise hinzu, daß die »Engels-Seele«, die die Kin-

dergesichter überstrahlen sollte, noch fehlen würde. Unter dem Begriff der »Engels-Seele« versteht Ellenrieder das von spontaner Lebendigkeit gereinigte, unschuldig-reine Engelsgesicht, das typisch für ihre späten Kinderbildnisse ist.

Das Familienporträt gilt als das bedeutendste profane Werk Ellenrieders. Es behauptet seinen Platz in der Reihe dieser seit Beginn des 19. Jahrhunderts aufblühenden Gattung, vergleichbar ist z. B. das 1838 entstandene Aquarell Johann Grunds, das die großherzogliche Familie in repräsentativ-biedermeierlichem Rahmen auf Schloß Neu-Eberstein zeigt.

Das Bildnis vereinigt zwei Strömungen der ersten Hälfte des 19. Jahrhunderts: romantisch ist das Motiv der sich in freier Natur verteilenden Figuren, biedermeierlich ist der die Idylle des Familienverbundes betonende Stimmungsgehalt.

Lit.: Siebert, 1916, S. 57ff. – Zündorff, 1940, S. 82f. – Fischer / v. Blanckenhagen, 1963, S. 46, 1963, WV 10a.

28 Marie Ellenrieder / Rudolf Kuntz *Farbabb. 28*
General Georg Heinrich Krieg von Hochfelden und seine Gemahlin zu Pferde

Bez. rechts unten: Marie. Ellenrieder u Rudolph. Kuntz. fc 1832.

Öl auf Buchenholz, 45×54 cm

Karlsruhe, Staatliche Kunsthalle, Inv.-Nr. 1260

Das Doppelbildnis des Hochfeldschen Ehepaares ist in mehrfacher Hinsicht ungewöhnlich. Es entstand während eines Aufenthaltes 1832/33 in Karlsruhe, bei dem die Malerin für das Gruppenporträt der Großherzogin Sophie mit ihrer Familie (Kat.-Nr. 27 M. E.) arbeitete. In dieser Zeit wohnte Ellenrieder im Hause des Generals und markgräflichen Adjutanten Georg Heinrich Krieg von Hochfelden. In der Literatur herrscht Übereinstimmung darüber, daß Marie Ellenrieder die Reiter, Rudolf Kuntz die Landschaft und die temperamentvollen Pferde malte. Der weitgereiste Kuntz (1797–1848), der 1832 badischer Hofmaler wurde, gehörte zu den besten deutschen Pferdemalern seiner Zeit.

Das kleinformatige, biedermeierlichem Geschmack entsprechende Bild steht in der deutschen Malerei der Reiterbildnisse am Anfang. Möglicherweise läßt sich eine Verbindung mit dem von Albrecht Adam ein Jahr früher gemalten Bild der reitenden Fürstenbergischen Familie herstellen, das Ellenrieder durch ihre Beziehung zu dieser Familie gekannt haben könnte.

Das Ehepaar Hochfelden reitet vor den Toren Karlsruhes, im Bildhintergrund links ist das Ettlinger Tor wiedergegeben. Die Figurengruppe ist farblich äußerst reizvoll gestaltet: der Schimmel und seine in Blau gekleidete Reiterin im Vordergrund, dahinter die dunkel gekleidete Gestalt des Generals auf seinem braunen Pferd. Die kleinen Köpfe mit den sehr fein und zart gemalten Gesichtern des Hochfeldschen Ehepaares erinnern an Ellenrieders erste Ausbildungszeit als Miniaturmalerin.

Lit.: Fischer / v. Blanckenhagen, 1963, WV 35. – Kunst in der Residenz, Kat. Ausst. Karlsruhe, 1990, Nr. 44. D.Z.

29 M. E. *Farbabb. 29*
Gräfin Louise und Graf Ludwig von Langenstein und Gondelsheim

Bez.: Marie Ellenrieder pinx: 1833

Öl auf Leinwand, 71,3×56,8 cm

Privatbesitz

Das Doppelbildnis zeigt die beiden Kinder Ludwigs I. von Baden und seiner Gemahlin Catharina von Langenstein (Kat.-Nr. 23, 24 M. E.), Ludwig (1820–1872) (Kat.-Nr. 25 M. E.) und Louise Gräfin von Langenstein (1825–1900). Es entstand 1833, drei Jahre nach dem Tod des Vaters. Ellenrieder hatte bis in die sechziger Jahre Kontakt mit der gräflichen Familie, die teils auf Schloß Langenstein, teils in der Villa Douglas in Konstanz lebte. Louise hatte 1848 Carl Israel Graf Douglas geheiratet (vgl. Kat.-Nr. 30 M. E.).

Ludwig, der ältere der Geschwister, steht rechts und scheint wie schützend seinen rechten Arm um die Schulter der Schwester zu legen. Louise hält gemeinsam mit ihrem Bruder ein Notenbüchlein in den Händen. Während Ludwig seine Aufmerksamkeit auf die Noten richtet, schaut Louise mit offenem Blick den Betrachter an. Ellenrieder zeigt das Geschwisterpaar beim gemeinschaftlichen Proben eines Musikstückes, die Darstellung hat dadurch einen privaten Charakter. Repräsentative Züge erhält das Bild durch die Kleidung der Geschwister und durch den auf den Betrachter gerichteten Blick des Mädchens. Im Mittelpunkt der Bildaussage steht die harmonisch-liebevolle Beziehung von Bruder und Schwester, ein Eindruck, der durch die ausgewogene, in sich ruhende Komposition und die wohlabgestimmte warme Farbigkeit entsteht.

Lit.: Fischer / v. Blanckenhagen, 1963, WV 37. D.Z.

30 M. E.
Catharina, Madeleine und Marie Gräfinnen Douglas

Bez.: Marie Ellenrieder 1860

Pastell, je 41×30,8 cm

Privatbesitz

Louise Gräfin von Langenstein heiratete 1848 den schwedischen Grafen Carl Israel Douglas (1824–1898). Dieser Ehe

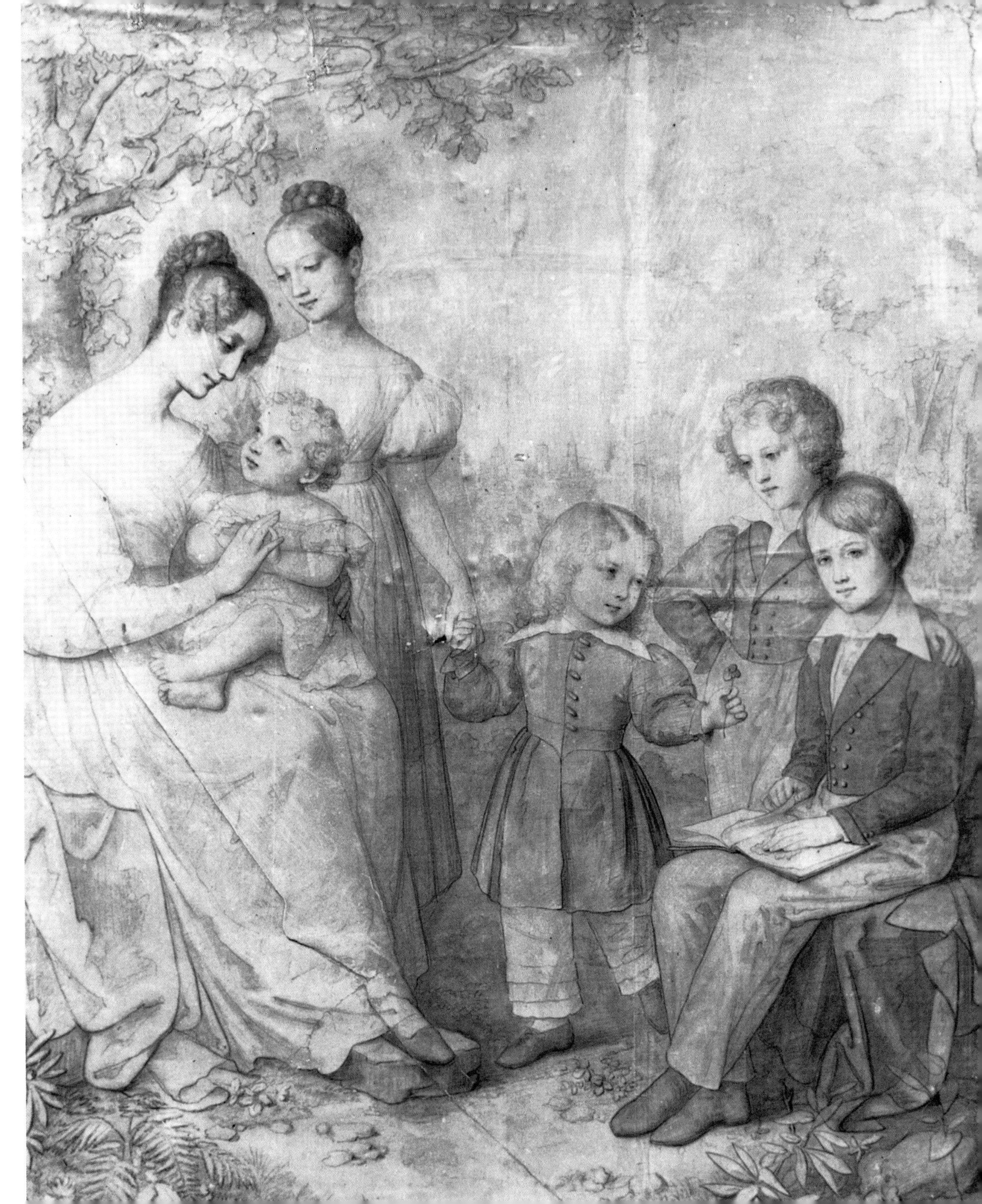

30 M. E.

entstammten sechs Kinder, von denen Ellenrieder 1860 drei malte. Es sind von links nach rechts: Catharina (1852–1893), spätere Freifrau von Gayling; Marie (1854–1923), spätere Gräfin von der Goltz; Madeleine (1852–1899), spätere Freifrau von Meyern-Hohenberg.

Der dreiteilige Bildnisfries gehört zu einer Reihe später Kinderporträts, für die vor allem die Kinder der Familie Douglas Modell saßen. Immer noch sind es strenge Brustbilder vor neutralem Hintergrund. Warme Cremetöne herrschen im Bild vor, sie erhalten durch die großen hellblauen Haarschleifen der Mädchen einen leuchtend farbigen Akzent. Die Zwillingsschwestern Catharina und Madeleine nehmen die jüngere Marie in die Mitte. Ellenrieder zeigt die Gesichter in Dreiviertel-Profilansicht, eine jeweils unterschiedliche Drehung der Köpfe lockert die friesartige Reihung auf. Trotz der Ähnlichkeit in Kleidung und Aussehen sowie der strengen zeichnerischen Durchbildung der Gesichter geht von den Porträts eine zarte und leichte Lebendigkeit aus. Die sonst das Spätwerk der Malerin kennzeichnenden Elemente der Überhöhung und Idealisierung halten sich hier in Grenzen. Dadurch ist eine – wenn auch verhaltene – Frische spürbar, die bereits das nahezu dreißig Jahre früher entstandene Langensteinsche Geschwisterbildnis (Kat.-Nr. 29 M. E.) charakterisierte, auf dem die Mutter dieser drei Mädchen als Kind dargestellt ist.

Lit.: Fischer / v. Blanckenhagen, 1963, WV 176, 178, 179. D.Z.

Religiöse Darstellungen

31 M. E.
Hl. Cäcilia

Rückseitig bez.: Marie Ellenrieder Inv. et p. 1816

Öl auf Leinwand, 97,3×80,5 cm

Konstanz, Rosgartenmuseum, Inv.-Nr. M 135

Die Dreiviertelfigur der Heiligen, Schutzpatronin der Kirchenmusik, sitzt lesend an einem Tisch und hat den Blick auf das Buch gerichtet, in dem sie mit der Rechten zu blättern scheint. Die Linke hat sie mit andächtiger Geste sacht zur Brust geführt. Von dem dämmrigen Hintergrund zeichnet sich am linken Bildrand ein auf dem Tisch stehendes Kruzifix ab; links hinter der Heiligen steht als ihr persönliches Attribut eine Orgel, während ihr zur Rechten die Säule als Symbol der Fortitudo zugeordnet ist. Aus der linken oberen Bildecke blicken drei in Wolken gebettete Puttenköpfe auf die Heilige nieder.
Darstellungsweise und Inhalt dieses Gemäldes sind ganz der barocken Formensprache verpflichtet. Der die Puttenköpfe streifende Strahl eines himmlischen Lichtes trifft auf die Heilige und modelliert ihre Gestalt im Halbdunkel des Bildraumes. Die Dramatik, die durch barockes Hell-Dunkel in das Bild gelegt ist, erfährt eine Steigerung in der eng aneinandergerückten Anordnung von Tisch, Orgel und Säule, die die Heilige förmlich einzwängen scheinen. Gemildert hat Ellenrieder freilich dieses theatralische Pathos durch die anmutige, zurückgenommene Darstellung der Heiligen, die eine Aura voll holder Bescheidenheit um sich verbreitet.
Ellenrieder kehrt im April 1816 zur Ausführung dieses Bildes nach München zurück. In ihrem Tagebuch trug sie ein, daß sie »einen merklichen Unterschied in ihren Arbeiten« wahrgenommen habe, »und so wurde mein Leiden seltener«. Sie zeigt in diesem Gemälde tatsächlich zum ersten Mal meisterhaft die Frucht ihrer akademischen Ausbildung, indem sie ihre koloristische Begabung und ihr kompositorisches Geschick, gepaart mit viel Feingefühl für anmutige Lebendigkeit, zur vollen Entfaltung bringt. Mehrfach hat sich Ellenrieder dem Thema der hl. Cäcilia gewidmet. Vier weitere Darstellungen mit stark nazarenischem Charakter (Kat.-Nr. 43 M. E.) bezeugen, daß sie zu dieser Heiligen eine eigene persönliche Beziehung hatte.
Zu diesem Gemälde hat Ellenrieder eine Kreideskizze gefertigt, die sich heute im Kunsthaus Zürich befindet (10,2×9,1 cm, Inv.-Nr. 05 Bl. 5). 1817 wiederholte sie die Darstellung als Radierung; die Vorzeichnung zur Radierung ist heute ebenfalls im Kunsthaus Zürich (Tuschfeder, 13,3×11,2 cm, Inv.-Nr. 06 Bl. 6).

Lit.: Andresen, 1870, Bd. IV. – Siebert, 1916, S. 17. – Beringer, 1922, S. 13. – Fischer/v. Blanckenhagen, 1963, S. 18, WV 339.

K.St.

31 M. E.

32 M. E.
Hl. Hieronymus

Um 1817

Rückseitig bez.: Marie Ellenrieder pinx.

Öl auf Leinwand, 88,2×69 cm

Konstanz, Wessenberg-Galerie, Inv.-Nr. 100e/986

Der Heilige ist als Halbfigur im Profil nach rechts, an einem Tisch sitzend, wiedergegeben. In den Händen hält er über einem Buch sein Attribut, einen ausgebleichten Totenschädel. Den Blick hat er in meditativer Versenkung auf den Schädel gerichtet. Den nackten, nur durch ein über die rechte Schulter gelegtes Tuch bedeckten Oberkörper und das Gesicht modelliert die Malerin durch helles, schräg von hinten einfallendes Schlaglicht vor dem dunklen, undefinierten Hintergrund. Tiefe Finsternis umgibt den Heiligen, der sich büßend in die Einsamkeit zurückgezogen hat und über dem von Wind und Wetter ausgewaschenen Rest menschlichen Daseins sinniert.

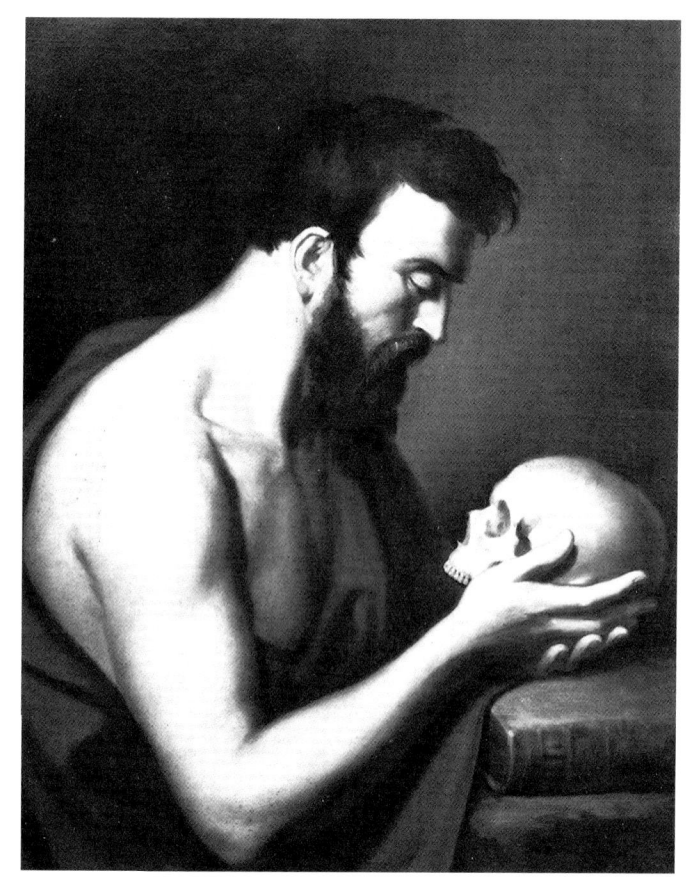

32 M. E.

33 M. E.

Das Gemälde ist bald nach Ellenrieders Studienzeit an der Münchener Akademie entstanden und steht ganz in der Tradition barocker Vorbilder des 17. Jahrhunderts. Kraftvolles Hell-Dunkel vermittelt ausdrucksvoll die Ungewißheit seelischer Abgründe.

Die Komposition ist akademisch-klassizistisch aufgefaßt: der pyramidale Aufbau ist in großteilige Flächen gegliedert, alles Kleinteilige und Nebensächliche weggelassen. Im Erfassen des männlichen Halbaktes zeigt Ellenrieder Unsicherheiten. So ist dem kraftvollen Oberkörper ein zu schlanker Arm mit fast schon zierlichem Unterarm und Händen angefügt. Auch die Auffassung des Heiligen als relativ junger Mann mit wuchtigem Körperbau ist ungewöhnlich. In der Regel wird dem Betrachter die asketische Lebensführung des Heiligen durch die Darstellung eines abgezehrten, vollkommen verklärten Greises vermittelt.

Lit.: Zündorff, 1940, S. 123. – Fischer / v. Blanckenhagen, 1963, S. 18, 150, WV 347. K.St.

33 M. E.
Betendes Mädchen

Rückseitig bez.: Marie Ellenrieder pinx. 1819

Öl auf Leinwand, 53,5×42 cm

Freiburg-Munzingen, Privatbesitz

Ein kleines Mädchen, im Profil nach links gegeben, sitzt an einem Tisch, auf dem eine aufgeschlagene Bibel oder ein Gebetbuch liegt. Die Hände sind zum Gebet gefaltet, der Blick ist andächtig lesend auf das Buch gerichtet. Ein dunkelgrüner Vorhang hinterfängt die linke Bildhälfte; auf dem neutral gehaltenen Hintergrund deutet er in barocker Manier den Raum an. Als Gegengewicht zu dem in die rechte Bildhälfte gelegten Kompositionsschwerpunkt wirkt er unbeholfen und uneffektiv. In Konstanzer Privatbesitz befindet sich eine um 1814 entstandene Pastellzeichnung derselben Darstellung (schwarze, weiße und rötliche Pastellkreiden, teilweise gewischt, 52×34,7 cm).

Das Kind sitzt vor einer steinernen Balustrade, ein Vorhang hinterfängt die obere Bildhälfte und gibt ausschnitthaft den Blick auf eine Landschaft frei. Auf der aufgeschlagenen Buchseite ist die Textstelle »Lasset die Kindlein zu mir kommen...« lesbar. Eine etwa zeitgleich entstandene Wiederholung des Themas ist heute als Leihgabe in der Sammlung des Rosgartenmuseums. Der Hintergrund ist leicht variiert (schwarze, weiße und rötliche Pastellkreiden, 51,6×40,1 cm, Besitzer: Sozialstation von Wessenberg). Ellenrieder hat hier zum ersten Mal in ihrem Werk das Thema der idealistisch aufgefaßten religiösen Kinderseele interpretiert.

Lit.: Siebert, 1916, S. 119. – Fischer / v. Blanckenhagen, 1963, S. 18, 141, WV 250. K.St.

34 M. E.
Thronende Maria mit Kind und gabenbringenden Mädchen

Um 1820

Kartonvorzeichnung, schwarze Kreide, weiß gehöht. 232×144 cm

Konstanz, Wessenberg-Galerie, o. Nr.

Der Karton ist eine vollständig durchgearbeitete Kreidevorzeichnung für ein Altarbild der katholischen Kirche in Ichenheim bei Offenburg. Ellenrieder erhielt 1820 den Auftrag für drei monumentale Altarbilder mit folgenden Themen: Thronende Maria, hl. Nikolaus (Kat.-Nr. 35 M. E.) und Auferstehung Christi. Mit diesen religiösen Historienbildern gelang der Malerin ihr erster großer Erfolg, was um so wichtiger war, da diese Gattung innerhalb der damaligen Gattungshierarchie das höchste Ansehen genoß. Die Ichenheimer Bilder gelten als Ellenrieders Hauptwerk vor der Romreise, zu deren Finanzierung sie nicht unwesentlich beitrugen.
Die Fertigstellung der jeweils originalgroßen Entwurfszeichnungen erfolgte z. T. unter der Aufsicht ihres Lehrers Langer in München, die »Thronende Maria« wurde 1820 vom Karlsruher Publikum mit großem Lob aufgenommen. Alle drei Kartons wurden überdies vor der Romreise von der Malerin selbst in Kupfer radiert; das Altarbild »Auferstehung« wurde erst nach der Romreise, 1827, vollendet.
Waren für die zeitlich früher entstandenen religiösen Bilder, z. B. die hl. Cäcilia (Kat.-Nr. 31 M. E.) oder den hl. Hieronymus (Kat.-Nr. 32 M. E.), noch eine hochbarocke Bildauffassung und Malweise kennzeichnend, herrschten jetzt eher klassizistische Elemente vor: strenger Aufbau der Architektur, die den Figuren Halt gibt, aber sie gleichzeitig fast zu Statuen werden läßt. Auch das ikonographisch ungewöhnliche, eher volkstümliche Motiv der drei Mädchen, die Ähren, Blumen und Früchte darbringen, lockert die Strenge und Kühle des Bildes nicht auf. Wie meist im Ellenriederschen Œuvre bestechen die Ichenheimer Kartons

34 M. E.

durch die zeichnerische Sicherheit bzw. durch den gelungenen Einsatz der zeichnerischen Mittel, vgl. Abb. S. 99.

Lit.: Zündorff, 1940, S. 30f. – Fischer / v. Blanckenhagen, 1963, WV 332a. D.Z.

35 M. E.
Hl. Nikolaus mit zwei Engeln

Um 1820

Kartonvorzeichnung, schwarze Kreide, weiß gehöht, 232×144 cm

Konstanz, Wessenberg-Galerie, Inv.-Nr. 100g/1008

35 M. E.

Der Namenspatron der Ichenheimer Kirche Nikolaus füllt als monumentale Gewandfigur die Bildfläche, er steht vor einer etwas zu klein dimensionierten Nische. Bischofsstab und -mütze sowie die drei am Boden liegenden Goldkugeln sind seine Attribute. Er segnet ein von zwei Engeln spielerisch in die Höhe gehaltenes Kirchenmodell. Monumentalität und Strenge, nur leicht aufgelockert durch das Motiv der Engel, charakterisieren diesen in der Anlage und den Details sorgfältig durchgezeichneten Karton.

Lit.: Fischer / v. Blanckenhagen, 1963, WV 362a. D.Z.

36 M. E. *Farbabb. 30*
Maria mit dem Jesusknaben an der Hand

Bez. auf der Rückseite: Marie / Ellenrieder / pinx. Roma 1824

Öl auf Leinwand, 185,5×123 cm

Karlsruhe, Staatliche Kunsthalle, Inv.-Nr. 511

»...Zu meinem Bilde der Madonna. Heilige Maria, Mutter unseres Erlösers, du kennst die Trübsal dieser Welt, du kennst die Schwäche meines trauernden Herzens. Steige herab, mir zu Hilfe zu kommen, und laß den Segen deines göttlichen Kindes auf meinem Gesicht ruhen. Schenke mir Augenblicke, die unendliche Gottheit, die ewige Liebe zu empfinden. So will ich mein Tagwerk beginnen, das mir aufgetragen ist im Namen des Vaters, des Sohnes und des Heiligen Geistes...«, lautet ein römischer Tagebucheintrag Marie Ellenrieders zwischen dem 14. und 26. Juni 1823. Die Zeilen sind gleichzeitig Bildbeschreibung und künstlerisches wie persönliches Glaubensbekenntnis der Malerin, die sich zeitlebens nicht von diesem Hauptwerk ihres ersten römischen Aufenthaltes trennte.
Der klare, ruhige Bildaufbau mit dem Säulenmotiv, die in ein warmes Grün eingebundenen Hauptfarben Blau und Rot sowie der gewählte Marientyp verraten das durch die Nazarener in Rom vermittelte Vorbild Raffaels. Unverwechselbar Ellenrieder ist allerdings der glatt lasierende Farbauftrag und »...der durch alle Farbsubstanz hindurchwirkende Glanz, der, auf Gold oder Silber abgestimmt, dem Ganzen einen kostbaren und zugleich irreal-spirituellen Charakter verleiht. Hier ist es der Goldton, der das Bild durchwirkt und durchwebt. Nur in der Goldborte des Kleides konkret faßbar, ist er doch in allen Teilen gegenwärtig und erzeugt ein Kontinuum irrationaler und transzendierender Art...« (Fischer). Man könnte von einem die Figurengruppe hinterfangenden goldfarbenen Glorienschein sprechen, vor dem Maria mit dem Jesusknaben an der Hand gleichsam schwebend die Stufen herabsteigen.
Das Bild wurde von der Kritik außerordentlich gut aufgenommen und stets von den Zeitgenossen bewundert. Ellenrieder hat es jedoch nie verkauft. Später fertigte sie eine Kopie für die Stuttgarter Eberhardskirche. Sie schuf 1826 auch eine Radierung davon. 1833 gab der Badische Kunstverein eine großformatige Lithographie nach dem Gemälde heraus.

Lit.: Zündorff, 1940, S. 50 f., 69. – Fischer / v. Blanckenhagen, 1963, S. 33 f., WV 329. – v. Schneider, 1968, S. 52. D.Z.

37 M. E.

37 M. E.
Johannes auf Patmos

Um 1824 (?)

Rückseitig bez.: Marie Ellenrieder.

Öl auf Papier, 13,3×14,4 cm (ovales Bildfeld)

Konstanz, Rosgartenmuseum, Inv.-Nr. M 141

Die Zeit der Christenverfolgung unter Kaiser Domitian verbrachte Johannes der Evangelist auf der Insel Patmos. Hier erfuhr er in einer geheimnisvollen Vision die »Offenbarung«, jene vielgedeutete und niemals ganz enträtselte apokalyptische Prophezie, die in ihrer gewaltigen Vorstellungskraft die Menschen zu allen Zeiten beängstigt und erschüttert hat.
Ellenrieders kleines Rundbild zeigt den Heiligen im Augenblick visionärer Verzückung. Er hat sich in einer kulissenhaften Landschaft niedergelassen, eine Schriftrolle ist ihm über die verschränkten Beine gelegt, den Blick hat er zum Himmel gerichtet. Ein Engel ist an seine Seite getreten, um ihn im Moment der Vision zu leiten. Er führt die Hand des Verklärten zur Schreibfeder, die der Adler, das Symboltier des Evangelisten, im Schnabel hält.
Die stille Ekstase des Heiligen, der traurige Ernst des kindlichen Engels und die Weite der rauchgrünen Insellandschaft schaffen einen lyrischen Zauber wehmutsvoller Sehnsucht, der auch dem Gebet in Ellenrieders Tagebuch innewohnt, welches sie eigens zu diesem Bild verfaßt hat. Die ausgewogene Komposition und das warme, in gleichmäßiges Licht getauchte Kolorit verschmelzen zu einer stimmungsvollen, harmonischen Einheit, die fast allen Bildern Ellenrieders auf dem Höhepunkt ihres künstlerischen Schaffens eigen ist.
Das Bildchen gilt als Ölskizze für weitere großformatige Kompositionen, von denen heute die Pastellausführung in der Wessenberg-Galerie, Konstanz, aufbewahrt wird (schwarze, weiße und farbige Pastellkreiden, mit Goldbronze gehöht, auf gelblichem Papier; 118×122 cm, Inv.-Nr. 2/21). Ein dazugehöriger Karton – bereits 1824 in Rom ausgestellt – und die entsprechende Ölausführung sind verloren. Es muß offen bleiben, ob das kleine Rundbild tatsächlich als Skizze zu den Großformaten gefertigt wurde oder ob Ellenrieder es als kleine Replik nach dem großen Ölbild gemalt hat.

Lit.: Kunstblatt 1824, S. 231. – Kunstblatt, 1830, S. 45. – Kunstblatt, 1845, S. 23. – Siebert, 1916, S. 63f., 104, 110. – Zündorff, 1940, S. 123, 124. – v. Boetticher, 1941, S. 262. – Fischer / v. Blanckenhagen, 1963, S. 150, WV 348. K.St.

38 M. E. *Farbabb. 32*
Hl. Johannes der Täufer als Knabe, das Kreuz bindend

Rückseitig bez.: Marie Ellenrieder pinx: 1827

Öl auf Holz, 56×73 cm

Konstanz, Rosgartenmuseum, Inv.-Nr. 1971/25

Der im Profil gegebene Johannesknabe sitzt auf einem Stein in einer felsigen Landschaft. Die Aufmerksamkeit hat er ganz auf seine Hände gerichtet, mit denen er ein kleines, zwischen Knien und Schulter gehaltenes Astkreuz bindet.
Die Darstellung des Täufers als kleines Kind, gemeinsam mit der Madonna und dem Christuskind, tritt zum ersten Mal in der italienischen Renaissancemalerei auf. Ellenrieder hat den Knaben aus dieser Gemeinschaft isoliert und in einen neuen thematischen Zusammenhang gestellt. Er bindet das Kreuz Christi und prophezeit damit den bevorstehenden Opfertod des Gottessohnes. Daß er diese Handlung als Kind ausführt, verweist auf Ellenrieders Begriff von der göttlichen Wahrheit, die nicht über den Verstand faßbar wird, sondern sich am unmittelbarsten in der unschuldigen, naiven Kinderseele äußert. Die idealisierten Kinderporträts der Künstlerin unterscheiden sich gestalterisch oft kaum von ihren häufig kindlich-naiv aufgefaßten Heiligen- und Engelsdarstellungen.
Die romantisch-idealisierte Felsenlandschaft, die attributhaft auf den steinigen Lebensweg des Täufers und dessen tragisches Ende verweist, bringt uns Ellenrieder auch als hervorragende Landschaftsmalerin näher. Zahlreiche Landschaftsskizzen, die sie nach der Natur gefertigt hat, legen Zeugnis von ihrer Begabung in dieser Gattung der Malerei ab, die sie aber nie zur Entfaltung brachte. In ihren Tagebüchern hat sie ihre religiös begründete Ablehnung allen nichtchristlichen Bildthemen gegenüber mehrfach zum Ausdruck gebracht. Für Johannes den Täufer hatte Ellenrieder eine ganz besondere Vorliebe.

Keinen anderen Heiligen hat sie so häufig und in so vielfältigen thematischen Variationen festgehalten. Diese Vorliebe geht sicherlich auf den Einfluß des Freiherrn von Wessenberg zurück. In seiner kunsttheoretischen Schrift »Die christlichen Bilder« behandelt er den Täufer, in dem er das »sinnvollste und erhabenste Sinnbild des Christenthums« sieht, mit ungewöhnlicher Ausführlichkeit und streut in seine Ausführungen selbstverfaßte Gedichte ein. Wessenberg bezieht sich auf Ellenrieders Johannesknaben sogar wörtlich: »Mar. Ellenrieder zu Constanz hat ein sehr anmuthiges Bild gefertigt, wo der Knabe Johannes in einer Wildniß sitzend sein Kreuz von Rohr zusammenfügt; ein schöner, kräftiger Knabe mit dem Ausdruck sanften Tiefsinns«. Ellenrieder hat in ihrem Tagebuch der ersten Romreise ebenfalls ein Gebet auf den Heiligen verfaßt, in dem sie dessen besondere Tugendhaftigkeit preist und ihn um Unterstützung bei ihrer Arbeit bittet.

Lit.: I. Frhr. von Wessenberg, Die christlichen Bilder, Konstanz 1827, Bd. II, S. 77, Anm. 10. – Siebert, 1916, S. 110. – Zündorff, 1940, S. 127. K.St.

39 M. E.
Kopie nach der Madonna aus dem Hause Tempi von Raffael in der Alten Pinakothek München

Bez. rechts oben: »copiert nach einer Copie 1828«

Öl auf Papier, auf Holz aufgezogen, 76×52 cm

Offenburg, Städt. Museum im Ritterhaus, Inv.-Nr. 85/121

Mit Raffaels »Tempi-Madonna« (1507) kopierte Ellenrieder ein Hauptwerk dieses Malers aus seiner Florentiner Zeit. Dessen farbige Leuchtkraft – weiches Karminrot des Kleides, blaßgelbe Ärmel und gedämpftes Stahlblau des Mantels sowie ein mattes Hellblau des Himmels – bewunderten Zeitgenossen und spätere Verehrer gleichermaßen. Auch Marie Ellenrieder werden Farbkraft und Ausdrucksgehalt angezogen haben, sie kopierte dieses Bild 1831 ein zweites Mal (Kunsthalle Karlsruhe). Ellenrieder hatte Raffaels Bild noch auf ihrer Rückreise von Rom 1825 in Florenz gesehen, die Angabe »copiert nach einer Copie...« deutet aber darauf hin, daß diese Offenburger Version nicht direkt vor dem Raffaelschen Original entstand. 1829 kam die »Tempi-Madonna« nach München in den Besitz König Ludwigs I.
Wie andere Maler vor ihr kopierte Ellenrieder zur eigenen Schulung und Vervollkommnung die Werke alte Meister, darüber hinaus dienten die Kopien berühmter Bilder, die z. B. auch nach Stichvorlagen entstanden, dem Broterwerb. Der für sie charakteristische Rückgriff auf die Zeit der italienischen Renaissance und vor allem auf Raffael erklärt sich durch den Einfluß der Nazarener und deren Kunsttheorien.

Lit.: Siebert 1916, S. 44. – Zündorff 1940, S. 67. – Lauts 1971, Nr. 429. D.Z.

39 M. E.

40 M. E.
Studienkopf eines Jünglings zum Altarbild »Tod des hl. Stephanus«

Rückseitig bez.: Marie Ellenrieder 1829

Bleistift, farbige Pastellkreiden, laviert, auf verbräuntem Papier, oben 5 cm, rechts 3 cm angestückt, 40,8×31,6 cm

Konstanz, Rosgartenmuseum, Inv.-Nr. M 232

Das Studienblatt gehört mit zahlreichen weiteren Skizzen und Entwürfen zu den Vorarbeiten des Altarbildes »Tod des hl. Stephanus« für die katholische Stadtpfarrkirche St. Stephan in Karlsruhe. Es ist eine Vorzeichnung zu dem Jüngling in der Hauptgruppe, der den sterbenden Heiligen in seinen Armen hält. Der Kopf mit kurzem, braunem Haar ist tief nach rechts unten geneigt, so daß, entsprechend der Ausführung, der Blick

Den Gesamtaufbau des Gemäldes richtete Ellenrieder ganz an den Vorbildern der italienischen Hochrenaissance aus. Die Darstellung ist in eine himmlische und eine irdische Szene unterteilt, strenge geometrische Formen wie Halbkreis, Kreis und Pyramide liegen der Komposition zugrunde. Farbklang und lyrische Stimmung erinnern an Altarbilder Peruginos und des frühen Raffael.

Entsprechend den Vorstellungen Wessenbergs über die christliche Kunst hat Ellenrieder nicht die gewaltsame, traditionell beliebte Szene der Steinigung des Heiligen gewählt. Wessenberg wollte alles, »was Grauen und Ekel erregt und Unmenschlichkeit verraeth«, aus der Kirche verbannt wissen, denn »dem Künstler darf nur um Veredelung, um wahre Erbauung der Beschauer zu thun sein«. Von den zahlreichen Arbeiten, die Ellenrieder im Zusammenhang mit diesem Gemälde gefertigt hat, sind 9 Vorzeichnungen und 3 Wiederholungen als Einzeldarstellungen in Öl erhalten geblieben (vgl. Werkverzeichnis Fischer / v. Blanckenhagen, S. 152f.).

Das Altarbild stellt sowohl im Gesamtwerk der Künstlerin als auch für ihre weitere Karriere einen wichtigen Meilenstein dar. Es war entscheidend für die Ernennung Ellenrieders zur Hofmalerin. Bis zum Zweiten Weltkrieg schmückte es den Hochaltar der Stephanskirche in Karlsruhe, verschwand dann zunächst auf dem Dachboden und befindet sich heute in der katholischen Pfarrkirche St. Stephan in Konstanz.

Lit.: v. Boetticher, 1891, Leipzig, S. 262, Nr. 18. – Siebert, 1916, S. 52ff., 65, 67, 110, 114, 115, 121. – Beringer, 1922, S. 13. – Hirsch, 1928–1932, S. 501ff., 560. – Sauer, 1933, S. 221, 640. – Zündorff, 1940, S. 74f., 123, 124, 125, 127. – Fischer / v. Blanckenhagen, 1963, S. 36f., 152f., WV 367. – v. Schneider, 1968, S. 52f.

K.St.

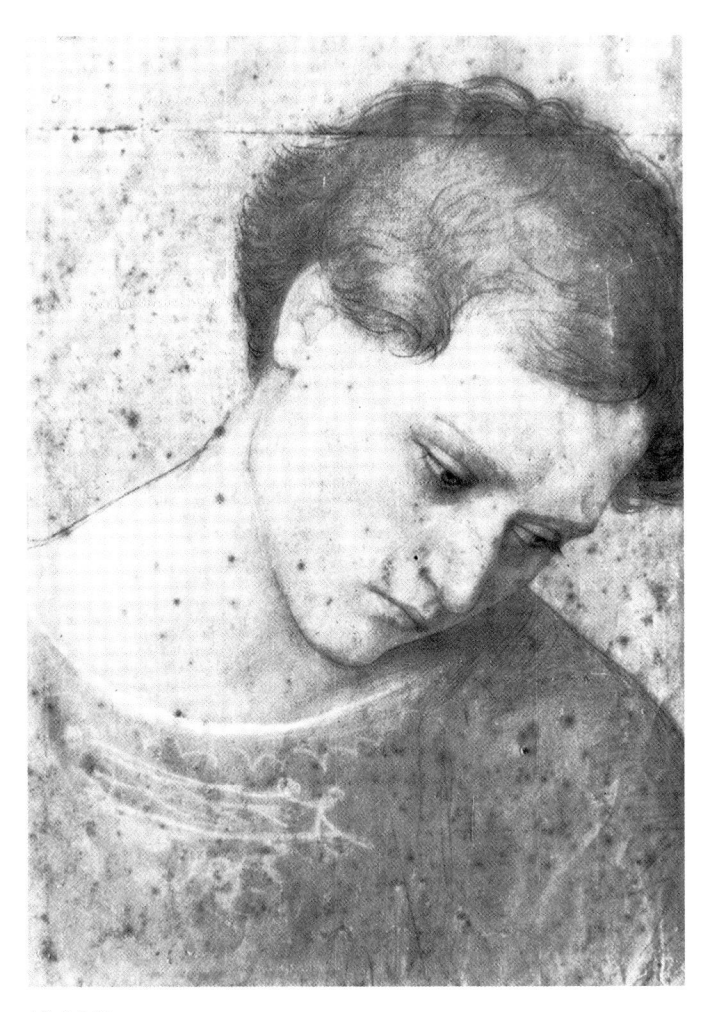

40 M. E.

auf den Heiligen gerichtet ist. Während der Kopf des Jünglings mit sacht aufgesetztem Bleistift und zarten Pastelltönen fein modelliert ist, hat Ellenrieder den linksseitig angeschnittenen Oberkörper summarisch wiedergegeben. Nur die Umrißlinie, die das Gesicht einfaßt, ist kräftiger gezogen. Die von der rechten Schulter ansteigende Nackenlinie ist nach einer Verzeichnung mit festem Strich flacher geführt. Dadurch erscheint der Kopf nicht nur entspannt zur Seite gelegt; der Oberkörper erhält durch diese Korrektur die für die stützende Position notwendige Spannung. Das Altarblatt für den Hauptaltar der Karlsruher Stephanskirche war Ellenrieders monumentalster Auftrag (Abb. S. 37). Er wurde ihr 1827 vom Großherzog erteilt. Als erste und einzige Frau ihrer Zeit hat sie sich an ein Werk mit solchen gewaltigen Ausmaßen (470×320 cm) herangewagt. Als Akkordhonorar wurden ihr 4000 Gulden zugesichert. Für die Herstellung des gewaltigen Altarblattes ließ der Großherzog der Malerin ein Atelier in der ehemaligen Dompropstei in Konstanz, dem späteren Regierungsgebäude, einrichten.

41 M. E. *Farbabb. 33*
Betendes Kind

Rückseitig bez.: Marie Ellenrieder pinx: 1829

Öltempera mit Pudergoldauftrag auf Eichenholz, 34,7×23,4 cm

Aus dem Besitz des Markgrafen von Baden erworben

Konstanz, Wessenberg-Galerie, Inv.-Nr. Z 78

Die leicht nach rechts aus der Achse gedrehte Halbfigur des Kindes steht hinter einer Brüstung, die mit einem grünen Tuch abgedeckt ist. Es hat die Hände vor der Brust zusammengelegt, der Kopf ist zur linken Schulter geneigt und der Blick zu dem auf der Brüstung liegenden geöffneten Buch gesenkt. Der unbestimmte Bildraum, das streng gescheitelte lange Haar, das antikisierende Gewand und die undefinierte Geschlechtlichkeit hüllen die kindliche Gestalt in eine Sphäre zeitloser Idealität.

Weiches, von links ins Bild geführtes Licht erhellt die Gestalt fast gleichmäßig und verleiht dem zarten Kolorit eine leuchtende Intensität. Das kleine, in Aufbau und Aussage schlicht gehaltene Bild lebt von der bezaubernd vorgetragenen Poesie des lyrischen Farbklanges: Das Goldblond der Haare und die zarte, mit einer Goldbordüre und himmelblauen Ärmelaufschlägen abgesetzte Fliederfarbe des Gewandes symbolisieren die fromme Unschuld der Kinderseele, der das gedämpfte Blaugrün des horizontal drapierten Tuches Halt und Festigkeit verleiht.

Während ihres Romaufenthaltes hat sich Ellenrieder intensiv dem Farbstudium an Werken Raffaels gewidmet. Dadurch entwickelte sie ein phänomenales Farbempfinden und eine technische Perfektion, in der sie alle anderen Nazarener weit übertrifft. Ein identisches, etwas später wiederholtes Gemälde befindet sich in Privatbesitz.

Lit.: v. Boetticher, 1891, S. 262, Nr. 34. – Siebert, 1916, S. 114. – Zündorff, 1940, S. 123. – Fischer / v. Blanckenhagen, 1963, S. 138, WV 206. K. St.

42 M. E.
Hl. Johannes der Täufer als Knabe vor einer Landschaft

Rückseitig bez.: Marie Ellenrieder pinx: 1830

Öl auf Leinwand, 106,5×58,8 cm

Freiburg, Freiherrlich Gayling v. Altheim'sches Gesamtarchiv, Schloß Ebnet

Der Johannesknabe steht vor einer rauhen, felsigen Landschaft, die Rechte hat er segnend erhoben, mit der Linken umfaßt er den Kreuzstab mit dem Schriftband »Ecce Agnus Dei«.

In diesem Gemälde hat Ellenrieder Motive aus der Johanneslegende und der Darstellungstradition neu miteinander verknüpft und einen eigenen ikonographischen Typus »erfunden«. Den Johannesknaben stellt erstmals die Renaissancemalerei (insbesondere Raffael) zusammen mit dem Jesuskind und der Madonna dar. Ellenrieder bildet nun den Knaben in einem wüstenartigen Landschaftsidyll ab und verleiht ihm den Ernst und die Würde des erwachsenen Täufers, der sich als Asket von der Welt entfernte, um das Wort zu vernehmen und selber »die Stimme« zu werden. Als Prophet und Vorläufer Christi trat er wieder unter die Menschen, um auf Christus, das Lamm Gottes, hinzuweisen. Das Lamm, das den Täufer häufig neben dem Spruchband als Wegbereiter Christi auszeichnet, hat Ellenrieder in ein Lammfell verwandelt und den Knaben damit bekleidet. Der Segensgestus verweist – neben dem Kontakt, den der Heilige zum Betrachter aufnimmt – auf seine Bestimmung als Täufer. Auf die Taufe Christi durch Johannes bezieht sich Ellenrieder im Landschaftshintergrund. Dort öffnet sich der Blick zwischen den schroffen Felswänden auf eine Flußschleife, die wohl den Jordan meint. Stimmungsvoll spielt die Landschaft auf den steinigen Lebensweg und das düstere irdische Schicksal

42 M. E.

43 M. E.

43 M. E.
Hl. Cäcilia

Rückseitig bez.: Marie Ellenrieder pinx: 1833

Öl auf Lindenholz, 64,8×46 cm

Konstanz, Rosgartenmuseum, Dep. des Kunstvereins

Die Heilige ist als Halbfigur hinter einer Brüstung dargestellt, die Hände hat sie über einer Lyra gefaltet, der Blick ist zum Himmel gerichtet. Die Verschiedenartigkeit zu Ellenrieders hl. Cäcilia von 1816 (Kat.-Nr. 31 M. E.) in Bildauffassung und Malweise ist Ausdruck der neuen Sprache, die sie nach ihrer Auseinandersetzung mit der Kunst der Nazarener gefunden hat. Formal ist der Bildgehalt in minimalistischer Weise reduziert, damit als Bildaussage die fromme Seelenhaftigkeit um so stärker zur Sprache kommen kann. Es gibt nur die Heilige und ihr Instrument vor einem dunklen Nichts. Die innere Dramatik zeigt sich um so gewaltiger in dem zerbrechlichen Instrument, das unter den betenden Händen auf der knapp gefaßten Brüstung bedrohlich ins Wanken geraten ist. Das barocke, mit gestalterischen Mitteln wie spannungsreicher Bildaufbau und Schlaglichteinfall erreichte Pathos ist vollständig der stillen Ekstase verklärter Frömmigkeit gewichen. Auch das Attribut der Heiligen, die raumgreifende, tönende Orgel, hat Ellenrieder durch ein Musikinstrument der zarten Klänge, die Lyra, ausgetauscht.

Die hl. Cäcilia zeigt den Prototyp des Menschenbildes, das Ellenrieder allen ihren Idealbildnissen und Heiligen in den 30er Jahren verliehen hat. Sie beseelt ihre am Vorbild der italienischen Renaissance orientierten zeitlos schönen, feingliedrigen Gestalten mit mädchenhafter Unschuld, inniger Frömmigkeit und demütiger Ergebenheit. Der gleichmäßige Lichtstrom, der die Heilige aus dem dunklen Hintergrund heraus modelliert, setzt die fein differenzierte Leuchtkraft der Farben frei. Kein Pinselstrich ist sichtbar, die Oberfläche ist vollständig geglättet. Der Farbklang erreicht eine hohe Intensität.

Eine identische Darstellung gilt als Vorzeichnung zum Ölbild, muß aber wegen der differenzierten Ausführung als eigenständiges Kunstwerk betrachtet werden (schwarze und rötliche Kreiden, mit Weiß und Gold gehöht, 68,5×50,1 cm, Privatbesitz, Abb. S. 103).

Lit.: Zündorff, 1940, S. 126. – Fischer / v. Blanckenhagen, 1963, S. 48, 150, WV 342. K.St.

des Täufers an, weist aber auch, indem der Blick in der Ferne dem Flußlauf zu einem helleren Horizont folgt, auf den Beginn der evangelischen Verkündung hin. Die Kompilation ikonographischer Motive ist eine spezielle Vorliebe der Künstlerin. Viele Themen wurden von ihr eigenständig verändert und zum Zweck der tieferen Empfindung und Erbauung neu interpretiert.

In der figürlichen Gestaltung des Johannesknaben greift Ellenrieder auf ihr bedeutendes und in ihrer Zeit auch berühmtestes Gemälde von 1824, Maria mit dem Jesusknaben an der Hand (Kat.-Nr. 36 M. E.), zurück. Das kontrapostische Haltungsmotiv hat sie gegengleich verändert, die Bekleidung dem Thema entsprechend variiert und dem Johannesknaben einen tieferen Ernst verliehen.

Lit.: Siebert, 1916, S. 110. – Zündorff, 1940, S. 127. – Fischer / v. Blanckenhagen, 1963, S. 41, 43, 150, WV 351. K.St.

44 M. E. *Farbabb. 31*
Maria schreibt das Magnifikat

Bez. auf der Rückseite: Marie / Ellenrieder pinx. 1833

Öl auf Leinwand, 64,8×46,2 cm

Karlsruhe, Staatliche Kunsthalle, Inv.-Nr. 514

Für Marie Ellenrieder und ihre durch die Nazarener beeinflußte Kunstauffassung war religiöse Malerei Mittel und Ausdruck persönlicher Vervollkommnung. Themen der Marienverehrung, insbesondere Madonnenbilder, wurden daher bevorzugt dargestellt. Ereignisse dramatischer Art, wie z.B. Martyrien, fehlen in diesen Werken. Die Bilder sollten aufgrund ihres menschlich-intimen Gehaltes dem Betrachter unmittelbar zu Herzen gehen, die heiligen Gestalten aber in ihrer hohen Reinheit gleichzeitig unendlich fern bleiben. Das religiöse Œuvre der Malerin spiegelt im allgemeinen diese Auffassung wider. Ellenrieder zeigt aber, wie in diesem Bild, sowohl in der inhaltlichen Umsetzung vorgeprägter Themen als auch in der Farbgebung eine gewisse Unabhängigkeit von den Nazarenern.
So ist die Darstellung Mariens beim Schreiben des Lobgesanges »Meine Seele erhebet den Herrn und mein Geist freut sich Gottes, meines Heilands« ikonographisch eine originäre Ellenriedersche Bilderfindung. Der kleine Raumausschnitt mit dem durch einen dunkelgrünen Vorhang teilweise verdeckten Ausblick auf eine Landschaft, das rote Kleid und der blaue Mantel sind Elemente, die auf durch die Nazarener vermittelte Vorbilder der italienischen Renaissance verweisen. Durch Ellenrieders eigenwillig lasierende Maltechnik erhalten die Farben außerdem eine schimmernde Wärme, die dem Bild etwas sanft Strahlendes verleiht und die auf Bildern der Nazarener nicht zu finden ist.

Lit.: Fischer / v. Blanckenhagen, 1963, S. 47, WV 319. – Kunst in der Residenz, Kat. Ausst. Karlsruhe, 1990, Nr. 27. D.Z.

45 M. E.
Maria mit Kind im Rosenbogen

Um 1835

Rückseitig bez.: Ellenrieder.

Öltempera auf Seide, 35×23,2 cm, Originalrahmen
(ebenfalls bez.: Marie Ellenrieder pinx:)
mit Bügel und grünem Leinenvorhang an Elfenbeinringen

Konstanz, Wessenberg-Galerie, Inv.-Nr. Z 77

Unter einem Rosenbogen, der von zwei Kindern in Chorknabenhemdchen getragen wird, schreitet die Muttergottes auf sandigem Boden dem Betrachter entgegen. An ihrer Brust ruht das Jesuskind, um das sie schützend ihre Arme gelegt hat. Mutter und Kind blicken mit ruhigem Ernst den Betrachter an.

45 M. E. (Ausschnitt)

Die kleinteilige und akribisch sorgfältige maltechnische Ausführung bringt Ellenrieder als ausgebildete Miniaturmalerin in Erinnerung.
1832 war Marie Ellenrieder zu einer Reise nach Dresden aufgebrochen. Den starken Eindruck, den Raffaels Sixtinische Madonna in der Dresdner Gemäldegalerie auf sie gemacht haben muß, spiegelt dieses Bild wider. Wie Raffael hat Ellenrieder ihre Madonnendarstellung achsensymmetrisch angelegt, den Umriß geschlossen gestaltet und das Bewegungsmotiv nur angedeutet. Dadurch entfaltet sich im Bild eine erhabene Ruhe, vor der die warme Leuchtkraft des Kolorits zur Geltung kommt. 1835 erhielt Ellenrieder von der großherzoglichen Familie den Auftrag zu dem großen Gemälde des gleichen Themas, das sich heute in der Wessenberg-Galerie in Konstanz befindet (212×134 cm, Inv.-Nr. Z 81). Obwohl die Größe des Bildes im Anspruch Raffaels Sixtinischer Madonna folgt, hat Ellenrieder ihre Madonna weniger monumental aufgefaßt; sie steht nicht erhöht auf Wolken, sondern schreitet ebenerdig auf steinigem Boden. Diese Abänderung des raffaelischen Vorbildes charakterisiert Ellenrieders religiöse Demutshaltung.
Fast nahezu identisch, nur gegengleich komponiert, ist Ellenrieders letztes, unvollendetes Bild angelegt. Anstelle des Rosenbogens tragen die Kinder Kerzen, und Maria schreitet nach Raffaels Vorbild auf einem Wolkenteppich (Kat.-Nr. 51 M. E.).
Das Madonnenbild stammt aus Ellenrieders Nachlaß. Das Arrangement mit dem am Bildrahmen montierten Vorhängchen, über eine Zugvorrichtung zu- und aufziehbar, verweist auf die Benutzung als Andachtsbild. Es war also nur während des Gebetes von Ellenrieder selber zu sehen und ist ein anrührendes, sehr persönliches Zeugnis, das die Künstlerin hinterlas-

sen hat. Raffael gibt den Blick auf seine Madonna durch einen beidseitig zurückgezogenen, ebenfalls grünen, allerdings illusionistisch gemalten Vorhang frei. Ellenrieder hat dieses Motiv offensichtlich von der Sixtinischen Madonna übernommen und real vor dem Bild umgesetzt.

Lit.: Siebert, 1916, S. 66 f., 95, 111. – Zündorff, 1940, S. 82, 123, 124. – Fischer / v. Blanckenhagen, 1963, S. 148, WV 330. – v. Schneider, 1968, S. 53. K.St.

46 M. E.
Mutter, die ihre Kinder beten lehrt

Um 1837/38

Schwarze, weiße und farbige Pastellkreiden, mit Goldbronze gehöht, auf Papier, 55,3×36,6 cm

Konstanz, Privatbesitz

Vor einer steinernen Balustrade sitzt im Profil nach rechts eine junge Frau in bäuerlicher Tracht, sie hält ein Kleinkind auf dem Schoß. An ihrem Knie lehnt ein etwas älteres Mädchen. Dem Blick des Betrachters ist das Spiel der Hände von Mutter und Kind vollständig freigegeben und als Dreh- und Angelpunkt der Gesamtposition ins Zentrum der Darstellung gelegt. Mutter und Kind schauen konzentriert auf ihre Hände, während das ältere Mädchen die Augen aufmerksam auf die Mutter richtet. Jenseits der Balustrade, die die Gruppe auf halber Bildhöhe hinterschneidet, öffnet sich eine die idyllische Stimmung betonende romantisch-italienische Landschaft. Vom linken Bildrand ausgehend überfängt der Ast einer Eiche die Gruppe gleichsam schützend.

Marie Ellenrieder geht mit dieser Darstellung der idyllischen Mutter-Kind-Beziehung weit über die erbaulichen Genrebilder des Biedermeier hinaus. Ikonographisch liegt der Anordnung dieser Gruppe das Thema »Madonna mit Christuskind und Johannesknaben« zugrunde. Das innige Verhältnis zwischen Mutter und Kind, gebunden an die idealmenschlich-christliche Erziehung, erfährt durch den Rückgriff auf die Andachtsbildikonographie eine verklärende Erhöhung.

Das Bild entstand als Zeichnung nach einem Karton bzw. einem Ölbild, welches (Brief Ellenrieders vom 14. Februar 1837 an den Freiherrn von Röder) an einen Kaufmann in Lyon verkauft wurde. Der Karton befindet sich heute in der Staatlichen Kunsthalle in Karlsruhe (107×86,3 cm, Inv.-Nr. 852), das Ölbild ist verschollen. Eine weitere Replik (evtl. auch Entwurf; Pastellzeichnung 45,5×37,5 cm) befindet sich ebenfalls in Privatbesitz. Die Darstellung des Kleinkindes ist derjenigen auf dem Familienbild Sophie Großherzogin von Baden mit ihren Kindern (Kat.-Nr. 27 M. E.) sehr verwandt.

Lit.: Siebert, 1916, S. 121. – Zündorff, 1940, S. 122. – Fischer / v. Blanckenhagen, 1963, S. 141, WV 254. K.St.

46 M. E.

47 M. E.
Das »Goldene Buch«

31 Miniaturen, zwischen 1826 und 1844 entstanden

Bleistift, Farbstift, Aquarell- und Deckfarben, mit Gold gehöht, auf Papier, jeweils ca. 18,7×11,8 cm, aufgeklebt auf Karton, gerahmt

Konstanz, Wessenberg-Galerie, Inv.-Nr. Z 80

Dieser Reihe von 31 Andachtsbildern hat Ellenrieder keine einheitliche Thematik zugrunde gelegt. Jedes Blatt ist für sich entstanden und trägt eine eigene Darstellung, wobei die Künstlerin eines, höchstens zwei pro Jahr ausgeführt hat. Ellenrieder fertigte die einzelnen Zeichnungen für das »Goldene Buch« immer sonntags nach dem Kirchgang. Diese Arbeit empfand sie als Verlängerung des Gottesdienstes, ohne das christliche Sonntagsarbeitsverbot zu übertreten. Biblische Szenen wechseln mit Heiligendarstellungen, christlichen Allegorien und erbaulichen Andachtsbildern. Einzelne Blätter hat sie mit einem Schriftband oder einem Architekturrahmen versehen. Charakteristisch ist

Ich denke an die unabänderlichen Schicksale des Lebens, und gebe mich in den Willen des Allerhöchsten.

Der Engel vor der Herzensthür.

47 M. E.

die merkwürdige Überlänge der Gestalten in zahlreichen Darstellungen. Jedes einzelne Blatt ist mit großer Präzision und miniaturhaft kleinteilig ausgeführt. Die Bezeichnung »Goldenes Buch« stammt von Marie Ellenrieder; vielleicht trug sie sich mit der Absicht, aus den Einzelblättern ein illustriertes Andachtsbuch binden zu lassen. Das »Goldene Buch« wurde von Ellenrieders Erben der Stadt Konstanz »zum ewigen Verbleib« übereignet.

Lit.: Siebert, 1916, S. 94f. – Zündorff, 1940, S. 108, 123. – Fischer / v. Blanckenhagen, 1963, S. 157, WV 411–441.   K.St.

48 M. E.   Abb. S. 214
Kindersegnung

Rückseitig bez.: M. Ellenrieder, Roma, 12. September 1839

Karton zum Altarbild in der Schloßkapelle Kallenberg bei Coburg

Schwarze Kreide über Bleistiftvorzeichnung, weiß gehöht, auf grundiertem Papier, 257,5×221 cm

Privatbesitz

Von der Segnung der Kinder durch Christus berichten die Evangelien. Zwar hatten die Jünger zunächst die sich nähernden Leute schroff zurückgewiesen, doch Christus rief die Kinder zu sich heran und segnete sie.
Vor einem südländischen Landschaftshintergrund entwickelt sich die in vier Hauptgruppen untergliederte Szene, ausgehend vom linken Bildrand, wo sich Christus vor einer Anhöhe niedergesetzt hat. Zwischen seinen Knien steht ein Kind und hat die Rechte des Herrn küssend mit beiden Händen umfaßt. Eine bis zum oberen Bildrand reichende Palme auf der Kuppe der Anhöhe verleiht dieser Gruppe kompositorisch Gewicht. Zu Füßen Christi hat sich eine kleine Kinderschar eingefunden und lauscht aufmerksam seinen Worten. Zurückversetzt zwischen diesen beiden Gruppen stehen zwei bärtige Jünger. Mit Blicken und Gesten verwehren sie einer jungen Frau, die ein kleines Kind auf dem Arm hält, den unmittelbaren Zutritt zu Christus. Dessen ausgestreckte Linke überschneidet die Gestalten der beiden Jünger mit solcher Direktheit, daß deren Handlung zurückgedrängt wird und eine Berührung mit den ausgestreckten Ärmchen des Kleinen jeden Augenblick stattzufinden scheint. Den rechten Bildrand beschließt die Gruppe zweier sich gegenseitig zugekehrten Frauen, von denen die linke – eine prachtvolle Rückenfigur – einen Knaben an der Hand führt. Die rechte birgt schützend in ihrem weiten, über den Kopf gelegten Schultertuch einen schlafenden Säugling. Blickführung und Gesten verschmelzen die Gruppen zu einer harmonischen, sich erzählend entwickelnden Einheit.
Den ersten Entwurf zu einer Darstellung des gleichen Themas führte Ellenrieder um 1824 aus. Über zahlreiche Studien und mehrere Zwischenentwürfe gelangte sie schließlich zu dieser perfekt aufgebauten Komposition, die sie 1840 auf der März-Ausstellung in Rom vorstellte. Fast gleichzeitig, zwischen 1826 und 1835, malte auch Friedrich Overbeck an einer »Kindersegnung«.
Eine Gegenüberstellung des grundsätzlich verschieden aufgefaßten formalen Aufbaus der beiden Bilder erlaubt einen Einblick in die zwei ebenso grundsätzlich verschiedenen Künstlertemperamente von Ellenrieder und Overbeck. Overbeck plaziert seinen Christus (dessen Typus er bei Thorwaldsen entlehnt hat) stehend mit segnend erhobenen Armen exakt in der mittleren Bildachse. Ihm zu Füßen kniet eine Schar Kinder und bildet einen Kreis, der der heroischen Heilandsgestalt distanzschaffenden Raum angedeihen läßt. Erst in größerem Abstand haben sich Männer und Frauen eingefunden, die komparsenhaft der Szene beiwohnen. Das starre geometrische Gerüst, das dem Bildaufbau zugrunde gelegt ist, betont auf Kosten des erzählenden Gehalts die zeitlose Idealität der Darstellung. Ellenrieders Christus bedarf keiner räumlichen Distanz und formaler Überhöhung; in erster Linie vermittelt er menschliche Nähe und ist einer unter vielen. Jede Mutter, jedes Kind behandelt sie mit der gleichen liebevollen Sorgfalt und räumt jeder Gestalt einen individuellen Stellenwert ein.
Die große Beliebtheit, der sich dieses Thema erfreute, muß im Zusammenhang mit der seit der Aufklärung geförderten Einsicht vom Eigenwert der kindlichen Persönlichkeit gesehen werden. Durch die Nazarener fand das seit dem späten 18. Jahrhundert immer beliebter gewordene Kindergenre auch Zugang in die religiöse Malerei.
Die Ölausführung des Kartons besorgte Ellenrieder in Karlsruhe. Dafür wurde ihr im Hirschgarten beim Schloß ein Atelier eingerichtet. Herzogin Alexandrine von Sachsen-Coburg-Gotha, geb. Prinzessin von Baden, nahm das Ölbild mit nach Coburg. Der Karton gelangte als Besitz der Familie Douglas zunächst ins

Zu 48 M. E.   Friedrich Overbeck, Kindersegnung, Berlin, Privatbesitz

48 M. E.

Mainauer Schloß. Als 1854 das Schloß an Großherzog Friedrich verkauft werden sollte, wurde Ellenrieder der Karton zum Rückkauf angetragen. Daraufhin wandte sie sich in einem Brief an den Großherzog und bat ihn um den Ankauf des Bildes. Ausführlich erläuterte sie in diesem Brief die besondere Bedeutung der Darstellung und den hohen Stellenwert, den die Kartonvorzeichnung als ideales Kunstwerk im Sinne der Nazarener einnimmt. Der Ankauf kam jedoch nicht zustande, das Bild verblieb im Besitz der Grafen Douglas.

Lit.: Briefwechsel Ellenrieder mit dem Badischen Hof vom 4., 8. u. 9. Juli 1854, GLA 56/255. – v. Boetticher, 1891, S. 262, Nr. 27. – Siebert, 1916, S. 77 ff. – Zündorff, 1940, S. 105 ff., 109, 125. – Fischer / v. Blanckenhagen, 1963, S. 41, 55, 146, WV 307.

49 M. E.

49 M. E.
Kindersegnung

Rückseitig bez.: Marie Ellenrieder pinx: 1842 in Constanz

Öl auf Holz, 26,7×22,4 cm

Konstanz, Rosgartenmuseum, Inv.-Nr. 1969/4

Kleine, bis auf wenige Detailunterschiede vor allem im Hintergrund identisch ausgeführte Replik des Gemäldes in Kallenberg bei Coburg (vgl. Kat.-Nr. 48 M. E.). K.St.

50 M. E. *Farbabb. 34*
Betender Knabe am Wegkreuz

Rückseitig bez.: Marie Ellenrieder Rom 1840

Bleistift, Kohlestift, farbige Pastellkreiden auf gelbbraunem Papier, 85,5×64,5 cm

Konstanz, Wessenberg-Galerie, Inv.-Nr. 84/374

Vor einer düsteren Landschaft, die ein Gewittersturm durchfegt, kniet ein Knabe betend vor einem am Weg aufgerichteten Astkreuz. Neben sich hat er das zusammengeschlagene Tuch mit der Wegzehrung abgelegt. Während ringsum sich Bäume und Büsche im Sturm neigen und der Himmel sich bedrohlich verdunkelt hat, regt sich in der unmittelbaren Nähe des Kreuzes kein Lüftchen. Ein Lichtschein, der nicht von dieser Welt ist, streift das Kreuz und erhellt die Gestalt des Knaben vor dem in dunkle, schwere Farben getauchten Hintergrund.

Ellenrieder greift mit dieser das Pathos steigernden Art der Lichtführung auf ihre Bilder aus vornazarenischer Zeit zurück (vgl. Kat.-Nr. 31, 32 M. E.). Die symbolhafte Bildsprache erzählt von der frommen, unschuldigen Seele, die im Glauben Zuflucht vor den Stürmen des Lebens findet. Bildinhalt und Darstellungsweise entsprechen den im Biedermeier weit verbreiteten und beliebten Andachtsbildern zur seelischen Erbauung. Das Thema wurde von Ellenrieder mehrfach wiederholt.

Lit.: Siebert, 1916, S. 115. – Zündorff, 1940, S. 129. – Fischer / v. Blanckenhagen, 1963, S. 142, WV 258. K.St.

51 M. E.
Maria mit Kind und zwei Engeln

1863

Öl auf Leinwand, 151×99,5 cm

Geschenk von B. Martignoni, einer Nachfahrin von Maria Anna Martignoni, der Schwester der Künstlerin, zusammen mit Ellenrieders Staffelei

Konstanz, Rosgartenmuseum, Inv.-Nr. M 146

Dieses letzte, unvollendete Bild Ellenrieders greift exakt, nur gegengleich angelegt, die Komposition Maria mit Kind im Rosenbogen (Kat.-Nr. 45 M. E.) auf; nur die Details sind variiert. Maria schreitet auf einem Wolkenteppich, und die Engelkinder tragen statt des Rosenbogens Kerzen. Die oberen Bildecken sind mit Wolken gefüllt, aus denen Puttenköpfe herausschauen. Die Ölausführung beschränkt sich auf den Kopf des Christuskindes, den Kopf und Mantel der Madonna, alles Weitere verharrt unvollendet im Stadium der Vorzeichnung. Ein unregelmäßig gezogener Kreis ist in die Mitte der Leinwand gelegt; sein Zusammenhang mit der Gesamtkomposition ist nur punktuell offensichtlich.

Als allerletztes Gemälde von Ellenrieders Hand weist die Darstellung die typischen Merkmale ihres Spätstils auf. Die Gestalten haben an Volumen gewonnen, die Engels- und Kinderköpfchen sind aufgedunsen. Zwar hat sich die Linienführung stärker gerundet und größere Flächenkompartimente gebildet, doch wird die Gesamtkomposition durch barockisierende Zugaben stärker aufgefächert. Die Binnenzeichnung der Flächenkompartimente ist durch nervöse, unorganische Linienfäden gegeben, die ein merkwürdig manieristisches Eigenleben führen. Auf einen Bildraum verzichtet Ellenrieder vollständig, alles scheint sich auf einer Bildebene im Vordergrund abzuspielen. Die reichere Bestückung mit barockisierenden Gestaltungsmitteln und der weniger konzentrierte Gesamtaufbau verflachen die Bildaussage. Der fromme Ernst, der Ellenrieders Andachtsbildern innwohnt, hat einen süßlichen Beigeschmack bekommen und rückt ihre späten Werke oft in die Nähe affektheischender Devotionalienkunst.

Lit.: Siebert, 1916, S. 114. – Zündorff, 1940, S. 116, 123. – Fischer / v. Blanckenhagen, 1963, S. 60, 63, 148, WV 331. K.St.

51 M. E.

Allegorische und genrehafte Darstellungen, Studien

52–55 M. E.
Zyklus der Lebensalter

Die Folge von acht Pastellbildern ist im Auftrag des Freiherrn Carl Christoph von Röder zu Diersburg entstanden und durch seine Korrespondenz mit Marie Ellenrieder gut dokumentiert (Briefwechsel des Freiherrn von Röder mit Marie Ellenrieder der Jahre 1836/37 im Rosgartenmuseum in Konstanz).
Die verschiedenen Lebensstufen des Menschen werden bereits in der mittelalterlichen Kunst durch unterschiedliche Symbole oder Personifizierungen charakterisiert. In der Regel umfaßt der Zyklus sieben Stufen, in verkürzter Form nur vier. Die porträthafte Wiedergabe des Themas ist ungewöhnlich und läßt sich formal nicht mit der Verbildlichung des Themas in anderen Kunstwerken vergleichen. Jeder der Bildköpfe kann für sich stehen; der allegorische Gehalt wird erst im Zusammenwirken augenscheinlich.
Ellenrieder nahm im April 1836 die Arbeit an dieser Bildfolge auf, erst im Juli 1837 war der gesamte Zyklus abgeschlossen. Als sie den Auftrag begann, hatte sie »noch keine rechte Lust«. Überhaupt legte sie der Folge keine Gesamtkonzeption zugrunde, und jeder der Bildnisköpfe entstand in dem relativ langen Zeitraum unter eigenen Bedingungen sozusagen als Einzelporträt. Dennoch fügen sie sich mit einer gewissen Einheitlichkeit zusammen und bilden eine Folge zu vier Gruppen, wobei jeweils ein Paar den weiblichen und den männlichen Aspekt des entsprechenden Lebensalters vergegenwärtigt. Jedes Bildnispaar ist gegengleich komponiert, wodurch die Zusammengehörigkeit unterstrichen und der Gesamtzyklus rhythmisiert wird. Charakteristisch und verbindend ist die eigentümliche Melancholie und menschliche Würde, die jedem der Bildnisse innewohnt und sie als Ganzes dem Dasein entrückt. K.St.

52 M. E. *Farbabb. 35*
Kindheit

Rückseitig bez.: Marie Ellenrieder 1836

Kohle- und Bleistift, farbige Pastellkreiden auf gelbem Papier, 37,3×28,1 cm

Aus Familienbesitz 1957 erworben

Konstanz, Rosgartenmuseum, Inv.-Nr. 1957/26

Ellenrieder hat als Modell für das anmutige Brustbild des kleinen Mädchens, welches die Kindheit symbolisiert, eine ihrer Nichten porträtiert. Sie legt den Akzent auf die romantisch-erbauliche Vorstellung von der naiven Frömmigkeit und Unschuld der Kinderseele. Die durch einen Reif nach hinten gehaltenen, zur Schulter fallenden Schillerlocken, die zarten,

53 M. E. 54 M. E.

rundlichen Gesichtsformen, die nach oben gerichteten Kulleraugen und das herzförmige Mündchen machen aus dem Kindergesicht einen Inbegriff von Artigkeit, Anmut, Unschuld und Frömmigkeit. Das Porträthafte tritt weit hinter die Verklärung zurück, die kleine Nichte wird zur Allegorie der idealen Kinderseele. Engelbilder, die ebenfalls Kinderbildnisse zum Vorbild haben, waren beliebte Erzeugnisse Marie Ellenrieders, die sie gerne verschenkte.

Lit.: *Zündorff, 1940, S. 129. – Fischer / v. Blanckenhagen, 1963, S. 51f., 143, WV 277.* K.St.

53 M. E.
Jugend

Rückseitig bez.: Marie Ellenrieder 1837

Kohle- und Bleistift, farbige Pastellkreiden auf verbräuntem Papier, 43,1×29,1 cm

Aus Familienbesitz 1957 erworben

Konstanz, Rosgartenmuseum, Inv.-Nr. 1957/27

Der Knabe im Halbprofil hat elegisch den Blick nach oben gerichtet. Das halblange Haar ist brav gescheitelt, der Mund leicht geöffnet und gibt den Blick auf die Zähne frei. Er trägt die

Sonntagskleidung der biedermeierlichen Knabenmode und erweckt den Eindruck, als sei er gerade an die Kommunionbank herangetreten. Alles Jungenhafte ist abgestreift, seiner eigentlichen Existenz ist er vollständig entrückt.

Lit.: Zündorff, 1940, S. 86, 129. – Fischer / v. Blanckenhagen, 1963, S. 51f., 143, WV 278. K.St.

54 M. E. *Abb. S. 217*
Reifezeit

Rückseitig bez.: Marie Ellenrieder. Dat.: K d 6ten Dezember 34 (eigenhändig?).

Kohle- und Bleistift, farbige Pastellkreiden auf hellgelbem Papier, 42,2×28,1 cm

Aus Familienbesitz 1957 erworben

Konstanz, Rosgartenmuseum, Inv.-Nr. 1957/29

In einem Brief an von Röder erwähnt Ellenrieder dieses Blatt, mit welchem sie den Einstieg in den Auftrag, dessen Thema ihr nicht besonders lag, fand: »Der Kopf aber den ich für den H. Jos: machte und der Ihnen besonders gefiel, gefällt auch hier...« (2. April 1836). Es handelt sich bei diesem Blatt offensichtlich um den Studienkopf eines Zimmermanns (lt. Datierung 1834 entstanden), den sie als Vorlage für den hl. Josef auf dem Altarblatt der Pfarrkirche in Ortenberg (entstanden 1836–37) benutzte. Von Röder gefiel dieser Kopf, so daß Ellenrieder ihn kurzerhand für den Zyklus der Lebensalter übernahm. »Es eile nun der fromme Zimmermann mit seinem Gefolge in Ihre verehrten Hände«, schrieb sie am 24. Juli 1837 an den Auftraggeber nach Diersburg, als der Zyklus abgeschlossen war.

Lit.: Zündorff, 1940, S. 86, 129. – Fischer / v. Blanckenhagen, 1963, S. 51f., 143, WV 280. K.St.

55 M. E.
Alter

Rückseitig bez.: Marie Ellenrieder 1837

Kohle- und Bleistift, farbige Pastellkreiden auf bräunlichem Papier, 43,1×29,1 cm

Aus Familienbesitz 1957 erworben

Konstanz, Rosgartenmuseum, Inv.-Nr. 1957/32

Am 7. September 1836 berichtet Ellenrieder an von Röder: »Ich habe auch schon um ein paar Alte umgefragt«, die für den Lebensalterzyklus Modell sitzen sollten. Am 14. Februar 1837 schreibt sie, sie habe nur noch einen »Kreisen« (Greis), eine alte Frau und ein Gegenüber für den Zimmermann zu machen.

55 M. E.

Man sieht diesem Blatt an, daß Ellenrieder Schwierigkeiten mit der Darstellung hatte. Die Greisin, die im Profil nach links gegeben ist, wirkt eher herb als alt, die sonderbar zeitlose Kleidung, in die sie gehüllt ist, gibt nur den Blick auf das Gesicht frei. Die Statur zeichnet sich männlich-kräftig darunter ab. Die Stofflichkeit der Gewänder ist rhetorisch wiedergegeben, die Binnenzeichnung ungewöhnlich skizzenhaft und summarisch angelegt. Schwerlich wird die Malerin, deren Arbeiten in der Regel mit großer Sorgfalt und Akribie ausgeführt sind, diesem Blatt eine größere Bedeutung zugemessen haben. Der Preis, den sie von dem Auftraggeber für den gesamten Zyklus forderte, war außerordentlich niedrig angesetzt und dürfte Ausdruck ihrer eigenen geringen Wertschätzung der Arbeit sein.

Lit.: Zündorff, 1940, S. 86, 129. – Fischer / v. Blanckenhagen, 1963, S. 51f., 143, WV 283. K.St.

56 M. E.

56 M. E.
Kniendes Mädchen, einen Blumenkorb ausschüttend

Bez. auf der Rückseite: Marie / Ellenrieder pinx. / 1841.

Öl auf Leinwand, 70×84 cm

Erworben für die Kunsthalle 1844 als Pflichtbild
für die Jahre 1843/44

Karlsruhe, Staatliche Kunsthalle, Inv.-Nr. 515

In den 40er Jahren malte Ellenrieder Bilder, für die »...eine manierierte Farbgebung, d.h. changierende oder milchige Farbtöne sowie aus Wachs gebildete Gesichter (Fischer)...« typisch sind. Das Genrebild »Mädchen, einen Blumenkorb ausschüttend«, ist repräsentativ für diese Werkphase. So scheint über der italienisierenden, in lieblich gelb-grünen Tönen gemalten Landschaft ein »milchiger« Schleier zu liegen.
In ungewöhnlicher strenger Profilhaltung kniet »Flora« in der Bildmitte auf einer Art Vordergrundbühne, die Gestalt wirkt wie ausgeschnitten. Ellenrieder kombiniert hier versatzstückartig Figurenbild mit Landschaftsdarstellung, ohne jedoch beides inhaltlich zu verbinden. Denn das eigentliche Hauptmotiv des Bildes ist der mit verschiedenartigen Blumen und Blüten gefüllte Korb – ein farbenfrohes und gekonnt gemaltes Blumenstilleben. Da dieses Bild ein Pflichtbild für die Sammlung des badischen Hofes ist, wäre es möglich, daß die Malerin auf drei Wünsche des Auftraggebers einzugehen hatte: Figurenbild, italienisierende Landschaft und Blumenstilleben.

Lit.: Fischer / v. Blanckenhagen, 1963, S. 56, WV 443. D.Z.

57 M. E.

57 M. E.
Studie zu einem jungen Mann mit Backenbart

Um 1817

Farbige Pastellkreiden auf graublauem, verbleichtem Tonpapier, 56,9×45,6 cm

Konstanz, Wessenberg-Galerie, Inv.-Nr. 2/19

Die wohl während des Studienaufenthaltes an der Münchener Akademie entstandene Zeichnung läßt unschwer erkennen, daß Marie Ellenrieder in ihrer frühen Porträtauffassung stark der Romantik verpflichtet war. Die weiche und freie Gestaltung der Umrißlinien verdichtet sich in einer warmen, tonigen Belebung der Binnenzeichnung. Der im Halbprofil leicht nach unten geneigte Studienkopf ist aufs feinste modelliert; der wache Blick, die leicht gebogene Nase, die scharfen Umrisse der Kinnpartie und der Backenbart, verleihen ihm einen akzentuierten physiognomischen Ausdruck. Die Charakterisierung des Dargestellten gipfelt in dem kurzgeschnittenen, wirr zu Berge stehenden Haupthaar, welches durch sein Eigenleben wie ein eingefügter Landschaftsausschnitt wirkt.

Lit.: Fischer / v. Blanckenhagen, 1963, S. 129, WV 86. K.St.

58 M. E.
Studie zu einem jungen Mann mit Stange

Rückseitig bez.: Marie Ellenrieder pinx 1817

Öl auf Leinwand, 48,8×42,3 cm

Konstanz, Wessenberg-Galerie, Inv.-Nr. 100g/998

Auch diese Ölstudie ist während Ellenriders Zeit an der Münchener Akademie entstanden. Sie gilt als Höhepunkt in der ersten Schaffensperiode der Künstlerin zwischen 1814 und 1820 und ist ein charakteristisches Beispiel für ihre Neigung zum empfindsamen Porträtrealismus des Sturm und Drang im ausgehenden 18. Jahrhundert. Durch die koloristische Malweise und die effektvoll eingesetzten Hell-Dunkel-Kontraste zeigt sich Ellenrieder ebenfalls dem 18. Jahrhundert verbunden. Schulmäßig ist die Ponderierung der Gesamtkomposition angelegt: die leicht aus der Mittelachse gerückte, nach links blickende Figur erhält durch die Stange in der rechten Hand ein stark akzentuiertes Gegengewicht.

Lit.: Zündorff, 1940, S. 123. – Fischer / v. Blanckenhagen, 1963, S. 129, WV 85. K.St.

58 M. E.

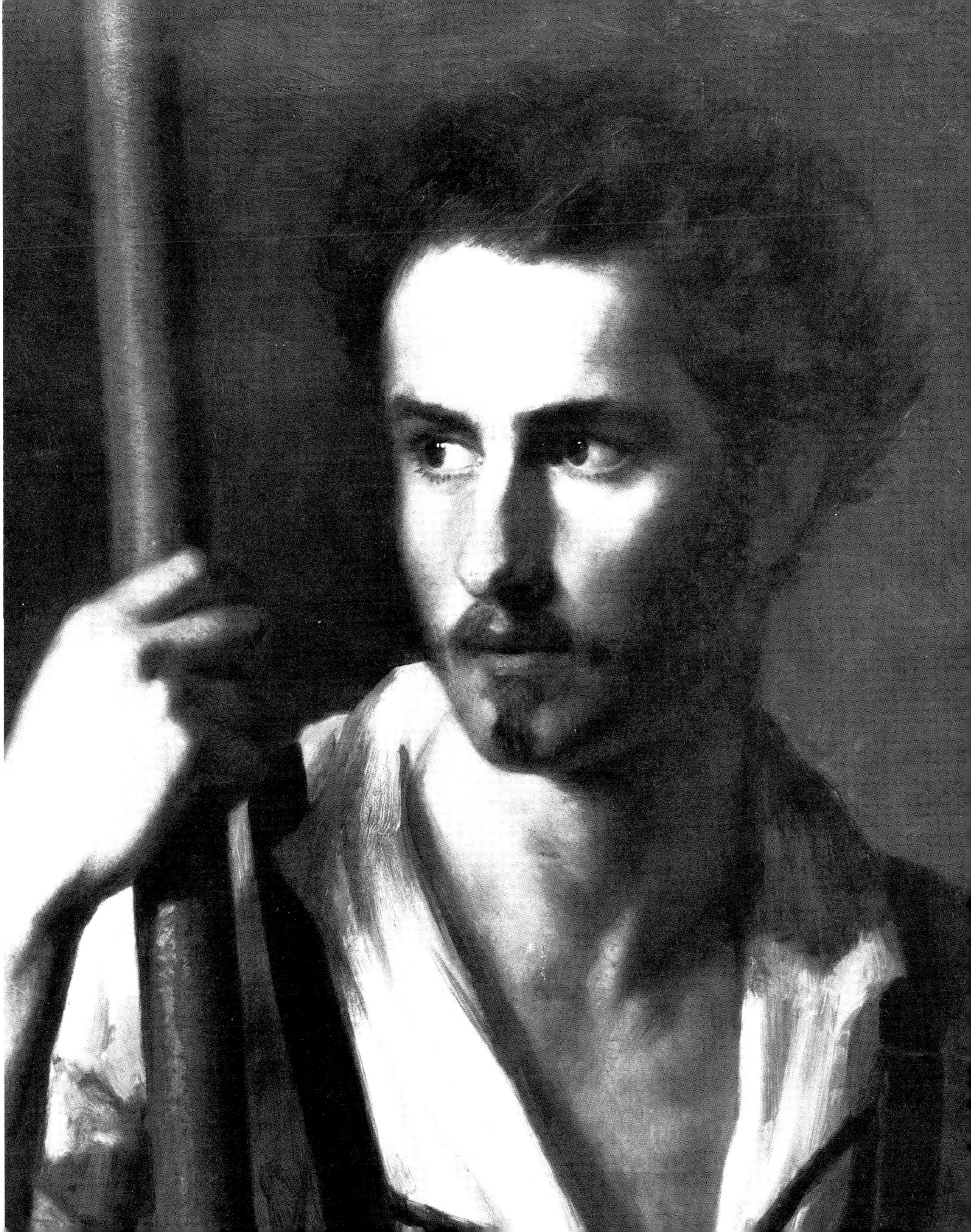

J. Gargazon d. 16 april 1820.   S. Antonio d. 19.

Skizzen aus 59 M. E.

60 M. E.

Graphik und Tagebücher

59 M. E.
Sammelband mit 110 Studien und Skizzen aus Italien (1824/25) und 3 Skizzen aus späterer Zeit

Feder- und Bleistiftzeichnungen, einige aquarelliert, einige mit Ortsbezeichnung versehen und datiert, eingeklebt auf 40 gebundenen und paginierten Seiten mit einem Titelblatt und Inhaltsverzeichnis in Band IV. Maße: 24×65 cm (geöffnet). – Signatur: 0.7. – Herkunft: Ankauf aus dem Nachlaß 1868.

Zürich, Kunsthaus.

Lit.: Neujahrsblatt der Künstlergesellschaft in Zürich für 1869, S. 14. – Siebert, 1916, S. 119. – Im Werkverzeichnis von Fischer / v. Blanckenhagen, 1963 nicht eingearbeitet (Vorwort S. 121).

B.v.W.

60 M. E.
Carl Egon II. zu Fürstenberg mit Gemahlin Amalie und Kindern

Um 1833

Bleistift, 12,3×16,5 cm

Donaueschingen, Fürstlich Fürstenbergische Sammlungen

In den Jahren 1832 bis 1834 entsteht das monumentale Gruppenbildnis für den badischen Hof (Kat.-Nr. 27 M. E.), um 1833 wird diese Bleistiftskizze der Fürstenbergischen Familie angesetzt. Inwieweit sie z.B. als Vorstufe für eine monumentale Ausführung gedacht war, ist ungeklärt. Die sieben Kinder der Fürstenbergs gruppieren sich zwanglos um das repräsentativ die Mitte einnehmende Elternpaar, der Darstellungstyp erinnert an den einer Heiligen Familie im Freien.

Früher entstandene, in biedermeierlichem Ton gezeichnete Skizzen zeigen die Fürstenbergischen Kinder entweder beim Betrachten von Bilderbögen (Kat.-Nr. 61 M. E.) oder geben eine reizende Momentaufnahme der kleinen Prinzessinnen (Kat.-Nr. 62 M. E.). Auf der später entstandenen Zeichnung, die die Kinder beim Reifenspiel im Freien (Kat.-Nr. 63 M. E.) einfängt, fehlt die 1834 verstorbene Prinzessin Henriette.

61 M. E.

62 M. E.

Vergleichbare Zeichnungen schuf Gustav Nehrlich 1830 bzw. 1837 von den Kindern des badischen Großherzogs Leopold. Nehrlich zeigt sie zu zweit aus dem Fenster schauend oder wie sie zu dritt gemeinsam an einem Tisch mit einem Blumenkörbchen stehen.

Lit.: Fischer / v. Blanckenhagen, 1963, S. 22, WV 15.   D.Z.

61 M. E.
Die Prinzen Carl Egon und Maximilian Egon und Prinzessin Henriette mit Kinderfräulein, einen Bilderbogen anschauend

Um 1827/28

Feder in Schwarzbraun, 10,2×14,5 cm

Donaueschingen, Fürstlich Fürstenbergische Sammlungen

Lit.: Fischer / v. Blanckenhagen, 1963, S. 22, WV 31.

62 M. E.
Die Prinzessinnen Elisabeth, Amalie und Henriette

Um 1827/28

Feder in Schwarzbraun, 7,5×10,4 cm

Donaueschingen, Fürstlich Fürstenbergische Sammlungen

Lit.: Fischer / v. Blanckenhagen, 1963, S. 22, WV 28.

63 M. E.
Die Fürstenbergischen Kinder beim Reifenspiel auf Heiligenberg

Bez.: Heiligenberg d 30 Aug. 1838

Bleistift, 19×11,8 cm

Donaueschingen, Fürstlich Fürstenbergische Sammlungen

Lit.: Fischer / v. Blanckenhagen, 1963, S. 22, WV 33.

63 M. E.

64 M. E.
Carl Egon III. Erbprinz zu Fürstenberg und seine Gemahlin Elisabeth

Bez.: M. E. 1845

Bleistift und Feder in Lila

Donaueschingen, Fürstlich Fürstenbergische Sammlungen

Carl Egon III. (1820–1892) heiratete 1844 Elisabeth von Reuss-Greiz. Das Doppelbildnis zeigt das Fürstenbergische Paar ein Jahr nach ihrer Hochzeit in einem Moment liebevoller Zuwendung. Zwei weitere Zeichnungen dieses Motivs befinden sich in der Kunsthalle Karlsruhe und in Donaueschingen. Gemeinsam mit den früheren Zeichnungen der Fürstenbergischen Familie (Kat.-Nr. 60–63 M. E.) dokumentieren sie Ellenrieders sehr privaten und vertrauten Umgang mit dem Fürstenhaus, ähnliche Skizzen sind auch für die Langensteinsche Familie überliefert.

Lit.: Fischer / v. Blanckenhagen, 1963, S. 22, WV 34. – R. Theilmann, Dt. Zeichnungen des 19. Jahrhunderts, Kat. Staatl. Kunsthalle Karlsruhe, 1978, Nr. 850.   D.Z.

64 M. E.

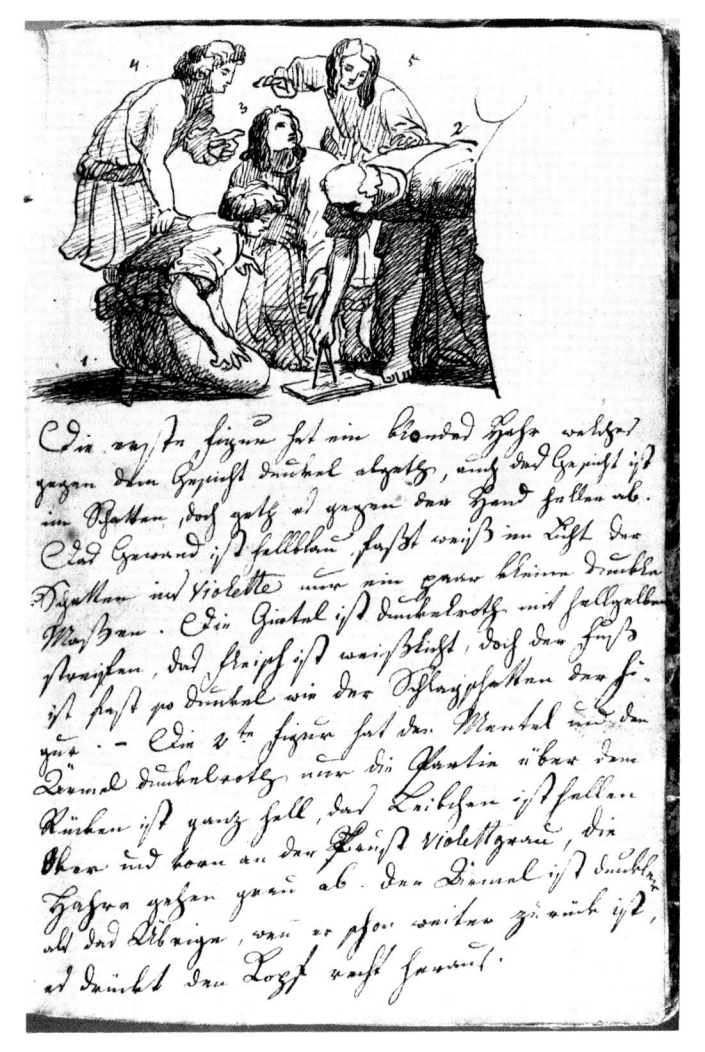

65 M. E.

65 M. E.
Tagebuch

7. Oktober 1822 bis 4. August 1823

Konstanz, Rosgartenmuseum (Dauerleihgabe aus Privatbesitz)

Das äußerlich zerschlissene Büchlein führte Marie Ellenrieder auf der ersten Romreise mit sich. Es wechseln Reisebeschreibungen, Kunstbetrachtungen, Schilderungen des Alltags und besonderer Ereignisse mit Bemerkungen über Personen ihres Umkreises. Den weitaus meisten Raum widmet sie ihrer empfindsamen christlichen Seele. Kleine Skizzen sind eingestreut.

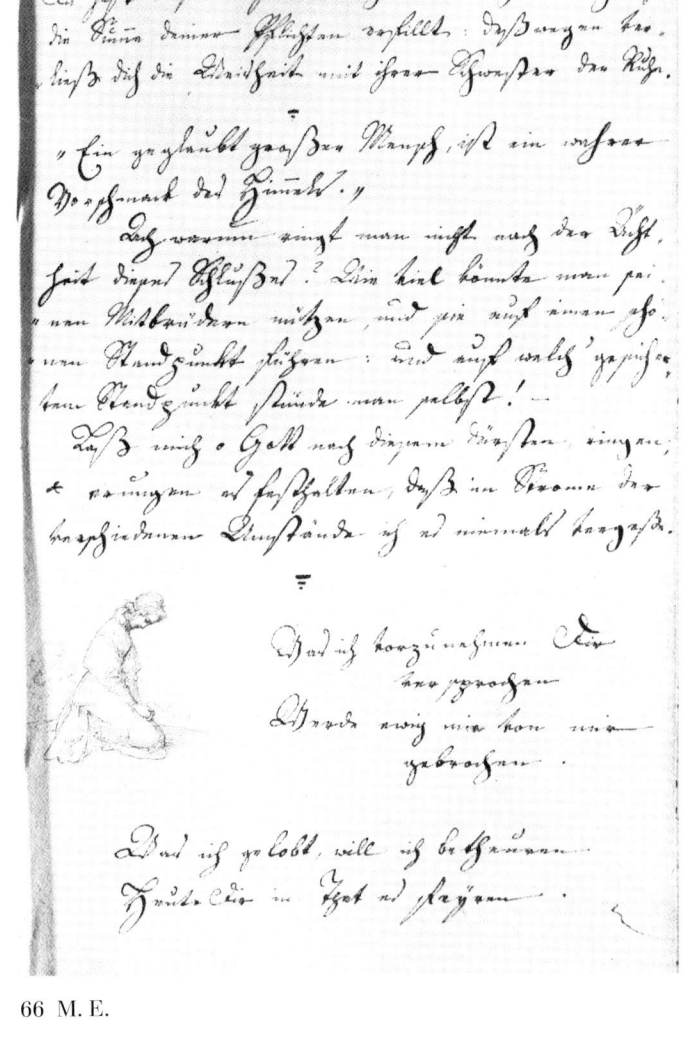

K.St.

66 M. E.

66 M. E.
Tagebuch

29. Dezember 1833 bis 1862

Konstanz, Rosgartenmuseum, o. Nr.

Das weinrote Album mit geprägtem Ledereinband und Goldschnitt war Ellenrieder von der Großherzogin Sophie von Baden als Geschenk verehrt worden. Es handelt überwiegend von dem, was Ellenrieder ihren »höheren Lebenslauf« nennt. Selbstbesinnung im Gebet, Zwiesprache mit Gott und Selbstanklage wegen sündhafter Verfehlungen haben die Aufzeichnungen über ihre konkrete Lebensführung fast vollständig verdrängt. Kleinen, eingestreuten Skizzen und Verzierungen hat sie besondere Aufmerksamkeit gewidmet. Sie verleihen diesem Büchlein einen lebendigen und kostbaren Charme.

K.St.

**Kabinettausstellung
in der Museumsabteilung 19. Jahrhundert**

Marie Ellenrieder –
Graphik aus den Beständen des Rosgartenmuseums
und der Wessenberg-Galerie Konstanz

67 M. E.

68 M. E.

67 M. E.
Blumenstrauß

Um 1800/05

Bez.: M. E.

Pinsel, aquarelliert, 13,1×9,6 cm

Konstanz, Rosgartenmuseum, Inv.-Nr. 1956/20

Lit.: Fischer / v. Blanckenhagen, 1963, S. 159, WV 442.

68 M. E.
Studienkopf eines jungen Mannes

Um 1815

Schwarze Kreide, weiß gehöht, auf graublauem Papier, 44,1×33,6 cm

Konstanz, Wessenberg-Galerie, Inv.-Nr. 55/28

Die Zeichnung zeigt das gleiche Modell wie Kat.-Nr. 58 M. E.

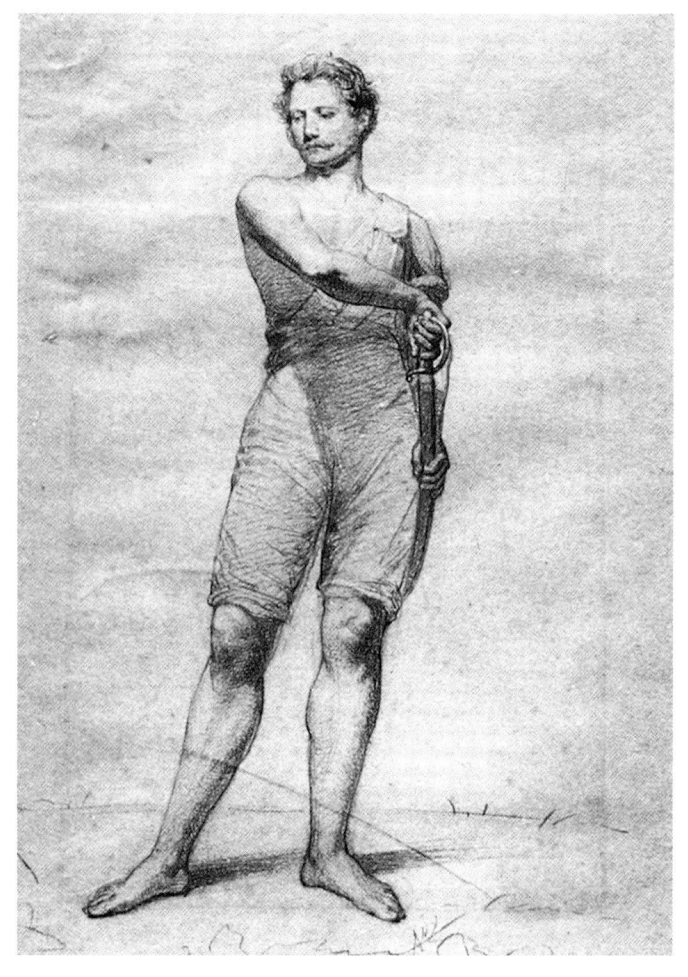

69 M. E.

70 M. E.

69 M. E.
Studie eines stehenden Mannes mit Degen

Um 1815

Schwarze Kreide, 44,8×29,2 cm

Konstanz, Wessenberg-Galerie, Inv.-Nr. 55/26-1

70 M. E.
Studie eines stehenden Mannes mit ausgestrecktem Arm

Um 1815

Schwarze und weiße Kreide, 44,3×28,3 cm

Konstanz, Wessenberg-Galerie, Inv.-Nr. 55/26-2

71 M. E.

72 M. E.

71 M. E.
Caspar Fries

1817/18

Bez.: Herr Fries in Zürich

Schwarze Kreide und Rötel, weiß gehöht, Ritzlinien, 56,9×42,5 cm

Konstanz, Wessenberg-Galerie, Inv.-Nr. 54/20

Vorzeichnung zu einem Ölporträt

Lit.: Fischer / v. Blanckenhagen, S. 126, WV 50a.

72 M. E.
Beatrix Freifrau von Baden

Um 1818

Feder in Braun auf Bleistift, 21,4×17,5 cm

Konstanz, Rosgartenmuseum, Inv.-Nr. G 304

Eine von insgesamt drei Bildnisstudien.

Lit.: Fischer / v. Blanckenhagen, S. 130, WV 102.

73 M. E.

73 M. E.
Carl Egon II. Fürst zu Fürstenberg

Um 1819

Braune Tusche über Bleistift, 21,5×16,4 cm

Konstanz, Rosgartenmuseum, Inv.-Nr. G 307

Vorstudie zum Bildnis des Fürsten (Kat.-Nr. 16 M. E.) am Tisch mit einem Buch.

Lit.: Fischer / v. Blanckenhagen, WV 52.

74 M. E.

74 M. E.
Zwei sitzende Frauen

Um 1829

Bez.: M. E.

Bleistift, 25,2×34,6 cm

Konstanz, Wessenberg-Galerie, Inv.-Nr. 82/341

Vorzeichnung zu Figuren des Wandbildes in Schloß Langenstein »Die Speisung der Fünftausend«.

Lit.: Fischer / v. Blanckenhagen, WV 303b.

75 M. E.

76 M. E.

75 M. E.
Landschaft bei Baden-Baden

Bez.: Baden d. 17ten Juli 1831

Bleistift, 12×19,4 cm

Konstanz, Rosgartenmuseum, Inv.-Nr. G 278

Von der Künstlerin gibt es nur wenige Landschaftszeichnungen und lediglich ein einziges ausgeführtes Ölbild mit Darstellung eines Landschaftsmotives.

Lit.: Fischer / v. Blanckenhagen, WV 270.

76 M. E.
Allegorie der Malerei, Dichtung und Musik

Bez.: Marie Ellenrieder invenit. in felici giorni in Carlsruhe 1833

Feder und Pinsel laviert mit Deckweiß und Goldbronze gehöht, 28,2×45,4 cm

Konstanz, Rosgartenmuseum, Inv.-Nr. 1986/10

Die drei allegorischen Frauengestalten mit ihren Attributen Palette, Schriftrolle und Harfe in einer Säulenhalle. Die Zeichnung entstand während der Jahre, als die Künstlerin in Karlsruhe weilte, um das große Familienbild der Großherzogin Sophie mit ihren Kindern zu malen. Diese Zeit, in der Ellenrieder sich großer Wertschätzung und Zuneigung erfreuen durfte, gehört zur glücklichsten und künstlerisch fruchtbarsten ihres

77 M. E.

Lebens. Darauf weist auch die Bezeichnung »in glücklichen Tagen in Carlsruhe« hin.

Lit.: Kunst in der Residenz, Ausst. Kat. Karlsruhe 1990, Nr. 28.

77 M. E.
Kopf eines Kindes

Bez.: Marie Ellenrieder del. (zwei mal). 1833

Schwarze und rötliche Kreiden, weiß gehöht, 35,6×28,3 cm

Konstanz, Wessenberg-Galerie, Inv.-Nr. 82/331

Vorzeichnung zu einem Ölbild in der Staatlichen Kunsthalle Karlsruhe.

Lit.: Fischer / v. Blanckenhagen, 1963, Abb. 39, WV 210a.

78 M. E.

**78 M. E.
Knabe mit Tuch**

Um 1835–1838

Feder in Schwarz, 21×17,7 cm

Konstanz, Rosgartenmuseum, Inv.-Nr. G 292

Laut rückseitiger Beschriftung von späterer Hand stammt das Blatt aus dem 1849 entstandenen Skizzenbuch des Malers Johann Baptist Hengartner, der Marie Ellenrieders Schüler war. Die Zeichnung dürfte jedoch früher entstanden sein. Die alte Inventarbezeichnung »Engel mit dem Sterbetuch« läßt auf eine Vorzeichnung zu einer größeren Darstellung schließen.

**79 M. E.
Jesuskind auf Kreuz und Weltkugel schlafend**

Um 1837

Bleistift, 10,8×15 cm

Konstanz, Rosgartenmuseum, Inv.-Nr. 1963/16

Lit.: Fischer / v. Blanckenhagen, 1963, WV 314.

234

79 M. E.

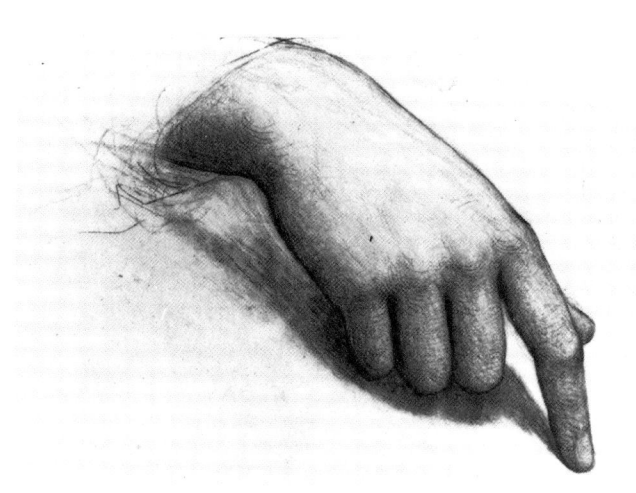

80 M. E.

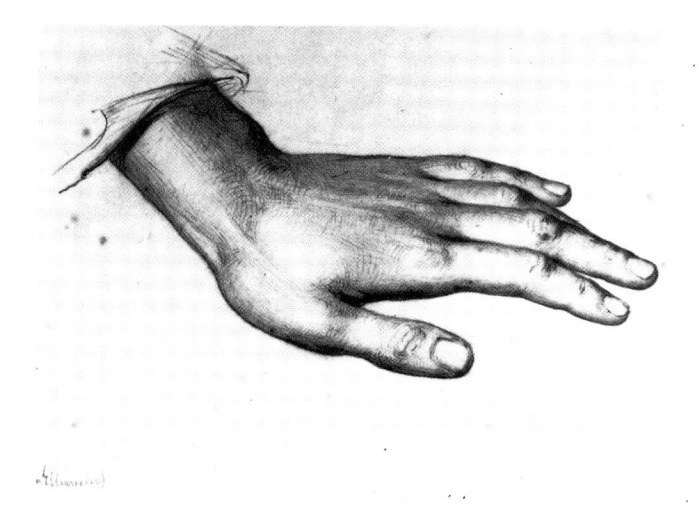

81 M. E.

80 M. E.
Handstudie

Um 1835/40

Schwarze und rötliche Pastellkreiden, 18,2×26,6 cm

Konstanz, Wessenberg-Galerie, Inv.-Nr. 82/341

Die Studie fand in dem Gemälde »Heilige Felicitas und ihre sieben Söhne«, 1848, Isle of Wight, Osborne House, Verwendung.

Lit.: Fischer / v. Blanckenhagen, S. 150, WV 344d.

81 M. E.
Handstudie

Um 1835/40

Bez.: Marie Ellenrieder.

Bleistift, braune und weiße Pastellkreiden, 22×29,5 cm

Konstanz, Wessenberg-Galerie, Inv.-Nr. 55/25

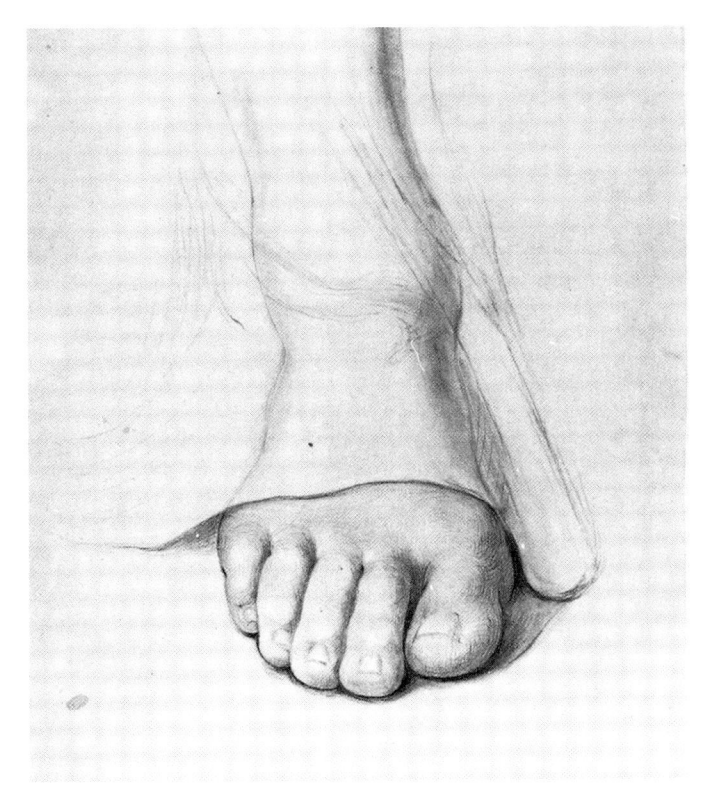

83 M. E.

82 M. E.
Fußstudie

Um 1835/40

Bleistift, schwarze und weiße Pastellkreiden, 28,3×21,8 cm

Konstanz, Rosgartenmuseum, Inv.-Nr. 1977/4b

83 M. E.
Sitzendes junges Mädchen mit kleinem Kind

Um 1839

Feder in Schwarz, 17,5×21,3 cm

Aus einem Skizzenbuch des Jahres 1849 von Johann Baptist Hengartner, einem Schüler der Malerin.

Konstanz, Rosgartenmuseum, Inv.-Nr. G 284

Vorzeichnung zu einer Gruppe im Vordergrund der Kindersegnung, dessen Karton in Rom 1839 entstand. Ein ähnliches Blatt befindet sich im Kunsthaus Zürich. Vgl. Kat.-Nr. 48 M. E.

82 M. E.

84 M. E.

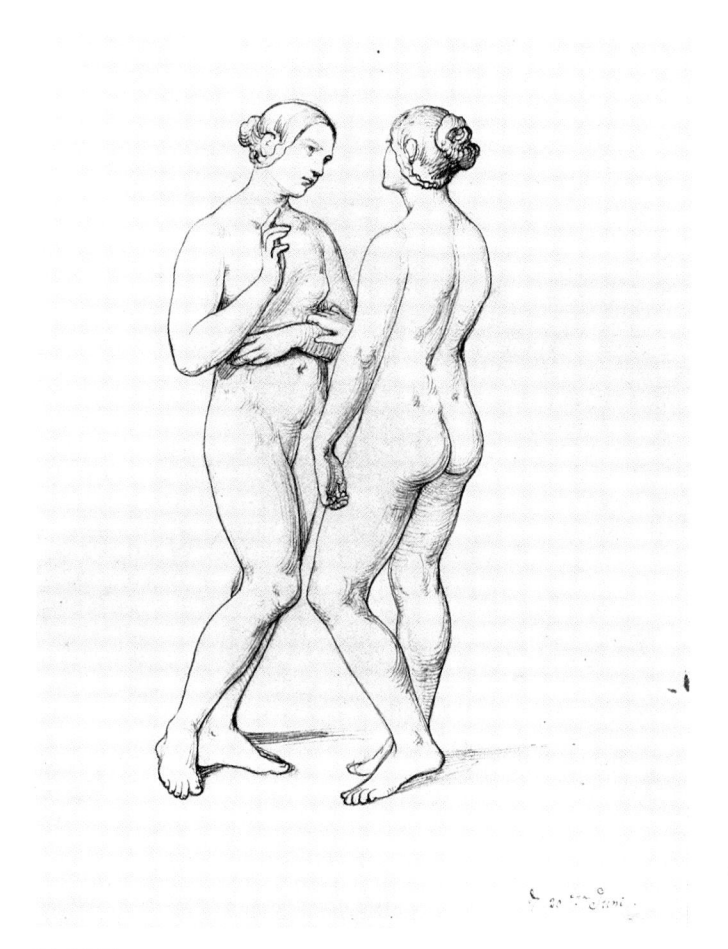

85 M. E.

84 M. E.
Zwei weibliche Akte

Um 1839

Bez.: 20ten Juni.

Feder in Braun über Bleistift, 21,8×16,3 cm

Konstanz, Rosgartenmuseum, Inv.-Nr. G 37

Von der rechten Figur gibt es eine einzelne Darstellung, die 1839 datiert ist. Die Akte entstanden während des zweiten Romaufenthaltes der Künstlerin. Möglicherweise nutzte diese die in Rom bestehende Möglichkeit, vor Aktmodellen zu arbeiten. Die Haltung der Frauen, ihre an die Antike erinnernde Ponderation und ihre bedeutungsvolle Gestik lassen aber auch an die Möglichkeit einer Kopie denken.

85 M. E.
Christus (nach Leonardo da Vinci)

Bez.: Mailand den 3t Mai 1840

Feder in Braun über Bleistift, 9,55×7,85 cm

Konstanz, Rosgartenmuseum, Inv.-Nr. G 316

Die Zeichnung entstand auf der Rückreise von Rom. Sie zeigt die Christusfigur aus Leonardos Abendmahl in Mailand.

86 M. E.

87 M. E.

86 M. E.
Lesendes Mädchen

Um 1840

Schwarze, weiße und wenig farbige Pastellkreiden, 55,4×41,2 cm

Konstanz, Wessenberg-Galerie, Inv.-Nr. 82/328

Als ausgeführtes Pastell befindet sich die Darstellung in Privatbesitz in Baden-Baden.

Lit.: Fischer / v. Blanckenhagen, 1963, WV 247.

87 M. E.
Martyrium der hl. Fides, hl. Caritas und hl. Spes

Bez.: Roma 1840

Bleistift, mit Gold gehöht, 38×25,2 cm

Konstanz, Rosgartenmuseum, Inv.-Nr. 1960/35

Wohl Entwurf zu einem Altar.

Lit.: Fischer / v. Blanckenhagen, 1963, WV 345.

88 M. E.

**88 M. E.
Sinnendes Mädchen an einem Tisch**

Um 1842

Bez.: M. E.

Pinselzeichnung, 13×10,6 cm,
original auf Unterlage montiert und mit Goldrand eingefaßt.

Konstanz, Rosgartenmuseum, Inv.-Nr. 1977/15

**89 M. E.
Kreuzigungsgruppe**

Bez.: Marie Ellenrieder den 14 Merz 1844

Bleistift, 42,2×31,1 cm

Konstanz, Rosgartenmuseum, Inv.-Nr. 1976/8

Möglicherweise Entwurf zu einem Altargemälde.

89 M. E.

90 M. E. *Abb. S. 239*
Frau, an eine Tür klopfend

Bez.: M. E. – Auf einem anhängenden Briefchen datiert 1849.

Pinsel über Bleistift, aquarelliert, 13×8,7 cm

Konstanz, Rosgartenmuseum, Inv.-Nr. G 315

Das an die Zeichnung angehängte Brieflein in Gedichtform beginnt: »Nicht der Tod, sondern <u>ich</u> will klopfen an der Thür / Denn uns des Wiedersehens freuen wollen wir!« Der Adressat der Zeilen ist unbekannt.

Lit.: Fischer / v. Blanckenhagen, 1963, S. 141, WV 248.

90 M. E.

92 M. E.

91 M. E.

91 M. E.
Zwei Mädchen, an Wegkreuz betend

Bez.: M. E. 1849

Aquarell, 11,1×9,4 cm

Konstanz, Rosgartenmuseum, Inv.-Nr. 1977/17

92 M. E.
Zwei Engel auf Wolken mit Spruchband

Bez.: Marie Ellenrieder 1860

Bleistift mit Goldhöhung, 17×14,5 cm

Konstanz, Rosgartenmuseum, Inv.-Nr. 1964/258

Die Darstellung existiert auch in einer zwölf Jahre früher entstandenen Fassung (Privatbesitz).

Lit.: Fischer / v. Blanckenhagen, WV 382A.

93 M. E.

94 M. E.

93 M. E.
Bauernmädchen mit kleinem Kind auf dem Arm

Bez.: Marie Ellenrieder 1862

Bleistift und roter Farbstift, 14,1×10,6 cm

Konstanz, Rosgartenmuseum, Inv.-Nr. 1963/40

Lit.: Fischer / v. Blanckenhagen, 1963, WV 226.

94 M. E.
»Die Ruhe im Gedränge«

Bez.: Marie Ellenrieder 1862. Auf getrennt aufgeklebtem Zettel der von der Künstlerin selbst geschriebene Bildtitel in Goldbronze.

Bleistift, Rand Goldbronze, 12,3×9,7 cm

Konstanz, Rosgartenmuseum, Inv.-Nr. 1977/16

Niederblickende Frau mit verschränkten Armen, hinter ihr geht ein Unwetter nieder. Darstellung und Bildtitel lassen auf eine gewisse Lebensmüdigkeit der Künstlerin ein Jahr vor ihrem Tod schließen.

95 M. E.

96 M. E.

95 M. E.
Kopf eines bärtigen alten Mannes (nach G. F. Schmidt)

Bez.: Rembrandt pinx. G. F. Schmidt fec. 1757, MAE (ligiert); unter der Darstellung: Marie Ellenrieder f. 1815

Radierung, 12,7×10,6 cm

Die an der Münchener Akademie entstandene Arbeit gibt einen Stich des deutschen Kupferstechers Georg Friedrich Schmidt (1712–1775) wieder nach einer Kopfstudie von Rubens in der Petersburger Eremitage. Der Hinweis auf Rembrandt ist ein Irrtum Ellenrieders.

Lit.: Fischer / v. Blanckenhagen, 1963, S. 17, Anm. 9.

96 M. E.
Apostelkopf (nach R. Langer)

Bez.: Rob. Langer pinx., Marie Ellenrieder fec. 1815

Radierung, 15,5×12,2 cm

Die Vorlage zu der Akademiestudie ist einem Gemälde Robert Langers entnommen, das die Heilung eines Blinden durch Christus zeigt und in einem Kupferstich von J. Lips vervielfältigt wurde. Rober Langer, der Sohn des Akademiedirektors Johann Peter v. Langer, lehrte an der Akademie im Historienfach. Ellenrieder radierte noch zwei weitere Köpfe nach dem genannten Gemälde.

97 M. E.

98 M. E.

97 M. E.
Bildnis des Vaters

Bez.: Marie Ellenrieder fec. 1817

Radierung, 11,7×9,9 cm

Joseph Konrad Ellenrieder mit Pelzmütze und Mantel in »russischer Manier«

Lit.: Andresen 1872, Nr. 23. – Fischer / v. Blanckenhagen, 1963, WV 47.

98 M. E.
Bildnis der Mutter

Bez.: Marie Ellenrieder fec. 1820

Radierung, 11,6×9,8 cm

Das Bildnis von Anna Maria Ellenrieder entstand erst drei Jahre nach dem ihres Mannes, ist ihm jedoch in Format und in der Bekleidung (pelzbesetzte Haube, Mantel) entsprechend als Pendant gestaltet. Eine Vorzeichnung befindet sich im Kunsthaus Zürich.

Lit.: Andresen, 1872, Nr. 24. – Fischer / v. Blanckenhagen, 1963, WV 118.

99 M. E.

99 M. E.
Jesuskind auf Wolken sitzend

Bez.: Marie Ellenrieder 1845

Radierung, 12×9,7 cm

Die Darstellung hat Ellenrieder in verschiedensten Ausführungen wiederholt. Sie gehört zu den Motiven, die das sentimentale Zeitalter unentwegt von ihr verlangte. Die Radierung liegt auch als Rotdruck vor.

Lit.: Fischer / v. Blanckenhagen, 1963, WV 432 B.

Literaturverzeichnis

*Abgekürzt zitierte Literatur
zu Angelika Kauffmann:*

Andresen 1878 Andreas Andresen, Der deutsche Peintre-Graveur oder die deutschen Maler als Kupferstecher nach ihrem Leben und ihren Werken, V, Leipzig 1878

Baumgärtel 1990 Bettina Baumgärtel, Angelika Kauffmann (1741–1807). Weibliche Kreativität in der Malerei des 18. Jahrhunderts. Ergebnisse der Frauenforschung FU Berlin, Bd. 20, Weinheim/Basel 1990 (incl. Manuskript des vorläufigen Werkverzeichnisses, eingereicht Univ. Bonn 1987)

Baumgärtel 1989 Bettina Baumgärtel, Freiheit, Gleichheit, Schwesterlichkeit. Der Freundschaftskult der Malerin Angelika Kauffmann, in: Kat. Ausst. Historisches Mus. Frankfurt/M., Sklavin oder Bürgerin? Französische Revolution und neue Weiblichkeit 1760–1830, hrsg. Victoria Schmidt-Linsenhoff, Marburg 1989, S. 325f.

Berger 1982 Renate Berger, Malerinnen auf ihrem Weg ins 20. Jahrhundert. Kunstgeschichte als Sozialgeschichte, Köln 1982

Boerner 1979 Kat. Ausst. Angelika Kauffmann und ihre Zeit. Grafik und Zeichnungen von 1760–1810, hrsg. u. bearb. v. Marianne Küffner, Anne Rover, Einführung C. Helbok, Kunstantiquariat C. G. Boerner, Düsseldorf 1979

Gerard 1893 Francis Gerard, Angelica Kauffmann, a biographie, (1892), London 1893

Greer 1980 Germaine Greer, Das unterdrückte Talent. Die Rolle der Frau in der bildenden Kunst (1979), Frankfurt/Wien 1980

Hammer 1987 Sabine Hammer, Angelica Kauffmann, Vaduz 1987

Helbok 1968 Claudia Helbok, Miss Angel. Angelika Kauffmann – Eine Biographie, Wien 1968

Kat. Ausst. Bregenz 1968 Angelika Kauffmann und ihre Zeitgenossen, hrsg. Oskar Sandner, Vorarlberger Landesmuseum Bregenz 1968, Neue Galerie Wien 1969

Kat. Ausst. Chur 1941 Kat. Angelika Kauffmann, bearb. v. Hugelshofer, Bündner Museum Chur 1941

Kat. Ausst. Kenwood 1955 Kat. Exhibition of Paintings by Angelika Kauffmann at the Iveagh Bequest, London 1955

Manners/Williamson 1924/1976 Lady v. Manners, C. G. Williamson, Angelica Kauffmann, Royal Academy. Her Life and her Works. London (1924), repr. New York 1976

Maué 1980 Cl. Maué, Angelica Kauffmann invenit – Bildvorlagen für Wiener Porzellan, Keramos, Zeitschr. d. Gesellschaft der Keramikfreunde (Düsseldorf), H. 90, 1980, S. 9ff.

Nagler G. K. Nagler, Neues Allgemeines Künstler-Lexikon, München 1822–1852, 22 Bde.

Rossi 1811/1971 G. G. Rossi, Vita di Angelica Kauffmann Pittrice (1810), Pisa 1811, repr. mit Vorwort R. W. Lightbown, London 1971

Sickler/Reinhart 1810 Sickler, C. Reinhart, Almanach aus Rom für Künstler und Freunde der bildenden Kunst, Leipzig 1810

Walch 1968 Peter S. Walch, Angelica Kauffmann, Diss. Princeton Univ. 1968/69

Wurzbach 1864 Constant v. Wurzbach, Biographisches Lexikon des Kaiserthums Österreich, Wien 1864

Die Herausgabe eines Werkverzeichnisses von Angelika Kauffmann durch Bettina Baumgärtel ist in Kürze vorgesehen. Hinweise auf bisher nicht bekannte Arbeiten können noch über das Rosgartenmuseum an die Autorin weitergeleitet werden.

Abgekürzt zitierte Literatur
zu Marie Ellenrieder:

Andresen 1872 Andreas Andresen, Die deutschen Maler-Radirer (Peintres-Graveurs) des 19. Jh. nach ihren Leben und Werken, IV, Leipzig 1872 (Nachdruck 1971)

J. A. Beringer 1922 Joseph August Beringer, Badische Malerei 1770–1920, Karlsruhe 1922

F. v. Boetticher 1941 Friedrich von Boetticher, Malerwerke des 19. Jahrhunderts (1891), Leipzig 1941

Fischer / v. Blanckenhagen 1963 Friedhelm Wilhelm Fischer, Marie Ellenrieder. Leben und Werk der Konstanzer Malerin. Ein Beitrag zur Künstlergeschichte des 19. Jahrhunderts. Mit einem Werkverzeichnis von Sigrid von Blanckenhagen. Hrsg. vom Kunstverein Konstanz e.V., Konstanz, Stuttgart 1963

Kunstblatt (»Schorns Kunstblatt«) bei Cotta, Stuttgart/Tübingen, 1820–1840, 1845, 1848, 1858

Lauts 1971 Jan Lauts / Werner Zimmermann, Staatliche Kunsthalle Karlsruhe, Katalog neuere Meister, Karlsruhe 1971

F. Pecht 1863 Friedrich Pecht, in: Recensionen über bildende Kunst, 1863

A. v. Schneider 1968 Arthur von Schneider, Badische Malerei des XIX. Jahrhunderts, Karlsruhe 1968

K. Siebert 1916 Klara Siebert, Marie Ellenrieder als Künstlerin und Frau, Freiburg i. Br. 1916

H. Uhde, Seidler 1875 Hermann Uhde, Erinnerungen und Leben der Malerin Louise Seidler, Berlin 1875

Zündorff 1940 Margarete Zündorff, Marie Ellenrieder, Ein deutsches Frauen- und Künstlerleben, Konstanz 1940

Bildnachweis

Anders, Jörg P., Berlin: 31, 32 A. K. und S. 34

Augsburg, Stadtbildstelle: Farbabb. 11

Basel, Öffentliche Kunstsammlungen: 10 A. K.

Baumgärtel, Bettina, Berlin: 24, 40, 41 A. K. und S. 49, 53, 56, 58, 59, 70, 80 sowie Vergleichsabbildungen zu 1, 9, 18, 23, 24 A. K.

Bregenz, Illwerke: 38 A. K. und Farbabb. 5

Bregenz, Kulturamt: 25 A. K.

Bregenz, Vorarlberger Landesmuseum: 15, 26, 27, 41, 42, 45, 46 A. K., S. 47 und Farbabb. 12, 16

Brenner, Fotohaus, Ettlingen/Baden: Farbabb. 27

Burek, Michaela, Rosgartenmuseum: S. 127, 129, 130

Castelli, Wilh., Lübeck: S. 100

Chur, Bündner Kunstmuseum: 1, 35 A. K.

Coburg, Kunstsammlungen Veste Coburg: S. 120

Donaueschingen, Institut für Kunst und Wissenschaft: S. 106

Düsseldorf, Landesbildstelle Rheinland: S. 91

Edelmann, Ursula, Frankfurt: S. 83, 15a A. K.

Fayer, Fotolabor, Wien: Farbabb. 7

Fellner, Ursula, Baden-Baden: 18 M. E.

Finke, Heinz, Konstanz: Farbabb. 25, 29

Florenz, Uffizien: S. 16, 24

Goerlipp, Georg, Donaueschingen: 16, 60, 61 M. E. und Farbabb. 24

Graz, Steiermärkisches Landesmuseum: Farbabb. 6

Gross, Fotolabor, St. Gallen: 11, 12 A. K.

Halle, Staatliche Galerie Moritzburg: Farbabb. 8

Hannover, Kestner Museum: S. 74

Haugwitz, Berlin: S. 213

Heidelberg, Kurpfälzisches Museum: S. 93

Dr. Hell, Reutlingen: 6 M. E. und S. 30

Hofer, Josef, Lustenau: Farbabb. 9

Hofmann, Kurt, Chur: 30 A. K.

Innbruck, Tiroler Landesmuseum Ferdinandeum: 34, 39 A. K., S. 64 und Farbabb. 4

Karlsruhe, Staatliches Amt für Denkmalpflege: S. 37

Karlsruhe, Staatliche Kunsthalle: 1, 56 M. E., S. 72 und Farbabb. 18, 28, 30, 31

Kontrast, Copyright, Lochau: Farbabb. 17

Lausanne, Museé Cantonal des Beaux-Arts: 13 A. K.

London, Photographie Survey of Art: 23, 28 A. K.

London, University: S. 14

Lübeck, Museum für Kunst und Kulturgeschichte: S. 33, 89, 94

London, Kenwood, The Iveagh Bequest: S. 21

Markdorf, Amt für Geschichte und Kultur des Bodenseekreises: 5, 6 A. K.

München, Stadtmuseum: 5 M. E.

München, Pinakothek: Farbabb. 3

Rom, Bibliotheca Hertziana: S. 23

Scholz-Ruhs, Walter, Museum Wiesbaden: 19 A. K.

Spott, Rüdiger, Halle: 17 A. K.

Stamford, Burghley House: Farbabb. 13

Stober, Fotolabor, Offenburg: S. 99

Tschmira, Fotolabor, Baden-Baden: S. 41

Weimar, Kunstsammlungen: S. 35

Weimar, Stiftung Weimarer Klassik: S. 81, 84

Winterthur, Stiftung Jacob Briner: 33 A. K.

Zürich, Kunsthaus: 9a, 59a–f M. E. und S. 78, 111, 112, 113, 115, 116, 117, 118, 119

Zürich, Institut für Kunstwissenschaft: 16 A. K.

STADT
KONSTANZ